普通高等教育系列教材

学术论文写作导论

周成军　周新年　编著

机械工业出版社

本书以如何撰写与发表论文为核心，以科学研究创新思维与能力培养为主线，既突出重点与难点，又兼顾到疑点涉及的知识面。本书共9章，主要内容包括科学与科学研究、科学研究的创新思维与能力培养、科学研究与学术论文选题、信息检索与利用、学术论文的特点与写作流程、学术论文的写作方法、学术论文的写作规范、科技作品写作与表达、毕业论文的答辩与评价。为便于读者学习和掌握相关知识，本书设置了较多的案例，同时每章设置了拓展阅读模块，以拓展读者的视野。

本书可作为高等院校大学生与研究生论文写作类课程的教材，也可作为大学生与研究生进行科研实训和撰写毕业论文的参考书，还可作为有关科研人员撰写学术论文的参考书。

图书在版编目（CIP）数据

学术论文写作导论/周成军，周新年编著．—北京：机械工业出版社，2023.3（2025.1重印）
普通高等教育系列教材
ISBN 978-7-111-72189-5

Ⅰ.①学… Ⅱ.①周…②周… Ⅲ.①论文-写作-高等学校-教材 Ⅳ.①H152.3

中国版本图书馆 CIP 数据核字（2022）第 231924 号

机械工业出版社（北京市百万庄大街22号　邮政编码100037）
策划编辑：马军平　　　责任编辑：马军平　刘春晖
责任校对：张爱妮　张　薇　封面设计：张　静
责任印制：常天培
北京机工印刷厂有限公司印刷
2025年1月第1版第3次印刷
184mm×260mm·15印张·370千字
标准书号：ISBN 978-7-111-72189-5
定价：49.80元

电话服务　　　　　　　　　网络服务
客服电话：010-88361066　　机 工 官 网：www.cmpbook.com
　　　　　010-88379833　　机 工 官 博：weibo.com/cmp1952
　　　　　010-68326294　　金　书　网：www.golden-book.com
封底无防伪标均为盗版　　　机工教育服务网：www.cmpedu.com

前　言

《学术论文写作导论》用较为概括的语言来论述从科学研究到学术论文写作与发表的整个流程、基本理论和方法，以使读者对学术论文写作有较为系统的了解。

本书是以如何撰写和发表论文为核心，以科学研究创新思维与能力培养为主线，在作者多年科研、教学编辑经验及大量国内外资料的基础上，经过认真分析、归纳、探索、提炼与升华，而形成的一本科研工作者、晋升职称者、在校大学生和研究生提高科研创新能力与写作水平的指导书。

本书从科学到科学研究，从基础理论、选题到写作技巧，从撰稿、编辑技术到案例，从一般认识到复杂规律组织材料，循序渐进，既突出重点与难点，又兼顾到疑点涉及的知识面。书中选取了学术论文写作中一些常见的典型错例，分析差错原因，提出改正意见，供大家学习参考。强化大学生与研究生科研诚信，传播科学思想，弘扬求实态度，力行教材思政，立德树人。

全书共9章，第1章科学与科学研究；第2章科学研究的创新思维与能力培养；第3章科学研究与学术论文选题；第4章信息检索与利用；第5章与第6章学术论文的特点、写作流程与写作方法；第7章学术论文的写作规范；第8章科技作品写作与表达；第9章毕业论文的答辩与评价。

本书可供高等院校大学生与研究生写作类课程使用，如学术论文写作、科学论文写作、科研方法与论文写作、科研方法与学术论文、科研方法与文献综述、文献检索与利用等，也可供大学生与研究生参加科研实训、撰写学位论文时参考，还可供有关科研人员和准备晋升职称人员撰写学术论文时参考。

本书编写分工为：周成军编写第1章、第3~7章；周新年编写第2、8、9章及附录，并负责全书统稿。

本书编写过程中参阅了大量的国内外文献资料，在此谨向相关文献作者表示衷心的感谢。同时，向为本书编写提供过指导与帮助的专家及朋友表示衷心的感谢。限于作者的理论和业务水平，书中不足之处，恳请读者批评指正。

作　者

目 录

前 言

第1章　科学与科学研究 ································· 1
  1.1　科学 ··· 1
    1.1.1　科学的传统定义和现代认识 ············ 1
    1.1.2　科学与技术 ···································· 6
    1.1.3　大科学 ··· 10
  1.2　科学研究 ··· 13
    1.2.1　科学研究的定义、内容和特征 ········· 13
    1.2.2　科学研究的类型 ···························· 16
    1.2.3　科学研究的方法 ···························· 17
    1.2.4　科学研究的步骤 ···························· 18
  【拓展阅读】 屠呦呦和青蒿素 ·················· 19

第2章　科学研究的创新思维与能力培养 ·········· 21
  2.1　科学研究的创新思维 ···························· 21
    2.1.1　科学研究思维的内涵 ····················· 21
    2.1.2　创新思维的本质特征 ····················· 22
    2.1.3　科学研究创新的内涵 ····················· 24
    2.1.4　创新思维的表现形式 ····················· 25
  2.2　科学研究的能力培养 ···························· 32
    2.2.1　科学技术创新中机遇的特点 ············ 33
    2.2.2　机遇在科学技术发展中的作用 ········· 34
    2.2.3　要锻炼成善于抓住机遇的头脑 ········· 35
  【拓展阅读】 中国高铁技术创新与赶超 ······ 36

第3章　科学研究与学术论文选题 ···················· 40
  3.1　科研课题与学术论文 ···························· 40
    3.1.1　科研课题 ······································ 40
    3.1.2　学术论文 ······································ 41
  3.2　课题类型和选题原则 ···························· 45

3.2.1　课题类型 ……………………………………………………… 45
　　　3.2.2　选题的重要意义 ……………………………………………… 47
　　　3.2.3　选题原则 ……………………………………………………… 49
　　　3.2.4　课题的最后确定 ……………………………………………… 57
　3.3　选题的途径与步骤 ……………………………………………………… 59
　　　3.3.1　选题的途径 …………………………………………………… 59
　　　3.3.2　选题的步骤 …………………………………………………… 68
　3.4　选题方法与课题构思 …………………………………………………… 70
　　　3.4.1　选题的常规方法 ……………………………………………… 70
　　　3.4.2　课题的构思设计 ……………………………………………… 73
　　　3.4.3　树状课题模式 ………………………………………………… 74
　【拓展阅读】　袁隆平和杂交水稻 ……………………………………… 76

第4章　信息检索与利用 …………………………………………………… 77

　4.1　信息和信息检索 ………………………………………………………… 77
　　　4.1.1　信息 …………………………………………………………… 77
　　　4.1.2　信息检索 ……………………………………………………… 80
　4.2　信息检索工具及其利用 ………………………………………………… 82
　　　4.2.1　信息检索工具 ………………………………………………… 82
　　　4.2.2　计算机信息检索类型及技术 ………………………………… 82
　　　4.2.3　综合性电子信息资源的利用 ………………………………… 86
　　　4.2.4　梳理与利用文献 ……………………………………………… 98
　【拓展阅读】　信息检索的作用 ………………………………………… 101

第5章　学术论文的特点与写作流程 …………………………………… 104

　5.1　学术论文的性质与特点 ………………………………………………… 104
　　　5.1.1　学术论文的性质 ……………………………………………… 104
　　　5.1.2　写作目的和意义 ……………………………………………… 105
　　　5.1.3　学术论文的特点 ……………………………………………… 108
　5.2　学术论文的写作流程 …………………………………………………… 112
　　　5.2.1　拟订提纲 ……………………………………………………… 112
　　　5.2.2　写作初稿 ……………………………………………………… 114
　　　5.2.3　实施论证 ……………………………………………………… 116
　　　5.2.4　修改论文 ……………………………………………………… 118
　　　5.2.5　论文定稿 ……………………………………………………… 121
　【拓展阅读】　写好论文的关键 ………………………………………… 122

第6章　学术论文的写作方法 ……………………………………………… 124

　6.1　社会科学论文的写作方法 ……………………………………………… 124

6.1.1 社会科学论文的基本写法 …… 124
6.1.2 社会科学论文的写作特点与方法 …… 127
6.1.3 不同专业的社会科学论文写作 …… 129
6.2 自然科学论文的写作方法 …… 130
6.2.1 标题的写法 …… 131
6.2.2 署名的写法 …… 132
6.2.3 摘要的写法 …… 133
6.2.4 关键词与正文前其他 …… 135
6.2.5 引言的写法 …… 136
6.2.6 正文的写法 …… 137
6.2.7 结尾的写法 …… 142
6.3 文献综述论文的写作方法 …… 145
6.3.1 科学文献的利用 …… 145
6.3.2 综述文献的写作 …… 150
6.3.3 综述与述评的写作要点 …… 153
6.4 CSCD 期刊发表论文与学术诚信 …… 154
6.4.1 CSCD 期刊发表论文 …… 154
6.4.2 学术诚信 …… 155
【拓展阅读】 本硕博论文写作技巧 …… 157

第7章 学术论文的写作规范 …… 159

7.1 法律法规、政策规定表达规范 …… 159
7.2 文献引用及著录规范 …… 161
7.3 数字规范 …… 166
7.4 表格规范 …… 171
7.5 插图规范 …… 175
7.6 标点符号与名词术语规范 …… 180
7.7 外文字母正斜体和黑白体 …… 185
7.8 打印与装订 …… 187
7.9 期刊编校差错计算方法 …… 188
【拓展阅读】 政策规定表达规范 …… 189

第8章 科技作品写作与表达 …… 191

8.1 科技小论文 …… 191
8.1.1 科技小论文的特点 …… 191
8.1.2 科技小论文的种类 …… 192
8.1.3 科技小论文的写作 …… 193
8.2 科技研究报告 …… 193
8.2.1 科技研究报告的特点与作用 …… 193

    8.2.2 科技研究报告的写作要求 194
    8.2.3 科技演讲的特点、设计与艺术 196
  8.3 科技小论文示例 199
    8.3.1 隐形墨水 199
    8.3.2 夏不穿黑冬不穿白 199
    8.3.3 电磁驱动式内燃机 200
  【拓展阅读】 碳和碳的化合物 200

第9章 毕业论文的答辩与评价 202

  9.1 毕业论文的答辩 202
    9.1.1 选题与写作 202
    9.1.2 答辩的意义 205
    9.1.3 答辩的准备 206
    9.1.4 毕业论文答辩 209
  9.2 毕业论文的评价 215
    9.2.1 毕业论文的评价步骤 215
    9.2.2 毕业论文的评定标准 218
    9.2.3 毕业论文的质量评价指标体系 220
    9.2.4 指导教师的条件与职责 221
  【拓展阅读】 学位论文创新 222

附录 225

  附录一 高等学校预防与处理学术不端行为办法 225
  附录二 申请发明专利或实用新型专利步骤 229

参考文献 231

第1章
科学与科学研究

本章从介绍科学与科学研究的定义、内容及其特征入手，对科学与技术的关系，科学研究类型、方法与步骤等问题进行探讨。

1.1 科学

1.1.1 科学的传统定义和现代认识

1. 科学的传统定义

什么是科学？这是一个古老而又年轻的课题。在日常生活中，人们常把"科学"或"科学的"理解为"真的""可靠的""有理的""客观的""进步的"等简单、模糊的意会，但又似乎明了的概念。"science（科学）"一词便成为最受敬重的那一部分知识的名称。

"科学（science）"一词来源于拉丁文"scientia"，意为"知识""学问"，于16世纪传入中国，当时将英语"science"译成"格致"，是"格物致知"的简称，以表述实践出真知的含义。在日本明治维新时期，日本教育学家福泽吉把"science"译成"科学"，并在日本广泛应用。1893年，康有为引进并使用"科学"二字，严复在翻译《天演论》时，也用了"科学"二字，此后"科学"替代了"格致"，并沿用至今。

"科学"一词的根源可以一直追溯到文明的萌芽时期，甚至可以进而追溯到人类的起源。它起源于巫师、僧侣或哲学家的有条理的思辨，也起源于工匠们的实际操作和传统知识。科学作为一种知识体系，起源于12世纪初。当时，有人为了与神学相区别，就认为科学是以物质为基础的一部分，从而提出了科学是一种知识的思想。后来，人们发展了这种思想，认为科学是一种知识体系。所谓知识体系，就是强调科学不是零星的知识，而是系统知识有机结合产物的总和。如果我们同意对科学这样定义，那么神学、巫术等也会被认为是科学，因为它们都是知识体系。这显然是荒谬的。

科学是反映事实真相的学说，这种学说是对事实真相的客观反映。科学与事实真相的关系是密不可分的。

早在古希腊时期，亚里士多德在使用和讨论"科学"这一范畴时把它与知识联系在一起，认为科学是关于事实的原因的知识。被誉为近代实验科学真正始祖的培根，在提出"知识就是力量"这一口号时，进一步把知识与科学联系在一起。这里要明白的是，科学是知识，但是却不能说"知识是科学"，即有的知识可以被称为科学，有的则不能。那么，哪些知识可以被称为科学呢？罗素曾经把"科学"规定为诉诸人类理性的"确切的知识"，指关于有限领域、有实证根据、有明确适用范围的知识。达尔文说，"科学就是整理事实，以便从中得出普遍性的规律或结论"，指出科学是反映客观事实和规律的知识。科学学的创始人 J. D. 贝尔纳说，"科学可作为一种建制、一种方法、一种积累的知识传统，一种维持或发展生产的主要因素，以及构成我们的诸信仰和对宇宙与人类的诸态度的最强大势力之一"，科学是反映客观事实和规律的知识体系相关活动的事业。

爱因斯坦认为，科学作为一个存在的事物和完整的事物，是人类知道的事物中最客观的，但科学在形成中，作为追求的目的，却如同人类的其他部分一样，是主观的，也是受心理制约的。至于"科学的目的和意义是什么？"这一问题的答案，因时代的不同和来自各种各样的人，就很不一致了。

《韦伯斯特新世界大辞典》给"科学"下了这样一个定义："科学是从确定研究对象的性质和规律这一目的出发，通过观察调查和实验而得到的系统的知识"。这一定义首先规定了科学的对象，确定研究对象的性质与规律。这个确定研究对象是不依赖于我们认识主体而存在的客观世界，这个世界有着自己的规定性和发展规律。这一点是一切科学的前提。我国的《辞海》（1979年版）认为，"科学是关于自然、社会和思维的知识体系"。科学应该按照内在逻辑关系把已知知识条理化、系统化、综合化，使之成为反映客观事实和规律的知识体系，而且这种知识体系仍旧在不断地补充和完善。

广义的科学概念是哲学、社会科学、自然科学、思维科学等所有学科的总称，涵盖了以下内容：广义能量学、广义宇宙学、广义心理学（超心理学）、广义全息律。

狭义的科学概念则专指自然科学，甚至专指基础理论科学。

2. 科学的现代认识

（1）当代科学所表现的形象

1）一种建制。科学作为一种建制而有数百万计的人们在这方面工作，科学已成为一种社会职业。科学家所从事的职业就成了科学的一种简易定义。

2）一种方法。在科学建制中，科学家从事科学职业，需要一整套思维和操作规则，有程序性的，也有指导性的，称为科学方法。

3）一种累积传统的知识。科学具有累积性，科学的每一收获都能随时经受得起用指定器械对指定的物料来检验。相应地，科学家的个人工作成果很快被科学完全吸收。

4）一种维持或发展生产的主要因素。科学与技术的密切结合导致了生产的发展和社会进步。早期，科学追随工业的脚步；现在，科学领导工业。科学是从车轮中学习而来的，而后导致了蒸汽机和电视的出现。

5）一种重要的观念来源。科学是连接许多实用科学成就而构成的理论体制。科学的种种定律、假说和理论，除本身解释客观事实外，科学知识必然反映出当时一般非科学的知识背景，受社会的、政治的、宗教的或哲学的观念的影响，反过来又为这些观念的变革提供推动力。

（2）当代科学的内涵与外延

1）从科学活动的本质来看。

① 科学在今天是人类特有的活动形式，是人们从事新知识生产活动的领域。现代科学已不再局限于个别科学家自发的认识过程，而表现为一种精神生产形态，表现为科学家、科学工作者共同的活动。他们被社会组织起来，服从一定的社会规范，为达到预定的目的使用

各种物质手段和周密制定的方法。

② 科学是人类特定的社会活动的结果，表现为发展着的知识系统，是借助于相应的认识手段和方式产生的。科学活动的成果是一种精神产品，即对客观世界的理论表达。科学活动的直接目的和最高价值，在于对客观世界的真理性认识。

③ 科学活动离不开独特的物质手段，但在本质上是精神的智力活动。科学活动具有极大的创造性，这一点与它遵循特定的认识规律、心理规律是相辅相成的。

④ 科学活动组成一种社会体制，是整个社会活动的一部分。科学活动与其他社会体制，如军事、政治、文化诸活动，也彼此渗透，互相作用和影响。

2) 从科学的社会功能来看。

① 从理论方面来考察科学时，科学的主要功能或基本任务是认识客观世界，即揭示自然界。

② 从社会活动方面考察科学时，科学有着自己活动的组织，这种组织又把科学变成某种社会体制。

③ 从科学结论的实际应用方面来考察科学时，科学是一种社会发展的实践力量。

3) 从科学的特征来看。

① 科学的**继承性**。任何一门科学、定理、理论、假说，都不是一个人单凭自己的想象和逻辑推理，以及科学创造性活动和思维的产物，而是在继承和扬弃前人的科学积累的基础上，充分发挥创造性思维而获得的。

② **科学的可重复性和可检验性**。任何一项科学研究成果都必须经得起实践或一定实验方法的检验。如果只是一个人偶然得出的结果，连他自己或别的科学家按照其方法、步骤和设备等条件进行重复性实验都不能获得相应的结果，这不算是科学，因为它经不起检验和推敲。

③ 科学的**可证伪性**。这是人类思维的局限性和科学发展的无限性决定的。人类个体的认识水平是有限的，而且受一定社会的政治、经济、文化等方面的影响。科学之所以为科学，是因为它与一切非科学不同，它要接受实践的检验，要在实践事实的发展中不断发现自己的错误，否定或证伪，以便过渡到更新的理论。

④ 科学的**相对稳定性**。尽管科学在不断发展，而且任何一门科学理论都将可能受到新观点、新事实、新理论的挑战，被证伪。但不管怎样，它并不是被全盘否定。就像达尔文的进化论受到了中性突变学说及现代科学理论事实的猛烈冲击，但自然选择学说至今也没有被人们彻底否定。恰恰相反，有许多现代科学的例证进一步证明了其存在的合理性。科学这种相对稳定的"内核"是科学发展的源泉，也是区别于经验或自然哲学的根本。如果科学没有这种相对稳定的话，科学家将无从着手，科学也就没有存在的必要。

⑤ 科学的**公有性**。科学无国界，整个科学大厦是全世界人民集体智慧的结晶，因而整个科学也属于全世界。

【例1-1】 达尔文的进化论、爱因斯坦的相对论、普里高津的耗散结构论、西蒙的决策论等，谁都可以从这些杰出人物发表的论文和著作中汲取精神营养，对此并没有专利权的限制和社会制度的限制。

⑥ 科学**无禁区**，科学**无止境**。科学是一种探索真理的活动，科学是没有禁区的，从理论上讲，只要是实事求是的态度和科学的精神，任何领域、任何现象都可以去研究。正如我

们对待"飞碟""气功""人体特异功能""尼斯湖水怪"一样，我们都可以去研究它们，这是没有禁区的，也不受任何观点和理论的制约。科学无止境，不管人们如何进行创造性活动，科学问题是无穷的。随着人们认识水平的不断提高，可以对自然界和人类自己的认识不断加深，但永远也不能达到最高峰。科学的高峰是层出不穷的，这正是科学永葆青春和人类不断追求真理的动力源泉。

（3）对当代科学的重新认识

1）科学是知识体系。这是从理论方面对科学进行考察。所谓知识体系，是说科学不是零星知识的简单堆砌，而是系统化的知识总和。科学作为一种知识体系，是一种意识形态。作为观念形态的科学从来就是人类精神文明的重要因素，科学发展受到哲学、宗教、艺术等社会意识形态的影响，但它又是促进整个人类精神文明进步最强大的力量。

科学是经过实践验证的、发展着的关于自然、社会和思维的知识体系。在漫长的原始社会里，科学的萌芽还没有从物质生产中分离出来，并且与原始艺术、原始宗教结合在一起；古代科学，除少数学科取得理论形态外，绝大部分是实用科学、条理化了的经验知识；以科学实验为基础的近代科学是15世纪以后欧洲文艺复兴运动中开始形成和发展起来的；现代科学从19世纪末算起，其历史才100多年。科学在其发展过程中不仅形成了特殊的认识方法——观察、实验、模拟、科学抽象、假说和理论等一般科学方法，各门学科还形成了各自特有的方法。而科学方法一旦形成，反过来就成为促进科学发展的有利因素。科学不仅是对客观世界认识的结果，也是认识过程本身，是特殊的"精神生产"。

20世纪初，数学、物理学、化学、天文学、地理学、生物学六大基础科学，以及电力、机械、建筑、钢铁、医药、农学等工程科学都已比较成熟，科学不再只是事物或规律组成的知识单元，而是由许多知识单元组成学科，由学科组成学科群，形成了一个由很多门类交织组成的知识体系。爱因斯坦指出，科学并不是一些定律的汇集，也不是许多不相关的事实的目录，它是人类对自由发明出来的观念和概念所做的创造。

2）科学是社会活动。这是从社会分工方面对科学进行考察。科学作为知识体系，其结构只能是各种知识成分之间的逻辑关系。科学作为一种活动，其结构必然是各种要素之间的相互作用。科学活动的主体是科学家，科学认识的主体是集体，是一定的社会集团，而不是个人；科学只能是社会集团的活动，是社会事业，不是个人活动。科学活动的工具包括思想工具和物质工具，由世界观、信念、理论、方法和仪器等组成，科学活动的对象是自然界和人类社会，是客观世界。

科学家共同体、科学活动的工具和科学活动的对象这三者的相互作用，即所谓的科学的"三体运动"构成一定的科学活动方式，使科学成为整体性的统一事业。不同的科学活动方式决定着各个历史发展阶段的科学形态，正如不同的生产方式决定着各种社会形态一样。科学之所以为科学，并不在于它拥有多少可靠的知识，而在于由这种特定的"三体运动"所构成的自觉的、能动的、有目的的研究活动。美国科学哲学家库恩的科学观是"科学是科学家集团（即共同体）的活动"，他认为科学不仅仅是现成知识的堆砌，更是人类探索知识的活动。

3）科学是实践力量。这是从作用方面对科学进行考察。科学是人类进化过程中最重要的事情。人们对科学本质的认识，从科学结论的实际应用与社会作用方面的考察，揭示了科学是一种社会发展的实践力量。人类信赖科学才得以建立起今天的物质文明，而到了现代，科学已成为社会具有决定意义的发展因素。

科学作为一种人类实践力量，给社会带来了巨大进步，也带来了许多社会问题。科学的目的究竟是什么？要把科学放置于整个价值观念体系中去思考，因为科学只有和其他社会因素相互作用，才能呈现价值。因此，科学的发展更增加了人类自身的责任——保护他人，发展自己，保护地球，发展未来。

最早把科学作为一种力量来认识的是英国哲学家培根，他认为知识不是一种纯思辨，而是一种力量，是认识自然的力量、驾驭自然的力量、自我完善的力量、滋养信仰的力量、社会改革的力量。"知识就是力量"成为科学最概括、最切要的箴言。

总之，科学的概念应当是认识过程、认识结果和认识力量的统一体，即科学作为知识体系是事实，是人类文化的积淀结果；科学作为社会活动是过程，是人类文化的不断繁衍；科学作为实践力量是作用，是人类文化的动力组成。因此，科学有了一个较为综合的定义：科学是关于现实本质联系的客观真知的动态体系，这些客观真知是由于特殊的社会活动而获得与发展起来的，并且由于其应用而转化为社会的直接实践力量。

3. 科学的具体特征

科学作为知识体系具有一些鲜明的特征。

（1）客观性　客观性是科学的根本特征，是科学理论建立的基础。客观性主要表现在三方面：研究对象是客观存在的；内容是客观的；评价标准是客观的。自然界的一切事物都有其原因，但所有的自然现象并不以其表面上的偶然性因素，或以任何人的意志为转移，科学的目的就在于发现这些客观现象之间的因果联系，并通过这种发现来改造自然。

（2）系统性　系统性是逻辑化知识的形式特征。科学的系统化是把科学材料用准确的概念、范畴通过判断和推理的逻辑程序而前后一贯地表示出来。科学旨在揭示自然的奥秘，揭示自然现象之间规律性的联系，它与一些单个的、简单的公理、发现或判断及箴言等不同。科学的概念、范畴和客观对象之间具有内在的联系，形成一个合乎逻辑的系统。因此，科学通常表现为逻辑上相互联系的知识体系。

（3）普遍性　科学揭示的是规律性的联系。这种联系就表现在其普遍性上，即在相同条件下，同样的原因往往会产生同样的结果。

（4）实证性　科学是从观察自然现象开始的，所有发现与结论都必须经过实践的检验才能确证。不能通过实验确证的知识不能叫作科学。

（5）开放性　科学上的所有发现都要面对经实践或实验验证的成功或失败的可能，而且人类对自然的认识是一个不断地由浅入深、由片面到全面的过程。科学处于动态之中，科学不相信一劳永逸，不接受自古不变，科学是开放的。

（6）应用性　应用性揭示了科学的功能，每一门科学不仅应该成为解释世界的科学的知识体系，也应该成为变革与改造世界的方法和手段。

4. 科学的新颖特性

（1）细分与综合的统一越来越明显　科学在形成过程中表现为不断分化和高度综合的趋势。科学研究更加专门化、精细化、微观化，由此产生各种层次的分支学科，形成多领域多学科、庞大有序的大科学体系。随着分化的加深，各领域多学科之间的联系越来越紧密，差距越来越小，相互沟通、交叉、渗透、融合、协同和互补，从而使整个科学在人、社会与自然统一起来，形成当代科学相互作用、普遍联系、统一不可分割的整体。

(2) 学科交叉文理渗透越来越深入　分化的结果之一是产生了众多的学科交叉和文理渗透的多学科群，这种交叉与渗透不仅有同一领域内部各个学科的交叉，而且有自然科学和社会科学两大领域相关学科的交叉和渗透，还包括不同学科之间的理论迁移、概念引申、方法嫁接和手段互用等，并由此改变了以往的自然科学与社会科学互不相涉的分离状态。

(3) 科学创新的难度与意义越来越大　21世纪是不断产生科学技术奇迹的世纪，也是科学理性充分发展的世纪。相对论、量子论为现代科技革命奠定了基础；粒子物理学使人类对物质世界的认识延伸到夸克层次；信息论、控制论、系统论与混沌学等自组织理论和非线性科学的发展，使人类对自然的认识不断走向复杂与综合；信息、生物与新材料等技术领域的长足进展，极大地拓展了人类利用、改造和控制自然的能力。但正是科学的这种发展，导致科学和技术创新的难度相对于现有的可利用资源而言越来越大，创新周期也越来越长。

(4) 人类受科学的制约越来越严　科学已成为人类社会普遍的文化理念，科学技术的高速发展和广泛运用也促进了人们进入信息化发展阶段，科学技术渗透到人们日常生活的每个角落。科学技术给社会提供了发展的动力，但必须认识到随着科学技术的发展，社会也正越来越依赖于科学技术，反过来就是科学技术对人类的制约也在不断增强。

1.1.2　科学与技术

1. 科学与技术的概念

人们常说，**科学技术是生产力**，这是把科学与技术融为一体而作为一类社会活动的总称，可以理解为科学的技术、科学和技术、科学与技术的有机结合等。**广义的自然科学包括基础自然科学、技术科学和工程技术。狭义的自然科学专指基础自然科学，即数、理、化、天（天文学）、地、生等。**

科学是人类一种社会活动，其目的是认识自然、社会及思维的规律，成果是科学知识。

"技术（technology）"一词来源于希腊语，是希腊语"techne"（技艺、手艺）、"logos"（文字、语词）的组合，本意是一种实用的技艺，包括艺术、技能、本领等。与科学一样，技术是一个动态概念，随着社会历史和人类认识的发展而变化。技术与人类的历史一样久远，当人类创造第一个生产工具时就产生了最初的生产技术。作为改造世界的手段，技术就是人类自然肢体的延长。古希腊，亚里士多德把技术看作制作的智慧；17世纪，培根提出技术是操作性学问；到了18世纪，法国科学家狄德罗认为，技术是人类借以改变或改造其环境的方法或活动，"技术是为某一目的的共同协作组成的各种工具和规则体系"；20世纪以来，技术的含义更加宽广，除了技巧、技能以外，还包括加工方法、工艺流程和技术思想等。

根据不同的功能，技术可分为最基本的生产技术与军事技术、科学实验技术、文化教育技术、卫生技术、日常生活技术等各类非生产技术；根据不同的性质，技术可分为满足社会需要的各种物质手段的硬技术，以及运用各种物质手段以达到一定社会目的的知识、技能、技巧的软技术，如决策技术、预测技术、评价技术及各种专业技巧手法。

技术的发展经历了漫长的历史过程，技术发展的每一历史阶段都有其中心技术和相应的辅助技术。能量转化是技术的主要功能之一，从人力、畜力到蒸汽力、电力、核力等能量转换方式的变革，每一次都引起了重大的技术革命。原始社会以石器技术为中心，以后是青铜技术、铁器技术，现代则以机器和自动化技术为中心。中心技术往往标志着人类历史发展的一个时代。过去的技术主要是在经验知识的基础上缓慢发展起来的，现代技术则几乎都是科学发展的结果。

综上所述，技术是人类为实现社会需要而创造的手段的总和，是把科学知识和实践经验应用于生产过程，以达到利用和改造世界目的的手段和方法的知识体系。它的基本要素是能源、材料、信息和工艺，是一种既包括生产工具、设备等硬件，又包括工艺、方法、制度等软件的系统，是将科学知识转化为认识和改造世界的手段。总之，技术是人类的一种社会活动，其目的是设计和制造用于生产、运输和通信、战争、科学研究、教育、管理、医学、文化和生活等方面的工具和手段。

2. 科学与技术的关系

对于科学而言，技术是科学的延伸；对于技术而言，科学是技术的升华。两者是辩证统一的关系。

（1）科学与技术既有差别性，又有统一性

1）从认识论看，科学本身是知识形态的东西，属于精神财富；技术是生产过程中的劳动手段、工艺设备和加工方法，属于社会的物质财富和创造物质财富的实践领域。技术是劳动技能、生产经验与科学知识的物化。

2）从职能看，科学的根本任务是认识与理解自然，主要回答自然界事物本身"是什么"和"为什么"；技术的根本任务是改造、控制与利用自然，回答的问题是"做什么"和"怎么做"。科学提供物化的可能，技术提供物化的现实。

3）从研究性质和成果形式看，科学是发现，科学是创造知识的研究，其成果表现为发现新现象、新规律、新法则；技术是发明，技术是综合利用知识于需要的研究，其成果表现为工具、设备、工艺、方法的发明。

4）从选题看，科学的选题主要来自人们对自然现象和社会现象及其本质的认识的需要；而技术的选题则来自迫切需要解决的生产问题的需要。

5）从社会功能看，科学对客观事实及其规律的探索和概括，往往具有长远的、根本性的社会效益和经济价值；技术则追求实用性，具有提高生产率的现实意义，常常产生宏大的、直接的经济效益。

6）从属性看，科学无国界，但技术却有自然和社会的双重属性。科学的发现主要是在实践（现代主要是科学实验）基础上，从经验上升为理论，同时要考虑科学自身相对独立的发展和逻辑证明的力量。技术发明在经验知识和科学知识实现物化的同时，还有其自身独特的规律及方法，往往还要兼顾科学的正确性、技术的可行性、经济的合理性等，因此有许多原理上正确的发明，有时要经过很长时间才能在技术上得以实现。

（2）科学与技术是紧密联系的统一体　科学技术化、技术科学化、科学技术与生产合为一体是当代科学技术发展的三大特点。

1）从理论看，科学理论的重大突破是技术进步的前提。技术科学化的趋势是现代科学技术发展的突出特点之一，如分子生物学、分子遗传学、生物化学和微生物学等的综合理论成果，促使生物工程技术的产生和发展成为当代高技术群中的最新技术之一。

2）从手段看，技术的进步为科学发展提供了强大的实验手段。现代科学研究所需要的实验与观察依赖于技术所提供的强有力的手段，科学技术化的趋势是现代科学技术发展的又一个显著的特点。例如，淋巴细胞杂交瘤技术为病毒学、分子生物学、分子遗传学提供了强大的实验手段；计算机技术和微电子技术的问世与发展，极大地增强了人类认识世界和改造世界的能力，对科学发展产生了不可估量的影响。

3）从实践成果看，技术是科学成果转化为生产力的中介和桥梁。科学研究成果并不能自觉地转化为生产力，只有通过技术这一中间环节，才能应用于生产，物化为生产力。在现代社会中，应用新技术是保证生产持续增长的关键因素，而一切新技术都来自科学研究成果，都是建立在科学研究基础之上的，这样就形成了"科学—技术—生产"体系。这种科学、技术、生产一体化的趋势，是科学技术发展到一定规模和水平的产物，也是现代科学技术发展的第三个突出特点。

总之，科学与技术是辩证统一的关系。科学水平高的国家很可能技术水平也高，技术水平高则科学水平也可能会较高，但两者并不一定成正比。因此，如何根据我国的具体情况使科学、技术和经济、社会协调发展，以取得更快的进步，是关系我国未来发展的重大课题。

【例1-2】 技术可以产生科学，如射电望远镜的发明与使用，产生了射电天文学；科学也可以产生技术，如利用核裂变原理制造原子弹，利用半导体原理生产出半导体收音机。

【例1-3】 2021年10月16日0时23分，搭载神舟十三号载人飞船的长征二号F运载火箭，在酒泉卫星发射中心按照预定时间精准点火发射，约582s后，神舟十三号载人飞船与火箭成功分离，进入预定轨道，顺利将翟志刚、王亚平、叶光富3名航天员送入太空，飞行乘组状态良好，发射取得圆满成功，我们实现了"上九天揽月"的梦想。

【例1-4】 蛟龙号载人潜水器是我国第一艘深海载人潜水器。它由我国自行设计、自主集成研制，是目前世界上下潜能力最深的作业型载人潜水器。蛟龙号当前最大下潜深度为7062m，最大工作设计深度为7000m，工作范围可覆盖全球99.8%的海洋区域。作为潜水器家族"三龙"之一，和无人无缆的潜龙号、无人有缆的海龙号不同，蛟龙号的优势在于定点悬停作业。科学家通过搭乘蛟龙号可以对海底进行直接观测和取样，对海底某个点进行"解剖麻雀"式精细化研究。"三龙"能够实现优势互补，点线面结合进行勘察。蛟龙号从诞生到使用，历经艰难险阻，凝聚了无数科研工作者的心血。

【例1-5】 到20世纪90年代，盾构机已经经历了近百年的发展，但中国还没有此类设备，要修铁路隧道，只能从发达国家进口。然而，对国外设备的依赖也带来许多问题，"国外的设备报价很高，而且不能完全满足我国的需求，另外，国外设备的问题还包括生产周期长、售后和维修都很难"。所以，中国开始自主设计、研发和制造国产的盾构机。2010年，铁建重工自主研制的首台土压平衡盾构机横空出世，国产化率达到87%，创造了当时国产盾构机的最高纪录，让"洋盾构"在中国市场被迫降价30%，从此在中国的市场份额开始大幅度缩水。经过十多年探索与开发，中国盾构机越来越高效和人性化，逐渐走到世界前列。由此，也开始大规模开拓国际市场。2017年，中国在莫斯科拿下了第一个地铁项目，铁建重工5台盾构机出口莫斯科。针对莫斯科极寒的施工环境，这5台盾构机整机关键部件均采用耐低温材料制作，专门开发可耐-30℃低温的驱动系统，另外还增加了诸多辅助措施，如耐低温选型设计、保温、加热等功能。这5台设备创造了俄罗斯最高日进尺35m/天的纪录，也深受当地人的喜爱，他们用俄罗斯家喻户晓的电视剧《爸爸的女儿们》中5个女儿的名字进行命名。现在铁建重工盾构机已出口至欧洲、中东等地区，在土耳其、斯里兰卡、韩国等实现了出口零的突破。

(3) **科学与技术的区别** 科学与技术的区别可以归纳为以下四点。

1) 从历史记载来看。技术一直是独立于科学单独发展的。技术一般不包含有条理有系统的一系列观察，而是从实验和错误中直接发展起来的。几千年前发明的水轮和风车就是证明。它说明技术发明在先，而有关原理及其作用方法的条理化、科学知识出现在后。

2) 从职能来看。科学是认识客观世界的规律，它着重回答"是什么"和"为什么"的问题，是提供应用的理论，科学与生产没有直接关系。技术在于对客观世界的控制和利用，即在于设计和制造用于生产、运输、文化和生活等方面的工具和手段。它着重解决"做什么"和"怎样做"的实际任务，是使可能应用的理论变成现实的活动。

3) 从现象来看。科学发现是那些在世界上早已存在的事物或现象的规律。技术发明则是那些在世界上从来没有人做过的事。

4) 从成果来看。科学成果是知识，即发现后就应当立即公开宣布，以取得优先权。技术成果是物品、工艺方法等，即可以马上进行买卖的东西。

3. 科学与技术的相关性

现代科学，除少数领域，几乎不存在没有技术的科学，也不存在没有科学的技术。所以，人们不严格区分科学和技术，将二者统称为科学技术，简称科技。

4. 科学技术就是生产力

科学技术的萌芽产生于人猿揖别之时。当人类创造第一个生产工具而脱离动物界时，既标志着人类理性的诞生，又标志着理性的最初胜利。科学技术既作为改造自然的手段，又作为改造世界的重要成果，一开始就是由人类与大自然的斗争——生产所决定的，物质生产的发展是推动科学技术进步的最终的主要力量。因为物质资料的生产是整个人类社会赖以生存和发展的基础，所以生产实践的需要，归根到底是一切科技研究的最终归宿。

生产力的发展在很大程度上取决于生产工具的改进，以及生产经验、劳动技能和生产管理的提高，而所有这些都越来越依赖科学技术的发展。20世纪以来，特别是第二次世界大战以来，科学技术的发展与经济、社会的发展互相制约、互相促进，二者之间的关系更加紧密和深化。一方面，科学技术可以直接转化为生产工具，从而转变为直接的生产力；另一方面，科学技术的普及，使劳动者提高了生产经验和劳动技能，也就是通过人的要素，将科学技术转变为直接的生产力。因此，科学技术是生产力发展的重要动力，是人类社会进步的重要标志，而科学研究是人类社会实践的基本形式，是推动社会进步的强大动力。人类社会发展史表明，科学技术的每一次重大突破，都会引起生产力的深刻变革和人类社会的巨大进步。

当今世界，生物技术、航天技术、信息技术、新能源技术、新材料技术、海洋技术、激光技术、自动化技术的日新月异及广泛运用，将深刻地改变与引领人们的生活。"立足科学""知识和技术密集"的高技术产业将日益使高技术成果商品化、高技术商品产业化、高技术产业国际化。现代科学技术是重要的生产力，不仅成为促进经济发展的重要因素，而且广泛渗透到社会生活的各个方面，成为促进社会发展的重要力量。

现代国际的竞争，说到底是综合国力的竞争，核心是科学技术的竞争。科学技术日益渗透于经济发展和社会生活的各个领域，成为推动现代社会进步的决定性力量。我国著名科学家钱学森早在1991年，就作为重大战略决策向政府提出建立科学技术业的建议，并特别强调了建立科学技术业这个第四产业的重要意义。这就是说，科学是一种建制，是一项反映客观事实及其规律的知识体系相关活动的事业。它在社会总体活动中表现出认识世界和改造世界两方面的功能。前者是科学的认识功能，后者是科学的生产功能，而这种功能是通过科学研究来实现的。

1.1.3 大科学

"大科学"（big science, mega science, large science）是国际科技界近年来认可的新概念。从运行模式来看，大科学研究国际合作主要分为三个层次：科学家个人之间的合作、科研机构或大学之间的对等合作（一般有协议书）、政府间的合作（有国家级协议，如国际热核聚变实验堆ITER、欧洲核子研究中心的大型强子对撞机LHC计划等）。其中，各国政府组织的大科学研究国际合作占主导地位。其合作方式主要有人员互访、专题研讨会、代培研究生、学术进修、合作研究、技术转移、设备维护与运行等，其中合作研究与专题研讨受到更多重视。

科学作为一种社会体制是在17世纪下半叶开始形成的，当时欧洲已有一批科学协会，开始出现科学杂志。在此之前，科学交流活动仅限于书籍、授课及科学家的个人交往等。19世纪以前，尽管有了实验室，出现了集体研究形式，但依然是"小"科学，所谓"小"科学，就是个人研究或科学交叉影响甚少的集体研究。从事科学研究的人数和规模还小，相当于工场手工业水平。20世纪以后，出现了新的科学机构——具有强大技术基础的大型科学研究所和实验室，这就使科学活动接近现代化工业劳动，从而使科学由"小"科学变为"大"科学。

美国科学家普赖斯于1962年6月发表了著名的以"小科学、大科学"为题的演讲。他认为第二次世界大战前的科学都属于小科学，从第二次世界大战时期起，进入大科学时代。就其研究特点来看，主要表现为：投资强度大、多学科交叉、需要昂贵且复杂的实验设备、研究目标宏大等。根据大型装置和项目目标的特点，可以将大科学研究分为两类：第一类是需要巨额投资建造、运行和维护大型研究设施的"工程式"大科学研究，又称为"大科学工程"，包括预研、设计、建设、运行与维护等一系列研究开发活动；第二类是需要跨学科合作的大规模、大尺度的前沿性科学研究项目，通常是围绕一个总体研究目标，由众多科学家有组织、有分工、有协作、相对分散开展研究，如人类基因图谱研究等即属于这类"分布式"的大科学研究。

【例1-6】 国际空间站计划、LHC计划、Cassini卫星探测计划、Gemini望远镜计划等，其大型设备是许多学科领域开展创新研究不可缺少的技术和手段支撑，同时，大科学工程本身又是科学技术高度发展的综合体现，是各国科技实力的重要标志。

【例1-7】 基本粒子物理学领域中开展研究工作所需要的功率为3000亿电子伏特的大型加速器的建造费用高达2亿美元以上。美国"阿波罗"登月计划于1969年7月20日使第一批宇航员到达月球。为了实现这个计划，要求建立一个非常复杂的系统，其重2949t，价值2.82亿美元。而研制和发射这个系统，花费了244亿美元，共有40万名科学家、工程师、技术人员和工人付出了8年的紧张劳动，2万个部门和公司及120个大学和实验室参加了这项计划的研制和生产工作。

大科学不仅渗透于物质生产部门，而且渗透到政治、行政和军事领域，它日益与全部社会体制相联系。科学作为社会体制，本身也逐渐变成社会经济潜力和最重要的因素，并需消耗巨额费用。在发达国家中，科研工作的费用已占国民总收入的显著部分。

【例 1-8】 美国的"星球大战计划"、日本的"新人类领域研究"计划、西欧的"尤里卡"计划、经互会成员国的"东方尤里卡"计划等，涉及领域空前广泛，耗费资财空前巨大，技术动员空前深入，研究周期空前之长。就经费而言，"星球大战计划"是预计要耗资 1 万亿~2 万亿美元的世纪大工程。

【例 1-9】 港珠澳大桥是连接香港、珠海、澳门的超大型跨海通道，全长 55km，是目前世界上最长的跨海大桥，2018 年 10 月开通运营。港珠澳大桥的 3 座通航孔桥分别为九州航道桥、江海直达船航道桥、青州航道桥，均为大跨度斜拉桥。大桥在国内首次设计采用 1860MPa 平行钢丝斜拉索，减小了索体阻风面积及重量；充分利用相邻非通航孔桥相同结构类型的钢箱梁进行配重，外边跨不设置斜拉索，因地制宜，综合优势明显；基础采用变直径钢管复合桩，钢管与钢筋混凝土组成组合截面共同受力，经济合理；桥塔采用"中国结"造型钢剪刀撑，与混凝土塔柱采用"承压—传剪"复合传力模式连接箱连接，性能安全可靠；钢箱梁采用优化的扁平流线形断面和正交异形钢桥面板，抗疲劳性能优越；桥墩墩身采用节段预制、现场安装施工方案，节段连接采用 75mm 预应力粗钢筋。

【例 1-10】 都江堰是世界文化遗产（2000 年被联合国教科文组织列入"世界文化遗产"名录）、世界灌溉工程遗产、全国重点文物保护单位、国家级风景名胜区、国家 AAAAA 级旅游景区。都江堰位于四川省成都市都江堰市城西，坐落在成都平原西部的岷江上，始建于秦昭王末年（约公元前 256—前 251 年），是蜀郡太守李冰父子在前人鳖灵开凿的基础上组织修建的大型水利工程，由分水鱼嘴、飞沙堰、宝瓶口等部分组成，两千多年来一直发挥着防洪灌溉的作用，使成都平原成为水旱从人、沃野千里的"天府之国"，至今灌区已达 30 余县市、面积近千万亩，是全世界迄今为止，年代最久、唯一留存、仍在一直使用、以无坝引水为特征的宏大水利工程，在那个时代绝对是一个"大科学"工程，凝聚着中国古代劳动人民勤劳、勇敢、智慧的结晶。都江堰风景区主要有伏龙观、二王庙、安澜索桥、玉垒关、离堆公园、玉垒山公园、玉女峰、灵岩寺、普照寺、翠月湖、都江堰水利工程等。2020 年 11 月 18 日，当选"巴蜀文化旅游走廊新地标"。

从第二次世界大战前夕到 20 世纪 70 年代期间，美国的科学研究研制费用增加了 93 倍，用于科学研究和研制的费用在当时国民生产总值中的比重几乎增加了 6 倍。研究和研制费用如此飞速地增长，是当代科学活动特有的现象。科学地位的提高，首先取决于它与技术、生产之间联系性质的变化。19 世纪以前，科学对生产一般还只能处于滞后地位。后来科学的发展超前于技术和生产的发展，形成了"科学—技术—生产"的统一体系。在"科学—技术"中，科学起主导作用。社会愿意把大量资金投入到科学研究中，是由于科学研究具有巨大的社会经济效益，它能慷慨地予以回报。据估算，以每公斤产品的出厂价格计算，如果钢筋为 1，则小轿车为 5，计算机为 1000，集成电路高达 2000。计算机存储器所用的原料比相同重量的铁锅还便宜，但通过科学的加工之后，其售价竟相当于相同重量的白金。除了直接创造价值外，科学技术的最大贡献是成为提高劳动生产率的关键因素。在 20 世纪初，发达国家提高劳动生产率，主要是依靠劳动力和资本积累，只有 5%~10% 来自科学技术，但是 20 世纪 70 年代后，要提高劳动生产率，60%~80% 得依靠科学技术的进步。

"大"科学的另一个重要特点是：科学发明，从它的出现到它的实际应用之间的时间日益缩短，见表 1-1。这在很大程度上加快了技术发展的速度，反过来，技术发展速度的加快，又加速科学的发展。

表 1-1 科学发明到实际应用之间的时间对照

发明或发明对象	开始研制或发明年份	出产品年份	试制所需年限
纤维人造丝	1655	1885	230
照相术	1772	1894	122
第 1 台机器	1680	1780	100
水泥	1756	1844	88
电影	1832	1895	63
电动机	1829	1886	57
电话	1820	1876	56
无线电	1867	1902	35
汽车	1868	1895	27
飞机	1897	1911	14
电视	1922	1934	12
原子弹	1939	1945	6
尼龙	1935	1939	4
集成电路	1958	1961	3
太阳能电池	1953	1955	2
激光照排机	1979	1981	2

目前，发明创造和实际应用之间的时间通常不会超过四五年。在工业向人们提供的消费品中，现还不存在，若干年后会习以为常的东西，将来人们可能生活在品种完全不同于今天的另一个物质世界。

大科学的又一重要特点是重视开发，把知识尽快变成财富。现代日本的科学技术成就令人信服地表明，开发研究对经济发展是何等重要。日本有句名言："综合就是创造""转移就是突破"。他们根据自己的国情，最大限度地把世界各国人民创造的知识变成自己的财富，表明了他们巨大的科学才能和对"大"科学时代的适应性。

在现代社会全部就业人口中，脑力劳动者所占比例越来越高。在美国、西欧等发达国家已超过一半，直接从事科研工作的人数迅速增长。

由此可见，科学经过 20 世纪初的革命，特别是 20 世纪 40 年代之后，科学已从小科学进入了大科学的时代，现代科学无论在结构、发展速度、规模、对社会影响等方面都有了新的特点，表现在以下方面：

1）科学社会化。现代顺利地进行科学研究，必须要有社会的合作才行。

2）全科学化。科学知识不仅成为新的生产形式的源泉，也成为新的社会需求和个人需求的源泉。

3）科研课题具有综合性。

4）科学管理的作用越来越明显。

5）科学与政治的关系日趋密切。

6）科学不但是影响国家兴衰的一个重要因素，而且日益成为国际合作的重要内容。

7）科学的发展越来越受到社会的监督。

随着基础研究在科学前沿全方位拓展及在微观和宏观层面的深入发展，许多科学问题的范围、规模、成本和复杂性远远超出一个国家的能力，必须开展双边和多边的合作。组织或参与国际大科学研究计划及耗资巨大的大科学工程，成为进入国际科学前沿和提高本国基础研究实力和水平的重要途径。

【例1-11】"中国天眼"500m口径球面射电望远镜（FAST）是目前世界上最大、最灵敏的单口径射电望远镜，能够接收到100多亿光年以外的电磁信号。从2021年3月31日至11月15日，"中国天眼"向全球天文学家征集观测申请。国外科学家已有30余份申请约800个机时，其中一半左右的申请机时得到支持。"中国天眼"已经成为"世界天眼"，成为国际科技合作与交流的典范。

【例1-12】 2020年8月，国际热核聚变实验堆（ITER）计划重大工程安装启动仪式举行，由中国、欧盟、印度、日本、韩国、俄罗斯和美国7方30多个国家共同合作。目标是通过建造反应堆级核聚变装置，验证和平利用核聚变能的科学和工程技术可行性，把"人造太阳"从梦想变为现实。ITER项目建造期需约130亿欧元；2008—2017年，在我国参与ITER计划项目带动下，国家磁约束核聚变能发展研究共部署119个项目，安排经费约40亿元，取得了多项国际和国内一流的研究成果，使我国在核聚变领域处于与国际同等甚至某些方面领先的地位。

如今，人类社会正面临诸多共同挑战，需要通过进一步加强国际科技合作来应对。作为解决全球关键科学问题的"利器"，国际大科学计划和大科学工程还应继续扩大开放，强化国际合作。党的二十大报告指出，推进高水平对外开放，稳步扩大规则、规制、管理、标准等制度型开放，加快建设贸易强国，推动共建"一带一路"高质量发展，维护多元稳定的国际经济格局和经贸关系。中国与国际同行齐心协力，继续推动与主要创新大国的合作，找准多边科技合作的切入点和突破口，深入实施"一带一路"科技创新行动计划，聚焦事关全球可持续发展的重大问题，设立面向全球的科学研究基金，合力突破重大关键科学和技术，加快启动我国牵头的国际大科学计划和大科学工程，在应对全球性挑战中贡献中国智慧。

1.2 科学研究

1.2.1 科学研究的定义、内容和特征

1. 科学研究的定义

"科学研究"一词来源于英文"research"，前缀"re"（再度，反复）与"search"（探索、寻求）合起来的意思为反复探索。然而，世界各国习惯于用"研究与开发"（research and development，R&D）来表示科学研究。日本直接用"研究开发"，即"RD"表示科学研究。

英国《牛津大辞典》和经济合作与发展组织（OECD）对科学研究的定义为："研究与开发，是为了增加知识量，知识包括人类文化和社会知识的探索，以及利用这些知识去发明新用途所从事的系统创造性工作。""系统创造性工作"便是创造知识、整理知识及开拓知

识新用途的探索工作。

科学研究一般指利用科研手段和装备，为了认识客观事物的内在本质和运动规律而进行的调查研究、实验和试制等一系列的活动，为创造发明新产品和新技术提供理论依据。

科学研究实质上由两部分组成：一部分是创造知识，即创新、发现和发明，是探索未知事实及其规律的实践活动；另一部分是整理知识，即对已有知识分析整理，使其规范化、系统化，是知识继承的实践活动。由此可以给科学研究下这样一个定义：科学研究是人们探索未知事实或未完全了解事实的本质和规律，以及对已有知识分析整理的实践活动。

科学研究是科学领域中的探索和应用，是科学活动的具体表现和中心内容。它包括已经产生的知识的整理、统计、图表及其数据的搜集、整理、编辑、加工和分析的工作。

2. 科学研究的内容

科学研究的内容包括三个层次：阐释前人智慧；完善前人智慧；创造新的智慧。

具体内容是通过各种科学研究方法，对客观存在的事实和确凿材料进行加工整理，从感性认识上升到理性认识，以找出客观事物和过程的发展变化规律，创造出新的科学知识，发明和创造出新技术、新工艺、新设备、新产品等。科学研究的生命在于突破。

根据科学研究的定义，科学研究应该包括三方面的实践活动：观察或探索未知事实的本质及其规律的实践活动；验证与发现有关事实的本质及其规律的实践活动；对已有知识的分析、整理、综合及规范化、系统化的实践活动。

3. 科学研究的特征

科学研究虽然方式各异，方法多样，但都有着许多共同的基本特点：创造性、继承性、探索性、严密性，并且在自然科学与人文社会科学中都有反映。

科学研究工作是一项极其复杂的、难度较高的脑力劳动，其本质是创造知识。因此，它与一般的社会活动相比有着自己的特性。具体表现在以下几个方面。

（1）**创造性** 创造性是科学研究最根本的特点，也是区别于其他社会活动的显著特性，创造性是科学研究的灵魂。科学研究就是把原来没有的东西创造出来，没有创造性就不能成为科学研究；这一特点要求科研人员具有创造能力和创造精神。

创造性包括三个方面的内容：发现、发明和创新。科学发现就是引导发明创造，促进知识增长和技术发明；开创性发明是"无中生有"，如中国古代四大发明；改进性发明是"有中生无"，如汽车系列。发明创造过程为科技查新→专利申请→论文投稿，它是发现目标、确定任务、构思方案和实验试制的过程。发明专利是产品、方法及改进提出新的技术方案；实用新型专利是产品的形状、构造及结合提出适于实用的新的技术方案，务必是有形状与构造的产品；外观设计专利是产品形状、图案、色彩及结合应用的新设计。

（2）**继承性** 科学研究的创造是在前人成果基础上的创造，是在继承中实现的，这就是继承性。它包含两层意思：其一是继承前人或他人建立起来的科学技术作为继续研究的工具；其二是将前人探索过但又没有完成的事业继续探索下去。这一特点决定了科研人员只有掌握了一定科学的知识，才有资格和可能进行科学研究。具体内容包括：

1）科学思想。这是研究方法、目的和研究过程的指导思想。

2）科学理论。这是指系统性、规律性的知识体系。

3）科学研究方法。这是认识客观事物的本质和规律的基本途径。

4）经验事实材料。这是进行理论概括的客观依据。但是这种继承不是完全照搬，而是批判地继承。

（3）**探索性**　科学研究就是不断探索，把未知变为已知，把知之较少的变为知之较多的过程。因此，科学研究是永无止境的探索活动。探索实际上就是有目的地改变研究方法、设计构思、计算步骤等。探索是创造的前提，创造是探索的发展和结果。在科学探索中，既会有成功，也会有失败，但重要的是要不断地总结经验和吸取教训。

（4）**一次性和连续性**　一次性即研究课题不重复，已经解决了的问题不再去研究，而只研究尚未解决的问题。连续性即研究过程的连续性、脑力劳动的连续性和群体劳动的连续性。科学研究是一个系统工程，从选题开始到最后出成果，包含着许多相互联系的环节和过程。脑力劳动是最怕中断的，只有集中精力和时间，专心致志地思考一个问题，才能获得最高的科学研究效率。况且从科研群体来看，科学研究是一代接一代进行的。

（5）**艰巨性和复杂性**　科学研究是一项艰巨复杂、难度较高的脑力劳动。任何科研成果都是科研人员经过长期的、一点一滴地积累资料和废寝忘食地钻研而取得的。有的人甚至奋斗一生都不能取得预想的成果，而需要别人替他继续研究下去，就像爱因斯坦的统一场论一样。科学思维要求立体思维，设计科学实验或数学推导是一项很复杂的工作，不仅要求先进、合理，而且要考虑到各种参数、条件的作用，还要注重资料、观察、计算、分析论证和表达等的精确性。

（6）**集体性**　"大科学"出现后的今天，科学研究日趋社会化，一项重大的科研课题不再只是一两个科学家的事了，而是涉及多门学科和社会多部门，有众多科学家、工程技术人员等参与的分工合作的科研有机集体。

（7）**独立性**　科学研究的集体性，并不是否认科学家的独创能力，恰恰相反，任何一项科学研究，只有在科学家具有独立的个体研究的基础上，才能形成集体，才能形成相互启发、深入探讨、促进集体智慧充分发挥的气氛，从而产生更多的创造性成果。任何一个研究集体都不需要没有独立研究能力的合作者，因为课题组的本质是对课题诸方面工作的分工合作。

（8）**竞争性**　科学研究与人类的其他社会活动一样，是不断发展变化的，在同一个问题上，往往挤满了跃跃欲试的拼搏者，这就决定了科学研究的竞争性。其主要表现为争夺优先权、专利权和发明权等。哈格斯特朗研究发现，在1400名科学家中，大约有2/3的人在他们自己的贡献中曾被别人占先。竞争是科学研究的社会互动的各方，为了达到同一个目标而争夺的过程，争夺的结果是分出优劣的名次。这种竞争不断地启发、激励、帮助科研工作者。要使自己处于不败之地，必须不断地更新自己的知识结构、思维结构和科学研究方法。因此，良性的科研竞争是发展科学技术、推动历史发展的动力。

（9）**严密性**　从科研课题的确定到观察、实验的进行，从发展理论思维活动到提出假说、建立理论的过程中，都必须严格地遵循客观规律和认识规律。在探索客观事物的本质及其规律时，必须实事求是，决不能夸大其词，也不能东拼西凑实验数据和计算结果，更不能牵强附会地对结果进行解释。严密性必须贯彻全面原则、系统原则和逻辑原则。

4. 科学研究的作用

科学研究最根本的作用是探索未知、揭示规律，不断提高人们认识自然和改造自然的能力。具体表现在：推动科学不断发展，推动生产不断进步，推动社会不断前进。

1.2.2 科学研究的类型

科学研究的类型分为**自然科学研究**与**社会科学研究**两大类，二者既有联系，又有区别。二者的联系主要表现为立足于客观的科学研究；二者的区别则表现在所研究对象的不同。社会现象与天文、物理、化学、生物等诸类自然现象相比，至少有复杂程度、因果联系方式、受认识主体的影响程度、先期主体意识的差别。

现代自然科学开始于19世纪末，但在整个19世纪，自然科学的巨大成就便激发了人们运用自然科学的方法来研究社会现象的热情，形成了一股被列宁称之为"从自然科学奔向社会科学的强大潮流"。到了20世纪初，由于科学与技术的紧密结合和互相促进，现代科学技术的发展及其所产生的影响达到了前所未有的高度和深度。现代科学技术的发展表现出了新的特点：发展速度越来越快；学科相互渗透；社会化程度越来越高；科研、生产联合体形成。时代对科学研究提出了新的、更高的要求。爱因斯坦说："在我们之外有一个伟大的世界，它离开我们人类而独立存在，它在我们面前就像一个巨大而永恒的谜，然而至少部分是我们的观察和思维所能及的。"因此，自然科学研究与社会科学研究不仅是可能的、可行的，也是迫切的。

所谓社会科学研究，就是人们从一定的社会科学学科角度出发，应用某些方法和技术对社会现象或事物所做的系统分析或解释，简称社会研究。它是一种有目的的智力活动，也是一种有方向的社会活动。通过这种活动，我们可以获得有关社会现象或事物的知识，解决一定的理论或现实问题，包括政治学、经济学、法学、教育学、文艺学、史学等。所谓自然科学研究，是指研究自然界的物质结构、形态和运动规律的科学，包括物理学、化学、生物学、天文学、气象学、地质学、农学、医药学、数学和各种技术科学等。

美国学者沃勒斯坦说："自然科学一直都在朝着一个新的方向转变，它日益地将宇宙看成是不稳定的、不可预测的。于是，宇宙便被设想成是一种能动的实在，而不是一架受处于自然之外的人操纵的自动机器。与此同时，社会科学也在朝着一个新的方向转变，日益地表现出对自然的尊重。自然科学与社会的趋同比以往更加明显，以至于我们完全有理由相信，两者都是在处理各种复杂的系统。"正如沃勒斯坦所指出的，自然科学与社会科学目前既有趋同的表现或迹象，又存在区别，社会科学研究有着与自然科学不同的特点：必须坚持个体性与整体性的统一、实证性与理解性的统一、事实判断与价值判断的统一。狄尔泰认为，社会现象的主体是人，而人的思想、观念、意志、情感、行为等都具有个别性、非确定性、非量化性，这就使社会科学的研究不可以像自然现象那样采用客观的、定量的、实证的方法。自然科学研究与社会科学研究在研究对象、方法论、研究方式、具体方法与技术上表现出了融会、交叉与互补、差异，"不同创造性学科的特点，首先在于不同的共有价值的集合"。

从研究过程看，自然科学研究可分为基础研究、应用研究与开发研究；从研究性质看，自然科学研究可分为探索性研究、发展性研究；从研究方法看，自然科学研究可分为实验研究、调查研究和观察研究。

我国把自然科学研究分成三类：基础研究、应用研究、开发研究。三类自然科学研究的比较分析见表1-2。

表 1-2 三类自然科学研究的比较分析

项目	基础研究	应用研究	开发研究
研究目的	扩大科学知识，建立科学理论	以技术为目标，探讨知识应用的可能	把研究成果应用到工程和生产上
研究性质	探索新事物	发明新产品、新工艺、新流程	完成新产品、新工艺、新流程的实用化研制
研究特点	追求事物的内在联系，预言规律产生的后果、意义和作用	追求最佳条件系统，实现人工产物（产品、技术）	产品设计，产品试制，工艺改进
典型案例	电磁感应原理研究，核裂变原理研究	发电机研究、发明，核能应用研究	建立发电厂，研制核潜艇
计划性质	比较自由，无实际指标	比较有弹性，有战略意义	比较确定，解决实际问题
时间要求	不做具体规定，要求提出一般的研究时间表	不严格规定，要求提出大致的研究时间表	严格规定，一般研究时间较短
人员要求	科学家。要求具有深厚的理论基础，富有探索创新能力	科学家、工程师。要求既有创造能力，又有解决实际问题的能力	工程师、技术员。要求有相当的专业知识、丰富的经验和较强的实践能力
成果名称	学术论文，学术专著	学术论文、专利或研究工作报告	设计图、数据专利或产品样品
成果应用	转化时间较长，一般不能预测	转化时间较短，一般可以大致预测	很快可以应用，能较准确地做出预测
成果意义	对科学有广泛深远的影响，能开拓新技术和新生产领域	对特定的专业技术有广泛的影响，能为基础研究提供新课题	影响特定的生产领域，对经济和社会有直接的作用
成功率	无冒险性，成功率小	冒险性很大，成功率较大	冒险性较小，成功率大
管理特点	科学家的自主性强，自由度大；须尊重科学家的意见，支持个人；成果由同行评议，不需要急于做出评价	管理要求严，定期检查进度；尊重个人的创新精神；需集体协作，在适当的时候进行有组织的评价	管理严格，一般限期完成；管理人员要参与计划；组织严密，强调集体协作；最后验收，并交付使用

1.2.3 科学研究的方法

1. 方法的传统定义

方法是指人们在一切活动领域内，从理论上或实践上掌握现实，为达到某种目的而采取的途径、手段、工具和方式的总和。

方法是有结构的。它由目的、知识、程序、格式和规则五个要素构成。目的是方法的灵魂，它决定着程序、格式和规则，其他要素都是为目的服务的。

2. 科学研究的方法

把符合客观规律，能达到预期目的的方法称为科学方法，即研究主体与客体的本质和规律的方式、手段和途径。

科学研究的方法较多，较为常见的有实验研究法、文献研究法、比较研究法、实地研究法、访问研究法、调查研究法、社会网络研究法、统计分析研究法等。

现代科学研究方法不仅继承了古代和近代的科学研究方法，而且有了新的变化：一是观察、实验与理论思维、逻辑与非逻辑思维密切结合；二是数学方法越来越广泛地被应用于各个科学部门（包括某些社会科学部门）；三是产生了控制论、信息论、系统论、耗散结构论、协同学及突变论等新理论，这些新理论又是崭新的研究方法。运用良好的科学研究方法，可在研究工作中少走弯路，达到事半功倍的效果。

1.2.4 科学研究的步骤

科学研究一般可分为三个阶段：①选题、搜集、阅读资料和进行课题设计的准备阶段；②实际工作的进行阶段；③整理实验记录、分析综合实验资料，写出科学研究工作总结和技术总结，撰写论文、提交鉴定或验收的总结阶段。

现对自然科学研究的一般过程做简要介绍。

1. 研究课题的抉择与准备

主要是在主攻方向和专业目标范围内，确定研究课题。在抉择与准备阶段，选题是任何一项科研工作必不可少的首要环节。在选题过程中，要运用各种科学方法，特别是通过文献检索，掌握有关的情报资料后才能做出正确的抉择。

2. 情报资料与事实的搜集

主要是获取文献情报资料和新的经验事实，这是科学研究继承性的具体表现。从根本上来说，经验事实来自人们的实践活动。观察和实验就是搜集经验事实的主要方法。要获取关于研究对象的第一手资料，必须在科学思维的支配下进行观察和实验。

3. 实验素材数据的加工整理

主要通过科学抽象建立科学概念，并运用比较、分类、类比、归纳、演绎、分析、综合等方法，对所研究的现象和变化规律做出解释和说明。

4. 科学假说和科学理论的建立

通过对资料与事实的加工、整理，就可以得到科学研究成果——科学假说或科学理论。假说和理论都是科学研究的成果。对于一个新的研究领域来说，仅仅获得一个科学理论是不够的，还要建立比较完整的科学理论体系，可以通过学术论文或学术专著等形式表现出来。因此，学术论文的写作就成为整个研究过程中必不可少的步骤。

5. 科研成果的鉴定与评价

为了说明所得结果的可信度和严密性，科研成果必须通过科研管理部门组织同行专家进行鉴定和评价，这是科学活动不可缺少的最后一个环节。

图1-1所示的科学研究是从提出问题开始进入科学研究基本程序的。期间历经提出问题、筛选取舍与科研立项，经观察实验和调查分析，通过资料积累、科学抽象、建立假说、理论验证、假说修正与理论再验证等研究过程，如此周而复始，循环往复，最终完成科学研究。

自然科学研究包括工程技术科学与应用科学研究，自然科学研究程序如图1-2所示。**建议初学者科研策略为：量力而行，思路清晰，方法简便，不怕失败。**

图 1-1 科学研究基本程序

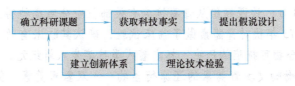

图 1-2 自然科学研究程序

社会科学研究包括文、史、哲、心理与艺术等科学研究，社会科学研究程序如图 1-3 所示。

图 1-3 社会科学研究程序

以社会调查研究为例，社会科学研究的一般程序如下：
1）确定研究调查课题，提出研究假设：科研决策。
2）设计调查研究方案，收集资料即调查阶段：科研设计，调查实施。
3）整理和分析资料：资料甄别，分析研究。
4）提出调查研究论点：演绎哲理，归纳事实。
5）撰写调查研究报告：总结应用。

【拓展阅读】 屠呦呦和青蒿素

科学与科学研究是要坚持长期艰苦奋斗、创新不息的。60 多年来，屠呦呦主要从事中药和中西药结合研究，突出贡献是发现并研发了新型抗疟药物青蒿素和双氢青蒿素。屠呦呦是第一位以本土科研成就获得诺贝尔科学奖项的中国科学家、第一位获得诺贝尔生理学或医学奖的华人科学家、第一位获得国家最高科学技术奖的女科学家。她坚持文化自信，弘扬中医传统，传承精华，守正创新。传承是中医药发展的根基，创新是中医药发展的活力。

1969 年 1 月，在抗药性恶性疟疾蔓延、抗疟新药研发在国内外都处于困境时，屠呦呦接受了国家"523"抗疟药物研究的艰巨任务，被任命为中医研究院中药抗疟科研组组长。她仅用了 3 个月的时间，就编辑完成了包含 640 个方药的《疟疾单秘验方集》，后组织团队进行 300 余次筛选实验，确定了以中药青蒿为主的研究方向。在葛洪所著中医古籍《肘后备急方》中"青蒿一握，以水二升渍，绞取汁，尽服之"治疗寒热诸疟的启迪下，屠呦呦找到了低温提取青蒿抗疟有效部位的方法。

1971年10月4日，屠呦呦课题组获得了对鼠疟原虫抑制率达100%的青蒿乙醚中性提取物，这是青蒿素发现最关键的一步。为了加速研发进度并保证患者的用药安全，1972年，屠呦呦和其他两位课题组的同志不顾安危亲自试服该提取物，证明了其安全性。当年，临床评价有效的报告在"523"内部会议上公布，引发了全国对青蒿提取物抗疟的关注与研究热潮。在得到具有明确抗疟活性的青蒿乙醚中性提取物后，屠呦呦课题组开始分离其有效单体成分。1972年11月8日，该课题组从青蒿抗疟有效部位中分离提纯得到抗疟有效单体——青蒿素，并率先在1973年秋对青蒿素做了临床试验，确认其临床有效。青蒿素的发现，改写了只有含氮杂环化合物可抗疟的历史，标志着人类抗疟步入新纪元。

1973年9月，屠呦呦发现青蒿素的还原衍生物——双氢青蒿素，促进了国内外对青蒿素类药物研究的不断深入，这是屠呦呦及其课题组的又一个重要贡献。1981年10月，在世界卫生组织等国际机构召开的青蒿素及其衍生物专题会议上，屠呦呦报告了关于青蒿素的研究成果，由此抗疟新药青蒿素逐步为世界熟悉和认同。1986年10月，中国中医研究院中药研究所获得自我国新药审批办法实施以来的第一个《新药证书》[（86）卫药证字X-01号]——青蒿素。屠呦呦团队经过多年努力，创制出临床药效高于青蒿素且复燃率低的新一代抗疟药——双氢青蒿素。该药及其片剂于1992年获国家一类新药证书[（92）卫药证字X-66、67号]，并被评为全国十大科技成就。其后，屠呦呦及其团队继续长期研究青蒿和青蒿素类化合物的新功效及其配伍和给药方案等，取得了斐然成绩。

研究真理可以有三个目的：当我们探索时，就要发现真理；当我们找到时，就要证明真理；当我们审查时，就要把它同错误区别开来。

——帕斯卡

第 2 章
科学研究的创新思维与能力培养

本章阐述科学研究的创新思维与创新内涵、本质特征与表现形式，科学技术创新中善于抓住机遇，加强科研能力的培养。

2.1 科学研究的创新思维

科学研究的本质是创新，社会的发展也源于创新。创新是人类最本质的特性之一。

1912 年，奥地利经济学家熊彼特（Joseph Alois Schumpeter）在其成名作《经济发展理论》一书中，首次提出创新理论的概念。经过半个多世纪的酝酿和提升，创新的概念逐渐为人们所接受，并且超越了经济学领域，成为学术界共有的"范式"，如科学创新、技术创新、体制创新等。创新是指发现和创造新事物、新理论、新方法。科学理论的创新是作为创新主体的科学家靠创新认知能力和创新实践能力，在新的科学事实基础上对旧有理论的超越和突破。科学家在理论创新的过程中，往往借助哲学，并试图从中找到新的理论生长点和突破口。理论创新的动机在于解决科学问题。发现科学理论中存在的问题，往往是理论创新的起点。在这方面，哲学思维的作用不可忽视。普里高津就是在对时间的单向性思考中，发现了物理学中存在的问题，并创立了材料科学中的耗散结构理论。事实上，量子力学的建立、集合论的问世等都与哲学思想的突破有关。

创新思维是从思维结果的内容上来划分思维类型而得到的。在创造性工作中，人们所进行的思维活动就是创新思维。目前关于创新思维的理论还不成熟。创新思维是一种综合性思维，在发现中综合，在综合中发现。这要求人们具有综合能力的智慧和科学辩证分析的能力。在实际创新活动中，各种科学的思维方式和科学的研究方法是交织在一起的。

2.1.1 科学研究思维的内涵

科学研究是一项极其艰巨复杂的创造性脑力劳动。一方面要求人们踏踏实实、认认真真地去干，来不得半点虚伪；另一方面，又要求人们科学用脑，学会科学思维。这样不仅事半功倍，而且能有所创造。科学思维不是要小聪明，而是一种科学方法。

思维是人们所特有的认识过程，它是大脑反映事物一般特性和事物之间相互联系的过程，也是大脑以已有的知识为中介，进行分析、综合、判断、推理和形象创造的过程。

科学思维，是形成并运用于科学认识活动、对感性认识材料进行加工处理的方式与途径的理论体系；是真理在认识的统一过程中，对各种科学的思维方法的有机整合，是人类实践活动的产物。科学思维有狭义和广义之分。狭义的科学思维又称为抽象思维或逻辑思维，是人们在认识过程中借助于概念、判断、推理的一种思维形式或方法。它从直接感觉的对象开始，随着认识的深化，而逐渐舍去客观事物中个别的、直观的或可以直接感觉的方面，抽象出概念、定理、定律，并形成一定的理论体系，以表达认识上升到理论性认识。而广义的科学思维或科学研究中的科学思维是指理论思维、抽象思维、形象思维，灵感、直觉、想象、创造性思维的总和，以及它们之间的有机联系与统一。这里所讲的科学思维是指现代科学思维和科学思维能力，现代科学思维是指主体思维的科学化。具体地说，现代科学思维就是与现代科学发展相适应的最佳思维结构，与现代科学发展相一致的合理的逻辑过程，能够迅速准确地反映客体的优化思维方式及这三者的有机统一。这三方面综合协调所产生的主体认识世界、改造世界的能力，就称为科学思维能力。现代科学思维的基本内容是指思维主体的科学性，包括相互联系、相互制约的三个方面：一是主体认识结构的科学性；二是主体思维方式的科学性；三是主体心理构成的科学性。

思维主体知识构成的科学性既有质和量的规定，又有知识系统开放程度的规定。科学的知识构成是广博和精深的统一，应该是不断与外界交换信息，不断进行知识新陈代谢的开放系统。思维主体心理构成的科学性，是指思维主体的心理要素必须健全，要素间的联系必须合理和科学。只有处于和谐的心理环境中，才能充分发挥主体的能动作用，对客体进行科学的认识。科学思维方法是主体对主体与客体相互作用之规律的认识和运用。现代科学高度分化与高度综合的趋势，要求主体思维方法应是思维指向的专一性和多样性的统一。不但要有专一的单向性思维，又要有多向思维；既要有线性集中思维，又要有平面扩散思维，还要有单向与多向、平面扩散与线性集中相统一的主体思维。在思维方法上，必须是历史、现实、超前思维的统一，在现代特别要重视超前思维；在思维方式上，必须是逻辑方法和非逻辑方法的统一，高度抽象和形象性的统一。只有最佳的知识要素、合理和谐的心理构成及科学思维方法有机结合，才能产生超越常人的创造性思维功能。

在科学认识活动中，科学思维必须遵守三个基本原则：在逻辑上，要求严密的逻辑性，达到归纳和演绎的统一；在方法上，要求辩证地分析和综合思维；在体系上，实现逻辑与历史的一致，达到理论与实践的统一。

2.1.2 创新思维的本质特征

创新思维是科学发现和技术发明的根本动力与不朽灵魂。科学创新是一个不懈努力探索的过程。创新思维具有极为复杂的形式和非常丰富的内容，有着多种多样的实现途径。创新思维不是单一的思维方式，而是运用多种思维方法的综合思维，是逻辑思维和非逻辑思维的统一。其内容包括感知能力，观察、选择、分析、综合、推理能力，直觉、想象、抽象与概括能力等。在创新思维过程中，又常常运用类比、综合、演绎、归纳等多种科学原理和方法。所以，**创新思维的主要特征是辩证的统一和分析的综合。**

创新是求异与求同的辩证统一，是发散思维与集中思维的统一。 创新思维的表现形式是对已有的不满足、怀疑、批判和超出，是对未有的发现、发明和提出。所以，创新首先要有求异思维，但并不是说创新思维就是求异思维。所有创新都是辩证地否定原有事物，是同中有异、异中有同。例如，爱因斯坦的相对论并非完全否定牛顿的经典力学，只是它们各有自己的应用领域。发散和集中的思维方法是创新思维的两个方面，任何创新成果的成功都是各种方法综合运用的结果，仅仅说发散思维体现了创新思维是不对的。创新思维是由发散思维和集中思维所组成的。发散思维以思维对象为中心向四面八方扩散，一切与对象有关的问题均要考虑到。集中思维是当扩散思维到一定程度后转入收敛，经过分析，使思维集中到对象的一点上。扩散思维和聚合思维是相辅相成的，所以创新思维也是发散思维与集中思维的统一。相似性本身也是异与同的统一，相似性方法是现代科学研究常用的方法之一。联想、类比、模拟、移植等都是相似性原理的创新思维方法。

爱因斯坦曾说过："想象力比知识更重要，因为知识是有限的，而想象力概括着世界上的一切，推动着进步，并且是知识化的源泉。"严格地说，想象力是科学研究中的实在因素。直觉、想象力是创新思维的重要组成部分，但不是唯一，也不是全部。没有丰富的想象力，就可能不会有新意。但科学的创新必须是符合客观规律的，是以逻辑思维为基础的。因此，直觉和理性思维能力应该是统一的。爱因斯坦也说过："没有思辨精神，就没有创造科学的能力。"逻辑思维是科学创新不可缺少的工具，几乎所有的创新成果都是形式思维和逻辑思维两者的完美统一。

辩证逻辑思维是创新过程与创新成果的核心。特别是在现代科学技术的水平下，更是如此。通过归纳、演绎方法发现新规律是创新过程中常用的一种思维方式或科研方法，归纳和演绎也是创新思维的基本形式之一。

【例 2-1】 遗传学的奠基人、奥地利生物学家孟德尔（Gregor Johann Mendel）在历时 11 年的豌豆杂交实验的过程中，就是通过归纳杂交豌豆的子一代和子二代的相同表现概括出遗传的分离定律和遗传的组合定律的。这就是归纳创新思维典型范例。

创新思维要破除原有的一些认识。在开始的时候，创新思维往往是令人难以接受、难以理解的，认为"不合逻辑"。而现代的知识经济将改变人们难以想象的"不合逻辑"的事物。科学研究中的很多问题都是不确定的，如果认定只有一个答案，那么就会失去很多创造力、想象力。"遵守规则"是一种美德，但在现代科学研究中，不能形成僵化的思维，"不敢越雷池半步"肯定是不能创新的。创新不能迷信权威、迷信书本，过分强调专业对口，就会陷入画地为牢的困境。许多事实证明，走出原有的狭窄领域才更有可能成功。

【例 2-2】 充气轮胎的发明者约翰·博伊德·邓洛普（John Boyd Dunlop）曾经是一个兽医，柯达彩色胶卷的发明者乔治·伊斯曼（George Eastman）原来是银行的普通职员。历史上很多真理的发现者最初大多被认为是"疯子""傻瓜"。要牢记意大利诗人但丁（Dante Alighieri）的名言："走自己的路，让别人去说吧。""温故而知新"在某种意义上是对的，但是在现代科学技术发展日新月异的今天，仅持此习惯和观念是不够的，也是不行的。事实上，承认科学无禁区、认识无止境，是创新的思想前提。

400 多年前，英国哲学家培根有句名言"知识就是力量"，但在现代社会中，知识并不完全等于财富，关键是要利用知识进行创新。事实上，许多被认为有知识的人，却一生都没有创新的成果。而创新成果的取得首先是要有创新思维和创新能力。

综合性和辩证性是创新思维的本质特征。创新思维是形象思维和逻辑思维的辩证统一，是发散思维和集中思维的互补，是潜意识和显意识的结合。批判意识是创新的灵魂。

归纳起来，创新思维的基本特性有：思维方式的求异性；思维状态的主动性；思维结构的灵活性；思维运行的综合性；思维过程的突发性；思维表达的新颖性；思维结果的效用性。求异与主动是创新思维的基础，灵活综合与突破是创新思维的基本方法，新颖与效用是创新思维的目的。

任何思维活动都有其特定的表现形式。为研究方便，与其他事物的分类一样，不同的角度有不同的名称，不同名称的思维形式往往也是交叉与重叠的。这些科学的思维方式可统称为创造性思维或创新思维。科学思维贯穿于科研活动的全过程，也贯穿于科技人员的一生。论文写作就是科学思维活动的集中体现。本章 2.1.4 小节会简单介绍几种科学创新思维的方式。

2.1.3 科学研究创新的内涵

科学研究创新是指科学研究中的创新活动，贯穿了科学发现和发明的过程中。例如，设计新的观察方法和实验手段，建立新的科学模型，提出新的科学概念、假说、学说、定理、定律，研制出新产品，设计出新的工艺流程，发现新的物种等。

科学创新是一个复杂的思维过程，它充分体现了人的主观能动作用。新思想、新方法的突然出现，即所谓直觉或灵感的到来，实际上是思维过程的飞跃，这种飞跃表面上看来似乎是在无意识状态下发生的，但实际上却是过去的思维过程的一种特殊的继续，常常是由于某种偶然的类比、联想所提供的信息作为催化剂，造成原来的逻辑思维中断，使头脑中原有的信息得到一种新的加工和改组，从而产生一种新颖的见解。新思想的出现会使人在心理上有豁然开朗之感，使认识获得新的起点，然而新思想的出现一般开始是朦胧的、不清晰的，为了判断这种直觉的思维是否正确，认识必须沿着一种新的思路重新进入逻辑思维的轨道，并且进行实验的验证。人们会常常产生种种因没有根据或不合乎实际的而被淘汰的想法。从已有的研究可以看出，创造性活动不是无意识的和非理性的，而是一种综合逻辑和非逻辑的各种思维形式的最集中、最积极、最活跃的活动。1942 年，英国学者 G. 华莱士把人的创造过程概括为四个时期：①准备期（确定研究主题、物质、技术准备、试验性的探索）；②孕育期（思想上的准备期，创造性思维活动的时期）；③顿悟期或明朗期（直觉或灵感的显现时期）；④检验期（逻辑的论证，实验、实践的检验、验证）。

科学创造活动并不局限于孤立的个人，它具有复杂的社会历史性，总是在一定的科学背景及一定的社会政治、经济、文化、思想条件下进行的。然而，科学创造不只是要适应这些背景，更要改造和突破这些背景的束缚，并付出相应的代价。

人类对社会的研究和探索是与生俱来、与时俱进的，每日、每时、每刻都在进行着的一种全方位的行动。贝尔纳·阿尔诺说，"科学就是发现人们过去所不知道的事物，在本质上是无法预知的"，强调了科学的探索功能与创新性。创新是一个民族的灵魂，是国家兴旺发达的不竭动力，知识创新将成为未来社会文化的基础和核心。在工业经济时代，国家的科学技术的创新能力与经济的增长、国际竞争力的提升紧密相关；在知识经济时代，国家的科学技术的创新能力是决定一个国家在国际竞争和世界总格局中所处地位的重要因素。

我国创新能力与国家需求和国际先进水平相差较大，我国国际科技竞争力落后于国际经济竞争力。培养与造就高素质的创新人才，对我们的教育提出了严峻的课题。而作为当代受高等教育的大学生来说，其能力结构内容理应包含三个层次：基础心理能力、专业能力、科研能力。科研能力居于大学生能力结构的最高层次，也是大学生进行科学研究工作所必需的主观心理条件。当代人才质量观的转变，使大学生的科研能力成为衡量大学生素质的重要标准，是大学生各种能力的凝聚和升华。大学生只有具备终生从事创造性科研活动所需要的能力，才能尽我所能，报效国家，也才能使自己在科学研究的过程中充分享受到创造的乐趣。

2.1.4 创新思维的表现形式

1. 抽象思维与形象思维

抽象思维又称为逻辑思维，是指运用概念、判断、推理来反映现实的过程。它撇开事物的具体形象，抽取事物的本质属性。抽象思维具有科学价值，能以理服人。

形象思维又称为艺术思维。思维自始至终贯穿于思维对象的具体形象，其基本手段是联想、想象、幻想等。例如，文学家、艺术家在不歪曲事物本质与规律的前提下，可以自由地发挥想象，按照自己的意图改变或虚构生活素材，创造出各种生动的形象，显示现实生活的本质。形象思维具有美学价值，给人以美的享受，能以情感人。

丰富的想象力、敏锐的直觉和逻辑思维能力都是进行创新研究活动所不能缺少的，是创新思维的重要组成部分。创新思维是敏锐的直觉和极强的逻辑思维（形式逻辑和辩证逻辑）能力的统一。创新成果往往是它们协同作用的结果。

现代神经生理学研究表明：人的大脑分为左、右两个半球，左、右半球在思维功能上是不同的。一般来说，左半球在语言思维、逻辑思维及计算思维能力上比较突出，所以又被称为"理性脑"；右半球则在形象思维、直观思维及对宏观形象辨识等方面比较出色，被称为"感性脑"。日本学者恩田彰等在《创造性心理学——创造的理论和方法》一书中对大脑左、右半球的机能差别做了比较，见表 2-1。

表 2-1 大脑左、右半球的机能差别比较

左半球	右半球
语言的	非语言的、形象的
分析的	综合的
逻辑的	直观的
线性的、历时的处理信息	非线性的、共时的处理信息
形成概念的	图形的感觉
数学运算的	几何学的
闭合的思考	开放的思考
因果的	非因果的
理性的认识	感性的认识
数理的联想	类推的联想

目前的智力开发过分注重逻辑思维，而对对创造性思维具有重要作用的右半球的形象思维有所忽略。要想充分开发一个人的创造性思维，绝不能忽视右半球的想象力和直观思维等重要的科学思维力量，应该强调大脑左、右半球不同思维方式的彼此协同合作。

2. 直觉思维与灵感思维

直觉是人的主观意识对客观事物的本质及其关系的直接反映和理解。直觉的发生表现为无准备的大脑对世界的直接反映，即直觉是外界进入大脑的客体信息与大脑中存储的与之对

应的相似的主体信息块"共鸣"的产物。从生理上说，直觉是客体通过对大脑中潜意识的刺激，使人们对客体产生深刻的领悟而形成的，因此，直觉使人直接反映事物的本质。直觉的突出特点是，它能超越一般认识程序，一下子抓住事物或问题的根本和要害，获得关于对象本质的直接认识。直觉是根据已有知识进行快速搜索，它是思维过程中的逻辑跳跃，表现为直接对事物本质的接近。所以，直觉使人有可能将经过长期的认识、实践活动所积累起来的奇特的创造性，在一瞬间直接洞察和领悟客体事物及本质，并且获得创造性的成果，使问题得到解决。

直觉的迸发不是神灵的启示，而是以一定的现实条件作为基础的。直觉实际上是一种再认识，一个人只有对非常熟悉的东西才会产生直觉。值得注意的是，直觉思维的结果不可能都正确，所以有必要对直觉进行审视和选择。纽约大学的心理学教授杰罗姆·布鲁纳（Jerome Seymour Bruner）指出："直觉可以把你带入真理的殿堂，但如果你只停留在直觉上，也可使你陷入死角。"现代脑科学证明，逻辑推理主要是大脑左半球的功能，而直觉等非逻辑思维主要是右半球的功能，但是二者又有密切的相互作用。直觉之所以能使人领悟到没有被直接反映出来的性质和联系，就是因为它从左半球有关的记忆中获得了必要的信息，重新组织而形成了新的暂时性的反映结果。其方式往往是"突然沟通"，所以它的形成过程是预先没有被意识到的，"直觉"的名称也由此而来。这在神经生理学上也是有科学依据的：大脑神经中，最快的神经脉冲从一个细胞到另一个细胞的速度大约是 402km/h。人的大脑是奇妙的，其运作的过程和机理还没被人们完全弄清楚。

灵感与直觉相似，又称为顿悟。灵感是一种高度复杂的人类思维活动，是人们在从事文学创作和科学研究活动中，因思想高度集中而突然表现出来的一种精神现象，是创造者进行创造性思维过程中的高潮阶段，质变飞跃阶段，会"突然发现""突然找到""突然闪现"某种新思想、新念头、新主意、新办法等。灵感的特征是新东西、非预期性的、突然发生的、突然消失的、非逻辑性的、可靠性小。爱迪生说过："天才，就是百分之九十九的汗水，加上百分之一的灵感。"爱因斯坦也说过："我相信直觉和灵感。"科学研究活动中确实存在灵感的现象，当然，这些灵感也是在汗水的基础上才能产生的。

著名学者王国维在《人间词话》中曾经用三首宋词的名句来描述治学和科研过程要经过的三种境界，十分生动形象地反映了科学研究创造性思维的整个过程：

"昨夜西风凋碧树。独上高楼，望尽天涯路。"这是初学阶段，登高远望，心旷神怡，大开眼界，奋起求知。

"衣带渐宽终不悔，为伊消得人憔悴。"这是在刻苦钻研，耗尽了大量的精力。

"众里寻他千百度，蓦然回首，那人却在，灯火阑珊处。"这表明经过千百度的探索研究，才产生了灵感，并且做出了成就。

在许多情况下，冥思苦想，很长时间都找不到的问题所在，灵感却像闪电一样出现了。灵感的产生非常迅速，突如其来，稍纵即逝，"来无影，去无踪"。当然，没有基础，即使整天苦思也没有用。只有研究人员有足够的知识储备和融会贯通的研究方法，又经过了长期的思索、研究，才有可能在某种因素的触发下产生灵感的火花。"踏破铁鞋无觅处，得来全不费工夫"和"山重水复疑无路，柳暗花明又一村"是非常有哲理性的名句，同样说明了没有坚强的毅力和执着的追求，没有锲而不舍的精神和艰苦复杂的劳动，是难以取得成功的。

灵感实际上是头脑下意识的显现，下意识又称为潜意识。历史上许多科学家身上随时都带着笔和本子，为的是一旦出现灵感，就能及时地把它记录下来。但灵感只能为科学研究提供启示、设想、思路等。

【例 2-3】 著名音乐家施特劳斯（Johann Strauss Ⅱ）有一次站在多瑙河边，望着碧波掠岸、浪花盛开的优美环境，感情洋溢，不知不觉地同音乐联系起来，突然来了灵感，产生了妙不可言的音乐旋律，他急忙取出笔想记录下来，却发现没有带纸。于是他毫不犹豫地脱下衬衣，在衣袖上及时记录下了这个旋律，这就是举世闻名的不朽之作《蓝色多瑙河》的旋律基础。

【例 2-4】 阿基米德（Archimedes）浮力定律的产生。关于浮力定律的发现，有这样一个故事：古希腊皇帝请工匠做了一顶黄金的皇冠，他对皇冠是否是纯金做的产生了怀疑，于是请来了科学家阿基米德做验证，阿基米德久思不得。一天，他在洗澡时，看到装满水的浴盆由于自己的进入而溢出了水，突然产生了灵感。他欣喜若狂，来不及穿衣服就往家里跑，边跑边喊"我知道了"。阿基米德浮力定律就这样诞生了。

【例 2-5】 20 世纪 70 年代中期，美国麻省理工学院的一位名叫德雷克斯勒（Kim Eric Drexler）的大学生，受到生物学家在研究如何控制构成 DNA 链的启发，提出了要用原子制造机器，并且进行复制。这被当时的主流科学家视为一派胡言的设想，却在 1989 年被一个惊人的消息所鼓舞：国际商业机器公司（IBM）的科学家利用扫描隧道显微镜和类似小镊子的工具移动了氙原子，最后拼成"IBM"这个著名商标，而日本科学家则用硅原子堆积成一个"金字塔"，首次实现了原子三维空间的立体搬迁。可见这个大学生的创造性思维不简单，非常有胆识。

科学历史上不乏其人，达尔文、笛卡儿、高斯等许多科学家都有产生灵感的经历，有人统计，在睡梦中受到启发的科学家占科学家总数的 60%~70%。

从灵感的心理机制上来说，它是受到一定目的控制的意识活动和相对不受目的控制的无意识或潜意识活动相互作用的产物。所谓受到一定目的控制的意识活动，如阿基米德在洗澡时发现了浮力定律，而别人洗澡却没有发现，这是因为阿基米德受王冠质量问题这一目的控制意识所致。如果没有对问题的专注或思考，就不会有灵感产生。同时，阿基米德洗澡又是一种不受目的控制的无意识活动——他洗澡并不是为了解决王冠质量问题的。

从灵感的生理基础上来说，它是大脑左、右半球融会贯通的过程，是生理的作用使两半球的机能——抽象思维和形象思维相互协调共同起作用的过程。这也是大脑网状结构的机能所致。

如何才能产生灵感呢？譬如，对某个考虑的问题上久攻不下，卡壳了，此时前人的方法几乎都反复考虑了，只有跨出新的一步才有可能解决问题。这时就需要研究人员充分调动大脑中存储的知识、信息，发挥自己的聪明才智去思考，把各种相关知识提取出来，去和既定目标产生联系，从各种不同的角度向关键问题发动进攻。只要将各种可能的方法都考虑到了，那么攻克堡垒的时刻也就为期不远了。灵感思维并非是不可控制的"天启"和"神赐"，只要掌握了它的规律，就能有意识地或者积极主动地利用它。当在某一关键问题上经过长期思考仍不能解决时，可以暂时把问题放一下，或干脆去做不费脑力的轻松活动，如散步、淋浴、听音乐、打球、娱乐或与人交谈等活动，可能就在这些活动中，潜意识与显意识的作用突然沟通，灵感出现了，问题也就迎刃而解了。

直觉和灵感思维在科学认识和科学研究过程中，日益彰显其重要的作用。直觉和灵感思维的产生有着深刻的自组织机理。但是不管怎样，直觉和灵感思维不是靠碰运气，而是科学研究者勤奋学习、长期积累知识、艰苦探索的结果。当然，直觉在创新过程中的作用是巨大的。但是，并非所有的创新都是由直觉产生的，也不是所有的直觉都能引起真正的创新。

3. 发散思维与集中思维

突破常规是创造性思维的本质所在，发散思维和集中思维是创造性思维最基本的形式。吉尔福德（J. P. Guilford）说："正是在发散思维中，我们看到了创造性思维最明显的标志。"发散思维是针对一个有待解决的问题，沿着各种不同的方向去思考，从多方面提出解决方案，通过联想、想象、灵感和直觉等思维形式，寻求各种各样的解决办法，以求得最佳方法的思维形式。由于发散思维不受传统的方式、方法和思路的约束，因此常常能产生一些奇思妙想，又被称为"开放式思维"。发散思维又有横向思维、多向思维、辐射思维、立体思维等形式。

多向思维就是善于从不同的角度考虑问题。多向思维包括发散机制和转向机制等。发散是指在处理一个问题前尽量提出多种设想、多种方法，扩大选择余地。转向是指思维在一个方向受阻后，立即转向其他方向，往往经过多次转向，直到成功。

【例2-6】爱迪生（Thomas Alva Edison）一生共有超过2000项重要发明。当他发明白炽灯泡时，有人对爱迪生说："你已经失败1000多次了。"但爱迪生回答："我已经成功地证明了1000多种材料不能做灯丝。"

辐射思维就像光辐射一样，由点到面，想到与此有关的所有相关点。辐射思维是根据最新科学原理寻求物化途径和开发新技术原理及新发明成果各阶段必不可少的思维方法。每当发现一个新发明、新原理，人们就可以辐射思维，去开发它的用途，设计新装置，进而获得一项又一项的新成果。例如，当人们发现了激光原理后，就从激光原理这一点，联想到利用该原理进行各种各样有关激光的发明创造，如利用激光发明了全息照相，利用激光发明了激光切割、激光焊接、激光打孔、激光打印、激光医疗手术及各种军事上的激光武器等，现在还在不断地开发激光的新用途。

【例2-7】新华社2007年报道，凭借"高效空调热水器"这一成功发明，上海市向明中学高一学生陈菲荣获"世界杰出青年发明金奖"，成为2007年全球获此殊荣的三位青年中的一位。这也是中国学生首次在这一奖项上折桂。她发明的"高效空调热水器"可以在空调制冷的同时，利用空调散发的余热烧开水、烧饭等，一方面可达到空调热气的"零排放"，另一方面可节约大量热能。由于空调散热会对环境产生负面影响，陈菲出于好奇心，一直在设想空调的余热是否可以被最大限度地利用。她从查阅资料和研究空调设计原理入手，最后取得了成功。

英国剑桥大学的爱德华·德·博诺（Edward de Bono）在许多著作中首先引入横向思维的概念，并且将其作为纵向思维的对立方式加以概括和总结。纵向思维是一种自然的心理活动方式和传统的思维方法。纵向思维习惯于一步一步地推理，思想的每一个环节都是沿着最大可能性的路线前进的，在大多数情况下也是最有效的方法。横向思维是一种完全不同的思维方式，其中每一步正确性的概率都很低，但它能使人们摆脱旧有的思维模式和思维习惯，有助于寻找尽可能多的解决问题的途径和思路。博诺曾用挖井来说明横向思维和纵向思维的差异：纵向思维是要把同一口井继续挖深，而横向思维则要试试其他的位置，因为确实存在着许多井选址不正确的问题。应该说，横向思维和纵向思维是不矛盾的。

横向思维可分为横向移入、横向移出和横向转换三种形式。横向移入是借助于引入其他事物的原理、方法来解决问题的思维；横向移出就是将现有的成果推广应用到其他领域的思维；横向转换是指不按最初设想和常规方法来解决问题，而是转化为它的侧面问题来解决的思考方法。

【例 2-8】 瓦特由水壶中水蒸气顶得壶盖直响这一现象而发明了蒸汽机。江苏省一位小学生把小哨子装到水壶盖上，水开哨子就响；德国某造纸厂把一批因少加一种原料而无法书写的纸当作吸水纸出售，不仅没有损失，反而增加了利润。最典型的一个例子是历史上的"曹冲称象"。

【例 2-9】 一对夫妻在乡村公路旁开了一家药店。通常情况下，要在旁边打出"××药店开业"或"××药店×折优惠"的广告宣传。可是这对夫妇却从顾客的角度进行了思考，在路旁竖起了"本店免费供应冷水——××药店"的牌子，结果引起了许多人的好奇心，乘车过往的人都不由得停车去看看。这对夫妇不计得失地把冷水送给来店的人，客人不好意思拿到冷水就走，总要在这家药店转转，买点什么才离开。这样，药店的生意很快就红火起来了。

【例 2-10】 美国西部大开发时，当许多人竞相在矿区投资金矿采掘时，却有一个人独具慧眼，从采矿者的需要考虑问题，在采矿者的驻地办起了餐厅和各种娱乐场所，结果大获成功。同样，当美国硅谷众多高技术创始型企业掀起一轮又一轮的创业高潮时，硅谷很快就出现了为这些创业精英服务的各种生产联合企业、风险投资企业及各种代理服务机构。一方面为高技术企业的快速成长提供了良好的生态条件；另一方面也使这些参与服务的企业和机构能够分享高技术创新成果的巨大收益，从而也取得了很大的成功和发展。

【例 2-11】 第二次世界大战结束后不久，战胜国决定成立一个处理世界事务的联合国。可是，在繁华都市购买可以建立联合国总部的土地需要很大一笔资金，而刚起步的联合国是难以办到的。洛克菲勒家族听说了这件事情后，立刻出资 870 万美元在纽约买下了一块地皮，在人们的吃惊中无条件地捐赠给联合国。联合国大楼建起来后，周围的地价立即飙升起来，洛克菲勒家族在买下捐赠给联合国的那块地皮时，也买下了与这块地皮毗连的全部地皮。没有人能够计算出洛克菲勒家族在后来赚得了多少个 870 万美元。这是一个非常有胆识的谋略。

【例 2-12】 创新者经常把创新想得太高深、太复杂，其实创新有时是很简单的。多年前，一家酒店的电梯不够用，打算增加一部。酒店请来了建筑工程师研究如何增设新电梯。专家们一致认为，最好的办法是在每层楼打个洞，直接安装新电梯。方案定下来后，两位专家坐在酒店大厅里商量工程计划。他们的话被正在扫地的清洁工听到了。清洁工对他们说："每层楼都打个洞，肯定会尘土飞扬，弄得乱七八糟，动工时最好把酒店关闭。"工程师看了清洁工一眼说："酒店关闭不营业是不行的。"清洁工不经意地说："我要是你们，就会把电梯装在楼的外面。"工程师们不约而同地为这一想法叫绝。于是，就有了近代建筑史上的伟大变革——把电梯装在楼外。

立体思维就是考虑问题时突破点、线、面的限制，从上到下、全方位地去思考问题，即在三维空间中考虑解决问题的办法。国外心理学家曾经做过这样一个实验，用 6 根火柴搭出 4 个等边三角形。结果，许多人搭不出来。经过提示，还是有一些人想不出来，因为他们的思路总是局限在平面上。

集中思维与发散思维是一对互逆的思维方式。集中思维是在已有的众多信息中找出最佳解决问题的方法，它又称为聚合思维，就像聚焦镜把太阳光聚合在一起一样。吉尔福德认为，集中思维属于逻辑思维推理的领域。实际上，集中思维与发散思维是不可分离的。没有集中思维，就没有办法确定由发散思维所得到的许多方案，究竟哪一个方案最科学合理、有最好的效果。进行集中思维的前提是有一个明确的目标或集中点，也就是解决什么问题。

集中思维的特点是唯一性、逻辑性和比较性。唯一性是指尽管解决问题有许多种方法，但最终总是要根据目标从各种各样的方案中选取解决问题的最佳方法。它是唯一确定的，不能模棱两可，一旦选择不当，就可能会造成较大的损失。严密的逻辑性是集中思维的核心，需要进行科学分析。它不仅要进行定性分析，也要做定量分析，还要善于分析各种方案可能会引起的后果及应采取的对策。在集中思维的过程中，对现有的各种方案进行比较才能确定优劣和利弊。比较时不仅要考虑单项因素，更要综合分析和考虑总体效果。大量事实证明，很多创造性成果都是发散思维和集中思维的对立统一，往往是发散—集中—再发散—再集中……直到完成的过程。

4. 求异思维

求异思维也是相对于常规思维来说的，其思维活动不受任何框架、模式的约束，突破了传统观念和习惯势力的禁锢，以新思路、新方法解决问题。

逆向思维是从问题的反方向来考虑问题，异向思维是从问题的其他方向来考虑问题，它们有时会取得意想不到的成功。

【例 2-13】《三国演义》中诸葛亮的"草船借箭"是从"造箭"到"借箭"，吹尘器到吸尘器的发明，正常的计时到"倒计时"的产生等，都是很有意思的例子。司马光砸缸救小孩的故事也是非常典型的逆向思维，"人离水能活"，但是"水离人，人也能活"。许多企业家也喜欢用逆向思维来取得突破。著名的日本丰田公司总经理丰田章一郎（Akio Toyoda）说："我这个人如果说取得一点成功的话，是因为什么问题我都喜欢倒过来思考。"丰田公司推出的"三及时原则"（时间及时、品种及时、数量及时）中规定："后道工序在需要的时刻可向前道工序索要所需数量的所需零件。"很明显，这是一些反常规的规定，但它却强化了企业的科学管理。事实上，数学中的"反证法"就是逆向思维的方法。

【例 2-14】 火箭是向天上打的，能否向地下打？苏联工程师米海依尔（Mikhail Tsiferov）于 1948 年研制成的钻井火箭，能穿透土壤、冰层、冻土、岩石，在岩石中每分钟钻进 5m，重量不到普通钻机的 1/10，耗能少，效率提高很多倍，引起了钻井、打桩手段的革命。

逆向思维又可分为原理逆反、功能反转、结构反转和状态反转等几种类型。

【例 2-15】 人们对热力学体系的热动力机都很熟悉，如蒸汽机、内燃机等，但是对反热力学体系的冷动力机就了解得很少了。其实，动物的肌肉就是典型的冷动力机，肌肉纤维和肌肉基质在神经系统的指挥下伸长或收缩。又如羟基的生物聚合物材料，它的高分子链可随着环境的酸度而伸长或缩短。如果能仿造动物制造出冷动力机，将是对传统理论的突破。

【例 2-16】 人们都知道金属材料是晶体材料。但是，如果在一定条件下将晶体转变为非晶体，组织结构的本质改变会使性能发生变化，甚至带来某些特殊的性能。这样的思维促成了一类新材料的诞生。现在，非晶体材料的发展很快，已有许多应用。

【例2-17】 为了兴建动物园，工作人员讨论怎样才能捉住老虎。会上，一位拓扑学家发言说，采用拓扑变换，可以把笼子内部变成外部，把外部变成内部，不管哪里有老虎，都可以用这种办法捉到。这看起来很荒谬，但决策人从中受到了启发，建立了天然动物园。在这种动物园中，老虎等野兽在自然环境下生活，而参观者却被关进了"笼子"——在密封的汽车中游览，正好实现了把"笼子的内部变成外部"。目前，世界上这样的动物园已经有很多。因为体现了环保精神，让动物能有尊严地生存，受到游客和国际绿色组织的欢迎。

【例2-18】 日本索尼公司的总工程师井深大（Ibuka Masaru）有一天去理发，在镜子里看到的电视图像是反的，眼睛感到不舒服，心里也很别扭。他突然想到，如果设计一种反向画面的电视机，那么就可以在镜子里看到正的画面。于是，他回到公司组织设计出了反向画面的索尼电视机，生意还非常好。许多医院添置这种电视机，让卧床的病人从镜子里看电视，能安心养病；理发店和美容院也大量订购，以吸引顾客；体育机构和训练中心大量购买反向电视机，让运动员以左（右）手对付习惯用右（左）手的对手；不少人为了避免电视机的有害辐射，特地从镜子里看反向电视。这种逆向思维开拓了一种电视机的新市场。

5. 模型思维

随着模型在现代科学认识中的广泛使用，"模型化"思维已成为现代科学认识中一种很有价值的认识手段和思维方式。模型是科学认识主体基于抽象和想象而对某实体系统的一种简化的映像。具体来说，按照一定的研究目的要求，发挥创造性思维构建一个简化而又能集中反映客体本质关系的模型，并通过对模型的研究获得关于原型客体的认识。模型是认识主体和客体之间的一种特殊中介。但是，模型一旦建立后，就成为实验研究和理论研究的对象，这也是模型化思维在科学认识中的优越之处。模型本身既是科学研究的阶段性成果，也是进一步研究原型客体的起点，在科学认识的发展中起到桥梁的作用。在不断地研究和认识过程中，模型有可能会不断地被改进甚至被抛弃，而逐步构建更加符合客体原型的模型。模型也有许多类型，如物理模型、数学模型、概念模型等。所以，模型有多种表达形式，既可以用自然语言来表达，也可以用图像、符号及数学语言来表达。

【例2-19】 20世纪以来，基本粒子物理学中相继出现的各种基本粒子模型，如费米-杨振宁模型、坂田模型、名古屋模型、夸克模型、层子模型等，说明了人类在不同历史时期对基本粒子结构与性质的认识成果和认识水平。

模型必须满足三个条件：根据模型在模拟方法中的作用，模型必须与原型相似。不管是物理模型还是数学模型，都必须是原型本质特征的抽象和反映，即反映条件；模型在科学认识中是被研究客体的代替者，即代表性条件；模型能够提供关于原型的信息，即外推条件。这样，把逻辑应用于模型概念上所得到的见解就可以成为理论。当然，人类对自然现象的认识有一个过程。有时对同一事物，不同的研究者可能会建立两个或更多的模型，这些模型有时并不矛盾，可能反映的都是事物的某个方面。

所谓模型化，就是运用构建和研究模型的方法去把握事物，这已经为科学研究所普遍采用。作为一种现代科学认识手段和思维方式，模型化具有抽象化和具体化两方面的内涵：一方面，在模型化思维中，研究者抓住原型的本质特征，在思维中对原型进行抽象，把复杂的客体加以简化和纯化，从而构建一个能反映客体本质联系的模型，为建立有关的理论提供基础；另一方面，经过抽象化的理论、概念、假说等要发挥其对自然的认识功能，如解释、预见功能，从科学意义上更好地解释理论和自然现象。现代科学研究高度重视模型化，这往往在科研程序中是最为需要的。现代科学研究的领域已经从宏观进入微观领域和宇观领域，从研究现存的事物到研究事物的演化，这使现代科学研究的客体的非直观性因素大大增多。所以，科学研究采用模型化，模型要简明，模型要切题，模型要精密，这三条要求缺一不可，否则，就失去模型的特殊性质。因此，研究者不仅要有高度的抽象能力进行理论上的分析，还要充分运用形象思维把高度抽象的理论具体化为模型，运用符号、图形、数学语言等手段来反映事物的本质。

【例2-20】 著名化学家、杂化轨道理论和共振论的创始人鲍林（Linus Carl Pauling）在化学研究中善于利用杂化轨道这类具有图像的思想模型，非常有效地解决了一般分子乃至生命物质复杂的化学结构问题，获得了1954年的诺贝尔化学奖。

【例2-21】 科学模型是形象逻辑思维的产物。谢佑卿教授将能带理论同固体分子经验电子理论进行比较，提出了"特征晶格参量"的概念，经过多年的研究和验证，又建立了"合金相的特征晶体模型"。在这个创新过程中，谢佑卿教授应用了理想溶液和实际溶液的比较形象逻辑思维、正向形象逻辑思维和逆向形象逻辑思维。随后，运用数理逻辑思维建立了"纯金属单原子理论"（OA理论）和"合金的特征晶体理论"（CC理论）。他的体会是形象逻辑思维往往产生于长思过程中的灵感或顿悟，数理逻辑思维以形象逻辑思维为基础，形象逻辑思维则由数理逻辑思维来深化，这两种思维方式的综合应用能使创建的理论有高级的完美表达。

模型化思维具有综合性思维方法的显著特征，是一种综合性的思维方法。模型化思维的特点主要体现在以下三个方面：

1）模型化思维突破了传统经验思维的局限性和单纯理论思维的抽象思辨性，模型化把经验思维与理论思维有机地结合在一起共同发挥作用。构建一个有科学价值的模型，需要研究者详尽地掌握经验事实材料，并且进行有关的实验，利用归纳与演绎、类比与综合等一些思维方法，对经验事实和实验结果进行理论上的分析与综合。

2）模型的构建需要研究者充分发挥想象力、直觉、灵感等各种思维方式，所以模型化思维的应用是一种创造性的思维活动，离不开科学想象。模型是客观实际中并不存在的，模型与想象的关系集中体现在模型的设计和构思上。丰富而奔放的想象在模型化思维过程中起着重要的作用。物理学的麦克斯韦磁场的旋涡流线管模型，生物学的DNA双螺旋结构分子模型，李四光的山字形、多字形地质构造模型等，都是创造性地运用了想象建立模型而取得重要科学发现的典型例子。

3）模型化还需要综合运用各种逻辑思维的方法。模型化思维的逻辑学特征就在于假说、理论和模型之间及模型与原型之间尽可能地建立完善的逻辑联系。

2.2 科学研究的能力培养

科学研究能力是一种研究问题、探索真理的能力，是创造和运用科研方法的能力，要求科学研究者既有完成科学研究活动所必需的心理特性，又掌握了进行科研活动的适当方式。科学研究能力主要包括确定课题的能力、进行实验的能力、开展社会调查的能力、设计能力、分析能力,以及撰写报告、论文的能力等。具有高度创造性与复杂性特征的科学研究要求有多种能力的参与,而正是多种能力的有机结合构成了广义的科研能力。

培根说:"一切比较真实的对于自然的解释,乃是由适当的例证和实验得到的。感觉所决定的只是接触到实验,而实验所决定的则接触到自然和事物本身。"科学研究者既要意识到自己应该承担的责任,又应牢记掌握科学研究的原则和法规,遵守科学研究的伦理道德,善于在科学的方法要求及研究可能危及的人权和价值之间取得巧妙的平衡,养成严谨的学术作风。大学生在学好基础知识的前提下,重点应放在通过多种实践性的途径来培养自己的智力素质上,培养观察能力、自学能力、想象能力、探索能力、创新能力、思维能力、研究能力、表达能力和组织管理等各种能力。而课堂内外相互结合,广泛阅读书籍,积极参加科研工作、勤于撰写科研论文就是很好的提高智力素质的途径。科学研究者的研究目的除了获取更多的知识外,另一重要的目的就是研究和解决自然与社会中的实际问题。因此,科学研究者应该重视应用研究,不仅成为具备丰厚知识储备、高端科研能力的学者与智者,也成为人类历史发展、社会进步的参与者与实践者。

2.2.1 科学技术创新中机遇的特点

科学技术创新研究中的机遇是指人们在有计划地进行科学研究的过程中,由于某种偶然的机会发现或遇到的出乎意料的自然现象。偶然中包含着必然性,精心观察偶然现象和意外事物,发现与众不同的疑点,抓住机遇,深入探索,就可能产生科学技术上的重大发现或发明。善于抓住机遇的能力又称为敏捷思维能力。

【例 2-22】 冯默林(Baron Joseph Von Mering)和闵可夫斯基(Oscar Minkowski)为研究胰脏的消化功能,在 1889 年做试验,把狗的胰脏切除了。结果他们意外地发现,这条狗在切除胰脏后,其尿液招来了许多苍蝇。他们抓住了这个奇怪的现象进行研究,发现了胰脏功能和糖尿病的关系。

【例 2-23】 19 世纪下半叶,钢已成为应用十分广泛的一种金属,但钢有一个很难解决的问题——抗腐蚀性能很差,不少科学家都在寻找不受腐蚀的合金钢。1913 年,英国冶金学家布雷尔利(Harry Brearley)研究一种做枪管的合金钢,很长时间未果。在一次冶炼中,他往钢水中加入了一定量的 Cr,但该钢的耐磨性和强度不够理想,他失望地把它扔到了废钢堆里。过了一段时间,他偶然发现在放置几个月后的不合格样品堆中,唯独有一种 Ni-Cr 合金材料样品没有生锈,仍然像以前那样光亮,而其他材料的样品都已生锈。他觉得奇怪,于是重新对此合金进行研究。就这样,不锈钢问世了。

【例 2-24】 金属玻璃的发现也是在偶然之中。60 多年前,美国科学家杜威兹(P. Duwez)在实验中发现一种新形态的合金材料。当时,他正在观察熔化的合金的快速冷却过程。在正常情况下,熔化的金属冷却后应该是有规律的晶体结构,但这次他却惊奇地发现,这种合金的内部结构像玻璃那样呈现出非结晶状态。因此,他把这种合金命名为金属玻璃。

机遇的主要特点:从认识论方面来看,机遇是属于意外性的;从辩证法角度来看,机遇是属于偶然性的。要能抓住有价值的意外现象,就要靠研究者敏锐的观察力和判断力。

有的机遇是发现或遇到了全部意外的情况,即按照原来的计划进行的研究工作没有达到预期的目的,但却发现了另外的现象。如英国的有机化学家柏琴(William Henry Perkin)在

18 岁时偶然发明了人工合成的紫色染料，后来被科学家命名为苯胺紫。

有的机遇是发现或遇到了部分意外的情况，即原来的研究目标仍然在进行，计划也完成了，而在研究过程中发现了意外的情况。

有学者对机遇的好发学科与好发时间进行了研究，认为机遇好发的学科有两类：一类是不成熟的学科，它本身有许多理论问题与实践问题需要人们去研究、解决，所以机遇和成功的机会就比较多；另一类主要是借助观察探索内部复杂规律的科学。根据科学机遇好发学科的特点，机遇可能好发在以下一些学科或领域：

1）边缘学科，是新兴的学科，在理论和实践上都有待于进一步发展。因此，在从事这类科学的研究过程中，发现新理论的机会比较多，如遗传工程学、化学仿生学、生物物理学和环境科学等。

2）新兴的幼年学科，如量子化学、高分子化学、分子生物学、地震预报学等。

3）一些复杂的研究领域，如人脑的生理生化研究、肿瘤病因和治疗研究等学科领域。

4）交叉学科，如社会科学和自然科学、哲学的交叉结合，科学与技术、科学与艺术日益紧密结合，系统论、信息论、控制论等新兴学科向各门自然科学、技术科学和社会科学领域渗透等。

2.2.2 机遇在科学技术发展中的作用

机遇的出现告诉科技人员，已有的科学理论和方法已不够用了，这预示着科学技术要有新的突破性发展。机遇在科学技术创新中的主要作用：提供先导、线索和生长点。

1）机遇提供科学技术发展的先导。机遇能启发科技人员去注意新的现象、新的信息，往往会在科学理论上有重要发现，建立新学科，创造新发明。

【例 2-25】 1942 年，英、德两国空战激烈，英国设立了许多雷达站。工作人员发现，雷达信号常常被一些莫名其妙的电噪声所干扰，尤其是早晨更加厉害。同年，美国工程师卡尔·央斯基（Karl Jansky）在检查越过大西洋电话通信的静电干扰时，也意外地发现有一种特殊的弱噪声。这种奇怪的现象促使科技人员去探索它的奥秘，结果发现，这种电噪声来自太阳。进一步还发现，不仅太阳能发射宽频带的电磁波，而且宇宙太空的星云也能发射电磁波。这些干扰噪声是来自距地球 26000 光年的银河系中心。机遇提供的先导和追究的结果为现代射电天文学的建立奠定了基础。

2）机遇提供技术发明的线索。由于机遇的出现而做出了新的技术发明，历史上的例子也有很多。

【例 2-26】 1911 年，荷兰物理学家卡末林·昂内斯（Kamerlingh Onnes）发现了一个奇妙的现象。他发现在 $-269°C$（4K）的液化氦中，纯水银的电阻突然消失了。他进而研究这种机遇所提供的新信息，终于在 1913 年确定了这种现象为超导性。自此以后，全世界范围内开始了超导性的研究，而且非常热门。

3）机遇提供科学技术发展的生长点。

【例 2-27】 奥斯特（Hans Christian Oersted）和法拉第穷追机遇，开辟了电磁学的新领域，为全部电工学奠定了理论基础；弗莱明（Alexander Fleming）抓住奇怪的现象，不断研究机遇所提供的信息，发现了青霉素，从而开辟了人类抗生素生产的新纪元。

2.2.3 要锻炼成善于抓住机遇的头脑

1. 在机遇面前要杜绝犹豫

奇怪的、意外的自然现象,其内部存在必然性。面对机遇,科技人员既不可想当然地对待它,也不能轻易地放过有意义的意外现象。在机遇面前不能犹豫,这需要科技人员的好奇心、敏锐的洞察力和判断力。

【例2-28】 德国化学家维勒(Friedrich Wohler)在研究矿石过程中,意外地发现了有些金属化合物呈现多种颜色,以红色为最多。他猜想组成这种化合物的金属是一种新元素。遗憾的是他主观地认为,这也许是铬(Cr)而未能深入研究。与此相反,瑞典化学家塞夫斯唐姆(Nils Gabriel Sepstron)在研究矿石时,也发现了与维勒相同的现象,也有相同的猜测。但是他毫不犹豫地追究起来,终于发现了新元素钒(V)。当维勒知道后,悔恨不已。

2. 机遇偏爱有准备的头脑

机遇是不是任何人都能随便发现和抓住呢?不是的。法国微生物学家巴斯德(Louis Pasteur)说:"在观察的领域中,机遇只偏爱那种有准备的头脑。"这句话,时至今日,仍然被许多专家、学者当作座右铭。机遇不是侥幸、碰运气。机遇虽然是人们事先无法预料的,但是科技人员的头脑有无准备,结果是大不一样的。

【例2-29】 法国生理学家克劳德·贝尔纳(Claude Bernard)做了切断家兔颈部交感神经的试验。当时试验的目的是希望引起兔子耳朵变凉,以便研究神经和皮肤温度变化的关系,但他意外地发现,兔子的耳朵不但不凉,反而变热了。他抓住这一现象,并且意识到这种现象的意义,结果发现神经是通过控制血管的伸缩来控制血流量这一重要的科学奥秘。在此前十余年的时间里,他也曾经做过多次切断动物神经的试验,却一直没有发现这一奥秘,这是因为当时他头脑里还没有研究这方面问题的准备。这说明,即使同一个人对同一自然现象,头脑里有无准备,结果也是不同的。

【例2-30】 据美国《大众科学》2007年报道,美国科学家普林格尔(Frank Pringle)发明了一台神奇的机器,取名为"霍克回收机",能将轮胎等任何废物变成石油和天然气。普林格尔在将轮胎碎片放入微波发射器进行另一项研究时,结果发现轮胎变成了一堆灰似的东西。几小时后,他重返机器处,却意外发现不热的工作台上竟然有一摊黑色的污液。他由此得到启发,着手进行转向研究。此机器其实是一台微波发射器,可以将日常用品提炼成石油和天然气,至少可以加工任何由碳氢化合物组成的东西。而这些东西在人们身边到处都是,比如各种塑料。此机器的首个商业产品1h可以将10t汽车废物(轮胎、塑料和聚乙烯薄膜)变成很多天然气,足以产生1700万Btu(英国热量单位,1Btu=1.055kJ)能量。

3. 锻炼自己成有准备的头脑

1)要有丰富的理论知识和实践经验的储备。这是发现、识别、捕捉和追究机遇的知识基础。

2)要有敏锐的洞察力和丰富的科学想象力。唯物辩证的哲学理论修养和敏锐的洞察力是抓住机遇的哲学思维基础。一个人的科学洞察力的敏锐程度有赖于唯物辩证哲学的理论修养,也就是说,要掌握科学的世界观和科学方法论。

【例2-31】 爱因斯坦从青少年时开始思考和想象两个科学问题。他的一个想象是:如果一个人被关在自由下落的升降机里,那他将发现什么呢?他的另一个想象是:一个人如果以光速跟着光跑，并且努力追赶它，那么他会发现什么呢？对于前者，他后来创立了广义相对论；对于后者，他经过10年的沉思，创立了狭义相对论。

对机遇的到来，能否判断其是否有价值、有意义，是一个人的科学判断力问题。当然，如果判断错误，对无意义的所谓"机遇"进行研究，不但不会成功，而且会造成人、财、物、时间的浪费。

3）要善于多路思考，掌握多途径探索的方法。这会使人的思路和研究工作活跃起来，增强来自各方面信息的敏感性，相互启迪。爱迪生是一位大发明家，他一生贡献了2000多项技术发明，平均每10多天就有一项发明。他的诀窍之一就是采用多路思考和多途径探索的研究方法。

【例2-32】 爱迪生在研究留声机时，同时又注意研究电光源照明。当他回过头来研究电灯时，又获得了一项重要发现：抽真空的白金丝灯泡寿命延长了，从而促成了他在电灯研究方面的新突破。

4）科学家应具有六种心理素质：高度强烈的求异心理，不盲从、不唯上、不唯书、不唯权威；百折不挠的求胜心理；一丝不苟的求实心理；献身科学事业的求是心理；勇于实现理想的自信心理；不怕吃苦和敢于战胜困难的自强心理。

中国有句古训："机不可失，时不再来。"对待机遇，不能"视而不见""听而不闻"或"想当然"，而要留心偶然现象，敏锐地察觉其与众不同之处，并且紧紧抓住，深入研究，直到揭开奥秘。

【例2-33】 党的十八大以来，中国桥、中国路、中国港、中国车、中国楼……一个个奇迹般的工程，编织起人民走向美好的希望版图，托举起中华民族伟大复兴的中国梦。"天眼"探空、神舟飞天、墨子"传信"、高铁奔驰、北斗组网、超算"发威"、大飞机首飞……中国"赶上世界"的强国梦实现了历史性跨越。全球创新指数报告显示，中国成为进入前25名的唯一中等收入国家。在浩瀚的历史长河中，创新决定着文明的走向。随着中国在创新领域由"追赶"逐渐变为"并跑"甚至"领跑"，中国带给世界的惊喜会更多。全长55km的港珠澳大桥，由跨海桥梁和海底隧道组成，是目前世界上最长的跨海大桥。兰渝铁路的建设构想，100年前，就出现在孙中山先生的《建国方略》中。没有足够的技术实力，这条铁路就只能停留于想象。历经9年的攻坚克难，2017年9月29日，长达886km的兰渝铁路全线通车。中国高铁通车里程超过2×10^4km，跃居全球第一。从南海50m海试起步，到马里亚纳海沟7000多米的世界最深处的跨越，"蛟龙"号的一举一动，吸引人们的目光。一项针对20国青年的调查显示，高铁、网购、移动支付、共享单车，成为这些在华外国人心目中的中国"新四大发明"。这些闪亮的"中国名片"，也为解决人类问题贡献了中国智慧。

【拓展阅读】 中国高铁技术创新与赶超

近年来中国高速铁路（简称"高铁"）成功实现了技术赶超，对"老牌"高铁强国形成了技术和市场竞争。中国高铁技术赶超的经验，对其他产业是否具有普适性？铁路行业和高铁技术极为复杂，研究者必须进行扎实的调查研究，才能掌握研究所需的基本事实。后发国家的技术赶超仍是一个重大的理论难题，研究者必须立足中国产业创新实践做必要的理论创新，才能从鲜活的实践和繁杂的资料中构建起自给的分析框架。

【相关代表性研究】

现有关于高铁技术创新的研究，大体按照技术、技术能力、创新体系的脉络渐次深入，以路风和高柏等的研究为代表。代表性研究普遍忽视了制度的作用，或对制度的定义不明确而存在一定的局限。第一，由于缺乏中国经济体制改革的维度，路风的研究限于高铁发展的特定阶段，未能对高铁创新的全过程做出完整且逻辑一致的解释；虽强调了国家创新体系和企业技术学习的重要性，但是没有深入分析两者的作用机制，难以解释为什么同在国家创新体系之下，不同行业的技术进步却存在显著差距。第二，高柏等过于宽泛地定义制度，导致制度被外生化和"黑箱化"，尽管给出了各变量之间的相关关系，但非因果机制解释，故不太可能从高铁创新中准确提炼出"具有普遍性的中国特色创新模式"。

为了更好地理解技术创新本身的特点，马莱巴等提出了"技术体制"的研究框架，提议从技术机会、创新的可收益率、技术进步的累积性和创新的知识基础四个方面对产业创新加以分类。"技术体制"侧重于技术创新的特征刻画，比较缺乏对微观创新主体的行为分析。马莱巴等后又在"技术体制"中引入了制度和行为人变量，发展出了"产业创新体系"分析框架。

"标准的"产业创新体系由三要素构成：技术和知识、行为人网络和制度。第一，知识具有默会性和累积性，必须通过持续的技术学习才能获得，技术学习效率决定了产业创新的绩效；第二，行为人包括企业和非企业组织（如大学、研究机构、用户、政府等），通过交易、合作、竞争或指令等方式参与到技术创新之中，构成了特定的行为人网络，如将技术创新视为行为人之间的知识交易过程，那么交易效率决定了技术创新效率；第三，行为人的认知、决策和交易均由特定的制度决定。

【研究的逻辑起点】

产业创新体系强调真实世界中制度的多样性，更适用于研究嵌入中国产业体制改革进程中的高铁技术赶超问题。第一，在不同发展阶段的特定产业体制下，中国高铁技术创新存在显著差异，有必要揭示体制改革与技术进步之间的因果关系；第二，中国的产业体制改革服从于建立社会主义市场经济体制的总体布局，要求研究者将产业创新体系应用于中国情景时，必须从中国体制改革切入；第三，从体制改革入手可对各行为人的技术创新决策做严谨的理论分析与实证检验，尽可能排除不可证实因素的干扰。

研究者将产业创新体系应用于中国高铁创新研究时，应考虑如下中国特色的因素：在建立社会主义市场经济体制的进程中，自上而下的强制性产业体制改革不仅是不可回避的宏观背景，更是产业创新体系演化的内生驱动因素，应以此为研究的逻辑起点。

【铁路体制的演进】

在中国渐进式的产业体制改革中，行为人网络是从计划指令型转向市场交易型，应重点研究特定行业内政府、国有企业与国有科研机构之间的动态调整。作为一个长期处于社会主义初级阶段的发展中国家，中国体制改革的目的在于解放和发展生产力，在产业领域表现为不断提升产业技术能力和创新能力，应将技术赶超作为产业创新体系的主要目标。体现中国特色的产业创新体系，可称为"中国特色产业创新体系"，相应地将"技术—行为人—体制"调整为"体制改革—行为人网络—技术赶超"。

【中国高铁的赶超】

中国高铁技术赶超历程分为三个阶段：2004年之前为高铁技术独立研发阶段；2004—

2008年是引进消化吸收阶段；2008年之后是自主创新阶段。

（1）独立研发阶段　双分权体制专用性技术投资激励不足　首先，市场需求不确定性和技术路线不明晰，加大了单个企业的高铁专用性技术投资沦为沉没成本的风险，造成企业事前激励不足；其次，市场需求碎片化导致交易频率低，装备企业与铁路局的每次交易都要重新谈判，难以形成有效的交易治理结构，交易成本居高不下；再次，在装备制造企业内部，因高铁订单批次少、批量小而难以形成规模经济，企业将要素从传统铁路（普通铁路、地铁）业务转向研制高铁的激励不足；最后，行为人为分散高铁专用性技术投资的风险，采用技术联盟的方式，反而造成了全系统科技资源的分散。

（2）引进消化吸收阶段　供给分权兼需求集权与强化激励机制　由国家强制性供给体制分权和行业诱致性需求体制"软集权"所形成的体制组合（供给分权体制、需求集权体制）。这一时期中国高铁装备制造业关键行为人形成了"双重契约"。针对不同契约特定信息与激励的机制设计，决定了这一时期高铁技术进步的绩效。第一重契约的核心问题是，如何解决前一阶段整车厂专用性技术投资激励不足导致的装备质量控制难题；第二重契约是国内装备企业与外国企业之间"一对一"的技术转让契约，核心问题是如何防范外国企业利用其技术私人信息的道德风险，确保真正用市场换到技术。"双重契约"促使我国高铁技术投资的重心从科研院所转向了装备制造企业，引导企业"改路线""补短板"和"建平台"。以自主创新为导向的技术引进，是中国高铁跳出"引进—落后—再引进"追随者陷阱的关键。产品开发平台的建立过程，可比喻成"看图纸—改图纸—画图纸"三个递进的阶段。

（3）自主创新阶段　产业创新体系的扩展与创新的惯例化　2008年后，随着中国产业体制基本成型，铁路体制也相对稳定了下来。有所变化的是，更多路外行为人参与到高铁创新体系之中。政策评估内容包括体制、行为人和技术三个紧密关联的问题。跨部门的政策协同，意味着高铁创新超出了部门之间而上升为国家战略，此后的高铁创新体制常被称作"举国体制"。

【高铁的政策启示】

中国高铁技术赶超是发挥市场经济条件下社会主义制度优势的典型，对探索我国建立新型举国体制具有重要的政策启示。

（1）市场需求在产业创新中的作用　市场需求在高铁技术赶超实践中发挥了基础性乃至决定性作用，政府政策在高铁发展的前期规划和后期产业化阶段发挥了积极作用，两者相互补充、相互促进。我国作为世界上最大的发展中国家，如何通过改革持续释放内需潜力和利用消费升级整合科技创新资源，是构建中国特色产业创新体系的重要路径。我国产业政策不仅要深化供给侧结构性改革，也要善于利用需求升级对产业创新的牵引作用，特别是市场需求侧具有规模报酬递增和网络经济效应的产业（如电网、通信网络、油气管网、新能源汽车充电桩网络、通用性基础软件）。如不具备这一必要条件，即便是同属于交通运输业的大飞机和汽车产业等，高铁技术赶超的经验也是有限的。

（2）正确处理好政府与市场的关系　2008年后我国已经基本掌握了高铁装备制造技术，且本土供应链初步形成，进入了投资风险相对较低的产业化阶段，这是产业政策取得成效的必要前提。相反，在高铁的独立研发阶段，我国也曾尝试通过科技攻关项目推动高铁技术研发，但在当时企业技术能力和本土供应链均不成熟的条件下，政策效果是有限的。其他行业在制定政策前,应首先评估其所处发展阶段的风险特征,视具体情况发挥产业政策和市场在处理不同风险中的优势,避免公共资源浪费和损害市场的资源配置功能。

(3) 引进创新与自主创新之间的关系　我国在高铁独立研发阶段积累的人才和本土技术能力,是快速吸收消化引进技术的基础;引进国外成熟制造技术对提升本土高铁技术能力、构建产品开发平台和培育本土产业链发挥了积极作用。可见,引进创新与自主创新可以是互补的。我国正在加快构建更高水平开放型经济新体制,应立足自主创新,同时要积极利用人类科技进步成果。

(4) 多维度及时总结高铁创新的经验　高铁创新的经验表明,完善企业产品设计开发平台和行业性科研试验体系,有助于企业便捷地将用户需求转化为产品设计和制造方案,对提高供给质量和技术能力至关重要。我国的产业政策应从过去选择产品和产业转向完善设计开发平台、共性技术平台和公共试验平台建设,重点提升科技基础设施。高铁创新的经验还表明,产业链横向竞争和垂直合作对高端装备制造业的质量提升具有重要促进作用。应按照竞争性领域鼓励充分竞争、合作领域促进紧密合作的原则,提高产业组织政策的精细化程度,加快破除一些行业仍然存在的不利于产业链上下游企业构建长期合作关系的体制机制障碍(如低价中标采购制度),营造鼓励企业提质升级和进行长期能力建设的产业生态。

回望新中国工业化,我们用几十年时间走过了发达国家数百年的历程。从结构上看,我国成为"世界工厂"主要得益于中低技术劳动密集型产业史无前例的增长,技术和资本密集型产业的发展相对滞后,从工业大国向工业强国迈进仍任重道远。

> 科学研究的灵感,绝不是坐等可以等来的。如果说,科学上的发现有什么偶然的机遇的话,那么这种"偶然的机遇"只能给那些学有素养的人,给那些善于独立思考的人,给那些具有锲而不舍的精神的人,而不会给懒汉。
>
> ——华罗庚

第 3 章
科学研究与学术论文选题

本章主要对科研课题与学术论文概念、选题重要性、课题类型和选题原则、通过案例阐述选题途径与方法等进行深入探讨。

科学研究与学术论文的选题，是科研课题与学术论文首要确定的重要环节，也是最为困惑、最耗精力的阶段。依据选题确立中心、制订研究方案、选好科研方法、组织具体实施等，科研与论文就较易取得成功。

3.1 科研课题与学术论文

3.1.1 科研课题

1. 科研课题的概念

科学研究课题就是尚未解决的问题，简称科研课题，又称为科研项目。探索自然界未被认识的问题，或尚未被开发的新技术、新工艺、新设备（包括对原有技术、工艺、设备的改进或应用范围的扩展和优化）。

科研课题是已知与未知的辩证统一体。已知，才明白研究什么和怎样研究；未知，才要研究。

2. 科研项目的选题

科研选题是一项严肃的研究工作，也是一种灵活的研究艺术。一个科学的、准确的科研选题，是科学研究成功的一半。正如科学学的创始人贝尔纳所说，选择课题是科研的战略起点；著名科学家维纳也说过，知道应该干什么，比知道干什么更重要。

科研选题包括确定研究方向和选择研究课题两个方面：

（1）研究方向　研究人员在一个较长时期内从事研究活动的领域，称为研究方向。研究方向是根据某一具体研究课题取得成功后开拓出来的。一个具体研究课题取得成功，就展示了一个研究方向。

（2）研究课题　探索科学领域中尚未被认识和解决的问题，称为研究课题或研究项目。能从自己所探索的领域内发现，提出和形成一个有科学意义的问题，本身就是一个了不起的成就。

3. 提出问题的重要性

1900 年，著名数学家希尔伯特站在当时数学研究的最前沿，提出了数学上尚未解决的 23 个问题，这在数学史上的功绩是不朽的，这些问题吸引了不少数学家为之奋斗终生，并从问题的解决中形成了一个又一个的数学分支，创立了一个又一个的数学新方法，成为当代数学家竞相攻克的目标。假如从已知和未知的矛盾来理解，那么，由已知向未知进发，是问题的提出；而从未知向已知的转化，便是问题的解决。

提出一个问题之所以比解决一个问题更重要，这是因为：

1）提出问题要敢于摆脱陈旧学说和传统观念。没有勇气打破传统就提不出新问题。

2）提出问题要有创造性的想象力。如果无法驾驭事实，没有创新思想的眼力和魄力，那又何谈提出问题。

3）提出问题就意味着在科学前沿发出新的进军令，可能酝酿着科学上新的突破和革命，而成为科学大进步的起点，科学新分支的生长点。

4）提出问题不仅确定了研究工作的主攻方向、制高点和突破口，而且在一定程度上也确定了解决问题的行动方案、步骤和方法。

形成问题比解决问题更使人感兴趣。提出问题往往包含着大量原始的、粗浅的、现象的问题，而形成问题则是进一步构成了成熟的、深刻的、本质的问题。提出问题是形成问题的基础，而形成问题则是提出问题的深化。

3.1.2 学术论文

学术论文的应用相当广泛，它既是对科学研究成果的描述和记录，又是人类进行科学技术交流的工具。学术论文的写作，对于检验科研工作者的科研水平、科研能力，乃至对于国际的科学技术和文化的交流，都具有十分重要的意义。因此，撰写学术论文是每一个科研工作者、博硕研究生与大学本科生的必修课程。

学术论文是对科学研究新观点、新见解、新发明的一种表达与反映，真正有价值的科研成果，总是要通过学术论文的形式表达出来。一般来说，它都具有直接或间接的应用价值，因此，学术论文也属于应用论文的范畴。

1. 学术论文的概念

广义来说，凡属论述科学技术内容的作品，都称作科学著述，如原始论著、简报、综合报告、进展报告、文献综述、述评、专著、汇编、教科书和科普读物等。但其中只有原始论著及其简报是原始的、主要的、第一性的、涉及创造发明等知识产权的。其他的当然也很重要，但都是加工的、发展的、为特定应用目的和对象而撰写的。

学术论文，也称为科学论文、科研论文、研究论文，简称论文，是对某一学科领域中的问题做比较系统、专门的研究和探讨，表述科学研究成果的理论性文章。

当"写论文"的时候，这篇论文不是指一般议论说理的文章，而是指一篇学术论文。学术论文包括各学科领域中专业人员写的论文和学业论文（学年论文、毕业论文、学位论文）及报告类论文。学术论文的显著特征是论文必须要有新发现、新发明、新创造或新推进，总之，要有新的科技信息，否则就不是严格意义上的学术论文。

人们对于某种事物或知识的本质认识总有一个过程。追溯人类写作的历史，早期文体单一，其后逐渐丰富多样。自20世纪以来，人类知识迅猛增长，写作对象逐渐增加，文体在发展中也逐渐分化，形成更多独立的写作学科，如从文学中分化出新闻写作、秘书学写作等等。因此，可以给学术论文下一个定义，那就是：对社会科学和自然科学领域中的某些现象和问题进行系统的研究，以探究其本质特征及其发展规律的理论性文章。学术论文实际上是对科学研究成果的一种描述与反映，是科研活动中的一个重要环节，又是进行国际、国内学术交流的重要工具。因此，在这里，也可以给学术论文写作下一个定义：学术论文写作是在研究人类社会科学技术的发展历史、发展现状及未来的基础上，探索、研讨对科学技术的规律、特点及对研究成果进行表述的专门知识和技能。

科研人员都有一个共识：如果有条件，可以选择两门学科的交界处来进行科学的"边缘"研究。恩格斯说过，科学在两门学科的交界处是最有前途的。维纳也说过，在科学发展上可以得到最大收获的领域是各种已经建立起来的部门之间被忽视的无人区。2008年，在诺贝尔奖获得者的北京论坛上，华人图灵奖得主姚期智指出，当不同的学科、理论相互交叉结合，同时一种新技术达到成熟的时候，往往就会出现理论上的突破和技术上的创新。例如，半导体科学就是在导体和绝缘体之间发展起来的一门边缘科学。再如，文艺心理学、写作心理学、社会心理学、社会语言学、文艺信息学、美学与模糊数学等，都是边缘科学，而学术论文写作也是一门跨学科的学科，它要求论文撰写者既要有广博的科技知识，又要有较高的文学语言修养，它是科学技术与文学语言创作的结合。这种结合，从某种意义上来说，形成了列宁所言的"自然科学奔向社会科学的强大潮流"。学术论文写作也正是在自然科学和社会科学相互交叉的地带，生长出来的一系列新生科学中的一种——交叉学科中的一种专门文体，这就是科学地图上的"空隙地"。

综上所述，可将学术论文的定义归纳整理成以下内容：**学术论文是某一学术课题在实验性、理论性和观测性上具有新的科学研究成果或创新见解和知识的科学记录；或是某种已知原理应用于实际中取得新进展的科学总结，用以提供学术会议上宣读、交流或讨论，或在学术刊物上发表；或作其他用途的书面文件。**

2. 学术论文的种类

学术论文按研究领域、研究对象来划分，可以分为人文社会科学论文和自然科学论文两大类。

人文社会科学论文，如哲学、经济学、军事学、法学、文艺学、语言学、史学等学科都属于人文社会科学领域。它的任务是研究并阐述各种社会现象及发展规律，在前人研究的基础上有所发展、有所创新。自然科学论文是以研究自然的物质形态、结构、性质和运动规律的科学论文。如数学、物理学、化学、生物学、天文学、气象学、海洋学、地质矿产学等基础学科，以及能源科学、医药学、材料科学、应用技术科学都属于自然科学领域。自然科学是人类认识社会、改造大自然的实践经验的总结。

按照《学位论文编写规则》，可将学术论文分为以下三种：

（1）科研论文　科研论文是记述创新性研究工作成果的书面文章。它是指各学科领域中专业人员的科学研究成果，某些实验性、理论性和观测性的新知识的科学记录，某些已知原理应用于实际并取得新进展的科学经验总结。这种学术论文主要用于期刊公开发表或在学术会议上公开宣读。其显著特点是内容必须有新发现、新发明、新创造和新推进，要反映出学科领域中的最新学术水平。科研论文对促进科学事业的发展具有极其重要的作用。

（2）学业论文　学业论文主要是指在高等院校的大学生、研究生写的论文，包括学年论文和毕业论文。

1）学年论文。学年论文是高等院校各个年级对学生布置的一种独立完成的作业。撰写学年论文要在教师的指导下进行。教师指导学生写作学年论文是高等院校教学过程的重要环节之一。大学生在校学习期间，每学年都要学习本专业的基础知识和专业知识，各学年都有不同程度的侧重点。因此，写好学年论文，能使学生在每个阶段所学的专业知识得到运用，并初步掌握科学研究方法。部分专业课程安排的课程论文实践周也属于此类论文。

2）毕业论文。在高等学校中，毕业设计（论文）是实现本科培养目标的重要教学环节。这一环节，既是培养学生综合运用所学知识解决实际问题能力的教育过程，也是对学生全面素质的检验。时代的发展要求高等教育更加重视培养大学生的实践能力和创新精神，重视提高学生的综合素质，这对毕业设计（论文）工作也提出了更高的要求。撰写毕业论文的目的是总结在校学习期间的学习成果，培养学生综合运用所学知识分析问题并解决问题的能力，使他们受到科学研究的基本训练，为毕业后较好地工作奠定基础。同时，毕业论文完成后需要进行答辩，并由指导教师评定成绩，合格后颁予相应的学位。我国目前对专科学历未进行学位授予。

（3）学位论文　学位论文是指为了获得所修学位，按要求被授予学位的人所撰写的论文。学位论文的写作要求写作者综合运用所学的基础理论、专业知识、基本技能分析与解决实际问题，这对于引导学生把知识转化为能力，学以致用意义非凡。又由于学位论文是具有学术性、科学性和创新性的较高形态的文章样式，所以，学位论文对培养学生严谨的治学态度、独立思考的习惯、创造的品格，对提高其综合素质意义重大。

1）学位论文的种类。由于学位论文本身的内容和性质不同，研究领域、对象、方法、表现方式不同，因此，学位论文就有不同的分类方法。按内容性质和研究方法的不同，可以把学位论文分为理论性论文、实验性论文、描述性论文和设计性论文，理工科大学生可以选择的论文形式主要是后三种，文科大学生则是以理论性论文为主；按研究问题的大小不同，可以把学位论文分为宏观论文和微观论文；按论文的综合性，可以把学位论文分为专题型、论辩型、综述型和综合型四大类。学位论文是高等院校毕业生用以申请授予相应学位而提出的作为考核和评审的文章。《中华人民共和国学位条例》把学位论文分为学士、硕士、博士三个等级。

学士论文是合格的本科毕业生撰写的论文，是大学本科毕业前夕的一次综合性练习，应在教师的指导下独立完成，篇幅一般在1万~2万字，能反映出作者掌握大学阶段所学的专业基础知识，综合运用所学知识进行科学研究的情况。本科生撰写的毕业论文（学士学位论文）的优劣，与专业教学效果，提高教学质量息息相关，是学校评定学生毕业论文成绩的重要依据，也是评定是否授予学士学位的必需条件。

硕士论文是攻读硕士学位研究生所撰写的论文，应在导师的指导下完成，但更强调个人的独立思考，篇幅一般为3万~5万字。它应能反映作者专业基础知识的掌握程度，是否具有独立进行科学研究的能力，对所研究的题目是否有新的、独立的见解。论文具有较好的科学价值，对学生的本专业学术水平的提高起着积极作用。

博士论文是攻读博士学位研究生所撰写的论文。它要求作者独立完成，篇幅一般在5万~20万字，相当于学术专著的规模。它要求作者能够自己选择潜在的研究方向，开辟新的研究领域，掌握相当渊博的本学科有关领域的理论知识，具有相当熟练的科学研究能力，对本学科提供创造性的见解。论文具有较高的学术价值，对学科发展具有重要的推动作用。

2）学位论文的特点。学位论文属于学术论文中的一种，有着自己的特点。一是指导性。学位论文是通过大量的思维劳动而提出的学术性见解或结论。在收集材料和进行研究的过程中都是在具有该课题专长的导师指导下进行的，这些人都是本单位本门学科的学术带头人，正从事或指导较高水平的科研工作。学生为了写好毕业论文，必须主动地发挥自己的聪明才智，刻苦钻研，独立完成毕业论文的写作任务。二是习作性。学好专业基础知识，为撰写学位论文打下坚实的基础，学位论文的写作是对所学专业基础知识的运用和深化。大学生撰写学位论文就是运用已有的专业基础知识，独立进行科学研究活动，分析和解决一个理论问题或实际问题，把知识转化为能力的实训。写作的主要目的是培养自己具有综合运用所学知识解决实际问题的能力，为将来作为专业人员撰写学术论文做好准备。所以，它实际上是一种习作性的学术论文。三是层次性。毕业论文与学术论文相比要求较低。专业人员的学术论文，是指专业人员进行科学研究和表述科研成果而撰写的论文，一般反映某专业领域的最新学术成果，具有较高的学术价值，对科学事业的发展起一定的推动作用。大学生的学位论文由于受各种条件的限制，在文章的质量方面要求相对低一些。

学士论文、硕士论文和博士论文的主要区别见表 3-1。

表 3-1 学士论文、硕士论文和博士论文的主要区别

项目		学位		
		学士	硕士	博士
学历		本科	研究生	
应达到的学术水平		较好地掌握本门学科的基础理论知识和基本专业技能；具有从事科学研究工作和担任专门技术工作的初步能力	掌握本门学科坚实的基础理论和系统的专业知识；具有从事科学研究工作和独立担负专门技术工作的能力；研究成果有一定的创新性	掌握本学科坚实而宽广的基础理论和系统而深入的专业知识；具有独立从事科学研究工作的能力；在科学或技术上做出了创造性的成果
外语要求		未明确提出	一门，能比较熟练地阅读本专业的外文资料	两门：一门能熟练阅读，另一门能初步阅读
学位授予权		由国务院授权的高等学校授予	由国务院授权的高等学校和科学研究机构授予	
学位审批权		高等学校	由国务院批准公布的学位评定委员会审批	
学位论文	写作	要		
	答辩	未明确规定，但一般都进行论文答辩	学位论文由学位论文答辩委员会负责审查，并组织答辩	
授予程序		学院、系提名，学校推荐，学位评委会审查通过后授予	申请—提交论文—初审—专家审查—（专家审查通过）论文答辩—（答辩通过后）学位评委会审查评议—（通过后）授予相应学位	
论文成果特点		一般情况还达不到发表水平。获得学位较容易	研究成果可公开发表（保密内容除外）。获得硕士学位较难，获得博士学位难	
字数/万字		1.0~2.0	3.0~5.0	5.0~20.0
指导人资格		讲师及以上	副教授及以上	教授、博士生导师

3.2 课题类型和选题原则

3.2.1 课题类型

科学研究可以分为两类：一类是开创性研究，也称为探索性研究，就是研究别人没有研究过的问题；另一类是发展性研究，就是在已有研究成果的基础上做进一步研究。与之相对应，科学研究的课题也分成两大类型：一类是别人不曾涉及的问题，即开创性研究的课题；另一类是已有人做过探讨的问题，即发展性研究的课题。

1. 开创性研究的课题

在每个学科领域中，都存在着一些本来值得研究，却被人们长期所忽视的问题；也存在着一些过去没有必要或者没有可能进行研究，现在却有了研究的需要，也具备了研究条件的问题；还存在一些社会和人类认识发展中不断产生的新问题。解决这些问题的科学研究，就是开创性研究，这些问题就是开创性研究的课题。

从事开创性研究，一般没有太多的资料可以利用，也没有现成的方法可以借鉴，研究难度较大，这是在科学的"无人区"作战，要有勇气，要冒风险，也可能要付出代价。但是，这类研究的意义是十分重大的。探索未知世界，是科学研究的首要任务。科学研究是创造性活动，开创性研究以独创性为其重要特征，而且研究成果往往具有填补科学空白，或者及时指导社会实践的重要作用。选择这一类课题，要立足于社会发展和学科发展的需要，不要贪图一鸣惊人，刻意追求标新立异，而要充分考虑个人的能力和条件，慎重行事，因为开创性研究不仅应有独创性的特点，同时应具备科学性的特点，并且只有以科学性为基础的独创，才是有意义的独创。

2. 发展性研究的课题

简单地说，发展性研究的课题，也就是已有人做过探讨的问题。有些问题尽管已被研究过，但还有继续研究的必要，这样的问题也可以作为研究课题。

选择新课题，是进行科学创造的一种方式，而研究旧课题（已经有人研究过的问题）也未必不能有所创造。避免一切重复劳动，是对科学研究的基本要求。但是，究竟是不是重复劳动，不能简单地看课题是否已被研究过，关键要看还能否提出新的见解。从事同一课题研究，完全可以写出具有不同主题的学术论文。

在学术论文写作中，课题同主题完全不同。课题是客观存在的问题，并不是研究者的创造，表现出鲜明的客观性；主题则是作者的主观见解和观点，是主体思维的产物，是作者采用一定的研究方法，对大量的资料进行深入分析、研究的结果，是对社会现象及其发展规律的主观认识，主题的主观性较强。由于主观和客观条件的种种限制，人们看问题的角度、广度和深度都不会完全相同，即便对于同一个问题，不同的人也可能会有不同的认识，甚至会有截然相反的认识，写成文章，就产生了课题基本相同、主题完全不同的学术论文。课题的客观性和主题的主观性，决定了进行发展性研究的必要性。

既然是发展性研究，就要比过去的研究更加深入、有所提高，或与已有的研究要有所不同。进行发展性研究，主要有下面三种情况。

（1）**深化、补充已有的观点** 在原有研究的基础上，进一步展开更为广泛、深入的研究，以丰富、发展已有的研究成果。在社会科学研究中，这类情况比较常见。比如，人们在研究意境的美学特征时，大都把探索的目光停留在情景交融这一点上，张少康在《论意境的美学特征》中指出："只讲意境是情景交融、主客观统一的艺术形象，还并没有揭示出意境的特殊本质。"因此，作者更深入一步，具体指出了构成意境的特殊本质的美学特征。

辩证唯物主义的认识论告诉我们，人的认识总是有限的，也是相对的，它必须处于一定的时间和空间内，是具体的、历史的，有待于扩展；它只是对特定事物或现象的某些方面、一定程度和一定层次的正确反映，反映的广度和深度有限，有待于扩展和深化。扩展和深化前人的认识，是不断接近客观真理的认识手段。

在科学研究中，任何一种观点的形成，任何一种理论的完善，都是从不够成熟到比较成熟、从不够深入到比较深入的发展、演化过程。一般来说，一个学术问题不会很快就能得到彻底解决；一个课题的研究不会一次就能彻底完成。学术观点就是在反反复复的研究中得以深化和发展，最后相对地固定下来，成为一种常规性的科学理论。

（2）**批驳、修正已有的观点**　研究同一个课题，得出不尽相同或完全不同，甚至截然相反的学术观点，是很正常的现象。如果选题相同，观点又毫无区别，就出现了不必要的重复研究，这样的学术论文没有任何价值。有些问题已有定论，如果对此再没有高于通说或异于通说的新见解，就不能把这个问题选作科学研究的课题。

科学研究的使命是"求新"，而新见解则是一切新内容的核心。批驳、修正已有的观点，主要有以下情况：

一是参加学术讨论，就一个有较大争议的问题，提出自己的看法。学术争论便于澄清问题，深化认识，使科学理论得到进一步发展。就争论中的问题进行新的探讨，是科学研究中一种极为常见的现象。比如，20世纪50年代末到60年代初，郭沫若、刘大杰、萧涤非等人纷纷就《胡笳十八拍》的作者问题展开研究，并分别撰文发表自己的看法，形成了一次激烈的学术争论，产生了一批研究同一问题，却有不同观点的文章。

二是重新研究已有通说、定论的问题，对此提出新的见解。贝尔纳说过："我们不能仅仅根据某一设想不符合一种盛行的逻辑而予以舍弃。"敢于怀疑通说，否定通说，既符合科学发展的需要，也符合人类认识发展的基本规律。理论体系自身矛盾的发现、新研究方法的出现、新研究材料的使用等，都可以促使研究者选择纠正或修正通说的研究课题。比如，在史学研究中，根据最新考古发现，选取研究课题，常常能一举推翻长期不变的定论，彻底改变人们的认识，如20世纪末我国考古学关于夏、商、周三代年代学研究的重大突破，就是典型的例子。

选取修正、推翻通说定论的研究课题，要求作者具有积极、大胆、实事求是的科学探索精神和较高的创造性思维能力。巴特菲尔德教授指出："思维活动中最困难的是重新编排一组熟悉的资料，从不同的角度看待它，并且摆脱当时流行的理论。"在科学论文中，批驳、修正已有观点的文章占有很大的比重，也容易引起学术界的普遍重视。不论是参加学术争论，还是推翻通说定论，在撰写论文时，都可以根据具体情况，既可以采取驳论的形式，也可以采取立论的形式。驳论式的文章直接批驳不同的观点，在批驳中确立自己的观点；立论式文章正面论证自己的观点，在论证中也就否定了不同的观点。

（3）**赋予已有理论以新意义**　在一个学科中，有些问题早已被探讨过，而且已经有了众所周知的结论，仅从科学发展的角度来看，似乎失去了重新研究的意义，不应再被作为研究课题。但是，在特定的社会背景下，一些问题确有重新被提出、被研究的必要。重新强调已经非常明确，然而又有些淡漠了的理论观点，以引起人们对某一自然规律、社会规律的重视，能够调整认识，纠正偏颇，从而为国家的政治生活、经济生活及文化的发展提供必要的理论基础和学术借鉴，也有助于增强科学研究的现实意义。从某种程度上讲，重新研究这类已基本得到解决的问题，不仅十分必要，而且非常迫切。

在科学研究，特别是在社会科学研究中，为适应新的社会需要而研究一个旧的问题的情况并不少见。比如，"实践是检验真理的唯一标准"应当说是个早有定论的哲学问题。粉碎"四人帮"以后，国家正处于拨乱反正、轻装前进的历史关头，如何认识过去，如何看待历史，就成为一个重大的现实问题。正是在这样一种社会形势下，学术界展开了关于真理标准问题的讨论，重新探讨明确这一问题，由此给国家的政治生活以有力的影响。

从大的方面来看，科学研究的课题有开创性研究的课题和发展性研究的课题这两大类，这两类课题的研究有各自的特点，也有共同的规律。无论选择哪一类课题，都要按照下面将要介绍的选题原则，进行严格考察，以确保科学研究的完成和学术论文的价值。

3.2.2 选题的重要意义

选题是论文写作的第一步，而且是具有方向性意义的重要一步。俗话说，"题好文一半"，论题选得好、选得准，就好比找到了储量既丰富、开采又便利的矿藏，研究越多，收获越多，兴趣也越大。如果选题不当，则会事倍功半，甚至半途而废。因此，选题是否恰当，直接影响着论文的质量，关系着论文的价值，决定着论文的成败。

1. 选题可以规划文章的方向和规模

在检索和研究资料的过程中，随着资料的积累，思维思考的逐渐深入，会有各种各样的想法纷至沓来，这期间所产生的思想火花、瞬时闪光点和各种念头，对选题而言都是十分宝贵的。但是，不能把它们统统拿过来，因为这些想法、看法尚处于分散的状态，还难以确定它们对论文主题是否有用和用处大小。因此，对它们还必须有一个鉴别、选择、归纳、确定的过程。在这期间，将从对个别事物的个别认识上升到对一般事物的共性认识，从对象的具体分析中寻找彼此间的差异和联系，从输入大脑的众多信息中提炼，形成属于自己的观点，并使之明确下来。正是在这个从个别到一般、从分析到综合的认识过程中，写作意图与写作方向在头脑中逐渐产生并明晰起来，论文的着眼点、论证的角度及大体的规模也初步建立起来。这就好比战场上决定出击的方向一样，从哪里出击，能否取胜，全在指挥员的运筹帷幄中。选题前的过程和重要意义恰在于此。当然，此时形成的选题并不十分理想，它往往还需要补充、纠正、推敲，有时甚至可能推翻。但是，这个环节是十分重要的，否则就不可能做到有的放矢。

选题还有利于弥补知识储备不足的缺陷，从而有针对性地、高效率地获取知识，早出成果，快出成果。对于初次撰写科研论文的人来说，在知识不够齐备的情况下，对准研究目标，直接进入研究过程，就可以根据研究的需要来补充、收集有关的资料，有针对性地弥补知识储备的不足。这样一来，选题的过程也成为学习新知识、拓宽知识面、加深对问题理解的好时机。

2. 选题能够决定论文的价值和效用

论文的成果与价值，最终当然要由论文的最后完成和客观效用来评定。选题对论文有着不可轻视的作用，因为选题不仅仅是给文章定个题目或简单地规定个范围，而且具有一定的预测性，能够提前对文章做出基本的估计。

选择、确定论文论题的过程，就是初步进行科学研究的过程。选择一个好的论题，需要经过作者多方思索、互相比较、反复推敲、精心策划的一番努力。一个好的论文选题，必须提前对文章做出基本的估计。这是因为，作者总是要先大量地接触、收集、研究和整理资料，从对资料的分析、选择中才能确定自己的研究方向，直到定下题目。在这一研究过程中，客观事物或资料中所反映的对象与作者的思维运动不断发生冲撞，产生共鸣。正是在这种对立统一的矛盾运动中，作者产生了思想的火花和认识上的飞跃。这种飞跃必然包含着合理的成分，或者是自己的独到见解，或者是对已有结论的深化，或者是对不同观点的反驳等。总之，这种思想火花和认识飞跃对于将要着手撰写的论文来说，是重要的思想基础。

3. 合适的选题保证写作的顺利进行

如果论文的选题过大或过难，就难以完成写作任务；反之，选题过于容易，又不能较好地锻炼科学研究的能力，达不到写作论文的目的。因此，选择一个难易、大小合适的题目对于保证写作的顺利进行就显得十分重要。

选题也有利于提高作者自身的研究能力。通过选题，能对所研究的问题由感性认识上升到理性认识，再加以条理化和初步系统化；通过对所研究问题的历史和现状的研究，可以找出症结与关键，这不仅可以对问题的认识比较清晰，而且对论文的写作也更有信心。一般来说，科学研究要以专业知识为基础，但专业知识的丰富并不一定表明该研究者研究能力很强，有的人书读得不少，可是忽视研究能力的培养，结果是仍然写不出一篇像样的论文。实际上，在从开始选题到确定题目的过程中，从事科学研究的各种能力都可以得到初步的锻炼与提高；在选题前，需要对某一学科的专业知识下一番钻研的功夫，需要学会资料查阅、收集与整理等研究工作方法；在选题过程中，要对已学的专业知识反复、认真地思考，并从一定角度深化对问题的认识，从而使自己的归纳和演绎、分析和综合、判断和推理、联想和发挥等方面的思维能力和研究能力都得到锻炼和提高。这些能力的培养将利于后期的论文写作。

4. 选题有利于调动人的主观能动性

选题是研究工作的第一个里程碑，因此，如果所选论题不是从认真思考中得来的，这种选题就会限制主观能动性的发挥，束缚手脚，有时甚至会一筹莫展；反之，对问题的思考能力就会大大增强，主动性得到充分发挥，更容易走向新的认识领域。打个比方，撰写论文好比是登山，选题好比是登山的路径。当你费尽周折，花了很长时间之后，终于找到了路径的入口，此时，找到路径带来的热情，就会很快让你把疲劳忘得精光，倍增勇气和力量。

从科研论文的写作过程来看，有这样一些特点：一是必须在限定时间内完成，而且尽可能拿出自己认为是较好的成果；二是按学术性文章的通用写法进行撰写；三是作者与指导教师积极、主动地配合，真实反映出自己对某一方面知识掌握的程度和运用的能力；四是尽量做全新或部分新的工作，不能做重复性的无效劳动。在这个过程中，非常需要发挥自己的积极性、创造性。因为在科学研究中，一项科学实验的设计、一项科研成果的完成，都需要有主观认识的指导与规范。

3.2.3 选题原则

课题的弃取，必须有一个标准和依据，选题原则，就是衡量课题、决定弃取的标准和依据。课题有意义、作者有见解，是保证论文质量的两个关键因素。选择一个有意义的课题，是写好论文的前提，但前提毕竟不能代替结果，假如作者对此无法提出有价值的观点，就难免使论文内容过于平庸，最后甚至不能完成论文。在选题时，无论忽视了哪方面的因素，都可能导致论文写作的失败，使作者的创造才能无从发挥。

选题需要战略眼光和战略意识。人们常说，知己知彼，方能百战不殆。课题是科学研究的客体，论文作者则是科学研究的主体，清醒、深刻地认识客体的地位和主体的状况，才会做出稳妥的抉择，才会为最后的成功奠定坚实的基础。选题必须把有关客体和主体各方面的情况综合起来考虑，这样才不易出现失误。客观上有意义，主观上有见解，是优化课题，从而提高论文质量的两个基本条件，这是由科学研究和学术论文的性质所决定的。

1. 课题选择的八大常规原则

课题的选择不是科学工作者随心所欲的事情，它与科学发展本身，以及一定的社会政治、经济、文化等背景紧密相连，因此受到各方面的制约，选题必须遵守一些原则，否则是无意义的。课题选择有八大常规原则：必要性、科学性、创造性、可能性、经济性、行情性、优势性和发展性原则，必要性、科学性、创造性、可能性四大原则为最基本、最必要的原则，缺一不可。

（1）必要性原则　必要性原则是选择研究课题的首要基本原则，它规定了科研选题首先要满足社会需要和科学自身发展需要。选择研究课题的眼界一定要投向生气勃勃的社会实践的需要和日新月异的科学发展的需要。因此，这条原则也可以叫作需要性原则。研究课题必须面向实际，它可以分为两个层次：一是科学外部的社会生产、经济和其他方面的实际需要；二是科学的内部知识的发展状况的实际需要。

（2）科学性原则　科学性原则也称为方向性原则，是指所选课题必须符合科学理论及客观规律，具有明确的指导思想和科学根据。因此，纯属迷信荒诞的课题不选，从根本上违反科学原理的课题不选。科学实践一再证明行不通的课题就不宜再去选了，否则就不是进行科学研究，甚至是伪科学的研究。科学无禁区，选题有限制。就是说，科研课题的选择要遵循科学性原则，才能保证科研方向和路线正确无误，保证研究获得成功。

【例3-1】　伟大的科学家牛顿的科学生涯是从1661年6月进入剑桥大学算起，至1696年到造币厂任职为止，共35年。其中万有引力定律、微积分和光色理论三大成就，是在他1665年回到乡间18个月这段时间内，即20多岁时孕育而成熟的。牛顿到造币厂后至逝世还有30年，在此期间，除了整理微积分著作外，他的科学生命基本上就结束了，再也没有什么重大的科学发现。这是什么原因呢？是年老体衰吗？不是，是他把相当多的精力用于神学方面的荒谬的课题上了，一头扎进《圣·约翰启示录》之中，试图以他的科学发现去论证上帝的存在和全能。在牛顿自己看来，他一天也没有停止过科学活动，他把研究神学课题，证明上帝的"第一次推动"，作为自己的神圣职责。恐怕这正是这位科学巨匠白白浪费了半个人生，造成这一历史悲剧的原因之一。科学和宗教、神学是不可调和的，选择神学课题就根本背离了科学精神。从选题角度看，这位科学巨人的失误，就在于他违背了他早年科学探索中曾经遵循的科学性原则。

（3）创造性原则　创造性是科学研究的灵魂，也是科研选题应当遵循的一条根本原则，它包含着两层意思：一是要保证课题本身内在的先进性、新颖性，即该课题确定是前人或他人没有或没有完全解决的科学问题；二是要保证课题预期结果的独创性、突破性，即通过对该课题的研究，能够发现或充实前人或他人没有发现的真理，或已经发现但不完全的真理。重复原有的理论、复制原有课题的课题不能作为科研课题。

要贯彻和坚持选题的创造性原则，首先要弄清和确定课题本身所蕴含的新颖的实质内容，而不要浮在易于接受的该课题的表面形成上。一个学科领域内的研究课题，实质上应该最终映示出该学科研究对象中尚未查明的部分。

【例 3-2】　拉瓦锡研究燃烧现象和燃素之谜，普朗克研究黑体辐射和紫外线灾难，爱因斯坦研究光速悖论和以太之谜，李政道、杨振宁研究弱相互作用的 $\theta\text{-}\tau$ 疑难等，最后都解决了前人多次研究而没有解决的问题。

拉瓦锡、普朗克、爱因斯坦、李政道和杨振宁等首先弄清了前人没有完全弄清的课题中蕴含的实质内容，贯彻了选题的创造性原则。其次，在选题中应妥善地把继承和创新结合起来，要有不惜代价地追求新的科学真理的气概，不能迷信和简单重复现成的真理。富有创造性的课题本身就是继承和创新的辩证统一，不继承前人的成果和思想，就谈不上创造。遵循创造性原则，是要站在前人已经达到的科学高峰上向更高的山峰攀登。最后，科学研究的创造性、探索性，还往往表现出一定的冒险性。要想在选题上突破原有的科学理论的局限，有所创新，就要有一种敢冒风险、不惜代价去追求新的科学真理的精神。

（4）可能性原则　可能性原则是指具备一定主客观条件的选题才有预期成功的可能。从主观条件来看，研究人员在选题时应当充分考虑自身的条件，做到量力而行，扬长避短。科研人员一般都应当具备合理的知识结构、较强的研究能力、良好的心理素质、科学的思维方法、灵活的战术技巧等；从客观条件来看，充分注意和考察研究课题是成功的物质技术基础，故应从人力、物力、财力和时间上给予保证。这包括承担课题的科学研究组织及其智能结构、科研人员的科技水平，完成课题的文献情报资料、实验仪器、设备、材料，保证课题顺利进行的研究经费、研究时间等。

科研新手最好一开始就选择较易出成果的课题，因为成功对于初涉科研园地的人来说是有力的推动和帮助，旗开得胜可以带来极大的鼓舞，而出师不利则可能失去信心。选择太大、太难、到处是障碍的问题，不但课题难以完成，而且会对后期开展研究带来不利影响，很容易失去信心，造成被动。但是，对于自然科学研究来说，课题太小、太容易也没有意义，这种课题就成为练习或习题，毫无价值。一般而言，课题应当偏难点，在客观条件允许或经过努力能具备一定研究条件的情况下，经过刻苦钻研，并能在规定期限内能完成的课题，才是最有意义的。

【例 3-3】　科学巨人爱因斯坦从 1923 年起至 1955 年逝世为止，积 30 余年之研究构思的统一场论大厦始终是一座空中楼阁，只留下一大堆连他自己也弄不清楚其物理意义何在的数学方程式。

对于爱因斯坦后半生绞尽脑汁的这项课题，从选题的必要性、创造性和科学性原则来看，那无疑是正确的，它显示了爱因斯坦坚信并且能够把握世界的统一性的哲学智慧和不惜任何代价去追求科学真理的冒险精神。但就选题的可能性原则而言，统一场论课题在他那个时代是尚未孕育成熟的胚胎，试图催生助生，势必造成流产。

必要性、科学性、创造性和可能性四项原则是既相互联系，又相互区别的。国家、省、市等各级各类科技研究课题或项目的申请书也都体现了这些原则。科技研究课题申请书的主要内容见表3-2。

表 3-2 科技研究课题申请书的主要内容

申请书的主要内容	选题原则
课题研究意义及同类研究的国内外现状与存在的问题	必要性原则
研究内容、目标和拟解决的关键问题	创造性原则
本课题研究的特色和创新之处	
课题研究的立论依据、研究方法、技术路线及可行性、可靠性	科学性原则
与本课题有关的研究工作基础	可能性原则
申请者的学历、主要研究工作简历、近年来研究成果和主要论著	
实现本研究已有的设备条件、尚缺少的仪器设备及解决途径	
申请项目的经费预算	

(5) 经济性原则　经济性原则有四层含义。一是对基础科研课题来说，因为它的成果不可能马上转化为生产力。如国家自然科学基金资助的项目，其经济效益主要表现在对此类课题投资后，在理论上取得成果的效益，即投资与成果大小及研究效率。此类课题要经过严格的论证后才能批准，在我国现行的经济状况下，要尽量避免大量的研究课题重复，以防浪费国家人力、财力、物力和宝贵的时间，使极有限的研究经费付之东流，应当使每一分钱都发挥其效益。二是对于应用研究和开发研究的课题，要求投资少，见效快，经济效益显著。三是要符合客观经济规律，用数据说话，提倡经济性问题进行投入产出分析。例如，我国星火项目中的课题就属此类。四是要能合理支配资源，做到节约和降低消耗，综合利用和保护生态环境。

(6) 行情性原则　行情性原则就是在了解情况的基础上选择研究课题，即所谓"知己知彼，百战不殆"。了解行情，就是要摸清楚所要研究的课题是否有前人研究过；如果研究过，其水平如何，有哪些地方需要补充和修改，是否还有遗留下来的问题需要进一步探索。了解行情的渠道很多，主要是以大量的国内外专业性科技文献、情报资料，同行们之间互通的信息和社会实践等。要通过一切可能的渠道，仔细调查、分析，从中确定自己所研究课题要达到的目标，从而找到科研课题的突破口。在了解行情时，既要了解同行做什么，更重要的是还要了解同行不会做什么。

(7) 优势性原则　优势性原则是指在科研选题时，要从本国、本省（市）、本地区、本单位及个人的长处出发，充分发挥自己的优势，扬长避短，量力而行，以保证科研工作尽快地完成，并达到最好的效果。应从宏观优势和微观优势两个方面加以考虑。前者指本国、本省（市）、本地区、本单位的地理环境、自然资源等条件；后者指课题组科研人员的结构、素质、知识、技能及创造性等。一般从以下几个方面去把握：申请者所在的科研团队的研究基础是否具有优势；已取得的科研成果是否具有系列性；研究成果的应用情况如何；科研人员的结构是否合理；申请的课题是否具有深入、拓展、做大的潜力。

(8) 发展性原则　发展性原则是指在科研选题时，要考虑该课题是否具有发展前途，即课题是否具有推广价值、普遍意义和持续的创造性。有发展前途意味着当课题完成后将会对科研、社会、经济的发展产生重大的积极影响，或可促进一系列相关问题的解决。对科研课题的选择不能鼠目寸光，当一个课题完成后就山穷水尽了，有经验的科学家的选题是：当课题完成后，往往能引出更多的问题，提供有关问题解决的方法或途径。

2. 选择客观上有意义的课题

就其直接意义来说，课题的客观意义包括两方面的内容：一是社会意义；二是学术意义。这是考察课题的客观意义的两个着眼点。就其实质来说，两个方面的内容又是统一的。

（1）**讲求科学研究的社会效益** 这一原则包含着十分丰富、具体的内容。坚持这一选题原则，必须使选取的课题与国家建设和发展的总目标相一致。党的二十大报告指出，实践没有止境，理论创新也没有止境；必须坚持人民至上，站稳人民立场、把握人民愿望、尊重人民创造、集中人民智慧；坚持自信自立，坚持对马克思主义的坚定信仰、对中国特色社会主义的坚定信念，坚定道路自信、理论自信、制度自信、文化自信；必须坚持守正创新；必须坚持问题导向，不断提出真正解决问题的新理念新思路新办法；必须坚持系统观念，为前瞻性思考、全局性谋划、整体性推进党和国家各项事业提供科学思想方法；必须坚持胸怀天下。选题脱离或者背离总目标的需要，必将从根本上失去科学研究的社会意义。崇尚实用、注重文章的社会功用，是古已有之的写作传统，是历代文学家的一贯主张。早在两千多年前，墨子就曾说过："今天下之君子之为文学出言谈也。"这里所说的"文学"是个泛指的概念，主要是指一般的学术文章、政治文章等。为强调立言著文要考虑社会作用到政治效果，墨子还主张"言有三表"。三国时期的曹丕甚至把写文章同治国联系起来："盖文章，经国之大业，不朽之盛事。"

从国外社会科学的发展趋势来看，研究人员也越来越注重解决实际的社会问题，注重发挥科学研究在社会生活中的作用。例如，苏联社会科学界强调社会科学"只有联系实际，使研究工作取得实际效果，得出具体建议，才有可能提高科学的效率"。

（2）**选择具有学术意义的课题** 意识形态的发展具有历史传承性和相对独立性，正如恩格斯所说的："任何意识形态一经产生，就同现有的观念材料相结合而发展起来，并对这些材料做进一步的加工；不然，它就不是意识形态了，就是说，它就不是把思想当作独立地发展的、仅仅服从自身规律的独立本质来处理了。"每一个学科有自己的历史和体系，在选题时，也要从整个学科或专业的全局需要出发，认真考虑课题在学科体系中的地位，考虑它对学科发展的作用，以便找到一个具有重要学术意义的课题。学术性是学术论文之本，而课题具有学术意义，又是使学术论文具有学术性的基础。

怎样才能选取具有学术意义的课题呢？

一要了解本学科、本专业的研究历史，着力解决重大的基本理论问题。有一些课题，从表面看来，现实意义不大，甚至说不出这个问题的解决究竟对社会生活能造成什么影响。但从整个学科发展的角度来看，却是一些理论意义重大的问题，在本学科和专业体系中，占有极其重要的地位，不很好地解决这些问题，就可能会影响其他问题的顺利解决，影响学科体系的完整性。研究此类具有重要学术意义的课题，可以使论文具有较高学术价值。

二要了解本学科、本专业的研究动态，在科学研究的"前沿阵地"上选题。科学发展的过程就是一个知识长期累积的过程，后人在前人已取得的研究成果的基础上继续探索，才能更容易达到前人所没有达到的高度。科学研究应具有不可重复性，跟在别人后面亦步亦趋，不会有任何建树，只有起点高、任务重，才能迎头赶上，走到科学研究的前列。物理学家李政道说过:"无论做什么事情,都要到最前线去作战,问题不是怎么赶上,而是怎么超过。"科学研究的道理与此相同,在科学研究的"前沿阵地"上选题,得到的研究成果通常具有重大的科学进步意义。出色的战士要敢于到战场的前沿阵地上冲锋陷阵,出色的科学工作者也要敢于到科学研究的"前沿阵地"上选题,以便早出成果,快出成果。

选择具有社会意义的课题和选择具有学术意义的课题,是选题时应兼顾的两项原则,而不能两者只择其一,对同时具有社会意义和学术意义的课题进行研究,写出的论文才能既具有社会价值,又具有学术价值,既能发挥应有的社会作用,又不失其基本的文体特征。而且,从根本上说,课题的社会意义和学术意义不仅不矛盾,还具有较大的一致性。一切科学研究的最终目的,都是服务于社会,强调选题要兼顾其社会意义和学术意义,也有助于人们开阔研究视野,更加全面、清楚地认识课题的客观意义。

选择客观上有意义的课题,是首要的选题原则。课题有意义,作者所付出的劳动才会是有意义的劳动,学术论文的价值才能得以发挥;如果课题的意义不大或者根本没有意义,那么作者的一切劳动都是无用功,学术论文也就没有任何价值,这样的科学研究等于从一开始就已被否定。著名学者钱学森曾经指出:"我们培养专业人才要为四化建设服务。学位研究生的研究课题要紧密结合国家的需要。一个临床的医学博士,不会治病怎么办呢?在研究方法上要防止钻牛角尖,搞烦琐哲学。目前在社会科学中,有的人就古人的一句话大做文章,反复考证,写了一大篇论文,我看没有什么意义。"

在自然科学和社会科学研究中,都大量存在着选题不顾客观意义的现象,总体来看,社会科学研究的选题失误多于自然科学研究,这可能是由于自然科学研究成果的实际效益性强,具有较多的检测手段和直接进行验证的机会,而且在自然科学研究中选题不讲实际效益,有可能浪费大量的财力,造成不可估算的经济损失,所以较容易引起人们的重视。例如,有人统计出美国武器研制系统,由于课题重复造成的损失,每年高达10亿~12亿美元,约占整个兵工研制费用的1/10。面对如此清楚、巨大的数目,人们当然不会等闲视之。而社会科学研究大都无法直接创造经济价值,对于社会科学研究成果的实际效益,一般也难以直接进行准确的估量,而且,在社会科学研究中,选题缺乏实际意义,常常只是浪费研究者的时间和精力,不会造成数目惊人的物力、财力的浪费,这也就使人们比较容易忽视对社会科学研究课题的客观意义的考察。

3. 选择主观上有见解的课题

课题具有客观意义,只是保证科学研究成功的必要条件,并不是充分条件。科研工作者的任务是探索社会,总结规律,提出新理论、新观点,创造性地解决问题是科学研究的归结点。作为科研成果描述工具的学术论文,必然以新的学术见解为中心,可以说,没有新见解,就没有学术论文,学术论文的价值主要取决于学术见解的价值。

学术见解只能从课题研究中来,课题的选择是论文写作过程的第一个环节,紧接着开始的课题研究是整个论文写作过程的中心环节,而在课题研究中,属于研究者自身的内在因素和各种外在条件起着决定性的作用,课题具有客观意义,并不能保证写出的学术论文就一定具有实际价值。所以,在选择课题时,不仅要考察课题的客观意义,也需充分认清各种内在和外在的因素,具体地说,就是应对自己是否有能力、有兴趣、有条件研究这个课题,最终能否得出新的学术见解等各种来自研究主体方面的问题,有个正确的判断。否则,选题时只片面考虑课题研究的必要性,忽视了完成研究工作的可能性,就会给科学研究带来重重困难，甚至会导致科学研究的失败。前面已经谈过，课题具有客观性，主题具有主观性，学术论文的主题就是作者的学术见解。学术见解带有明显的主观性，对于同一个课题，并不是人人都能研究，都会有自己的见解。全面考虑主体状况，才会为课题研究的顺利进行和最后成功，做好充分的准备，为学术见解的取得，创造有利的条件。由于研究者主体状况的差异较大，从而导致决定学术见解的客观价值的因素很多，其中既有智力的，又有非智力的因素，既有内在的，又有外在的因素，涉及许多方面的内容，这里只就三个主要的方面加以阐述。

(1) **有能力完成的课题** 有能力的人之所以能够取得科学成就，就是因为他的知识、智力等各种心理品质的综合特点与课题的特点和需求相适应，如果没有这种适应，就会表现出"无能"，即没有能力顺利地、高水平地完成科学研究。构成科学研究的能力系统有下述三个方面。

1) 知识结构。知识结构是构成科学研究能力系统的首要因素。稳固的知识结构是进行科学研究的基础。知识靠积累，在长期的学习和研究中，每个人都形成了特有的知识结构，关于某个学科、某个专业的系统性、基础性知识，往往就储存在这个结构中。每个人知识积累的特点都有所不同，导致了知识结构的差异，是构成人的研究能力差异的主要因素。

简单地说，知识结构优化是指已有的知识背景同课题研究的需要相适应，能够为科学研究的顺利进行提供必要的知识准备。这里所说的知识结构优化，并不仅仅意味着一个人掌握了较多的知识，更主要的是指掌握了对特定的课题研究来说足够相关的知识。

首先，知识结构优化有助于研究者感知、理解新的资料；其次，知识结构优化有助于研究者展开丰富的联想；最后，知识结构优化有助于直觉、灵感的产生。另外，在研究者已形成的知识结构中，不但应具备足够的专业知识，也应具有必要的非专业知识。只有这样，选题时才能在全面把握自己的知识结构特点的基础上，做出妥善的选择，才能更有利于科学创造。正如泰勒说过："具有丰富知识和经验的人，比只具有一种知识和经验的人，更容易产生新的联想和独到的见解。"

2) 智能结构。智能结构是构成科学研究能力系统的又一重要因素。科学研究是以智能活动为核心的精神劳动，研究者智能活动的差异是使科学研究带有明显个性特征的重要原因之一。

在心理学中，智能也称为智力或智慧，是个人认识客观事物并运用知识解决实际问题的能力。这里所说的智能是指个人在认识活动中所表现出的各种心理特征的总和，包括感知力、记忆力、想象力、分析能力和思维能力等各种心理活动的能力。在具体的认识活动中，这些能力在不同的认识主体身上表现出不同的特点，这些带有个性特点的智能要素的有机结合，就构成了每个人的特定的智能结构。具有不同的智能结构的人，往往在同一个课题的研究中，表现出不同的水平；而对不同的课题，同一个研究者的智能水平也表现出明显的差异。选择同自己的智能结构特点相适应的研究课题，可以充分调动各种心理要素的积极性，使心理活动的水平得到充分发挥。

在科学研究中，构成智能结构的每一个要素，都或多或少地产生着作用，为此，在选题时，就必须考虑个人智能结构的特点，以便扬长避短，充分利用自己的各种心理优势，从而使得科学研究的效率得到提高。

3) 方法结构。方法结构是构成研究者能力系统的最活跃的因素。研究方法的差异，最容易体现出研究能力的差异，也就最容易带来研究成果的差异。研究者所掌握的方法结构得当，就能使研究者的知识结构、智能结构的优势充分发挥出来。人们发现，研究者的知识积累、智能水平的状况越是接近，方法的优劣所造成的影响就越是突出。

不同类型的课题，往往需要研究者采用不同的研究方法，同时，在长期的专业研究中，人们也形成了特定的方法结构，即研究者所特有的方法结构，带有比较稳定的个性特征。评价方法的优劣是具有一定的相对性，对具体课题研究而言的。通常所说的掌握了良好的研究方法，就是指研究者所特有的方法结构适应于某课题研究的需要。

以上所说的三个结构——知识结构、智能结构和方法结构的有机统一，构成了科学研究的能力系统。这三个结构既有区别，又有联系。其中，知识结构是基础，它制约着智能的发展和方法的使用；智能结构是核心，知识结构和方法结构的特点都要在智能活动中表现出来；方法结构是关键，它是使知识结构和智能结构的特点得以实现的凭借。在选题时，充分考虑个人能力系统的特点，就是要具体考察这三个结构及它们之间相互作用的个性特征的关系。

归根结底，科学研究是一种认识活动，研究者就是认识的主体，而研究者所特有的能力系统，就是认识的内源因素。

当然，强调要选择有能力完成的课题，也并不是要一味地消极适应能力系统的特点。应该看到，能力系统既是稳定的，又是可调的，同认识活动一样，科学研究的过程，实际上就是认识主体同认识客体双向作用的过程。在科学研究中，研究者有意识地涉猎新的研究领域，也可能会使自己的知识结构、智能结构、方法结构得到补充、调整或改善，因此，这也不失为弥补能力系统欠缺、发展能力系统的有效方法。

(2) **有兴趣完成的课题**　　兴趣，作为构成个性的一个重要的心理特征，也是选题时所不可忽视的因素。纵观科学史，取得重大成就的科学家大都把科学创造视为人生的最大乐趣。地理学家克鲁泡特金曾说过："一个人只要一生中体验过一次科学创造的欢乐，就会终生难忘。"近代微生物学的奠基人巴斯德也曾说过："当你终于确实明白了某件事物时，你所感到的快乐是人类所能感到的一种最大的快乐。"诺贝尔物理学奖获得者玻恩在回忆录中写道："我一开始就觉得搞研究工作是很大的乐事，直到今天，仍然是一种享受。"

以上所列举的都是自然科学家的感想，但却可以反映一切热爱科学事业的科学工作者的共同感受，有所成就的社会科学家也莫不如此。兴趣和乐趣是互为条件，不可分割的，因为一个人只有做一件真正感兴趣的事，才能感到莫大的乐趣；也只有从中得到了乐趣，才能对之越发感兴趣，凡是从科学创造中得到乐趣者，都是对科学研究抱有浓厚兴趣的人。

个性心理学家认为，兴趣是人对客观事物的选择性态度，是一个人积极探究某种事物的认识倾向，在科学研究中，往往直接转化为人们对某一课题始终如一、坚持不懈的探索精神。

兴趣对于科学研究的作用和意义，主要体现在以下两个方面：兴趣可以促使研究者克服一切困难，取得最后的成功；兴趣可以调动研究者心理活动的积极性。

实际上，在选题时要重视兴趣的因素，不仅直接出于科学研究的需要，而且有来自选题原则自身的原因。兴趣不是天生的，也不是固定不变的，它有着产生和发展的客观基础。在科学研究中，研究者的兴趣主要来源于对课题的客观意义和个人的能力状况的深刻认识，并能直观地反映它们。在构成选题原则的所有因素中，兴趣又最容易被自己感觉到、把握住，甚至可以说，有时按照兴趣进行选题，也是一个简便易行的选题原则。

首先，客体的客观价值是兴趣产生的基本因素，任何一个有头脑、有责任感、有学术洞察力的研究者，都不会对毫无实际意义的课题发生兴趣；其次，兴趣的产生也常与研究者的能力密切相关。人们感兴趣的问题通常既不会是自己全然不了解的问题，也不会是已了如指掌的问题，而一般是既有了一定的了解，且同已有的知识结构有联系，但又给人以新鲜感、神秘感，仍然需要进一步探讨的问题。必要的知识积累和对问题在一定程度上的了解，是产生研究兴趣的前提条件。另外，人们对之产生兴趣的课题，也常常是便于发挥个人智能结构和方法结构优势的研究课题。心理学的研究成果表明：当人们不具备客观事物中某些方面知识的时候，他就不能产生对这方面的兴趣；对于他们所从事的活动很难胜任，他也就不会对这方面的活动产生浓厚的兴趣。由此可见，必要的知识和技能是产生相应的兴趣，提高和丰富人们的兴趣所不可缺少的条件。兴趣具有自发性，科学研究兴趣的产生同研究者的能力系统的特点有关，同时能充分地反映这个特点。所以，人们感兴趣的课题，往往就是自己确实有能力完成的课题。

同时应该看到，兴趣也有其自身的独立性、模糊性和局限性，所以，选择有兴趣完成的课题，只能作为一项具体的选题原则存在，不能代替其他原则，选题要综合考虑各项原则，不可只凭兴趣办事。有时，研究者找到了一个具有客观意义，并且经过主观努力也有可能完成的课题，但由于某种原因，开始时并未对这一课题发生兴趣，兴趣的倾向性出现了偏颇，表现出不准确性和不确定性，没有同其他因素统一起来。这时，假如仅仅相信兴趣，只以兴趣为选题的导向，就可能错过一个取得成功的良机。为了避免选题的失误，一定要冷静分析，全面衡量，大胆选择并依靠意志的力量抓住它，钻进去，随着科学研究的全面展开，逐步培养起对课题的兴趣。在一次成功的科学研究中，研究者不会自始至终对自己所研究的课题不感兴趣。

（3）**有条件完成的课题**　条件制约着一切事物的存在、变化和发展，任何一项活动的进行和完成，都要以各种必要条件的具备为前提和保证。这里所说的条件，是指完成科学研究所必需的外在的条件，是不以研究者的主观意志为转移的外部条件。这些条件虽然独立存在于研究者之外，却又深深影响着科学研究的进行，影响着学术见解的产生。在科学研究中，资料、时间和导师力量是几项比较重要的外部条件，在选题时应给予足够的重视。

1）要考虑资料条件。进行科学研究，撰写学术论文，不能没有资料，而资料又不是随手可得的，资料条件对于每个人也并不是相同。论文写作所需的资料种类繁多，来源广泛，选择研究课题，必须全面衡量占有各类资料的条件，以便后期课题研究的顺利进行和文章的顺利完成有一个切实的保证。

从事科学研究，一般需要参考大量的文献资料，所以选题时首先就必须考虑获取来自图书情报机构的文献资料的条件。每个人都处于特定的生活环境之中，能够经常利用的图书情报机构的数量有限，而任何一个图书情报机构都不能无所不包。为此，选题时就要了解在自己可以利用的图书情报机构中能否找全必要的文献资料，在经过种种努力之后得到的资料是否充分。

文献资料在科学研究中起着极为重要的作用，同时在某些课题研究中，其他类型的资料也常常是必需的，而这些资料更不是唾手可得的。比如，如果有人把"当代日本社会的家庭结构"作为研究课题，要想出色地完成这项课题研究，就必须亲自考察日本家庭，直接获取充分的、感性的原始资料。但由于条件所限，自己却无法深入日本社会，甚至不能目睹一下日本家庭的状况，在这种情况下，还是以放弃这一课题、重新选题为好。另外，有些课题研究，大量的资料要在实验中取得，这就要求研究者在选题时需认真考虑实验条件，在条件允许的情况下选题。

2）要考虑时间条件。论文的写作是一个过程，必须在特定的时间之内进行。是否具备充足的时间条件，直接关系到论文能否完成及完成的质量。强调时间条件，并不是说时间充足，就一定能取得论文写作的成功，更不是说时间越长，写出的论文的质量必然越高。但可以肯定的是，时间条件也是完成论文的必要条件，没有充足的时间条件，论文的完成就有困难。

有一些论文的写作，特别是毕业论文和学位论文的写作，必须在限定的期限内完成，时间规定得很严格，这就更加要求作者在选题时权衡时间条件，考虑课题的大小和难易程度是否适中，掌握好课题的分量，假如感到时间很紧，就应选择一个花费时间较少的小题目去研究，这样就容易深入进去展开细致的研究，同样可以写出高质量的论文；否则，选题过大，就无法在有限的时间内展开深入的研究，只能浮在表面，草率研究，仓促起笔，反而写不出有深度的论文来，甚至不能完成全部研究工作。

3）要考虑导师指导的条件。有一位学者曾经说过，获得诺贝尔奖的秘诀，就在于得到了名师的指点。必要的指导无疑会增加成功的希望，这一点对于大学生及一切刚刚开始从事科学研究的人，都尤为重要。如果感到自己缺乏研究经验，没有独立完成课题研究的把握，就必须格外重视导师指导的条件。无论哪个学科的专家学者，都不可能样样皆通，而都有自己特定的主攻方向。在导师熟悉的专业范围内选题，就能够得到全面、具体的指导，有时，从课题研究的背景、资料来源到研究方法，导师都会给予必要的指导。这就有利于课题研究的迅速展开，能够避免走弯路，减少盲目性，缩短独自摸索的时间。

在选择课题时，必须高度重视以上各项条件。当然，重视条件并不等于盲目迷信条件和过分依赖条件，条件可以改变，也可以争取，而且外在的条件要通过内在的因素起作用，比较有价值的研究成果，往往都是内在因素和外部条件有机结合、相互作用的产物。

在学术成果的产生中起作用的各种内在因素和外部条件中，最为重要的是主体的能力系统和客观的资料条件。按照系统论的观点，系统的输出是系统的初始状态和输入量的函数。加大输入量，并改善系统的初始状态，就能够增加输出量。如果把科学研究看作一个包含多种因素的系统来考察，那么，系统的初始状态主要就是研究者已有的能力系统，输入是所接收的信息，即研究者所占有的资料，而输出则是以新的学术见解为核心的学术成果。由此看来，学术见解、学术成果的价值主要取决于研究者的能力系统和特定的资料条件，在选题时，必须重点考察这两个决定性的要素。

总之，要选择客观上有意义的课题去研究的选题原则，能确保科学研究的客观必要性；要选择主观上有见解的课题去研究的选题原则，能确保科学研究的现实可行性。对每一个课题而言，都要把这两条原则结合起来去衡量。只有同时符合这两条原则的课题，才能使科学研究的必要性和可行性得到有机统一，才是优化的课题，也才是可选的课题。

3.2.4　课题的最后确定

1. 确定课题的形式

在科学研究中，课题的发现和确定有三种不同的情况。

（1）兴趣触发灵感确定的课题　平时随意阅读一些零散的资料，无意中受到触发，注意到某个问题，并产生了研究的兴趣和欲望，按照选题原则进行一番权衡之后，进而决定把这个问题作为研究的课题。然后，展开广泛的研究，系统地搜集、整理与分析资料，直到最后形成学术见解。

（2）深入了解基础上确定的课题　在研究其他问题或在平时学习中，对某一问题有了一定的认识，产生了独到的见解，由此决定把这个问题作为研究的课题。也就是说，在发现课题的同时，已经初步形成了对问题的看法。在深入的研究中，最初选定的课题得到限定，初步产生的认识得到验证或调整，最终形成了成熟的学术观点。从最初的认识到最终的观点的发展，可能会出现两种不同的情况：一是通过课题研究，证实了最初的认识，最初的认识和最终的观点大致重合，只是得到不同程度的深化和明确；二是系统、深入的研究推翻了最初的认识，最初的认识和最终的观点完全不同，在课题研究中，自己否定了自己，不成熟的认识得到了纠正。

（3）研究前确定的课题　课题事先给定，研究者纯粹以给定的课题为出发点，安排全部科学研究步骤。事实上，这是一种如同命题作文的形式，不存在选择与确定课题的问题。

2. 确定课题的方法

课题的确定比较复杂，最后确定一个合适的研究课题，需要做好许多工作。

（1）课题的调查工作

1）调查课题研究的历史。通过调查，着重了解前人是否对此问题展开过研究，做过哪些研究，研究的程度如何，已经取得了哪些成果，还存在着哪些问题。只有完全调查清楚这些问题，才能确定自己究竟可否研究这个课题。探索未知是科学研究的任务，而探索未知的前提是掌握已知，调查课题研究的历史，看来只是了解已有的成果，其实是为了真正了解还有哪些问题尚未被解决，哪些领域是未知领域。

2）调查课题研究的现状。通过调查，着重了解目前是否有人正在对此问题进行研究，研究的进度、研究的角度及研究的方法如何。同时，应调查与本课题有关的各项研究的状况。因为真正解决一个问题，往往不仅仅是某一方面的知识、某一领域的成果在起作用。及时引进各类研究成果，综合运用各种知识，有利于创造性地解决问题。

3）课题调查的途径。主要有两条：一是查阅文献资料；二是访问专家学者。

（2）课题的限定工作　一般来说，一个具体的研究课题不会很快就可以确定下来，常常是先有大致的研究方向，然后划定研究范围，最后确定具体的研究题目。课题的限定过程，也就是问题逐渐明确、集中的过程。

清人魏禧说过："善作者能于将作时删意，未作时删题。"在学术论文写作中，删题，就是删掉可有可无的问题，以做到把全部研究和论证的中心都集中到一点上。在最后确定课题之前，如果不进行限定工作，就会导致问题过于宽泛、庞杂；在写论文时，容易出现大题小作的情况，使论文内容不深不透，流于肤浅；反之，如果能通过课题限定，把所要解决的问题集中到一点上，也可以小题大做，广征博引，深入分析，从各个角度谈问题，把问题谈深谈透，使深刻、独到的见解得到突出。所以说，限定课题，是明确研究目标、增加论文深度的重要手段。

有些缺乏经验的论文作者，不懂得如何限定问题，常常把一个大得惊人的、根本无法驾驭的问题作为研究课题。比如，有一位青年学生只是对鲁迅散文某一方面的写作特点感兴趣、有见解，但写出的文章却叫"鲁迅创作论"，显然，在一篇论文中，完成这样大的一个论题，是很不容易的。而且，既然是"鲁迅创作论"，文章内容就要面面俱到，对有关鲁迅创作的各个方面的问题都需进行论述，至少也要有所涉及，但结果反而是自己对问题的某一方面的独到见解得不到充分阐释，甚至被完全淹没，整个文章内容显得非常平庸。假如作者能对课题逐层加以限定，可能会得到一个较为理想的研究课题：鲁迅创作论—论鲁迅散文—论鲁迅散文的艺术特色—论鲁迅散文深沉含蓄的艺术特色。如果觉得把鲁迅所有的散文作品作为研究对象，仍有一定的困难，还可以只把突出地表现这一艺术特色的散文集《野草》作为研究对象，最后把研究课题确定为"论《野草》深沉含蓄的艺术特色"，具体明确，便于作者展开研究，写出有见解的文章。

在课题调查和课题限定中，论文作者的思维高度活跃，不断根据选题原则对各种情况和各种想法加以分析、判断，直到得到一个比较理想的研究课题为止。

课题确定下来之后，最好能将课题内容浓缩成简短的文字，通常可以用一句话表达，以便时时提醒论文作者，使所有的研究和写作工作都紧紧围绕着问题的解决来进行。

3.3 选题的途径与步骤

3.3.1 选题的途径

选题是一种创造，是在丰富的知识储备、大量的社会实践和积极思考中形成的。课题的来源是广泛的，发现一个有价值的课题，是一个创造性的思维过程，也是一项灵活的研究艺术。首先要进行调查研究，然后分析综合，最后选择出有意义、有价值、又适合自己的研究课题。不妨借鉴别人成功的选题经验，科研选题有多种来源、多条渠道，可从各种角度进行课题的选择。

1. 从社会生产实践中提出问题

根据马克思主义的基本观点，实践是认识、知识产生的根源和发展的动力。人类在实践中所提出的问题，始终是认识和科学的首要课题。科学发展史显示，许多极其重大的发明、创造，都是在实践中所萌生出来的研究课题。

【例 3-4】 著名数学家欧拉，为了制造海洋船舶的需要，他就研究力学，成为分析力学的创始人之一；为了用天文方法来确定船只在海洋中的位置，他就研究月球运动并写出《月球运动理论》等科学著作；为了天文观察的需要，他还研究了光学及望远镜等，取得了多方面的成就。

在我国工农业生产中需要解决的课题，各省（市）、区、县大都已汇集成册，研究人员可以从中进行选择。这类课题属于指南性选题，其中许多课题的难度、规模很大，选题时，科研人员应从自己的优势出发，把课题加以具体化，以保证其可行性。此外，在各级政府、科研部门制订的各种科研规划中，也会提出许多研究课题，这都是选题的重要来源。

【例 3-5】 澳大利亚的畜牧业是较发达的。1933 年澳大利亚曾引进了一种良种牛，但其粪便在草原上曾经一度结块，造成草原生态环境的破坏，给畜牧业生产造成灾害。当时，那里的科学家们就关心起牛粪问题来，对它进行观察和研究。他们发现，遍布草原的袋鼠粪便并不成堆块，因为有一种叫屎壳郎的昆虫特别喜欢它，但这种屎壳郎对牛粪不感兴趣。于是，科学家们就把"屎壳郎"作为一个重要的研究课题。后来，终于在中国和其他国家和地区找到一些既适应澳大利亚自然条件，又对牛粪感兴趣的屎壳郎品系。经过培育和繁殖，牛粪的灾害问题得到了解决。

【例 3-6】 半悬空集材索道捆木过程分析。调查统计表明，半悬空伐倒木集材索道占索道总量的 65%左右，它降低了工人的劳动强度，改善了作业条件，增强了生产的安全性，提高了劳动生产率和木材出材率，为木材的综合利用创造了良好条件。本书作者通过对半悬空伐倒木集材索道的捆木过程分析，研究表明，生产实践中由于捆木位置不当，而给集运材工作带来延误，甚至事故的发生。特别是由于捆木地点的变更，需要进行劳动强度很高的地面集材滑轮的转移过程，少则 2~5 人，多则全班组停工协力拨拉回空索，结果使生产效率大为降低。捆木环节占集材工序时间最多，平均约占集材循环时间的 48%。理想的捆木工作，应该是耗时少，木捆运行时不脱钩，不受卡阻。寻求如何缩短捆木时间，迅速排除卡阻，提高捆木工效，增加台班索道集材产量的途径。可见，研究捆木这一工作环节，实用价值高。

【例 3-7】 科学史上，在科研中获得重大成就的 10 位著名物理学家都涉及多个领域的研究，见表 3-3。

表 3-3 科学史上 10 位著名物理学家的重大科学成就和研究领域统计

人名	称谓	曾涉及的科学技术领域	主要重大科学成就
阿基米德（Archimedes）	古代物理学家、古代数学家	力学、数学、机械学、天文学	发明浮力定理、杠杆原理等
伽利略（Galileo Galilei）	实验物理学家、天文学家、哲学家	经典力学、实验物理学、天文学、数学、哲学	开创实验物理学，惯性定律、合力定律、伽利略相对性原理等
牛顿（Isaac Newton）	物理学家、数学家、天文学家	力学、光学、数学、热学、天文学、哲学	发现牛顿三大运动定律、万有引力定律等
法拉第（Michael Faraday）	实验物理学家、化学家	电学、磁学、实验电磁学、光学、化学	发现电磁感应现象、磁致旋光效应等
麦克斯韦（James C. Maxwell）	物理学家、数学家	电磁学、电动力学、数学、统计学、分子物理学、天文学	建立电磁场理论，预言电磁液存在等
居里夫人（Marie Curie）	物理学家、化学家	放射性物理学、化学、物理与化学实验技术	发现镭、钋等放射性元素，放射性物质的研究
卢瑟福（Ernest Rutherford）	物理学家、化学家	放射性物理学、原子与原子核物理学、化学、生物学	放射性元素的蜕变理论，人工核嬗变等发现
爱因斯坦（Albert Einstein）	物理学家、哲学家	理论物理学、相对论理论、核物理、哲学、天文学、音乐	建立相对论理论，发现光电效应规律等
玻尔（Niels H. D. Bohr）	物理学家	原子与原子核物理学、量子力学、铀裂变力学、金属电子论	原子结构与原子辐射，量子力学创始人之一
费米（Enrico Fermi）	物理学家	原子与原子核物理学、核裂变、核反应理论、原子能开发技术、天体学	发现热中子扩散理论，建立第一个原子核反应堆

2. 从日常的生活中寻找选题

在现实生活中遇到的问题面广量大，选题的内容极为广泛，大至世界政治、经济、文化艺术，小至日常生活中的吃穿住用行，只要深入探索，不难发现有许多值得研究的课题。马克思就从人们司空见惯的商品中，研究发现了剩余价值规律。作为科研选题并不是那些表面的肤浅问题，而是那些在一定深层次上有价值的问题，这需要一定的思考甚至调查研究才会发现。现实的需要是科研课题的首选目标。我国当前经济生活中有许多问题迫切需要解决，如建立现代企业制度的问题、部分国有大中型企业扭亏为盈的问题、产品质量问题、消费者权益保护问题等，都是值得研究的重要课题。

每个人都生活在一定的社会环境中，只要做有心人，逛街散步有选题，左顾右盼有选题，听、说、读、看有选题，可以说，选题在生活中无处不存在。比如，在现实社会生活中，商标、广告、电视字幕上，有喜用繁体字的倾向，由此产生多种用字错误、评论不规范的语言现象对青少年教育产生了不良影响。这也不失为一个好的研究课题。

【例3-8】 本书作者曾率团实地考察福建武夷山国家级自然保护区桃源峪景区，其森林茂密、植被丰富、山高谷深、地形复杂，具有多姿多彩的生态景观，有绮丽迷人的曲溪瀑泉、奇趣怪异的森林植被、野趣盎然的鸟鸣猴跃、雄峻奇特的峰石奇景、变化万千的气象景观，古树名木、奇花异草，当兴高采烈地走了2h后，福建武夷山国家级自然保护区管理局领导则要求我们原道返回，真是扫兴，此地对面正好有公路，则当即建议此处新建一座桥梁与公路相连，形成道路闭合圈，后管理局委托作者主持规划设计。就这样，决定桥位选择在距保护区管理局本部7.5km的桃源峪较近，且为唯一的交通公路制高点，并能使游客感觉建成后的悬索桥雄伟壮观，桥面距谷底55m，桥长120m，桥梁直通较宽阔峡谷处，达到"一桥飞架南北，天堑变通途"的意境。

3. 从专业心得体会中形成选题

在大学学习过程中，大学生对某些课程内容会有着自己的心得、体会。他们或是对课程内容有独到的理解，或是对课程内容的发展、延伸有了新的发现，或是对课程内容做不同角度的审视，或是将课程内容与现实进行联系，挖掘其现实意义，甚至包括对课程内容提出不同意见等。这些心得、体会和评论，往往是科学研究的生长点，在此基础上形成的论文选题，一方面可以加深对所学知识的综合理解，提高论文撰写的效率；另一方面能做到有感而发、观点鲜明，避免思想苍白、内容空洞的问题。

从本质上看，心得、体会、评论还只是思考，要使它上升为论题，还必须经历将此思考理论化、系统化并抽象成为学术命题的过程。不过，在真正开始这一过程之前，必须经过一个检索、调查文献资料的过程。因此，有必要先建立论题的背景知识体系。具体做法是：首先将自己的观点、见解与建议等按学科、主题或问题性质，置于各自所属的学科、主题或问题领域，全面了解该领域的基本知识，这些知识就是论题的背景知识；然后在背景知识的学术范畴和知识框架内，对各种观点、见解与建议进行审视，确定其所要解决的问题性质，用凝练的语句表达，从而确定论文的题目。

4. 从自己感兴趣的地方去选题

兴趣是一种心理品质，也是一种非常重要的非智力因素。这里所说的兴趣，并非日常生活中对事物的一般兴趣爱好，而是专指在知识领域或科研领域对某一学科的热爱、迷恋而产生的强烈的追求与探索精神。这种追求与探索精神会促使自己沿着选定的研究课题去孜孜不倦地钻研,一旦有所收获,就会更加勤奋地求索。有兴趣的选题会使你在收集、整理资料乃至整个写作过程中都充满快乐,这样的论文写作就是一次愉快的劳动。

好奇心具体表现为:探索自己所注意到的,但尚无令人满意解释的事物、现象或相互关系的认识。好奇心通常具有一种愿望,要去寻求并无明显联系的大量资料背后的那些原理。爱因斯坦说过:"我只有强烈的好奇心,我没有特别的天赋。"好奇心激发想象力,想象力引导人们做出新努力,得到新成果,从而又引发人们研究的兴趣和热情。"最有成就的科学家都具有狂热者的热情",这些又都与科技人员的事业心、坚韧不拔、勤奋刻苦联系在一起。这些心态和性格就是科技人员的特点。

【例3-9】 莱特兄弟从兴趣出发,发明了飞机。他俩在小时候收到父亲送的圣诞礼物,橡皮筋扭紧,一松手像风车一样玩具就飞到空中了,萌生出"人要能飞起来就好了"的想法。1900年,制成像老鹰飞翔的第一架飞机。先只有1m多高,后能有100多米高了,只有风才能飞,称为滑翔机。看到汽车上的发动机,用发动机加螺旋桨。后在海边试飞,故障很多(发动机、螺旋桨和驾驶技术等)。看到报道兰莱发明的一架飞机试飞时坠入大海,从中获得宝贵经验。进而先斜坡安置两根木头轨道,试飞没成功;后把轨道安置平地上,再试飞。飞到3m多高,能水平向前飞,飞了30m左右,稳当地落到地上。莱特兄弟从圣诞礼物到飞机研制成功用了26年。

5. 从文献综述研究进展选题

综述论文通过对已发表材料的组织、综合和评价,以及对当前研究进展的考察来澄清问题。在某种意义上,综述论文具有一定的指导性,包括以下内容:对问题进行定义;总结以前的研究,使读者了解研究的现状;辨明文献中各种关系、矛盾、差距及不一致之处;建议解决问题的后续步骤。综述论文的组织形式是按逻辑关系,而不是按研究进程来组织的。

综合述评是对某一特定课题科技发展水平的叙述分析、综合,以及评论的情报性的科技研究产品。根据学科理论和科技政策,对科技成就的现实水平、发展动态、存在问题进行比较、分析后,发表自己的见解,提出有根据的建议,既可为上级部门决策提供依据,又可为科技人员选题定向时提供有力的逻辑基础,有引路和指导的作用。综合述评惯用的表达方法,是先述后评和边述边评两种方法。科技综合述评文的作者多是著名学者、资深专家和专职情报研究人员。

【例3-10】 自20世纪80年代以来,每5~10年,本书作者都会对我国工程索道(货运索道、客运索道、林用索道和缆索起重机等)科研方向进行综述或述评,在简述我国工程索道的发展历史、研究进展、存在问题、研究对策的基础上,为国内外索道领域科研工作者指明工程索道的研究方向。

6. 怀疑已有理论观点和结论

首先用批判的眼光看待已有的理论、传统的观点和结论,寻找它们的缺陷和矛盾,然后设法证明这种怀疑是否正确。前人的某些理论、观点和结论,看起来无懈可击,但如果善于思考、仔细推敲,定能发现许多问题。如果过于迷信前人或他人的理论、观点和结论,那么,摆在眼前的课题也会悄悄地溜走。不过,这种怀疑是需要气魄和胆识的。许多科学家敢于这样做,他们推翻前人或他人的理论、观点或结论而取得了成功。

人类的认识是无限发展的,理论的真理性只是相对的,理论与事实之间的矛盾总是存的，理论体系的完备性也不是永恒的。即便是曾经"结论"了的理论观点，随着实践和认识的发展，也需要不断拓展和深化。因此，探索批判的眼光去看待已有的、传统的理论观点，常会从中发现新问题。对那些自相矛盾的理论问题，是应该引起注意的课题，通过研究，分析为什么会产生矛盾，矛盾的焦点在哪里，后一个结论对前一个结论是发展还是修正。

【例 3-11】 当绝大多数物理学家完全不加怀疑地使用牛顿的时间和空间的公式时，爱因斯坦却尝试着对它不信任，重新来考虑全部问题，他不断地研究这些公式，尝试寻找一种新的数学方法来解释时间和空间。终于在 1905 年，年仅 26 岁的爱因斯坦就发表了成名理论——狭义相对论，有些科学家称它是"历史上最重要的文献"。由于成就卓越，爱因斯坦荣获了 1921 年的诺贝尔物理学奖。在科学史上，许多科学家都是从不成问题的地方找到了问题。盖伦医学观点之被否定，亚里士多德许多结论的被驳倒，燃素说的被推翻……都是在前人认为已有答案的地方，找到了答案的漏洞。

【例 3-12】 索道侧型是指连接鞍座点的线型，即将承载索支撑在空中，所构成两个或多个相互联系的悬索曲线，又称为索道纵断面。它既与地势侧型有关，又与支架的分布有关，直接关系到线路的走向、长度、高度、支架配置与跨距大小等因素，也关系到索道基本建设投资、施工进度及竣工投产运营后的维护保养、运营成本和索道钢丝绳的使用寿命。所以，索道侧型设计合理与否直接关系到索道的使用价值。在索道侧型设计中，要计算弯折角、弯挠角和安全靠贴系数，由于各计算式存在矢量号、正负号。以往索道书中，符号规定不一，索道工程技术人员往往感到棘手，常需依靠作图进行受力分析以判别矢量号和正负号。这样，设计计算耗时，容易出错。本书作者研究其规律，提出了简便易行的索道侧型计算准则，解决了这一技术难题。

7. 学术争论中所提出的问题

学术争论在科学史上从来就没有间断过，也正是由于有了这种争论，才推动了科学自身的发展。对于同一对象、现象或过程，存在着不同观点、不同学派之间的学术争论，这是科学发展过程中常有的事情。如经济决定论与文化决定论之争、市场调节与计划调节之争、社会主义代替资本主义与趋同论之争等。因此，在文献调查中，注意有争论的问题，是发现研究课题的一个重要途径。

【例 3-13】 光的微粒说与波动说之争，热的本质之争，燃素说与氧化说之争，物种不变论与进化论之争，颗粒遗传与融合遗传之争等，都是历史上有名的学术争论。争论时，双方都拿出一定的事实依据和理论依据，了解这种争论的历史、现状及争论的焦点乃是发现问题的重要途径。许多科学家对一些问题的研究常常是从有争论的问题开始的。

【例 3-14】 19 世纪 90 年代，在生物学上就支配胚胎细胞变异的因素这一问题发生了尖锐的争论，一派认为是内在的遗传因素，另一派则认为是外在的环境因素。摩尔根了解了这场争论的情况后，便激起了他的兴趣，于是关于胚胎的变异因素问题就成为他的研究课题。经过大量的研究工作，他终于提出了具有跨时代意义的遗传突变理论。

【例 3-15】 本书作者曾对我国专家提出的悬链线、悬索曲线和摄动法的三种索道设计新理论进行全面研究、补充、完善和提高，并与苏联、日本专家提出的抛物线理论进行了分析比较。大家一致认为，悬链线是真实反映实际悬挂钢索的线形，故按悬链线函数计算出的悬索各有关量被视为真值。首次将几种悬索理论假设条件用图解法进行分析比较；从悬链线理论、抛物线理论、悬索曲线理论和摄动法各自的假设条件和曲线方程出发，以悬链线的假设条件及其曲线方程作为衡量各法的标准，定性分析各法对悬链线理论的逼近程度；以悬索无荷中央挠度系数、无荷最大张力、无荷索长、无荷弹性伸长及其无荷悬索的实用精度，进行定量分析研究各法对悬链线理论的逼近程度。

8. 对前人著作或理论的讨论

前人或他人在科学上提出的开创性理论，常会吸引一大批研究人员进行详细的讨论或检验。如果在所研究的领域内，有人提出了重要的理论并做了开创性贡献，有人提出了某种理论并论述了其适用范围。在这种情况下，就要不失时机地抓住这种理论或假说中感兴趣的问题进行讨论，或对其中的论据进行检验，这样就有可能提出自己独立的见解或新的结论。

【例 3-16】 对于库恩的"科学革命的结构"一文中范式理论的讨论，相关论文就多得难以胜数。1977 年数学家 Rhoades 提出了六个著名的所谓 Rhoades 问题，随后 10 年中，许多人围绕这六个问题展开了研究，并取得了许多进展，从而丰富了不动点理论。

【例 3-17】 本书作者曾查阅期刊资料时发现，倪元增教授 1985 年在《东北林学院学报》上发表的论文中提出"索道可以搞优化设计"。当年即申报了"应用微机作索道优化设计"的省级科研课题，马上得到了立项批准，该课题包括索道承载索的优化设计和给定设备的索道优化设计；经过 3 年的努力，顺利完成并通过国内教授、专家技术鉴定，一致认为新颖独特，国内领先；随后报奖申报并获得林业部科技进步三等奖。

9. 从新的角度认识已有成果

在科学研究中，常常有这种情况出现：同一问题，或众说纷纭，或有局部分歧，或几种观点针锋相对。大家各持己见，似乎都有一定的道理，但又不能完全令人折服。像这样的问题，就需要做进一步的研究，或赞成，或反对，或另辟路径。只要以充分的论据论证自己的观点，驳倒其他观点，论文就会有所突破。

从新的角度对已有成果进行研究，可以在现有成果的基础上使某些不尽圆满的问题更加深入，更加明朗化，以至彻底解决；还可以使长期悬而未决的问题较快得到解决。对于同一个研究课题，从新的角度去思考、去研究也可以形成新的研究课题。

【例 3-18】 由于客运索道在中国风景旅游区的开发建设较晚，对索道在风景旅游区的地位和作用的认识，存在分歧是可以理解的。有的人认为，索道建设对景观有破坏作用，从保护自然景观的完整性出发，主张在风景区不宜建索道；也有的人认为，索道对促进景区的旅游发展有重要作用，主张在风景旅游区适当地建设一些。本书作者通过重点风景区索道建设经验认为，要处理好"在保护中开发，在开发中保护"的关系。一方面，一个风景名胜区只保护不开发，是不会得到发展的；另一方面，一提到开发，就毫无约束地随意进行项目建设，这也会给景区造成无可挽回的破坏和损失。因此，如何在风景旅游区建设客运索道，处理好保护和开发的关系的研究课题，实用价值就非常高了。

10. 研究工作中的"反常"现象

研究工作中常会遇到一些"反常"现象，所出现的问题是预先实验设计中不应出现，或操作失误而出现的不正常现象。如果说遇到这种反常或异常现象时，首先要检查是否由于实验设计本身的问题或操作不当，如果多次反复仍然出现这种"异常"，就要仔细分析，不要放过每一个细节，也许就会发现问题。这里所说的异常或反常，实际上只是相对于传统理论、习惯见解、流行看法的异常。在科学研究中，不仅要有严谨的治学作风，而且要善于捕捉那些意外现象中蕴藏着的规律性东西。有的会在这些所谓非预料或"反常"现象中发现问题，形成课题。因此，科研人员要有敏锐的观察能力和直觉思维能力。

科研人员对研究对象富有浓厚的探索兴趣，也是科研选题的一个重要来源。大量值得研究的选题，首先表现在各种社会现象中，科研的任务就是从现象认识本质。现象问题是人们最容易感觉到的。这时，选题常常得益于科研人员的想象、灵感、直觉，以及对这些直觉思维、意外发现带来的机遇的捕捉。当然，这类选题开始时可能是幼稚的、肤浅的，尚需深入思考和论证。

【例3-19】 1964年，美国诺贝尔实验室的彭齐阿斯和威尔逊在研究与改进卫星通信的过程中，发现在波长7.15cm处有微弱的噪声，用多种办法也无法排除。这个"异常"现象当时困扰着实验的进行，一些科学家为之头痛。但是彭齐阿斯和威尔逊却警惕地抓住这种来历不明的噪声不放，进行了深入的观察。此后不久，其他研究人员也在同波长处找到了辐射。1965年5月，彭齐阿斯等写了仅6000字的论文，发表后受到科学界的极大重视，从而得到了诺贝尔奖。3K微波背景辐射的发现，有力地证明了天体周围的空间存在着能量辐射，推翻了过去认为星际空间的温度为0K，因而不可能有能量辐射的错误见解。这样的例子很多，如卡门涡街规律的发现、电磁效应的发现、X射线的发现等都是从科学研究中的异常现象获得的。

11. 结合工程项目设计中选题

科研课题或学术论文的选题，直接或间接地来源于工程实际，是国民经济活动中急需解决的问题，具有较强的实践性、综合性，若研究者具有较强的工程设计实践能力，熟悉行业规范规程和生产实际，这种选题最为合适。选题工程化，参与工程项目和收集实际工程资料，可以做到真题真做。

【例3-20】 世界文化遗产、道教圣地武当山六大景区之一的南岩宫大殿——玄帝殿毁于1926年的火灾。湖北省委、省政府将修复南岩宫玄帝殿列为"保护为主"的重点工程之一。武当山风景区管理局准备找国外专家之前，找到福建农林大学时已是第5家了。本书作者作为主持人召集工程索道教学与科研团队成员研究，派员进行实地踏查、测量及调研，经多种方案比选，最终修建一条由飞升岩至南岩宫大殿西山墙外，沿悬崖深谷无人区，线路跨距约400m，设计荷重6.76t的货运吊装索道。该方案有效解决了两大难题：①特大、特长、特重金柱的吊装；②3000t材料运输时，确保龙头香（国宝）、乌鸦岭、宾馆和停车场，以及游客旅游观光的安全。在运送玄帝殿修复工程所需材料中安全、适用、高效，既能保护景区环境与文物，又能满足吊装作业生产率和高强度工作量要求，避免了外汇的投入，三大效益显著。通过该工程项目的设计，撰写了"武当山特殊吊装索道设计研究"学术论文，同行专家与业内人士评价极高。

12. 学科交叉所产生的空白区

科学发展史表明，不同学科之间的边缘问题、交叉问题从来都是科学上的重要生长点。因为这种问题原先是各专门学科未能顾及的，是认识上的空白地带，也是科学尚未开垦的处女地。如果善于在这里进行科学耕耘，必定能采集到新的认识成果。

科学发展趋势是交叉和渗透。社会科学和自然科学各学科的变化，将出现以下特征：①一门学科内各分支学科的交叉结合；②各门科学相互交叉结合，包括社会科学和自然科学、哲学的交叉结合；③科学与技术、科学与艺术日益紧密结合；④软科学、软技术大量出现；⑤数学向一切科技领域渗透；⑥系统论、信息论、控制论等新兴学科向各门自然科学、技术科学和社会科学领域渗透等。所有这些方面都将产生大批崭新的综合性研究课题。

在注意科学上的空白区或人们很少涉及的领域时，要求研究人员在调查中不仅应留意科学界已经或正在研究什么，更应了解科学界未曾研究过，或者至今不能解决的问题是什么。

【例3-21】 耗散结构理论，在国外已大量应用于经济学、社会学、人类学及其他学科，但我国在这些方面的研究还比较薄弱。凡是薄弱的地方都能为有本事的研究人员提供成功的机会。恩格斯曾经说过，科学研究最容易突破的是两门学科之间的那个空白地方，两门学科之间的那个地方往往是冷门。诺伯特·维纳正是在数学、物理学、自动控制、电子技术、神经生理学等学科相互渗透的边缘地带，开拓了一个崭新的研究领域，创建了控制论。

【例3-22】 早在19世纪，恩格斯就以电化学为例，注意到了边缘学科的重要性。他说，在分子科学和原子科学的接触点上，双方都宣称与己无关，但恰恰就在这点上可望取得最大的成果。电化学理论正是电学家和化学家都认识到电的作用和化学作用的联系"与己有关"，从而对电化学现象加以研究以后发展起来的。交叉学科所具有的认识功能，就在于它把那些各种专门学科曾认为"与己无关"，不屑一顾的问题变成"与己有关"的研究对象，把原先分配在各种专门学科的、互相隔绝的知识、思想方法联系起来，从而开拓出新的认识领域，如量子生物学、生物化学、生物物理学、分子生物学、物理化学等学科无一不是这样发展起来的。美国社会学家朱克曼就发现社会学和自然科学这个接触点是人们很少注意的研究领域，她决心在这个空白区进行探索。经过不懈的努力，终于取得了不少成绩，她的研究成果之一是一本有意义的著作《科学界的诺贝尔奖获得者》。

【例3-23】 1986年，我国由陈陆圻教授和史济彦教授共同提出了"森林生态采伐"这一新名词，同年由中国林学会森林采运分会组织召开了以森林生态为基础的森林采运学术研讨会，这是我国采运专家和林学家们第一次共同讨论森林采运作业与森林生态环境保护问题。森林生态采伐以生态学原理为指导，按森林的生态学特性进行伐区区划和设计、山场作业及组织管理等森林经营活动，把森林资源的利用和保护结合起来，以达到持续发展森林资源的目的。森林生态采伐主要是指采、集段，森林生态采运还包括运。森林采伐与森林培育的结合，也属于这一类。在森林采伐的生态环境保护中习惯上沿用"生态采伐"或"生态采运"等术语，是森林采伐学与森林生态学两门学科交叉的科学研究领域，必然产生科学研究的空白区。30多年来，本书作者引领的森林生态采运教学与科研团队，不懈在这领域展开科学研究，建立了长期固定试验研究基地。该试验基地是我国至今唯一保护完好的中亚热带天然次生林择伐与更新、人工林生态采运长期动态跟踪试验研究基地。公开发表了有关森林生态采运的学术论文百余篇，8项获省部级科技进步二、三等奖。

【例3-24】 当世界上刚有铝的时候，由于铝的冶炼工艺特别复杂，成本很高，所以其价格比金子还贵。1886年，美国一所大学的两位学生在课堂上听教授说起铝的性能、用途和工艺的事情，谁能发明、解决铝的冶炼工艺的难题，谁就为人类社会做了大贡献，将成为大富翁。这两位学生刚毕业，就在家里的柴房里开始了研究工作，几经艰苦的试验，终于成功了。学生把最早冶炼的两块铝送给了老师。

【例3-25】 纳米材料和纳米技术是新兴的学科领域。2003年，中国科学院金属研究所卢柯博士领导的研究小组利用金属材料表面纳米化技术在解决金属材料表面氮化重大技术难题上取得了突破性进展。他们对纯铁进行表面纳米化处理，获得了几十微米厚的表面纳米晶组织，然后在300℃保温9h进行气体氮化处理，成功地实现了表面氮化，得到了10μm厚的氮化物层。这项成果突破了常规气体氮化的工艺，性能测试结果表明，所形成的表面氮化物层具有很高的硬度、耐磨性和耐腐蚀性。

【例3-26】 直升机启示于蜻蜓高超的飞行技术；推土机的原理来源于穿山甲的挖土技术；从鱼到潜艇，从鸟到飞机，从闪电到神话中的雷公再到现代的激光武器等。竹子、海参、贝壳等许多自然界中的动植物，现在都有人在进行研究，试图探索其特殊功能的机理，开发出有益于人类的新材料、新产品。

13. 科学史上记载的未解难题

历代科学家对大自然的探索和研究，解决了许多科学难题，但也留下了许多的难题。人们对客观世界的认识总会遇到困难，因而总会在书本或其他文献上记载他们所没有解决的问题。即使是已经解决了的问题，也不见得十全十美。随着科学的发展，研究手段和思维方式的不断改进和更新，许多难题就会变得可以解决，而且即使是以前觉得十分完善的课题，如今也值得怀疑了。

【例3-27】 我国著名的科学家侯振挺就是在排队论研究中找到自己的研究课题的。著名数学家陈景润在数论研究中所取得的重要成果，其课题不也是数学家哥德巴赫提出的吗？国际上获得菲尔兹奖的20多位数学家中，有不少人是由于解决了"希尔伯特问题"中的某个问题或者历史遗留下来的其他难题而获奖的。数学如此，其他学科也如此。正如达尔文的进化论受到中性突变学说的挑战一样，哪怕是人们认为已经成熟了的理论，随着科学的发展和人的认识水平的提高，又会变得不成熟了，有好多问题需要重新考察。因此，只要仔细查阅文献，定能从中找到尚未解决的问题。

【例3-28】 单跨悬索理论已经相当成熟，其标志是单跨悬链线理论的突破。这使得架空索道在设计计算与索道架设上得到更精准的保证。由于地质条件的特殊，如在跨山跨河运输，以及抢险救灾现场，或道路及建筑物毁坏造成无法实现长距离运输作业，需要多跨索道运输。单跨索道跨度较小，建设多条单跨架空索道成本高、耗时多，极为不便。因此，多跨悬链线理论的发展成为今后的主要研究方向。针对这一现实需求，可开展研究多跨悬链线理论，建立多跨悬链线理论数学模型，以解决多跨悬链线理论在工程索道应用中的国际难题。

14. 从学科发展的前沿去选题

著名物理学家李政道指出："随便做什么事情，都要跳到前线去作战，问题不是怎么赶上，而是怎么超过，要看准人家站在什么地方，有些什么问题不能解决。不能老是跟，否则就永远跑不到前面去。"这是科学家的切身体会，是取得创新成就的经验之谈。

【例3-29】 量子力学创始人之一的海森堡，1920年在慕尼黑大学攻读物理学，到1927年就成为国际闻名的第一流物理学家，之所以如此，就是因为他接触和研究了当时物理学所面临的重大理论前沿课题——在量子论基础上研究原子物理学问题。

理论总要不断地接受实践的检验，倾听实践的呼声。原有理论一旦解释不了新的事实就暴露出它的局限性。此时，如果研究人员抓住时机，敢于进行突破旧理论的新探索，往往能够取得重大的创新突破。

【例3-30】 1900年马克斯·普朗克对经典物理理论与当时黑体辐射的实验事实不符的矛盾，进行了深入的研究，提出了能量子假设，开创了量子物理学。

【例3-31】 福建农林大学研制的$YP_{2.5}$-A型全自动遥控跑车，发展到$YP_{0.5}$-A、$YP_{1.0}$-A、

YP₂.₀-A、YP₃.₀-A、YP₅.₀-A 型等不同起重量系列的研发，始终在国内处于领先地位，这就是从学科发展的前沿选题的结果。

15. 从跨学科中获得新的启示

不同的学科对同一问题的看法，角度不一，研究方法也各异，思维方法也不同。因此，这种讨论往往能给人一些新的启示。课题的来源没有一个固定的模式，对问题要善于思考、选择，同时要联系实际，量力而行，才能形成科学问题。对同一个课题，即使是已经做过的，还可以从新的角度去研究。另外，对古老经验事实的理论解释，对于失败的研究，从反面或侧面提出问题重新探索等，都可以构成研究课题。

【例 3-32】 在欧洲，直到 19 世纪中叶，由于外科技术的落后，患者因感染而化脓，死亡率很高，医生们对此束手无策。英国医生李斯特眼见许多患者一个个死去，心里非常难过，为了找出化脓的原因，他昼思夜想，却一无所获。正当他一筹莫展时，巴斯德发表了有关有机物腐败和发酵的研究成果，证明有机物腐败是由于微生物——细菌所致。对这一成果的讨论，启发了李斯特，他顿时恍然大悟，病人伤口感染化脓不就是微生物（细菌）在作怪吗？不久，他又在一次机遇中发现细菌是怎样跑进伤口里去的。于是决定采取苯酚消毒的办法，终于在 1865 年首次采用无菌手术获得成功。到 1868 年时，别的医生手术后死亡率高达 80% 以上，而李斯特做手术的病人，死亡率仅 15%。李斯特成功地移植了巴斯德的研究成果，发展了外科手术的消毒法。如果当时没有微生物的这一研究成果，而李斯特又未注意到这方面的讨论，只是一味地从外科手术的技巧去研究感染，那他在外科学上可能将一事无成。

16. 导师的意见或待研究课题

成熟的科学家们经过多年的研究和探索形成了自己的研究方向，他们在自己的研究方向内有一系列的研究课题。在科学研究中，认真听取导师的意见是很重要的，导师的这种宝贵经验财富，往往是选题中最有效的，也是最容易成功的。有时候在请教导师时，会得到令人满意的课题。符合自己研究方向的选题比较容易出成果，因为有先前的课题成功的经验和失败的教训作基础，这样会使认识更客观一些。同时，所选课题又能作为今后进一步研究的出发点。

选题最好符合自己的导师的研究方向，这样做不但能得益于导师的指点和关注，可以少走，或不走弯路。本科生、硕博研究生的学位论文，不少直接选择导师的科研项目的一部分，由于项目申报前导师已全面收集了有关课题的资料，并做了充分分析和准备，能获批准，本身说明研究内容或研究方法有一定的创新。加之有项目经费资助的保证，选择导师的科研课题，一定会全力以赴投入，论文就比较容易获得成功。

3.3.2 选题的步骤

1. 确定论文的选题方向

选题是对研究课题的"定向"，是为科研活动确立一个研究的对象和范围。选题目标的确定是进行论文选题的起点，选题的最终目的就是要达到既定目标，目标确定得不明确或不合理，将会导致选题失误。在日常工作、生活和学习中，往往会发现有很多问题需要解决，这时选择哪些问题作为选题目标，就是选题首先要确定的问题。目标选得对、方向准，才能扬长避短，取得有价值的成果。否则，就会导致问题过于宽泛、庞杂，容易出现大题小作的情况，使论文内容不深不透、流于肤浅。

科学研究是一个综合性的大系统，可供研究的领域很多。可以说，科学技术越发展，需要研究的领域就越多，只有在自己所熟悉的专业领域，才能具有较强的优势；同时，论文选题应注意抓住当今社会政治、经济、文化发展的主流，尽量选择那些热点研究领域。现代科学发展呈现高度分化又高度综合的趋势，交叉学科是一块培养创新学术思想的沃土，应重视相关学科领域的相互渗透和交叉。因为当今任何重大的社会、经济和文化、科技问题都是相当复杂的综合性问题，任何单门学科的知识都难以解决，而需要跨学科或跨方向的综合性知识。

2. 研究历史与研究进展

广泛收集有关选题所需要的一切资料是实现选题目标的基础和前提。客观上拥有大量的资料，了解目前已有的研究成果，做到心中有数，才能从实际出发，为最后的选题做好充分的准备，较好地完成论文工作。不掌握或少掌握相关的资料信息，将会使选题处于盲目被动之中。收集、掌握资料信息的途径和渠道是多方面的：国内外各种相关学科的研究资料；学术会议的论文；国家有关部门的统计资料；企业的统计资料与情报；情报部门整理的参考资料；经实际调查获得的第一手资料等。一旦收集到相关资料，就应对其进行认真的整理、分析与归纳，在浩如烟海的资料中去粗存精，去伪存真，筛选出可用性强、可信度大的资料，为确定最后选题做好准备。除此之外，还可以进行计算机查询、访问专家学者等方式获得活的信息。

3. 勤于思考且认真论证

在查阅和整理文献资料的过程中，大脑的思维机器实际已经开始工作了。有时，某些题目会触发确定某一课题。例如，看到《劳动价值论》，就可能想到"深化马克思的劳动价值理论的研究与认识"；看到《大学生的心理问题》，就会想到"大学生心理健康教育中存在的问题与对策研究"。当然这只是一种简单的比喻，但这个思考过程不能消极地、被动地接受那些资料的触发，而是要充分运用自己的大脑进行思考，发挥创造性的想象力，使兴奋点与注意力侧重或集中到某些问题上，并对它积极进行加工。这样，下一步自然会在有兴趣、有价值的问题中选出一个新的、自己的题目。

积极思考固然重要，但在思考基础上产生的选题是否正确、合理，还有一个认真论证的过程。《韩非子·喻老》篇中指出："天下之难事必作于易，天下之大事必作于细。"这就是说，定好了论题并不是大功告成了，还要经过严谨的科学论证，从论题研究方法上入手，根据实际条件、实际能力和科研水平，逐一考虑、详细论证。

4. 选定论文的具体题目

选题是对论文的"定性"。它决定着论文的价值，关系着论文的成败。如前所说"题好文一半"，就道出了选题的真谛。所谓"题好"，包括两层含义：一是指选题与客观需要相符合；二是指选题与研究状况相适应。前者可以保证选题具有实际意义，而选题有意义，对课题的研究才会有意义，反映研究成果的论文也才会有价值；后者可以保证研究者有能力、有条件对问题展开研究，研究工作能够顺利进行，并取得成功。所以，选好了论题也就为成功的研究、成功的写作打下了良好的基础。也只有选好了论题，才能确定论文的主要内容，体现出论文的特点和独特性。

3.4 选题方法与课题构思

3.4.1 选题的常规方法

选题方法按科学活动的方式可分为两大类：一是以科学工作者个人活动方式进行的选题方式，如比较寻疑法、追溯验证法和实践应用法；二是以科学工作者集体活动方式进行的选题方式，如智力激励法、集体启发法和德尔斐法。个人离不开研究集体，集体活动有赖于个体的创造性思维。

1. 比较寻疑法

从事科学研究，总需要在对某一研究领域有基本了解之后才开始的。比较寻疑法，就是对自己所拥有的文献材料广泛阅读，认真筛选，经过咀嚼消化，在比较鉴别中，寻找到具有研究探讨价值的"疑点"，进而确定选题的方法。例如，在同一类型的科学研究成果中，常常发现这类词语："在一定条件下""在相当程度上""在某种范围内""存在这样那样的联系""多种多样的形式"等。那么，究竟在什么条件下？在多大程度上？在何种范围内？存在怎样的联系？有哪些不同形式？这些都可以构成进一步研究的子课题。对这些子课题锲而不舍地探讨，都可能产生新的研究成果。科学研究必须有"疑点"。在对文献材料阅读、分析与比较的过程中遇到了疑问时，紧紧抓住这些问题深入探究下去，就会形成自己的选题。这种在比较中寻到的"疑点"多种多样，可能是解说不完备或难以自圆其说，也可能是文献材料中就某一问题的不同观点，还可能是某一学科领域中的空白点。总之，由自己对文献材料的阅读比较中寻找"疑点"，再由"疑点"的探究而形成选题，这是许多研究者常常采用的选题方法。学术研究之所以重视文献资料，由此可见一二。梁启超概括自己的治学之道，只用了"善疑、求真、创获"六个字，而把"善疑"放在首位，这说明以"寻疑"来选题是行之有效的方法。

采用比较寻疑选题方法，一般按以下步骤进行。

（1）浏览资料　在浏览过程中，随时记下对的纲目和其中对自己影响深刻的观点、论据、论证方法等，记下自己脑子中涌出的点滴体会。

（2）回味咀嚼　在广泛浏览文献资料后，对自己从大量资料中所获取的有价值的内容及自己的点滴体会，分别进行简单梳理，认真思考，反复咀嚼，体会其中的异同交叉、深浅远近。

（3）求疑选题　在完成上述工作之后，可以把自己的体会与资料分别加以比较，进行分析鉴别，寻找出在同一研究对象中尚有的"疑点"，由此进一步推演思考，选题的目标就自然会明确了。比如，研究晚清史的孔祥吉先生，就是由于获得了晚清史上"两朝帝师、十载枢臣"之称的翁同龢的后裔带到美国的家藏档案史料，新发现了其中未刊出的"罗丰禄信稿"及陈炽的"上清帝万言书"等珍贵文献，他经过比较鉴别，受益颇多，从中发现不少问题，从而以新的史料、新的视角写出了"甲午战争中北洋海军上层心态——营务处总办罗丰禄家书解读""晚清政治改革家的困境"等一系列论文，在晚清史研究领域提出了不少新观点。

2. 追溯验证法

追溯验证法是一种先有主观的"拟想"（对研究课题和方法的假设），而后以此为出发点，沿着一定方向通过查阅相关文献资料或做必要的调查实验，从而达到验证"拟想"的选题方法。当然，这种"拟想"绝不能是凭空想象，而必须是建立在自己对某一领域的研究现状有所了解的基础上，且已经掌握到一定文献资料或现实材料，由此而生发的"拟想"。运用这种选题方法时，应注意以下三个方面：

1）经过追溯，确定自己的"拟想"是否具有开创性、突破性。如果自己的拟想，前人从未涉及，或者是与通说、前人见解根本不同的，同时自己又能以足够的论据或条件对其做出证明，那就可以作为选题确定下来；反之，则应舍弃。

2）通过追溯，确定自己的"拟想"是否对通说或别人的观点有补充作用。如果答案是肯定的，则可以作为选题；反之，应放弃。

3）确定"拟想"是否与别人重复。如果自己的想法完全与已有的研究成果一样，那就应另辟新路；如果是部分内容与别人的研究成果相重复，那就应当变换角度，避开重复，确定选题。此外，在追溯验证的过程中，还要善于捕捉一闪之念，不可放过阅读或调研过程中突然产生的一些思想火花。尽管这一时的想法很简单、很朦胧，但如能及时捕捉，顺势追溯下去，也极有可能形成自己的观点，成为选题的引子。追溯验证法在科学研究中应用较为广泛。

【例 3-33】 为超导电子学这一新学科奠定坚定基础的约瑟夫森效应的发现，其开始是年仅 22 岁正在英国剑桥大学攻读博士学位的约瑟夫森的理论预言：当两块超导体实现弱连接时，会出现一种新的物理现象。

【例 3-34】 在当今科学界，在认为任何剂量的核辐射都有害于健康的"线性无极理论"（LNT）占主导地位的情况下，那些提出"小剂量辐射无害"的科学家们，大都是通过追溯验证这一研究课题的。特别是"小剂量辐射无害"现象产生的细胞分子生物学机制，能否改变核辐射会损伤细胞内的 DNA 这一传统结论尚无定论。

3. 实践应用法

实践应用法既不是从阅读大量文献材料出发，也不是从自己的主观"拟想"出发，而是从现实需要出发，从自己的社会实践中去发现值得研究的问题，把自己掌握的理论知识应用于解决现实问题的研究之中。显然，这样的选题方法在应用研究和自然科学领域运用较多。基础研究方面同样可选用来自解决现实问题的思索。

【例 3-35】 作为生物科学中的基因工程的理论，可以广泛应用于各种重点保护及濒临灭种的动植物的繁育技术之中，也可以由此深入，应用于进一步揭示生命奥秘的基础研究之中，像我国科学家所做的"衰老细胞与分子机理研究"的课题。

【例 3-36】 胡福明于 1978 年 5 月 11 日在《光明日报》上发表的为人熟知的"实践是检验真理的唯一标准"一文，该选题就是运用了实践应用法。是从现实社会中亟待解决的问题出发，运用马克思主义哲学观点来加以研究探讨的。再如，针对近年来我国科学研究领域中学术腐败现象日益严重的现实，以及科学伦理道德教育相对薄弱的状况，中国科学院院士张存浩先生在《光明日报》2002 年 2 月 1 日第 1 版发表"科学道德建设应借鉴国外经验"一文，提出了为创造我国良好科研环境的合理建议。

此外，向专家请教、向有关部门咨询、研究者们互相交流启发等，都有助于确定论文的选题。

从根本上说，选题所要达到的目的，就是寻找出在理论上或实践上未被发现、概括、揭示、解释，或者是概括、揭示、解释尚且不够，适于作为自己研究课题的问题和角度。凡是能达到此目的的选题方法都可使用。当然，最根本的还是了解学科研究的历史与现状，了解现实理论和实践上的需求，正确估计自己的主观能力与水平。

4. 智力激励法

智力激励法是找一些对某一领域有知识、有见解的专家，让他们掌握大量科学情报，从科学发展的趋势，对有关领域的未来课题，自由地发表各种意见、设想和方案，最后由决策者综合起来，进行挑选。其主要规则如下：

1）允许自由地提出任何设想和方案，严禁批评和指责，避免节外生枝，转移话题。
2）鼓励无拘束联想，思想越奔放越好，无论多么富于幻想的怪诞意见都要记录下来。
3）提出的设想和方案多多益善，会上不做结论。
4）提倡与会者把各种思想组合起来，完善和发展别人的设想和方案。

这种方法如使用恰当，将会创造和谐的会谈气氛，敞开思想，相互激发，极易导致思想的连锁反应，提出一系列意想不到的课题方案和解决问题的奇特设想。这种方法是美国学者奥斯本提出来的，又被人们形象地称为"智囊团法"和"头脑风暴法"。

【例3-37】 本书作者在《林业生产规划》一书的撰写过程中，首先在南京林业大学召开全国同行征求此书编写大纲细目后，次年又在中南林业科技大学（原中南林学院）征求全国同行对其初稿进行讨论，采用智力激励法征求修改意见。《林业生产规划》在现代林业企业总体规划设计的基础上，从理论上、技术上有重大突破，是我国第一部这方面具有权威性的高等林业院校教材和专著。该专著填补了我国林业规划理论系统的空白，获福建省科技进步二等奖。

5. 集体启发法

集体启发法和智力激励法相似，也是以集体探讨方式预测和提出课题方案的。不同之处在于：会议主持人或决策者通过提问和提出有价值的情报来启发与会专家，使他们大致围绕某个问题做一般性讨论，而又不披露主题。当讨论接近中心议题时，主持人应立即点破问题的症结所在，引导与会者借助"类比的启发"，定向地进行"课题转换"，集中酝酿和提出课题方案和解决方案的种种设想。这种"转换"必须利用下列三项类比：

（1）个人类比 把自己本身的情感和性格，与拟订课题情景的某种要素加以类比，来寻求相似点。

（2）直接类比 在已知的领域里寻求未知领域的类似过程，即把未知变为已知。

（3）象征类比 暂不理睬自然规律，借助童话的幻想和诗歌的形象来比喻和描述问题，把习惯的变为生疏的。如设想去掉地心引力、使光线弯曲、声光结合有何效应等。

它是集体智慧和个人思维展开相结合的方法，是由美国心理学家戈顿提出来的，又称为"群辩法"。

【例3-38】 在对"松根采集运贮过程中技术问题研究"这一课题进行开题研究时，本书作者作为项目负责人召集所有研究人员参加，激烈讨论，集思广益，以求得到最好的解决方案。比如当讨论采掘松根段时，所有研究人员都对其展开激烈讨论，尤其是就集根过程、运输过程和贮根过程中研究人员对采掘松根段有何要求？要发表自己的看法，并提出对其具体的技术要求；这种对集运贮段的讨论，目的是以达到松根采集运贮工艺过程有机的连接，当然，讨论过程需要较多的时间。但这种集体启发法，很好地促进了这项福建省重大科研项目的完成。

6. 德尔斐法

德尔斐法是由专家集体私下填写意见征询表来预测和提出研究课题的方法，是由戈顿和美国兰德公司提出和倡导起来的。其要点如下：

1）找一组专家，征求他们对可能的各个课题、方案及实现的时间，提出意见和想法。

2）预先根据某些情报或专家商定的特定研究项目的意见征询表，分发给专家填写，但不记名。

3）把搜集的意见表整理后再返回专家手中，但意见来源予以保密。

4）由专家填写空白表，对前一次整理意见重新提出看法，如此多次反馈，大多数专家意见逐渐集中，最后趋于统一，但少数意见还可能不一致，这就要由决策者做出判断和决策。对中间意见和最后意见的整理，均可做出专家意见的实验分布曲线。比较各个方案或课题专家意见的分布曲线与统计参数，即可对最佳方案或课题及其实现时间做出预测和判定。

由于德尔斐法能够把众多专家对选题的直觉估计，逐步求得较为一致的结果，说明形式上的主观意见蕴含着一定的客观意义，又比较简单，无须花费太多时间和经费，因此得到广泛的应用。

【例 3-39】 本书作者在《架空索道理论与实践》一书的撰写过程中。采用多位著名同行专家多次反复背靠背地填写意见征询表，对此书书名、编写大纲细目，以及撰写初稿，都采用了德尔斐法征求专家意见。《架空索道理论与实践》一书，一是高度总结了索道在我国实际使用中的经验和成果，概述了索道的发展、索道的基本形式和理论基础、索道的勘测设计、设备结构使用与维护、索道安装架设、索道使用与管理及索道作业经济效果的计算等；二是对工程设计理论进行了探究，在架空索道设计的主要理论——悬索理论上有重大突破，进一步发展和充实了我国新创立的悬链线法、悬索曲线法、摄动法、索道优化设计等理论，率先在国际上将我国悬索理论研究成果应用于索道工程设计和生产实际中去；三是利用微型计算机对索道做优化设计，这个设计系统能进行索道承载索和给定设备的索道最优设计。这部学术专著对今后林业科技进步将做出积极的推动作用，影响是深远的，获福建省科技进步二等奖。

3.4.2 课题的构思设计

课题的构思设计，是从选题工作进入开题研究的关键节点。在课题方案最终选定之后，必须拟订详细周密的研究计划，做到胸有成竹，目标在握。

1. 明确核心内容，拟订总体设想

首先，弄清课题研究的核心内容，抓住问题的主要症结，确定研究的未知因素；其次，提出研究的总体构思和划分研究阶段的步骤。

属于重大课题的，按照从现象到实体，再到本质的认识过程，将长期课题分为若干小课题，从小到大，由浅入深，步步为营，循序渐进，切不可毕其功于一役。

2. 确定研究手段，构思实验装置

对于理论性课题，要确定采用的数学工具，拟出能阐明研究对象可能的数学模型类型；对于实验性课题，要在对实验对象进行分析基础上，构思实验原理，确定实验装置，选定适当的实验对象和材料，确定采用的实验类型（如析因实验、对照实验或模拟实验等）。

3. 把握研究进程，预测科研成果

要对研究过程中采用的研究手段和方法的有效性与可靠性有足够的估计。例如：所采用数学工具是否能够恰当描述对象；实验观测工具的精确度和灵敏度是否在实验误差允许范围内，能否足以显示观测对象；研究过程依据的基本原理和经验材料可否满足达到目标要求。同时要有充分的思想准备：应付和捕捉研究中出现的意外观察对象和新思想火花；预先对研究过程中可能要调整和变更研究计划留有一定的余地；在研究中可能遇到的挫折和失败，要推倒重来和反复试探的情况，将要提交的成果形式，都应当事先加以安排。

理论研究的课题设计模式如图3-1所示，技术研究的课题设计模式如图3-2所示。

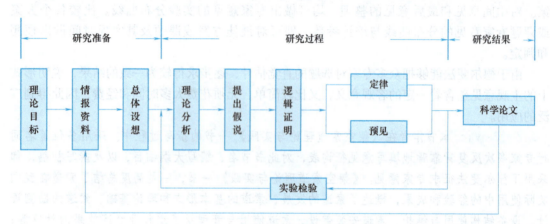

图3-1 理论研究的课题设计模式

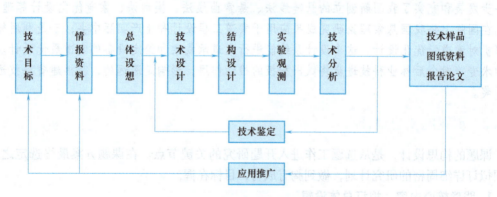

图3-2 技术研究的课题设计模式

3.4.3 树状课题模式

树状课题模式反映了自然科学各门学科不断分化，形成大量分支学科的系统。树长得越大，出现的新枝就越多，说明形成的新课题就越多，这将导致学科越来越分化和专门化。力学树的课题模式，如图3-3所示，工程索道的树状课题模式如图3-4所示。

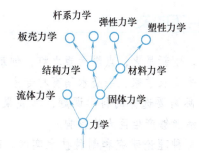

图 3-3　力学树的课题模式

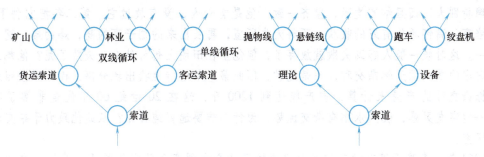

图 3-4　工程索道的树状课题模式

当某项重大技术被研发后，常常呈中心辐射状向其他领域扩散，产生一系列连锁反应，从而产生很大的经济效益和社会效益，这通常被称为伞形辐射法。伞形辐射法就是移植创新法。这样的例子很多，如稀土在材料领域中的辐射移植应用，如图 3-5 所示。

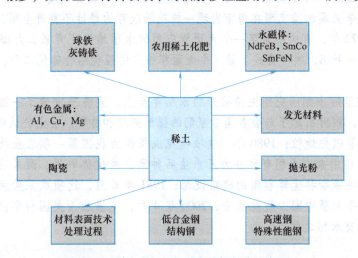

图 3-5　稀土在材料领域中的辐射移植应用

较成熟的学科，在其发展中新课题的生长点有三方面：一是这个学科领域的对象中尚未认识的事物；二是这个领域的一般性知识用于各种特殊条件下的具体事物；三是这个领域的对象中已经部分变化或基本发生变化的情况。

【拓展阅读】　袁隆平和杂交水稻

　　创新是石，擦出星星之火；创新是火，点燃希望之灯；创新是灯，照亮前进之路；创新是思路，引导我们前行。袁隆平是农学家、杂交水稻育种专家。杂交水稻的选题以无可辩驳的事实证明，基于人类社会实际需要选择的科学课题，其成果能够直接转化为现实的生产力，对社会生产和人类社会生活能够产生巨大的影响。

　　袁隆平长期从事杂交水稻育种理论研究和制种技术实践。1960年，罕见的天灾人祸降临中国，袁隆平目睹了这场遍布神州大地、来势凶猛的灾难。严酷而沉痛的现实使他感到深深不安，他开始了他的水稻高产育种研究。1962年，他在一块稻田里发现一株水稻鹤立鸡群，穗特别大，而且结实饱满，整齐一致，他是有心人，没有放过它。第二年把它种下去，辛苦培育，满怀希望有好的收获，不料大失所望，再长出来的稻子高的高，矮的矮，穗子大小不一。这时候一般人感到失败就放弃了，但他坐在田埂上想为什么会失败了呢？他想到第一年选出的是一棵天然杂交种，不是纯种，因此第二年遗传性状出现分离，而如果按照那棵原始株杂交种的产量来计算，亩产能达到1200斤，这在20世纪60年代是非常了不起的——他突发灵感，既然水稻有杂交优势，为什么非要选育纯种呢？从此他致力于杂交水稻育种研究。

　　1964年，袁隆平等育种工作者大胆选择了杂交水稻育种的世界性重大难题，在国家和社会各方面的支持下，经过几十个单位的共同协作攻关，首先提出培育不育系、保持系、恢复系三系法利用水稻杂种优势的设想并进行科学实验。终于实现了杂交水稻的三系配套，并经过试种，大规模推广到水稻生产上，取得了巨大的经济效益，为我国水稻产量的大幅度提高开辟了一条新道路，同时丰富了遗传学理论，特别是杂种优势遗传机制的研究。1970年，袁隆平与其助手李必湖和冯克珊在海南发现一株花粉败育的雄性不育野生稻，成为突破三系配套的关键。1972年，育成中国第一个大面积应用的水稻雄性不育系二九南一号A和相应的保持系二九南一号B，次年育成了第一个大面积推广的强优组合南优二号，并研究出整套制种技术。

　　1979年，在国际水稻研究所主持召开的水稻年会上，袁隆平宣读了一篇关于杂交水稻培育的学术论文，顿时引起了与会各国专家们的强烈兴趣和称赞。会上公认中国杂交水稻的研究和应用居世界领先地位；1980年，这项研究成果作为我国第一项农业技术专利转让给美国；1986年，提出杂交水稻育种分为三系法品种间杂种优势利用、两系法亚种间杂种优势利用到一系法远缘杂种优势利用的战略设想；1981年6月，这项成果荣获我国第一个特等发明奖，袁隆平荣获中国工程院院士；2006年4月，他当选为美国科学院外籍院士，被同行们誉为"杂交水稻之父"。

　　提出一个问题往往比解决一个问题更重要，因为解决问题也许仅仅是一个教学上或实验上的技能而已。而提出新的问题、新的可能性，从新的角度去看旧的问题，都需要有创造性的想象力，而且标志着科学的真正进步。

——爱因斯坦

第4章 信息检索与利用

本章从信息与信息检索的概念、类型与关系入手，对信息检索工具、计算机信息检索类型及技术、国内外综合性电子信息资源利用、梳理与三步走技巧利用文献等问题进行探讨。

信息检索的能力是知识经济时代人们必须具备的基本素质之一，也是评价一个人信息能力的主要标志；使用好信息检索工具，能熟练检索常用数据库，为撰写文献综述、开题报告与毕业论文进行检索，信息检索主要是如何快速、准确、完整地找到所需要的参考文献，是做好科学研究和论文写作的重要环节。那么，信息是什么？怎样进行信息检索？如何有效利用信息检索工具来查阅资料，扩展信息的储备？是当代本、硕、博学生务必要掌握的基本学习技能和信息素养。

4.1 信息和信息检索

4.1.1 信息

1. 基本概念

（1）信息素养　信息素养是一种基本能力，即对信息社会的适应能力。美国教育技术 CEO 论坛 2001 年第四季度报告提出 21 世纪的能力素质，包括基本学习技能（读、写、算）、信息素养、创新思维能力、人际交往与合作精神、实践能力。信息素养是其中一个方面，涉及信息的意识、信息的能力和信息的应用。信息素养包括四个方面：信息意识、信息知识、信息技能和信息道德。

1）信息意识。看一个人有没有信息素养、有多高的信息素养，首先要看他有没有信息意识，信息意识有多强。也就是，碰到一个实际问题，他能不能想到用信息技术去解决。信息意识是指对信息、信息问题的敏感程度，是对信息的捕捉、分析、判断和吸收的自觉程度。

2）信息知识。指与信息有关的理论、知识和方法，包括信息理论知识与信息技术知识。信息理论包括信息的基本概念、信息处理的方法与原则、信息的社会文化特征等。有了对信息本身的认知，就能更好地辨别、获取和利用信息。信息知识是信息素养教育的基础。

3）信息技能。能不能采取适当的方式方法，选择适合的信息技术及工具，通过恰当的途径去解决问题，则要看有没有信息技能了。信息技能是指运用信息知识、技术和工具解决信息问题的能力。它包括信息的基本概念和原理等知识的理解和掌握、信息资源的收集整理与管理、信息技术及其工具的选择和使用、信息处理过程的设计等能力。

4）信息道德。信息技术，特别是网络技术的迅猛发展，给人们的生活、学习和工作方式带来了根本性变革，同时引出了许多新问题。如个人信息隐私权、软件知识产权、软件使用者权益、网络信息传播、网络黑客等。针对这些信息问题，出现了调整人们之间，以及个人和社会之间信息关系的行为规范，这就形成了信息伦理。能不能在利用信息能力（信息知识和信息技能）解决实际问题的过程中遵守信息伦理，体现了一个人信息道德水平的高低。

简言之，信息意识决定一个人是否能够想到用信息和信息技术；信息能力决定能不能把想到的做到、做好；信息道德决定在做的过程中能不能遵守信息道德规范、合乎信息伦理。信息能力是信息素养的核心和基本内容，信息意识是信息能力的基础和前提，并渗透到信息能力的全过程。只有具有强烈的信息意识，才能激发信息能力的提高。信息能力的提升，也促进了人们对信息及信息技术作用和价值的认识，进一步增强了应用信息的意识。信息道德则是信息意识和信息能力正确应用的保证，它关系到信息社会的稳定和健康发展。

（2）信息概念　信息无处不在，人们日常生活中每天都与信息打交道，通过感觉器官接受各种各样的外界信息，通过语言和手势表达和传递信息，人类在社会实践中又不断地产生新信息。信息普遍存在于自然界与人类社会，是客观事物各种表现的反映。物体在运动过程中伴随有信息的产生，信息借助于物质载体记录和传播。

把信息作为一门科学来解释，"信息"一词的定义多达几十种。概括起来有以下几个方面："信息"一词的创始人香农（C. E. Shannon）在其经典论著中定义，"信息是用来消除不确定性的东西"；控制论创始人维纳（N. Wiener）认为，信息是"我们对外界进行调节并使我们的调节为外界所了解时而与外界交换来的东西"；《汉语大辞典》对信息的解释是，现代科学中的信息是指事物发出的消息、指令、数据和符号所包含的内容。

（3）知识概念　知识是人类认识自然和社会的阶段性成果，是通过实践、研究、联系或调查获得的关于事物的事实和状态的认识，是对科学、艺术或技术的理解，是人类获得关于真理和原理认识的总和。简单地说，知识就是经过思维加工的信息。

（4）情报概念　广义的情报是指在交流中有价值的知识信息，即在特定的时间和状态下，特定的人所需要有用的知识信息；狭义的情报是指以侦察手段或其他方法获得的有关敌人军事、政治与经济等方面的情况，以及对这些情况进行去粗取精、去伪存真、由此及彼、由表及里的分析研究成果。

（5）文献概念　具体来说，文献是将知识与信息，用文字、符号、图像与音频等手段记录在一定物质载体上的结合体。通俗来说，文献是信息的一种，是将游离流动的信息物化在物质载体上而形成的，通常将文献和文献信息理解为同一概念。文献的基本要素是：有历史价值和研究价值的知识；一定的载体；一定的方法和手段；一定的意义表达和记录体系。

（6）信息、知识、情报与文献的关系　信息是事物存在的方式和运动状态的表达；知识是经过思维加工的信息；情报是被激活的有用的知识；文献是记录有知识信息的物质载体。它们之间的关系如图4-1所示。

2. 信息类型

（1）按内容的特点划分

1）数据信息。数据信息是表达客观和实际数据的信息。它们都提供确实性的信息，直接回答用户的确切事实或数据。这类信息常常在辞典、百科全书、年鉴与名录等检索工具中可以得到。

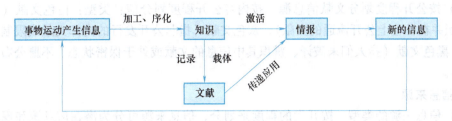

图 4-1　信息、知识、情报与文献之间的关系

2）分析信息。分析信息通常是指对事物与事件等进行说明、解释和分析的信息。分析信息是专家对客观世界、对社会、对人及对人的思想等的研究成果。分析信息一般在图书与期刊中能找到。

(2) 按信息的加工划分

1）零次信息。通过交流和实物而获得的信息，包括交谈、参观与听演讲等，是借助于语言、手势、场面景观和暗示等信息。这种信息的特点是真实、直观、方便、及时和针对性强，但难于积累和管理。

2）一次信息。一次信息也称为原始信息，即第一次书写、第一次报道、第一次出版的信息，也称为第一手资料。它在内容上具有新颖性、创造性、系统性，在出处上具有分散性，数量十分庞大，常常需要利用二次信息才能获得相关信息。

3）二次信息。二次信息是把大量分散无序的一次信息按照一定的方法和原则加工提炼、浓缩而形成的信息，其目的是有效地管理和利用一次信息。它的形式主要包括目录、题录、文摘、索引与书目等。

4）三次信息。三次信息是指在对一次信息和二次信息进行广泛深入地研究之后，经汇集、综合和分析等深入加工而形成的信息，在内容上具有综合性，在功效上具有参考性。它的形式有百科全书、年鉴、指南，以及综述、述评、进展报告等，还包括指引利用二次信息的书目、文献指南。

从零次信息、一次信息、二次信息，到三次信息，是一个由分散到集中、由无序到有序、由博到精地对信息进行不同层次的加工过程。每级信息的质和量是不同的，有助于人们根据需要来有效利用信息。

(3) 按信息载体的物理类型划分

1）纸质型。纸质型是指以纸张为载体，以印刷技术或手写为记录信息的手段，如印刷本、复印本、胶印本、铅印本、油印本、石印本与手抄本等。纸质型文献的最大优点是携带方便，缺点是存储密度小、体积大、不便于管理和使用。

2）缩微型。缩微型是指以感光材料为载体，利用光学技术，将文字、图形与影像等按比例缩小而产生的一种文献。最常用的有缩微胶片和缩微平片两种产品。用户可通过阅读机阅读，或通过新闻记者复印机（也称为还原机）阅读，这种机器还可以把缩微胶片放映成原始纸介质读物。这种文献的特点是体积小、存储密度高、节省空间，但阅读不方便（阅读时需要使用阅读机）。

3）声像型。声像型是指采用特定的设备，使用声、光、磁、电等技术记录声音和图像信息的一种文献形式，如录音带、录像带和影视片等。它给人以直观、形象的感受。

（4）按公开程度划分文献信息源　按内容公开程度划分信息类型：白色文献（指一切正式出版并在社会上公开流通的文献）、灰色文献（指非公开发行的内部文献或限制流通的文献）、黑色文献（指人们未破译、辨识其中信息的文献或处于保密状态、不愿公布其内容的文献）。

3. 信息来源

（1）信息来源的类型　按开发的程度来划分，信息来源可分为潜在信息源和现实信息源两大类。潜在信息源是指个人在生产实践活动中，对事物产生的认识（感性认识和理性认识）储存在人的大脑中形成的信息源。其特点是只能供自己使用，不能供他人使用，而且容易随记忆衰退而淡化甚至消失，因此是一种有限再生的信息源。现实信息源是潜在信息源经过个人的表述后，能够为他人所用的信息源。其特点是具有表述方式多样性，即可以通过特定的符号和载体进行表达；具有社会性，在一定的社会环境下被广泛地传递和反复利用，是一种无限再生的信息源。

（2）现实信息源类型　现实信息源有语言信息源、实物信息源和载体信息源。

1）语言信息源。口头传递的信息或以人的各种体态表述出来的信息，即语言信息，称为零次文献。语言信息无时不在，无处不有，被广泛利用在谈话、授课、讲演、表情和舞蹈等方式中。这类信息源具有直观性，能起到暗示作用，是一种需要重视和开发的极为丰富的资源。

2）实物信息源。实物信息源是人类通过生产实践活动，以实物形式表述出来的信息资源。实物信息是指以某种实际存在的物品所提示出来的信息，如产品样品、样机、模型与雕塑等。其特点是信息量大、感觉实在、直观性强，但其组成物质成分多，需要通过理性分析才能获得大量隐含的信息。语言信息和实物信息是还没有加工的信息，用户只能根据自己的需要去细心地有目的地搜索、加工、整理、分析和利用。

3）载体信息源。载体信息源是获取信息最主要的来源，又可分为印刷型文献信息源，如科技图书、科技期刊、报纸、科技报告、学位论文、科技会议文献、专利文献、灰色文献（非公开出版发行的文献）、标准文献、政府出版物、产品样本资料、科技档案文献，以及电子文献信息源，如光盘出版物、网络信息等。

4.1.2　信息检索

1. 信息检索的概念

信息检索，即从众多集合中迅速准确地查寻出用户所需信息的全过程。广义的信息检索有两方面的含义：一是将信息按一定的方式组织和存储起来；二是根据用户的需要找出有关的信息资料的过程和技术。广义的信息检索，全称是信息的存储与检索，又称为信息的存取。而狭义的信息检索只包含后一个过程，即为处理解决各种问题而查找、识别、获取相关信息的活动及过程。

一般来说，用户检索信息时，习惯把已知信息的表面特征或内容特征作为检索词检索信息。因此一般的检索工具正是根据信息的外部特征，即文献的表面信息，如题名（书名或篇名）、著者、机构、ISBN号、专利号与报告号等，以及信息的内容特征，如文献内容中所论述的主题、观点、见解和结论等特征进行编排的。

2. 信息检索的意义

通过对信息检索知识的系统学习，人们能够充分地意识到自身潜在的信息需求，进而充分、正确地表达出来，利用信息检索的技术与方法，对信息进行去伪存真、去粗取精，并进行提炼，以获取自身需要的信息。因此，只有掌握信息检索知识，人们才能高效获取、正确评价和善于利用信息，为科研工作赢得大量宝贵时间，缩短科研周期，加速科研进程，取得更大的科研成果。

3. 信息检索的类型、方法、步骤、手段与语言

（1）信息检索的类型 作为检索对象的信息有着不同的表现形式，有的是文献形式，有的是数据、事实信息。根据检索的对象，信息检索有文献检索、数据检索、事实检索、超文本检索、多媒体检索与超媒体检索等。

（2）信息检索的方法 信息检索的方法一般有三种，即利用检索工具，以主题、分类和著者等为检索入口检索所需文献的常规法，利用原始文献后面所附的参考文献和有关论著的引文注释进行追踪检索的追溯法，以常规法与追溯法相结合、交替使用的循环法。

（3）信息检索的步骤 信息检索的步骤是根据科研项目的需要，使用一定的检索工具，选择适合自己的检索途径和适当的检索方法，实施查找所需文献的全过程。信息检索可以从下面四个步骤进行：分析研究课题，确定查检要求；选择检索工具；确定检索途径和方法；实施检索操作，索取原始文献。在检索的过程中一般都有可能直接获得所需文献，但也有可能只获得一批与课题相关的文献线索，在这种情况下，若要获得原始文献，就需根据检索所得的文献线索，去查找原始文献。具体检索步骤如图 4-2 所示。

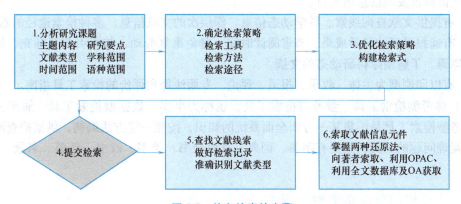

图 4-2 信息检索的步骤

如主题途径检索的步骤：①分析课题，提取检索关键词；②使用《科学文摘主题词表》核对主题词，确定可使用的主题词；③选定主题词，利用主题索引查找，得到文献线索——文摘号；④利用相关主题词进一步查找；⑤根据所查得的文摘号查找文摘正文，找到课题所需的文摘款目；⑥根据文摘出处索取阅读原文。

（4）信息检索的手段 现在信息检索的手段主要有两种，即手工检索与计算机检索，而计算机检索正在成为信息检索的主要手段。为了更好地利用信息，人们根据每件信息的内部和外部特征而设置了检索点，以此作为检索信息的入门。一般来说，设置的信息检索点主要有分类、主题、名称、著者与代码等。

（5）信息检索语言　信息检索语言（information retrieval language）是用来表达信息概念的一种人工语言，也称为受控语言。它是根据信息组织和检索的需要所编制的特殊标识，是存储信息、组织信息和检索信息的符号。按表达文献的特征分，信息检索语言可划分为描述文献的外部特征和内容特征两大类。文献的外部特征包括文献的篇名（书名）、责任者、文献类型与出版项等；凡与文献的内容密切相关的特征称为文献的内容特征。

4.2　信息检索工具及其利用

4.2.1　信息检索工具

信息检索工具是系统汇集某一学科或各门学科的相关知识，按照一定的体例和排检方法编排，提供查问、征引和解答各种问题的一种文献。

检索工具种类繁多，按用途，一般分为两大类，即指示型检索工具和参考型检索工具。指示型检索工具，只提供信息线索，而非文献原文。这类检索工具包括书目、题录、索引、文摘等，一般被称为二次文献；参考型检索工具也称为事实数据检索工具，提供具体事实和数据，包括字典、词典、百科全书、年鉴、手册、名录和表谱等，一般被称为三次文献。

（1）指示型检索工具

1）有揭示与报道文献信息、指引学者读书治学、提供研究历史文献、考证学术源流的参考、提供科技发展信息的书目。

2）有提供文献查询线索、科学动态信息、深层次的文献信息、多种检索途径的索引。

3）有通报最新的科学成果、节省阅读时间、避免重复劳动、与索引相互补充、帮助逾越语言障碍、了解国际科研动态的文摘。

4）有以印刷型为主体，收录、报道、评论、专题注释和评价的检索工具指南。

（2）参考型检索工具　参考型检索工具，也称为事实、数据型检索工具，属于三次文献。参考型检索工具是汇集某一方面全面系统的知识，按照一定方法编制，供翻检查阅，解决各种疑难问题的工具，主要有字典、词典、百科全书、类书、政书、年鉴、名录、表谱、图录等。

4.2.2　计算机信息检索类型及技术

1. 计算机信息检索基本类型

计算机信息检索起源于20世纪50年代，现常用的检索形式有联机检索、光盘检索、网络检索等。

联机检索（online searching）是指人们在计算机检索网络的终端上，使用特定的检索方法、检索步骤、检索语言，从计算机检索系统中检索出所需的信息，再由终端设备显示或打印的过程。

联机检索在我国出现的时间较晚，1975年我国首次引进国外文献数据库进行计算机检索试验。目前，政府、企业、高校、科研机构、文献信息中心等都相继建立了整体性、专业性的数字化信息资源保障与服务系统。它们本着"面向信息用户"的原则，主动、适时地向行业提供相关信息。其中较著名的有：中国知识基础设施工程（CNKI，简称中国知网），网址为 http://www.cnki.net，如图 4-3 所示；国家科技图书文献中心（National Science and Technology Library），网址为 http://www.nstl.gov.cn，如图 4-4 所示。

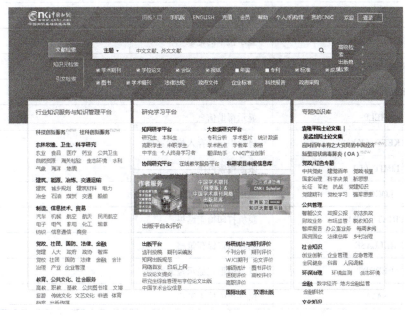

图 4-3　知网网络平台

图 4-4　国家科技图书文献中心网络平台

许多数据库检索系统都提供两种检索方式，即菜单检索方式和指令检索方式。菜单检索方式就是系统提供菜单，用户进行选择，直至结束；指令检索方式即通过输入相关指令来完成各种操作的方式。

在检索中，如果记不清检查指令，可以依靠帮助信息了解系统提供的指令及其用法。有时指令通过选择菜单的方式执行，用户在菜单中选择当前可用的各种指令。DIALOG 检索系统有 60 多个指令，其最常用的指令见表 4-1（括号内的字母为与相应指令等效的缩写形式）。

2. 计算机信息检索基本技术

在实际的检索过程中，一般并不是简单的计算机操作就能够完成所需信息的查检，特别是在检索复杂的信息时，这就需要掌握检索的基本技术。选择最适合自己的检索技术，能帮助提高查全率和查准率。检索基本技术主要有以下三种。

表 4-1　DIALOG 检索系统的常用指令

指令	指令功能
BEGIN（B）	开始进行检索
COST	显示与计费有关的数据
DISPLAY（D）	显示检中的记录
EXECUTE STEPS（EXS）	执行保存策略
EXPAND（E）	选词，按字母顺序浏览索引
HELP	显示帮助信息
KEEP（K）	将检中记录存入检索集合
LIMIT（L）	限制检索范围
LOGOFF	退出，结束检索
PRINT（PR）	脱机打印检索结果
RELEASE	消除指定保存策略
REPORT	以表格形式显示检索结果
SAVE	保存当前检索策略
SELECT（S）	进行关键词检索
SET	设置系统选项
SORT	以指定顺序排列检索集合中的记录
TYPE（T）	联机打印命中文献记录

（1）布尔逻辑检索　布尔逻辑检索（boolean logic）是一种比较成熟的较为流行的检索技术，检索信息时通过布尔逻辑表达式表达特定的信息需求。

1）逻辑"与"运算。用逻辑算符"AND/并含"表示，也可写作"*"，表示它所连接的两个检索词必须同时出现在检索结果中。逻辑"与"增强了检索的专指性，使检索范围变窄了。

2）逻辑"或"运算。用逻辑算符"OR/或含"表示，也可写作"+"，表示它所连接的两个检索词中在检索结果里出现任意一个即可。逻辑"或"可使检索范围扩大，使用它相当于增加检索主题的同义词。

3）逻辑"非"运算。用逻辑算符"NOT/不含"表示，也可写作"-"，表示它所连接的两个检索词应从第 1 个概念中排除第 2 个概念。逻辑"非"用于排除不希望出现的检索词，它和逻辑"与"的作用类似，能够缩小检索中文献范围，增强检索的准确性。

（2）截词检索　截词检索也是一种常用的检索技术，是防止漏检的有效工具，尤其在西文检索中，更是广泛应用。截词是指用户将检索词在认为合适的地方截断；截词检索（truncation/wildcats）是用截断的词的一个局部进行的检索，并认为满足这个词局部中的所有字符（串）的文献，都为命中的文献。

截词方式有多种。按截断的位置来分，有后截断、前截断、中截断三种类型；按截断的字符数量来分，可分有限截断和无限截断两种类型。表示截断一个词所用的截断符号，各信息检索系统有不同的规定，没有统一标准。例如，DIALOG 系统是用"?"，BRS 系统用"＄"，ORBIT 系统用"#"等。

1）无限截断。在检索词的词干前后，加一个"?"，表示在此位置上可能出现的字符数量不受限，可查找词干相同的所有词。

2）有限截断。在检索词的词干前后，加几个"?"，表示在此位置上最多允许出现的字符数，两个"?"之间空一格，即"?　?"，表示该位置允许出现 0~1 个字符，在空格前再增加一个字符，"?？?"表示该位置允许出现 0~2 个字符，以此类推。如"book？?"，可检出 book、books 等词语。

(3) 位置检索　位置检索是用来表示检索词相互之间的邻近位置关系和前后次序的检索方法。使用位置检索可增强选词指令的灵活性，比布尔逻辑运算更能表达复杂的概念。位置检索符常用的有（W）与（nW）、（N）与（nN）、（F）、（S）、（L）、（C）等。

1）（W）算符与（nW）算符。（W）算符是"with"的缩写，用此算符运算，检索结果表示此算符两侧的检索词必须按输入顺序排列，而且所连接的检索词之间只能是空格、符号或连接符，不得是单词或字母。例如，输入"high（W）power"检索式检索，命中的结果可能是"high power"或"high-power"等。（nW）算符表示此算符两侧的检索词必须按输入顺序排列，但两词之间允许加入 n 个单词。例如，输入"glass（1W）water"，命中的结果可能是"glass to water""glass for water"或"glass-to-water"等。

2）（N）算符与（nN）算符。（N）算符是"Near"的缩写，用此算符运算，检索结果表示算符两侧的检索词必须紧密相连，其位置可以互换。两检索词之间不允许插入字母或单词。如：输入"money（N）supply"，可检索出含有"money supply"或"supply money"等。（nN）算符表示算符两侧的检索词，最多允许插入 n 个字母或单词，两个检索之间可以互换。如：输入"economic（2N）recovery"，可检索出含有"economic recovery""recovery from economic troubles""recovery of economic"等。

3）（F）算符。（F）算符是"Field"的缩写，表示在此运算符两侧的检索词必须同时出现在同一字段中，前后位置可以互换，两词之间插入的词数不限。使用此运算符时必须指定所要检索的字段，如篇名字段或著者字段等。如："digital（F）computer/TI"表示在题名字段（TI）中同时出现这两个检索词的才算命中信息。

4）（S）算符。（S）算符是"Subfield"的缩写，表示在此运算符两侧的检索词，只要同时出现在文献记录的同一句子或短语中即算命中，不管是在哪一字段，词序是否颠倒，中间是否夹有其他词。如："silicon（S）sensor"命中记录出现的匹配情况为 A vacuum magnetic sensor（VMS）using a silicon field emitter tip was fabricated and demonstrated。

5）（L）算符。（L）算符是"Link"的缩写，表示在此运算符两侧的检索词有一定的主从关系，前者为主，后者为副。在使用（L）运算符时，系统会自动限定在主题字段查找。仅适用于分主、副标题的文档，把主标题和副标题连接起来，作为一个检索单元进行检索。如：检索"iron（L）corrosion"相当于把主标题 iron 和副标题 corrosion 连起来检索，从而检索出"iron corrosion"。

6）（C）算符。（C）算符是"Citation"的缩写，表示在此运算符两侧的检索词必须同时出现在同一篇文献记录中，两词的词序不限，出现在哪个字段也不限，只要这两个检索词同时出现在该文献的记录中就算命中文献。如："method（C）numerical"命中的匹配情况为 numerical method in modeling the elastoplastic constitutive relationship of sang under different stress paths。

在上述位置运算中，使用最多的是（W）与（nW）、（N）与（nN）、（L）、（F）四种。

4.2.3 综合性电子信息资源的利用

1. 国内电子报期刊利用

（1）全国报刊索引数据库　该数据库（原名《中文社科报刊篇名数据库》）由上海图书馆《全国报刊索引》编辑部负责研制和编辑，具有文献信息量大、检索点多、查检速度快等特点。目前该数据库基本上涵盖了自 1857 年以来全国发行的各类报刊，内容涉及社会科学、政治、军事、经济、文化、科学、教育、体育、语言文字、文学、艺术、历史和地理等多个学科。条目收录采取核心期刊全收、非核心期刊选收的原则，年更新量约 350 余万条。根据文献的内容特征和外部特征及用户的检索习惯，该数据库设有八个可检索字段，即分类、题名、著者、单位、刊名、年份、主题和文摘，其代码分别为 A、B、C、D、E、F、G、H。此外，还支持全字段检索，即对八个可检索字段进行逻辑"或"运算。

（2）复印报刊资料全文数据库　该数据库是中国人民大学书报资料中心所制作复印报刊资料系列光盘数据库中的一种数据库，是印刷版《复印报刊资料》的电子版，精选全国报刊上所发表的人文社会科学论文全文。1994 年完成了数据的制作并发行光盘版，2002 年推出网络版。该数据库包括 1978 年以来人大书报资料中心精心编制的《复印报刊资料》（印刷版）的全部全文资料，分为马列、文史、教育、经济四个专辑，每个专辑下又按年代排列。该数据库提供自由词、原文出处、原报刊地名、原报刊期号、分类号、分类名、作者、复印日期、标题词、关键词及复合词检索等途径。系统提供的全任意字、词检索可将联想到的任意字、词、句子及其任意组合作为检索条件，在全文中检索所需的信息资料。

（3）中国期刊全文数据库（Web 版）　CNKI（China National Knowledge Infrastructure）作为国家基础知识设施建设，是目前国内在建数据库中投入最大、收入报刊文献最完善的数据库工程，是世界上最大的连续动态更新的中文期刊全文数据库。该库分为"源数据库"与专业"知识仓库"两大类型。"源数据库"是指期刊、报纸、博硕士论文、会议论文、专利等按文献信息来源分类的数据库。"知识仓库"是指在"源数据库"的基础上，按照专业用户群体的标准和知识结构，从"源数据库"中挑选出来、重新整合形成的数据库，如"中国医院知识仓库""中国基础教育知识仓库"等。其中《中国学术期刊全文数据库》是 CNKI 最重要的数据库。该数据库内容涉及哲学、社会科学、自然科学与工程技术，数据回溯到 1994 年。该数据库具有全文数据、题录数据、摘要数据、引文数据和基金数据五大数据检索模块及在线翻译功能，提供篇名、作者、关键词、机构等多个检索途径，具有题录、摘要、全文等不同标准的输出功能，是目前我国使用率最高的一个大型综合性学术期刊全文数据库。该库除主站网以外，还在国内设有 16 个镜像站点，其主站网的地址为：http://www.cnki.net。检索方法是：用户首先按主站网或镜像站的地址进入数据库中，进入数据库需要用户名和密码，这说明该库需要交费才能使用。同时要下载、安装全文浏览器专用全文格式阅读，否则无法阅读全文。具有"跨库检索"选项，同一检索条件同时可以检索多个数据库。关键词"工程索道"的 CNKI 检索结果如图 4-5 所示。

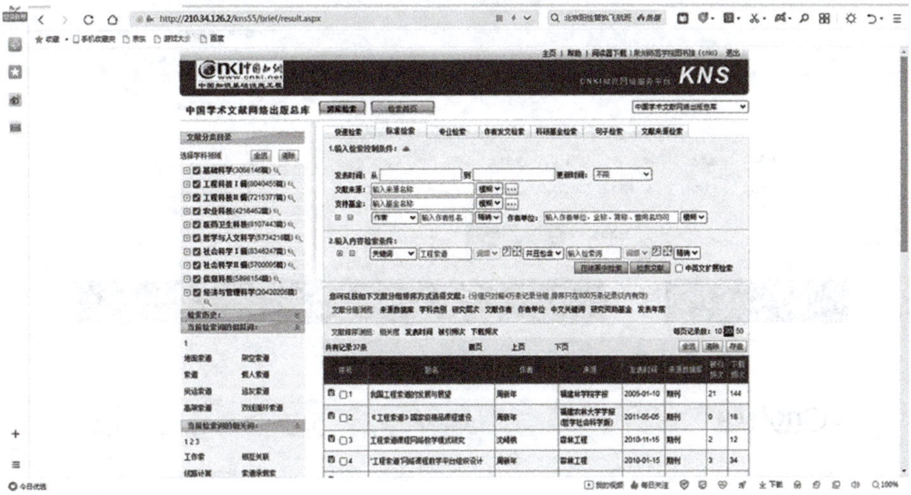

图 4-5 关键词"工程索道"CNKI 检索结果

在 CNKI 平台首页上提供知识元的检索功能,是对百科、词典、图片库等知识库提供的检索点,但不支持同时勾选多库的跨库功能,如图 4-6 所示。其中"知识问答"功能实现了学术数据库利用自然语言检索的突破,满足人们使用搜索引擎的习惯,可以输入自然语言。

图 4-6 CNKI 数据库首页"知识元检索"界面

要实现精确的复杂检索建议进入单库检索界面。单击首页上各数据库名称"学术期刊""博硕""会议""专利"等名称即可进入,单库检索功能可分为"高级检索""专业检索""作者发文检索""句子检索""一框式检索"等。各文献类型检索设定大同小异,略有差异,下面以"期刊"为例说明单库的检索方法。

1)高级检索。可进行多检索词的组配检索。如图 4-7 所示,首先在检索界面左侧勾选文献分类目录,然后在右侧输入检索条件。检索条件界面"+"与"-"可以设定增加检索词或减少检索词。多检索词之间的逻辑关系可以选择"AND/并含""OR/或含""NOT/不含",设定好各检索条件后,单击"检索"按钮,即可进行检索。

2)专业检索。可直接输入 SQL 检索语句的检索方式。需要熟悉 SQL 检索语句的格式及检索字段的字母缩写,主要检索字段的字母缩写为:SU=主题,TI=题名,KY=关键词,AB=摘要,FT=全文,AU=作者,AF=作者单位,CLC=中图分类号,SN=ISSN,CN=CN号。多检索词之间用"and"连接。单击输入框并按空格键,可以出现检索字段的提示,如图 4-8 所示。

3)作者发文检索。针对某一特定作者及作者单位的发文检索,在检索框中直接输入作者及作者单位即可,检索界面如图 4-9 所示。

图 4-7　CNKI 期刊单库"高级检索"界面

图 4-8　CNKI 期刊单库"专业检索"界面

图 4-9　CNKI 期刊单库"作者发文检索"界面

4）句子检索。针对文献中的一句话或一段文字进行两个词的综合分析检索，要求必须同时输入两个检索词，检索才可以进行，检索结果返回文献中包含检索词的文字内容，检索界面如图 4-10 所示。

5）一框式检索。设定单一检索项，输入检索词的简单检索功能。

（4）中文科技期刊数据库（Web 版）　该数据库由重庆维普资讯公司研制开发。该库目前已拥有包括港、澳、台地区在内 2000 余家大型机构用户，是我国数字图书馆建设的核心资源之一，同时是高校图书馆文献保障系统的重要组成部分，也是科研工作者进行科技查证和科技查新的必备数据库。该库收录了 1955 年以来的自然科学、工程技术、农业、医药卫

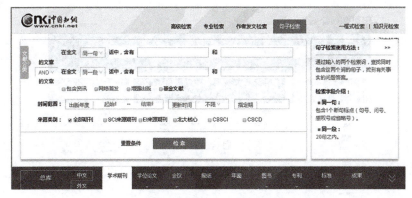

图 4-10　CNKI 期刊单库"句子检索"界面

生、经济、教育和图书情报等学科 8000 余种期刊刊载的文献，并以每年 300 万篇的速度递增，是国内时间跨度最长、收录期刊种类及文献量最多的数据资源库。主站网网址为：http://lib.cqvip.com。维普中文期刊服务平台如图 4-11 所示。同时必须下载 PDF 阅读器才能阅读全文。

图 4-11　维普中文期刊服务平台

（5）万方数字化期刊全文数据库　万方数据信息由中国科技信息研究所属下的北京万方数据股份有限公司创办，是中国科学技术部直属的唯一大型股份制公司。依托中国科技信息研究所，与全国各省、市、地级情报信息机构建立良好合作关系。万方数据资源系统是建立在互联网上的大型科技、商务信息平台，其旨在为广大高等院校、科研单位、图书信息机构、企业和个人提供权威、综合、便捷、高效的科技商务信息检索查询服务。网站地址为：http://www.wanfangdata.com.cn。万方数据知识服务平台如图 4-12 所示。万方数据库资源系统包括三大组成部分：数字化期刊子系统、科技信息子系统、商务信息子系统。该库包含 96 个数据库，内容涉及自然科学、社会科学与商务信息等各个领域，收录范围包括期刊、会议论文、学位论文、研究报告、技术标准、专利、企业产品和法律法规等。

2. 国外电子期刊的利用

（1）Elsevier（SDOS）全文期刊数据库　该数据库是荷兰 Elsevier Science 公司电子全文学术期刊数据库，是世界上最大的科学、技术和医学文献数据库，涉及科学、技术和医学领域，Science Direct 不再支持 IES 浏览器的访问，网址为：http://www.sciencedirect.com。该数据库收录了 1995 年以来 Elsevier 出版集团所属的各出版社（包括 Academic Press）出版的电子期刊，其中大多数期刊都是国际公认的高水平核心期刊，涉及数、理、化、天文、医学、生命科学、商业及经济管理、计算机科学、工程技术、能源科学、环境科学、材料科学、社会科学等多个学科。我国目前建有 2 个镜像站，分别设在上海交通大学图书馆和清华大学图书馆，网址分别为：http://www.lib.sjtu.edu.cn（上海交通大学镜像）；http://www.lib.tsinghua.edu.cn（清华大学镜像）。

图 4-12　万方数据知识服务平台

（2）Kluwer 全文期刊数据库　该数据库是由荷兰 Kluwer Academic Publisher 出版发行的数据库。该库收录期刊内容涉及社会科学、经济学、考古学、法学、工商管理、教育学、心理学、人文科学、哲学、语言学、材料科学等 24 个学科领域。CALIS 文理中心已引进该数据库，在北京大学图书馆建的镜像站，网址为：http://kluwer.calis.edu.cn。

（3）EBSCOhost 数据库　该数据库是美国 EBSCO 公司三大数据系统之一，主要包括学术期刊集成全文数据库（Academic Search Premier，ASP）和商业资源集成全文数据库（Business Source Premier，BSP）。该数据库将二次文献与一次文献"捆绑"在一起，为最终用户提供文献获取一体化服务，检索结果为文献的目录、文摘、全文（PDF 格式）。

学术期刊集成全文数据库涉及有关工商经济、资讯科技、人文科学、社会科学、通信传播、教育、艺术、文学、医药、通用科学等领域。其中，SCI&SSCI 收录的核心期刊近千种。

商业资源电子文献全文数据库包括 2000 余种期刊的索引和文摘，其中全文刊约占 2/3，涉及的主题范围有国际商务、经济学、经济管理、金融、会计、劳动人事、银行等，著名的如《每周商务》（Business Week）、《福布斯》（Forbes）、《哈佛商业评论》（Harvard Business Review）、《经济学家预测报告》（country reports from the Economist Intelligence）等。全文最早收录时间为 1990 年，有图像。该库电子期刊的文件采用 PDF、html 文件格式，网址为：http://search.epnet.com。

（4）Springer Link 全文数据库　德国施普林格（Springer-Verlag）是世界上著名的科技出版集团，以出版学术性出版物而著名。Springer Link 是该集团推出的重要电子期刊数据库。2002 年 7 月开始，Springer 公司在中国开通了 Springer Link 服务，通过该系统提供其学术期刊及电子图书的在线服务，是科研人员的重要信息源。Springer Link 所有资源划分为 12 个学科：建筑学、设计和艺术；行为科学；生物医学和生命科学；商业和经济；化学和材料科学；计算机科学；地球和环境科学；工程学；人文、社科和法律；数学和统计学；医学；物理和天文学。

（5）ProQuest 博士论文全文数据库　该数据库是在美国 ProQuest 信息公司"PQDD 博硕士论文数据库"的基础上开发研制的数据库，是世界上著名的学位论文数据库，主要收录有欧美及我国香港地区共 1000 余所大学文、理工、农、医等领域的博士、硕士学位论文，所收录的学位论文回溯时间极长，是获取境外博士论文资源最佳的数据资源库，是科学研究中十分重要的信息资源。该数据库收录 PQDD 博硕士论文文摘数据库中部分记录的全文。网址为：http://lib.pku.edu.cn（北京大学镜像）；http://www.lib.sjtu.edu.cn（上海交通大学镜像）。

（6）John Wiley InterScience 电子期刊　Wiley InterScience 由 John Wiley & Sons Inc. 出版。John Wiley & Sons Inc. 是有近 200 年历史的国际知名的专业出版机构，在化学、生命科学、医学及工程技术等领域学术文献的出版方面颇具权威性。目前 Wiley InterScience 平台和 Blackwell 合并，具体学科涉及生命科学与医学、数学统计学、物理、化学、地球科学、计算机科学、工程学、商业管理金融学、教育学、法律与心理学等。该出版社期刊的学术质量很高，是相关学科的核心资料，数据可访问年限为 1997 年至今。网址为：http://onlinelibrary.wiley.com。

（7）OCLC First Search 基本数据库　OCLC（Online Computer Library Center Inc.，联机计算机图书馆中心）是一个有国际影响的非营利性质的信息服务机构之一，总部在美国俄亥俄州的柏林。OCLC First Search 是大型综合、多学科数据库平台，涉及各个领域和学科，实现成员之间的资源共享，网址为：http://www.oclc.org。OCLC First Search 拥有 75 个数据库，其中有 30 多个数据库可检索到全文。这些数据库大多由美国的一些国家机构、联合会、研究院、图书馆和大公司提供。数据库的内容包括文献信息、馆藏信息、索引与名录。文献类型包括图书、期刊、报纸、胶片、计算机软件与音频资料等。网址为：http://firstsearch.oclc.org。

3. 学位论文电子信息资源的利用

（1）中国学位论文数据库（CDDB）　该数据库是由中国科技信息研究所和万方数据公司联合推出的产品，收录了自 1977 年以来我国自然科学领域的硕（博）士研究生及博士后论文。论文著录的字段包括论文题目、作者、作者专业、授予学位、导师姓名、关键词、文摘、授予学位单位、原文馆藏号码、中图分类号、文摘语种、出版时间、论文总页数等。除论文总页数外，其他字段均为检索入口。

（2）中国优秀博硕士学位论文全文数据库（CDMD）　该数据库是由中国知识基础设施工程（CNKI）推出，是目前国内相关资源最完备、收录质量最高、连续动态更新的中国博硕士学位论文全文数据库，每年收录全国博士培养单位的优秀博硕士学位论文约 28000 篇，收录范围包括理工 A（数、理、化、天、地、生）、理工 B（化学化工能源与材料）、理工 C（工业技术）、农业、医药卫生、文史哲、经济政治与法律、教育与社会科学、电子技术与信息科学。网络版数据每日更新，专辑光盘每季度更新。

（3）CALIS 高校学位论文数据库　该数据库由 CALIS 全国工程文献中心（清华大学图书馆）牵头组织，内容涵盖自然科学、社会科学、医学等各个学科领域。网址为：http://www.calis.edu.cn。

（4）ProQuest Digital Dissertation 博硕士学位论文数据库　ProQuest 信息公司是世界上最早及最大的博硕士论文收藏单位和供应商，该公司收集国外高校博士、硕士论文的文摘索引。

4. 网络图书数据资源利用

（1）书生之家图书检索　书生之家（http://ss.hnadl.cn）由北京科技有限公司创办，

是电子书门户网站,领先的电子书阅读、销售和交流平台。书生之家下设有中华图书网、中华期刊网、中华报纸网、中华 CD 网等子网,集成了图书、期刊、报纸、论文与 CD 等各种出版物的(在版)书(篇)目信息、内容提要、精彩章节、全文,是购书、读书、评书的网上交流园地。

(2)超星汇雅书世界图书检索 超星汇雅书世界数据库(http://www.sslibrary.com)是由北京东方超星信息技术有限公司推出的新一代电子图书数据库的管理和使用服务平台,可在线阅读约 100 多万册电子图书。该平台功能齐全,检索便捷,易于阅读。图书涵盖各学科领域,可为高校、科研机构的教学和工作提供大量宝贵的参考资料,也是读者学习娱乐的好助手。原超星数字图书馆(http://www.ssreader.com)成立于 1993 年,是国内专业的数字图书馆解决方案提供商和数字图书资源供应商。超星数字图书馆是国家"863"计划中数字图书馆示范工程项目,于 2000 年 1 月在互联网上正式开通。以"索道"检索的汇雅电子图书结果如图 4-13 所示。

图 4-13 以"索道"检索的汇雅电子图书

(3)Apabi 高校教参系统 北京方正阿帕比技术有限公司(http://www.apabi.cn)是方正集团旗下专业的数字出版技术及产品提供商,于 2001 年进入数字出版领域,在继承并发展方正传统出版印刷技术优势的基础上,自主研发了数字出版技术及整体解决方案,已发展成为全球领先的数字出版技术提供商。电子图书资源库是方正阿帕比数字内容资源的核心部分,涵盖了社科、人文、经管、文学与科技等,已经形成最大的文本电子图书资源库。

5. 网络信息资源的检索与利用

网络信息资源(network information resources)是计算机网络中可以利用的各种信息资源的总和。网络信息资源包罗万象,内容极其丰富,涉及农业、生物、化学、数学、天文学、航天、气象、地理、计算机、医疗和保险、历史、大学介绍、法律、政治、环境保护、文学、商贸、旅游、音乐、电影等几乎所有专业领域,它是知识、信息的巨大集合,是人类的信息资源宝库。

搜索引擎是一种利用网络自动搜索技术采集、索引计算机网络上的各种信息资源,并为用户提供检索服务的工具，其功能包括信息采集、信息加工、信息检索。下面介绍几种常用的搜索引擎。

（1）独立搜索引擎　独立搜索引擎是指仅在自身数据库中查询的搜索引擎。每个独立的搜索引擎都拥有自己的数据库。它根据用户的检索指令，从数据库中反馈出相应的信息结果。

1）国外搜索引擎。

① Google（http://www.google.com）是当今最流行的搜索引擎，拥有巨大的检索数据库，可用于英语、日语、荷兰语、法语、意大利语、德语、西班牙语、简体中文、繁体中文和朝鲜语界面。

② Fast/AllTheWeb（http://search.yahoo.com）是 Google 强有力的竞争对手，提供常规搜索、高级搜索和主题搜索功能，Fast 总部位于挪威。AllTheWeb 目前对中文的支持不如 Google。

③ AltaVista（http://www.altavista.com）是一个功能全面的搜索引擎，曾经名噪一时，但现在其地位已被 Google 取代。搜索语言共有 25 种，并提供英国、法国、德国、意大利、葡萄牙、西班牙语双向翻译。其他特色服务包括重大新闻报道、购物查询等。

④ Excite（http://www.excite.com）是一个功能很全面的搜索引擎，能提供全文检索服务。最大特点是采用"智能概念抽取"的专用查询软件，允许使用自然语言提问。这意味着它将先理解你讲的是什么意思，而不只是搜索你的语言文字。这就给 Excite 带来更大的灵活性。

⑤ Lycos（http://www.lycos.com）收集了 Web、FTP、Gopher 等网络资源信息，提供关键词检索、网络主题、热点新闻、热点网址、城市导游、在线公司、找人、道路地图、股市等多种服务。具有多语言搜索功能，共有 25 种语言供选择。最大特点是采用了 Centi Speed 技术，每秒可处理 4000 个查询请求。

⑥ Ask Jeeves（http://www.askjeeves.net）于 1997 年开始运作，有超过 700 万的大型问题库，支持自然语言提问搜索，适合搜索常识性的问题答案。另外，可做专题搜索，包括图像、产品、新闻、儿童提问等。

⑦ Teoma（http://www.teoma.com）是 Ask Jeeves 搜索引擎的索引源。Teoma 的核心搜索技术是以主题分类为基础的目录集。

2）中文搜索引擎。

① 百度（http://www.baidu.com）是中文搜索引擎中的后起之秀，其目标是成为全球最大的中文搜索引擎，目前的数据库中收录的中文页面已经上亿，而且在以每天数十万页面的速度增加。其最大特点是不会拆散词组，如查询"北京地铁"，返回的结果一定包含"北京地铁"，而不是"北京"和"地铁"。百度也提供相关搜索和网页快照等功能，高级搜索中还可以按地区（中国的省、市、自治区）进行搜索，以及在限定网站（site:）、限定地址（url:）、限定在网页标题（intitle:）中搜索。另外，百度提供专项搜索，如 mp4/音乐/歌词、图片、Flash 动画、新闻等；还设有信息快递栏目，提供就业、房屋出租等信息。

② 天网（http://www.sowang.com/beidatianwang.htm）由北京大学计算机网络研究室设计开发，它是中国教育和科研计算机网示范工程应用系统课题之一，被列入 CERNET "九五"攻关项目。网页查询简单，多个关键词之间自动做 "AND" 处理，同时支持精确短语匹配及网

页缓存。FTP查询除了速度快，还支持文件名通配符、多文件名的逻辑算符"与"的操作；高级搜索中还能限定文件大小、文件类型、文件日期、国内服务器优先或国外服务器优先等。网站首页还提供分类文件探索，有电影/动画、mp4音乐、程序下载、文档资料等。

③ 中国搜索（http://www.chinaso.com）（原慧聪搜索）拥有全球领先的中文搜索引擎技术，先后被新浪、搜狐、网易、TOM四大门户，以及1400多家联盟成员网站和5000多家网站所采用。与一般的搜索引擎相比，中国搜索具有网页覆盖率高、数据更新快、支持中文模糊查询、强大的个性化查询、智能查询、内容相关性分析、便利的专业信息查询等优势。

④ 一搜（http://www.yisou.com）是雅虎中国推出的一个中文搜索网站，目前设立了网页、图片、mp4和网址四个频道。一搜采用YST（yahoo search technology）技术，用户可以搜索全球50亿网页。一搜具有简洁、专业、海量、客观精准、国际化、稳定高速等特点。搜索界面分为简单查询和高级查询，支持布尔逻辑检索，高级搜索有限定专业文档搜索、站内按内容、按时间范围搜索等选项。

⑤ 北极星（http://www.beijixing.com.cn）是中国最早的搜索引擎站点之一，它的研制被列入国家"九五"重点科技攻关计划，由中国科学技术信息研究所负责项目的执行。具有内容丰富、分类准确、检索速度快、版面简洁等特色。其分类浏览、快速检索、高级检索、站点注册、新站推荐等功能与栏目一目了然，并提供中国Internet网站录、电子信箱搜索服务等。

（2）目录式搜索引擎 目录式搜索引擎（directory search engines）一般又称为网络目录（web director）、分类式搜索引擎、主题指南等，它是将所收集的网络信息按一定的分类方法进行加工整理，建立以分类查询和分类导航为主，并集成关键词检索方法的搜索引擎。

1）Yahoo（http://www.yahoo.com）（雅虎）是著名的目录式搜索引擎，主要收集网址、网页、新闻组、FTP等资源，突出的特点是多语言和本地化。

2）Looksmart（http://www.looksmart.com）成立于1995年，其目标简单，就是在互联网上帮助人们找到他们要寻找的东西，现在Looksmart已经成为网络产品目录和定位搜索市场的目录导航工具。

3）The WWW Virtual Library（http://vlib.org.uk）称得上是虚拟图书馆的元老，曾获GNN网络最佳奖提名。VL提供的是一个分布式的WWW信息目录服务，在主页提供按字顺排列的信息总目录，将信息分为16大类，每个大类指向专题子目录的链接，通过层层目录的链接检索，可获得所需的文献。

4）网易搜索引擎（http://www.163.com）的网络目录也十分出色，它采用主题分类法，将一个主题的相关内容全部集中在一起。"分类目录"主要包括娱乐休闲、情感绿洲、电脑网络、文学、艺术、教育学习、医药健康、政法军事、体育竞技、经济金融、公司企业、生活资讯、科学技术、少儿乐园、社会文化、旅游自然、新闻出版等。

5）新浪网搜索引擎（http://search.sina.com.cn）是面向全球华人的网上资源查询系统，它收集大量的中文网站，内容丰富，分类详细，是目前互联网上最大规模的中文搜索引擎之一。新浪搜索提供"分类检索"和"关键词查询"两种查找方法。目前共有18个大类目录，1万多个细目和数十万个网站，它将网络信息分为娱乐休闲、计算机与互联网、商业经济、生活服务、文学、艺术、体育健身、医疗健康、教育就业、社会文化、科学技术、社会科学、政法军事、新闻媒体、参考资料、个人主页、国家与地区、少儿搜索。大类下提供了二级类目，从而形成一个等级列举式目录。

6）搜狐（http：//www.sohu.com）成立于1996年，现已从中国首家大型分类查询搜索引擎发展成为综合门户网站。它能够帮助用户快捷地查询网络资源，特别是中文信息。搜狐提供的分类检索途径将网络资源分为娱乐与休闲、教育与培训、体育与健身、旅游与交通、工商与经济、生活与服务、公司与企业、文学、计算机与网络、艺术、社会科学、国家与地区、卫生与健康、新闻与媒体、科学与技术、社会与文化16个大类。

6. 常用自然科学信息检索工具

（1）美国《科学引文索引》　WOS检索系统的特色是最具权威的科技文献检索平台。WOS检索系统收录最具有影响力的核心期刊，拥有核心集与各专科数据库，不区分大小写，具有分析工具的附加功能。其网址为：http：//www.webofknowledge.com。

ISI Web of Science是全球最大、覆盖学科最多的综合性学术信息资源，收录了自然科学、工程技术、生物医学等各个研究领域最具影响力的核心学术期刊。利用Web of Science丰富而强大的检索功能——普通检索、被引文献检索、化学结构检索，用户可以方便快速地找到有价值的科研信息，既可以越查越旧，也可以越查越新，全面了解有关某一学科、某一课题的研究信息。《科学引文索引》（Science Citation Index，SCI），网址为http：//www.soci.org，是美国科学情报研究所（ISI）出版的一部世界著名的综合性检索工具，于1961年创刊，出版形式包括印刷版期刊、光盘版及联机数据库，现在还发行了互联网上Web版数据库。SCI（印刷版，双月刊）收录全世界出版的数、理、化、农、林、医、生命科学、天文、地理、环境、材料、工程技术等自然科学各学科的核心期刊约3500种，也收录一些会议录、专著丛书、图书等；ISI通过它严格的选刊标准和评估程序挑选刊源，而且每年略有增减，从而做到SCI收录的文献能全面覆盖全世界最重要和最有影响力的研究成果。SCI网络版全称为Science Citation Index Expand，每周更新，收录全球5600多种科学技术期刊（外圈），从外圈中再精选3500种期刊组成内圈（核心期刊），这些期刊统称为源期刊。随着科学技术的发展，收录的源期刊不断吐故纳新，内圈保持总量不变，外圈每年有所变更和增加。以"deep learning"检索的SCI论文如图4-14所示。

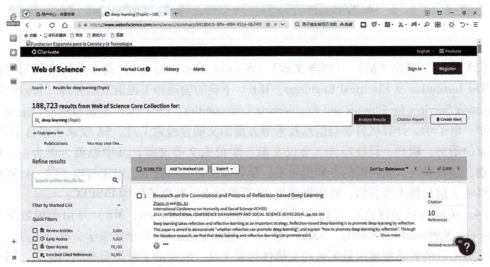

图4-14　以"deep learning"检索的SCI论文

(2) 美国《工程索引》 Engineering Village 是最权威的工程、应用科学领域文献检索平台。它为广大工程师和科研工作者提供最专业、内容最丰富的工程科学数据库和相应的科技文献检索，以及全球优秀工程科学期刊的全文在线访问服务，拥有著名的《工程索引》（The Engineering Index，EI）功能。EI 是美国工程信息公司（The Engineering Information Incorporation）编辑出版的大型综合性检索刊物。EI 检索系统的特色是最权威、全面的工程文摘性检索平台。子库有 Compendex、Backfile、Inspec、NTIS、EI Patents 等，合理使用截词检索和精确短评检索，可提高查准率。其网址为：http://www.engineeringvillage.com。

EI 收录了世界上 48 个国家 15 种文字的出版物，包括期刊论文、会议文献、科技报告、学位论文、政府出版物、图书等，以期刊论文和会议文献较全，但不收录专利文献。EI 报道的学科范围较广，包括工程技术各个领域、各有关学科及管理方面的出版物，但不收录纯理论方面的文献。EI 有多种出版形式，包括印刷版、光盘版和网络版。以"steel cable AND vibration"检索的 EI 论文如图 4-15 所示。

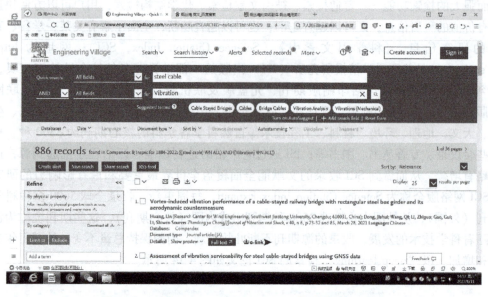

图 4-15　以"steel cable AND vibration"检索的 EI 论文

(3) 英国《科学文摘》 《科学文摘》（Science Abstracts，SA）是由英国电气工程师学会（The Institution of Electrical Engineers，IEE）下设的物理和工程信息服务部（International Information Services for Physics and Engineering Communities，INSPEC）编辑出版的，主要包括物理学、电子学、计算机科学与信息技术等方面的文摘性检索工具。SA 收录了来自于 50 多个国家的图书、期刊、科技报告、会议文献、学位论文等文献，其中以英、美为主。1977 年以前，还收录英、美两国的专利说明书。学科范围包括物理学、电工与电子学、计算机与控制科学、信息技术等方面，每年报道量 20 万篇以上。其电子版为 INSPEC。

(4) 美国《数学评论》 《数学评论》（Mathematical Review，MR）是由美国数学学会（American Mathematical Society，AMS）等 17 个国家或地区的 28 个数学学会联合主办、美国数学学会出版的数学领域内最著名的文摘性检索工具。收录的文献类型有期刊论文、图书和会议文献，所收录的数学文献数量占世界数学文献总量的 60% 以上。收录内容以纯粹数学和应用数学为主,也包括相关领域中有价值的文献。现为月刊,每年一卷。

(5) 美国《化学文摘》 《化学文摘》(Chemical Abstracts,CA)是美国化学文摘服务社(Chemical Abstracts Service,CAS)出版物,是目前世界上最具权威的化学化工文献检索工具。CA 的收录范围非常广泛,摘录了 150 多个国家 50 多种文字的 15000 多种期刊、会议录、科技报告、学位论文、图书等文献和视听资料,以及 26 个国家和 2 个国际组织的专利文献。CA 将全世界 98%的化学化工文献都收录其中,文献量达到每年 50 多万条。除化学化工文献外,CA 还报道生物、食品、医药、纺织、冶金、能源等领域的文献。出版形式有印刷版、光盘版和网络版。

(6) 美国《生物学文摘》 BIOSIS Previews(BA 网络版)检索系统是世界上最大的关于生命科学的文摘索引数据库检索平台。该数据库需先行注册,通过邮箱激活后,方可使用;进行结构检索、反应检索需下载 java 插件。

《生物学文摘》(Biological Abstracts,BA)由《细菌学文摘》(Abstracts of Bacteriology)和《植物学文摘》(Biological Abstracts)两刊合并而成。BA 是由美国国家研究委员会(NRC)、美国地物学联合会(UABS)和美国科学促进会(AAAS)联合创办,美国生物科学信息服务社(BIOSIS)编辑出版的专业性文摘刊物,收录了世界 110 多个国家和地区出版的 9000 多种期刊,以及近万种图书、科技报告、会议文献、学位论文、专题资料等,文种达 20 多种。报道的内容除了涉及动物学、植物学和微生物学等领域外,还包括生物医学工程及仪器等一些边缘学科和相关领域。BA 的出版形式包括印刷版、光盘版和网络版。

(7) 英国《农业工程文摘》 《农业工程文摘》(Agricultural Engineering Abstracts,AEA)是由国际英联邦农业局(CABI)编辑出版的,创刊于 1975 年,月刊,英文版。CABI 由 30 个成员组成,下设 10 个分局和 4 个研究所,共出版 58 种检索刊物,其原始资料来自 100 多个国家、40 多个语种的 8500 多种期刊和其他出版物。每种检索刊物均包括农业方面的一个主要学科,其中 AEA 是唯一详细介绍农业工程方面重要文献的检索刊物,它收集了全世界农业工程方面 70%以上的文献。由于采用机编,报道及时,收集范围广,内容专一,著录简单,查阅方便,质量可靠,是不可忽视的检索刊物。

经验证与整理,Internet 能获取的国内外一次文献的方法与途径见表 4-2。

表 4-2 Internet 能获取的国内外一次文献的方法与途径

检索类型	常用数据库	网址	数据库情况
外文期刊	国家科技图书文献中心	http://www.nstl.gov.cn	提供外文科技期刊、外文会议文献、外文图书、中文会议文献、中文学位论文等数据库
	中西日俄文期刊联合目录	http://union.csdl.ac.cn	检索 400 余家图书情报机构的馆藏,浏览世界 7000 余种网上期刊的目次摘要/全文
	EBSCO 数据库	http://www.ebsco.com	提供了近 100 多个在线文献数据库,涉及自然科学、社会科学、人文和艺术等多种学术领域
	OCLC 期刊联合目录	http://firstsearch.oclc.org/FSIP	包括数千种期刊的馆藏情况,每半年更新一次

(续)

检索类型	常用数据库	网址	数据库情况
学位论文	万方数据知识服务平台	http://www.wanfangdata.com.cn	中外学术论文、中外标准、中外专利、科技成果、政策法规等科技文献
	CALIS 高校学位论文数据库	http://www.calis.edu.cn	学位论文记录,正在加紧全文数据库的建设
	ProQuest Digital Dissertation (PQDD) 博硕士学位论文数据库	http://www.proquest.com	收录欧美 1000 余所大学文、理、工、农、医等领域的博士、硕士论文的摘要及索引,可免费看论文的前 24 页
网上会议信息及会议	学术会议信息网	http://www.meeting.edu.cn	提供国内会议、国际会议、会议预报、会议报告,报道所涉及的学科齐全
	上海数字图书馆	http://www.library.sh.cn	1958 年起征集入藏各种科技会议文献,形成专业收藏
	技术会议信息中心	http://www.techexpo.com/events/evnts-p1.html	根据会议名称、内容、组织单位、国家、城市及州等来查找即将召开的有关科技会议的信息
	会议通告列表	http://www.lib.uwaterloo.ca/society/meetings.html	通过搜索或按学科分类检索各种学术协会网站,查找各协会的会议信息
	美国电气与电子工程师学会	http://www.ieee.org	可搜索 2001 年后的会议信息和未来几年内要召开的会议情况
科技报告	惠普实验室技术报告	http://www.hpl.hp.com/techreports/	提供 1990 年以来的实验技术报告,包括计算机科学、通信网络、应用数学等
	麻省理工学院交叉学科中心工作论文	http://ccs.mit.edu/wpmenu.html	报道该校交叉学科方面的研究成果,可看到较详细的文摘和部分全文
	虚拟报告中心	http://www.lib.umd.edu/ENGIN/TechReports/Virtual-TechReports.html	查找全球各协会的技术预印本、技术报告,相当部分是全文
	美国政府报告数据库	http://ntrl.ntis.gov	美国国家技术情报局出版,包含 AD、PB、NASA、DOE 美国四大报告

4.2.4 梳理与利用文献

文献是写好论文的材料,也是研究的基础。它反映的是研究者的专业基础和专业能力。没有文献,就像造房子没有砖块一样,也像在空中造房子一样没有基础。**文献是学术传承和学术伦理的载体。尊重文献就是尊重前人的研究,也体现了学术发展的脉络。因此,文献在撰写论文中至关重要。在撰写论文之前,一是要对文献进行必要的梳理,二是要善于使用文献。**

1. 梳理文献的目的

选题的问题意识来源于对文献的阅读和分析，问题意识不是凭空产生的，而是基于既有的研究而发现问题。梳理文献的目的在于三个方面。

（1）梳理所选问题的历史发展脉络　任何问题都有一个发展脉络，不了解学术发展的脉络就不能对学术问题进行深入研究。也就是说，这个问题是从哪里来的，然后才能预判这个问题的未来发展方向可能是什么。不仅要梳理这一问题国内的研究现状，还要梳理国际学术界对这一问题的研究现状，从而全面把握这一问题研究的基本状况。如果打开计算机就直奔主题，对某一具体问题洋洋洒洒地写下去，也不去查阅相关文献，结果可能是低水平重复的内容。这样的论文是没有任何价值的。在学术论文中，开头就直奔主题的论文，一般都不是好的论文。人贵在直，文贵在曲。论文也贵在曲，而这种曲是通过对前人既有研究的追述和分析表现出来的。

（2）充分肯定前人所做的学术贡献　任何人的研究都是在前人的基础上进行的新探索。这就是牛顿所说的，站在巨人的肩膀上。在研究中，这个巨人不是具体的一个人，而是所有对该学术问题做出了贡献的前人。学术的传承就是要尊重历史，不尊重前人的学术贡献，就难以开拓新的研究领域，也难以对学术研究进行深入研究。不尊重历史，我们同样会陷入盲目自大的学风，以为别人都没有达到自己的水平，从而最终也会陷入重复别人已经说过的故事，浪费学术资源。

（3）为自己的研究找到突破口　学术问题大多不是一代学人就能解决的，一代学人只能解决那一代学人的认知水平之下所能解决的问题，但即便如此，也存在着研究的疏忽和漏洞，也会因主观能力的不足而存在着研究的缺陷。因此，后辈学人就是要反复不断地阅读、比较和分析前人的既有研究成果，从中发现研究中存在的问题和漏洞。这样，自己的选题就有可能或者延续前人的研究使之深化，或者发现前人研究的漏洞和不足以进行弥补，或者在原有的问题领域发现新的研究处女地。这才真正体现了所做选题的研究价值。

2. 如何梳理文献

不少作者喜欢在引言中一口气把所有相关的文献都罗列出来，认为这就叫作文献梳理。但是，把所有相关文献罗列出来肯定会占据了论文的篇幅，会导致喧宾夺主的论文结构。文献罗列太多，正文就要腾出篇幅来，结果正文想写下去但发现篇幅越拉越长而不敢深入下去了。这种文献梳理方法是最不可取的。正确的文献梳理有四种方法。

（1）选择有代表性的文献　在权威刊物上发表的论文和权威论著，代表了学术发展的基本状况，不能把那些不入流的刊物上的文章都罗列出来。

（2）选择有代表性的论文　权威学者或者是活跃在学术界的作者的论文论著，同样也代表了学术发展的基本态势。

（3）选择研究视角来梳理　结合所要研究的视角特别是具体问题来梳理文献，这样就大大缩小了文献范围，也有利于把握文献。

（4）不一定在引言中进行　引言可以对问题的来龙去脉进行适当阐述，在正文撰写的过程中，可以对具体的观点进行文献追述。这种方法要求作者对学术史特别是前人的学术观点十分清楚，对论文的写作已经有娴熟的技术。这就不是一般的新手能够把握的了。

3. 使用文献的错误倾向

在文献的使用上，相当多的作者以为文章有标注就是使用了文献。但是，论文究竟使用了什么文献，所用文献是否与所引用观点具有一致性。在使用文献上有以下四种错误倾向。

（1）为文献而文献即在文献上凑数量　用一大堆文献来吓唬读者，显示作者是阅读了大量文献的，但仔细看后，会发现文献与论文的观点关联度不高。实际上就是假文献。作为期刊编辑，特别是常务副主编，第一眼就要把好文献关，绝不能让作者在文献上鱼目混珠。

（2）文献与所引用的观点属于张冠李戴　引用的观点本来是张三的，但作者因有惰性不愿意去查对，只是在二手文献中看到了李四用了该观点，于是就以为这个观点就是李四的。这种情况非常严重。

（3）绝大多数是自引文献回避他人文献　这种情形体现出作者的自傲，以为这个问题没有人超过自己，因此不愿意引用他人的观点。甚至为了突出自己，把自己在非常不起眼的刊物、报纸上发表的小文章都自引出来。这种情形表明作者有沽名钓誉之心。因此，使用文献是不能投机取巧。使用文献体现了一个学者治学是否严谨，研究是否下功夫。

（4）多数文献来自网络报纸　学术的浮躁与否，学术的严谨与否，从文献的使用上一看就清清楚楚。如果通篇文章的文献都是网络文献或者是报纸文献，这样的论文无论如何都是不深入的。有的作者会说，网络文献、报纸文献表明论文是最新的观点。但是，网络文献和报纸文献并非是学术观点，也并非是经过严格论证的学术观点。或者说，这样的观点没有学术底蕴。因而，这些文献不能支撑一篇学术论文。当然，网络文献、报纸文献是否就不能用了呢？那也未必。有的数据必须通过网络来发布，如一些统计机构的统计数据、调查数据等都是从网络上发布的。简而言之，权威机构的网站、权威学术机构的学术网站、国际知名的研究机构网站等，这些网络文献完全可以用。

4. 三步走巧利用文献

科研写作要想有源源不断的产品诞生，首要的是锻造一个具有高效生产力的写作流程。总体写作流程包含各种子流程：比如运用文献的流程、锻造文章结构的流程、修改稿件的流程等。下面介绍一个高效运用文献的写作流程。

（1）论文主题查阅文献，确立分论题　关键之处是要注意两类不同性质的论文在查阅和整理文献时的区别。依据论题的创新性程度，可以把论文分为两类：一类是论题创新性较强的论文；另一类是论题创新性较弱的论文。论题创新程度不同，处理方式也是不同的。

对于论题创新性较弱的论文，依据论题的主题词一次查阅的文献，大致可以满足论文的框架骨骼和论文的内容主体。因为论题创新性弱，内容可以从与论题直接相关的文献中综述而来。比如，写一篇关于"新媒体时代主流意识形态认同问题"的论文，由于该领域的研究文献汗牛充栋，属于创新性较弱的论题，只要把与主题直接相关的文献阅读和整理完毕，大致就可以综述出一篇文章出来了。

对于论题创新性强的论文，就要注重分析论题的结构，根据论题结构来查阅和整理文献。创新性强的论文，其论题结构大致可以分为：主题词+创新词1，或主题词+创新词1+创新词2（最好不要超过2个创新词，不然论文探讨的问题就无法聚焦）。查阅文献时，首先查阅与主题词相关的文献，但这些文献只能作为背景资料，有助于了解论文主题和丰富论证过程，而对于提炼论文的核心观点和锻造论文基本框架起不到关键作用。起关键作用的文献材料是与创新词相关的文献资料。只有阅读完与创新词相关的文献之后，才能勾连出"主题词"与"创新词"之间的逻辑关联，才能确定这篇论文的核心观点，进而根据已查文献资料勾勒出论文主体框架，即分论题。

（2）分论题来拓展文献，勾勒内框架 分论题就是每一小节的主题（或标题）。一般来说，一篇 1 万字左右的论文，其主体框架一般包含三四个分论题，即包含三四个小节。这些分论题勾勒出来后，每一小节的文献资料是分布不均匀的，有的资料多，有的资料少。这个时候如果着急动笔，你的论文很可能由于缺乏逻辑的统一性而缺乏论证的说服力，也可能写到资料少的地方被卡住，写不下去而成为残稿。因此，流程第二步的关键，就是分小节进行第二次文献查阅。走好这一步，不仅有助于进一步丰富论证材料，而且有助于实现论文观点的创新或论文材料的创新。

一般来说，论文的创新性体现在四个方面：材料创新、视角创新、研究方法创新、观点创新。只要满足其中的任何一个方面，都算得上是一篇具有创新性的论文。但是，流程第一步提炼而成的分论题（即小节标的主题），往往是对与主题直接相关的已有研究提炼而来的，不对它进行拓展研究，无论是视角、观点还是材料，都很难超越已有研究。因此，需要根据分论题的主题词进行二次文献查阅。这样做的直接成果，就是形成较有创新性的节内框架，即建构出每一小节内的思想逻辑。

（3）节内框架深化文献，撰写论文初稿 到了这一步，论文图谱已大致勾勒出来，此时应进行第三次文献查阅，再开工撰写论文。这一次查阅的文献应是与每一节内的每一层框架内的主题词直接相关。具体做法，建议每深化一个层次的文献，立刻撰写该层次的初稿，以此类推，层层相扣，严密推演，直至完成整篇初稿。如果能坚持到这一步，所写出的论文大概率是有新意且有深度的。

【拓展阅读】 信息检索的作用

无论是素质教育的实施、创新人才的培养、科学研究的开展、信息资源的开发，还是科学决策的进行，都离不开信息检索技术的普及与应用。信息检索的重要作用在未来的社会中将日益显现。

（1）信息检索是人才应具备的技能 知识经济是建立在知识和信息的生产、分配和使用之上的经济。科学技术的发现、发明与创造，实质上是一整套的创新过程。科学的发现是科学家的创新思维和实验手段相结合的成果，把科学定理、定律转化为技术的发明也是一种创新，把新的科学技术运用到生产过程，形成现实的生产力，当然离不开创新。所以，知识经济是以知识创新、科技创新、市场创新及体制创新推动的经济。国家创新能力是决定其在国际竞争和世界格局中地位的决定因素。不言而喻，创新既是人类的一种社会实践活动，又是人类的一种思维活动。创新就是创新主体运用新思想、新方法进行开拓性劳动，并取得成果的过程。这是对前人的一种超越，是思想认识的升华。创新思维或创造性思维是实现创新的关键，在创新活动中起着主动作用。创新思维是指人们在创造性活动中所特有的思维过程，它是以独特的思维方式发现、提出、解决疑难问题，创造出新观点、新理论、新知识、新方法的一系列心理过程。只有掌握大量的信息资料，在自由想象中创造灵感，在此基础上，才能在前人不曾涉及的领域有所建树和突破。只有培养学生自立和创新精神，日后才能成为创新人才。而自立和创新精神的培养，离不开对信息的搜集、整理、分析与利用。只有掌握信息检索技术与方法，才能高效获取、正确评价和善于利用信息。所以说，信息检索是创新人才应具备的基本技能。

（2）信息检索是科研的重要环节　一个科技工作者创新成果的多少，一个科研项目科技水平的高低，都与其开发、占有和利用人类信息资源息息相关。因为科学研究具有连续性和继承性，没有继承就没有创新。《孙子兵法》中说："知彼知己，百战不殆。"这也是古代人们对获取和利用信息重要性深刻认识的总结。信息检索是科学研究的重要环节。科技工作者在科学研究中，从选题、立项、试验、撰写研究报告、研究成果鉴定到申报奖项，每一环节都离不开信息检索。据统计，科研人员在整个研究过程中，查阅文献信息的时间要占全部科研时间的40%左右。只有大量搜集、整理、分析与利用信息，才能弄清楚古今中外进行过哪些研究、运用什么理论、采用何种方法、取得什么成果，达到何种水平、哪些研究领域还没有涉及、哪些研究项目具有可行性、重要性和发展前景。掌握了这些信息，首先，可以了解国内外科技发展水平与动向，利用已有的科研成果，避免重复他人的劳动，把自己的研究工作建立在一个较高的起点上。其次，通过信息这一智慧的火种，可以使科研人员开阔视野、发展思路、启迪创造力、开拓更新的、更高层次的、更广阔的研究领域。再次，掌握信息检索技术与方法，可以大大提高信息检索效率，为科研工作赢得大量宝贵的时间，缩短科研周期，加速科研进程，创造出更多的高附加值的技术成果。党的二十大报告指出，一些关键核心技术实现突破，战略性新兴产业发展壮大，载人航天、探月探火、深海深地探测、超级计算机、卫星导航、量子信息、核电技术、新能源技术、大飞机制造、生物医药等取得重大成果，进入创新型国家行列。这些成果都离不开信息检索。在知识经济时代，信息检索对科学研究工作的重要作用日趋明显。

（3）信息检索是利用信息的途径　在人类漫长的发展历程中，物质、能源和信息三种资源支配着人类最基本的生产活动。信息技术的推动，促使人类经济模式的转换，人类从工业经济时代进入信息经济时代，信息成为社会生产所需要的中心资源。人们越来越清楚地认识到，知识就是力量，信息就是财富，信息资源在社会生产和人类生活中将发挥日益重要的作用。人们通过开发信息资源促进了科学技术的进步和社会的发展。信息的占有和使用已成为国家兴衰和个人成败的关键。谁优先掌握了有价值的信息，谁就能在激烈的竞争中立于不败之地。随着科学技术的迅猛发展，一方面信息数量激增，另一方面信息老化加速。20世纪40年代以来所产生和积累的信息量已经大大超过了在这之前人类有史以来的所有信息量之和。自19世纪以来，人类知识信息每50年增长一倍，20世纪中叶每10年增长一倍，20世纪70年代以后每5年增长一倍。进入20世纪90年代以来，人们在社会上实际面对的正式出版物和各种非正式渠道传播的信息几乎每过一年就要翻一番。而信息的实效性极强，据统计每年约有10%的信息还未进入交流系统就已成为垃圾。人们对信息的渴望从来没有像今天这样强烈，人们学习、工作和生活都离不开信息的参与。面对信息的汪洋大海，如果不掌握信息检索技术、方法与途径，人们就会陷入找不到、读不完的困境。信息检索技术就是从信息的集合中识别和获取信息的技术。利用这种技术人们可以有效地开发和利用各种信息资源，更广泛、更快捷、更全面地吸收和获取信息。

（4）信息检索是科学决策的前提　一些重大决策关系到国家的兴衰、团体的成败和个人的前途，为此，必须进行科学决策。信息在决策中起重要作用，它是决策的前提和基础。正确的决策受多种因素的影响和制约，其决定因素在于决策者对决策对象有确切的了解和把握，对未来的行动和后果有正确的判断，这就要求决策者及时、准确、全面地掌握信息。信息的重要性在于消除不确定性，只有情况明，才能决心大。而且信息的作用贯穿于决策的全过程，从提出问题到选择方案，从确定目标到具体实施，每一步骤都离不开信息。生产关系与生产力之间的矛盾，在一定程度上是信息模糊、不畅与失真所致，通过信息生产力的作用，有助于缓解和消除矛盾，减少冲突，使生产关系更加适应生产力的发展。知识经济是以知识决策为导向的经济。信息既是资本经营的指挥棒，也是有限资本的倍增器，它可以通过杠杆的作用，对国家的经济运行产生巨大的影响。信息化使以市场为导向的生产经营的盲目性大大降低。高效的信息传递，不但在很大程度上避免了不必要的浪费，而且通过信息的导向为宏观政策制定灵活的发展战略，并根据实际情况不断调整自身的经营方针。把握了瞬息万变的信息，就意味着把握了稍纵即逝的商机。在知识经济时代，科学技术及信息将超越土地、人才和资源等生产要素，成为第一生产力。科技的迅猛发展不仅提高了劳动生产率，而且日益成为拉动消费，推动社会发展，实现经济增长的动力。无论是国家、部门还是企业，都将更多地依赖于数据等信息的迅速交流、传播和利用。智能技术日益成为制定政策的手段。知识和信息日益成为科学、民主、合理决策之源泉。而信息检索则是获取信息的重要途径，是科学决策的必要前提。

博观而约取，厚积而薄发。

——宋·苏轼

第 5 章
学术论文的特点与写作流程

本章在对学术论文性质和特点进行阐述的基础上，对学术论文的写作流程即拟订提纲、写作初稿、实施论证、修改论文和论文定稿五个环节进行论述。

学术论文的写作，对于检验科研水平、科研工作者的科研能力，乃至对于国际的科学技术和文化交流，都具有十分重要的意义。学术论文的写作过程是在围绕选题进行资料收集、整理、分析、鉴别，并初步形成自己的学术见解的基础上所进行的研究过程。

5.1 学术论文的性质与特点

5.1.1 学术论文的性质

现代的学术论文起源于古代的论说文。它继承了论说文运用概念、判断、推理、证明或反驳等逻辑思维手段来分析、研究某种问题的方法，同时延续了论说文由论点、论据、论证构成，通过三者密切相连、相辅相成的逻辑关系来表达思想、阐明道理的独特的说理性文体。

追溯到我国古代，论说文的应用范围极为广泛，从政治、经济、军事、哲学、文艺，到思想、道德、修养等方面，都有许多著名论文。各种不同的体式也相继出现，如论、辩、说、难、谏、议等。近代又出现了社论、杂文、短评、文学评论、思想评论、学术论文等形式。

学术论文就其本质特性来说，就是科学论文。这取决于它内容的创新性和表达方式的科学性。由于时代的发展、科技的进步、生产力的提高，特别是改革开放以来，学术论文从一般的论说文中脱颖而出，成为一种不局限于用来描述研究成果、阐述学术观点的新兴的科学文体——科学论文。特别是当代，人文社会科学和自然科学成果的不断出现、研究环境的不断改善，使科学论文基本上形成了自己独有的格式。

作为信息时代的科研人员，其基本能力应包括自学能力、思维能力、研究能力、创造能力、组织能力和表达能力，其中表达能力与其他的各种能力有着密切关系，是其他各种能力的综合反映，在现代科研中发挥着日益凸显的重要作用。

学术论文写作，对于一个科研人员来说，是其表达能力的直观表现，是有效地完成本职工作必须掌握的最基本的能力之一；对于本科生及研究生来说，是运用已学知识对未来新知识进行探讨和研究，锻炼和培养独立分析、解决问题的方法。作为一个科学研究工作者，如果只懂得专业知识，而在表达上没有过硬的本领，那么就会束缚其聪明才智的发挥，无法将才华很好地展现出来，也会影响他对社会科学文化传播所做的贡献。

因此，撰写学术论文是衡量一个学术工作者能力的标准条件之一，学术论文撰写的好坏，也是衡量一个学术工作者水平高低的标志。

学术论文是用来进行科学研究和描述科学研究成果的文章。既然是描写和研究科学研究成果的文章，就要把握两个要点：其一，论文是研究科学问题、探讨学术争议的一种工具；其二，论文是描绘研究成果，进行学术交流的一种手段。

相信大家都有这样的经验，在思考一个比较复杂的问题时，往往要用文字语言或简单图表把思考的问题、过程一一记录下来，这是因为在纸面上视觉化了，更便于反复地推敲、修改，使思考更深入、更确切、更完善。科学研究是一种相当复杂的思维活动，要想把这种思维活动描述出来，使它为别人所了解，就离不开写作，人们进行科学研究，思考问题，只凭脑子想，是很容易出错和混淆的，这就需要在思考过程中，不断地记录、整理、推敲、修改，只有这样，才能做创造性的思考，层层深入，步步展开，逐渐臻于完善，最终达到课题的完成。整个过程离开写作是无法完成的。

【例 5-1】 陈望道先生在《作文法讲义》中指出："用文字传达意思的制作，就是文章。"写作就是文章的制作，即将思想转化为语言符号，并以一定的体式表达出来的复杂过程。因此，写作实际上也是一种生产，是一种精神产品——文章的生产。学术论文写作即学术性文章这一精神产品的生产，与物质生产的程序相似，它有着采集原料、加工制作、总体组装等流程，也有着原料鉴别、材料筛选、技术设计、产品检验等工序。所不同的，只是学术论文写作这种复杂的精神产品的生产，是以各自不同的科研成果作为原料，以无比复杂的大脑思维作为设备，以编辑制造的各种程序作为储备，以变幻无穷的文字符号作为工具，构造出不同体式的论文，令人叹服。这就是学术论文的性质。

作为一个科研工作者，应该有这样的能力——用普通的语言介绍本行业的专业知识。不仅应当会读书、做研究工作，还应会教书和写书，做学问深入固然不易，浅出更是困难，不会表达，不会写文章，行之不远，必然存之不久。学科学的不学好语文，写出的东西文理不通，枯燥乏味，让人难以看下去，这不利于交流和科学事业的发展。培养科学工作者的老师们，要教会年轻人学会表达，这是青年知识分子必须具备的一项基本功，关系到我国科研成果能否很好的总结、交流和推广、普及，关系到科技事业能否得到整个社会的支持，也关系到科技工作者自身的成长和作用的发挥。

无论是人文社会科学的工作者，还是自然科学的科研人员，都要学些文学、历史知识，这既对提高一个人的文化、思想素养和语言、文字表达能力有莫大好处，又对科研工作有如开拓思维等意想不到的帮助。

5.1.2 写作目的和意义

学术论文的写作，经过一代又一代科研工作者的不断实践、探索、再实践、再探索，已总结出一些带有规律性的经验和体会，有的已经上升到一定的理论高度，可以用以指导学生，帮助他们少走些弯路，不用再经过长时间的探索，就能写出符合要求的质量较高的科技学术论文。因此，早在 20 世纪初，国外有的大学已经开设论文写作这门课程，并把它作为一门科学来研究。目前论文写作在美国已经发展成一个专业，设置了学士、硕士和博士学位。有的人认为，只要学好语文就成了，无须学什么学术论文写作课程就能写好论文，原因可能是对学术论文的写作还缺乏深入、全面的了解。因此，有必要对学术论文写作的目的和意义做一个全面归纳，深入地了解论文写作的重要性，从中理解它的性质。

1. 体现自己劳动的价值

科学研究是一种创造出前所未有的新知识的活动，撰写学术论文，记录新的科学研究成果，将新的科学研究用语言文字记录下来，储存在人类科技宝库中，体现出科研水平的继承性，当全社会共享作者的科研成果时，也就体现出科研工作者自身的劳动价值。

不管是从事人文社会科学工作，还是进行自然科学研究，甚至是在校学生，在生活和学习中都会遇到文章撰写工作。比如，科技管理人员要经常草拟、审定各种计划、报告、条例、简报、合同、协议等；科研人员要经常草拟报告，撰写学术论文、实验报告、科研简报、提要、文摘等；工作人员都会经常草拟各种生产计划、评定职称报告、设计方案、施工方案、技术总结、产品说明书、技工操作指南及培训讲义等；高等院校教师要经常编写讲义、教材和指导学生写作报告和论文等；学生（包括学士、硕士、博士）要写出有创造性的论文。以上种种都是通过自己的劳动得来的，具有一定的使用价值。

2. 学术和技术交流工具

21世纪，科学技术发展进入了一个日新月异的时代，全世界成千上万的科研工作者夜以继日地进行研究和探索，每时每刻都有各种各样新的发现、发明、创造和成果涌现。

任何一个科研工作者都不是从零开始，他们首先在前人研究成果的基础上进行研究和探索，经过不断地琢磨、思考、实践、提炼，一旦有所发现时，就能够及时地写出思路清晰、结构严谨、论证有力、文笔流畅的论文报告。科学研究成果，特别是社会科学研究成果大都是以文献的形式反映出来的，而在所有的学术文献中，可以说，学术论文又是反映研究成果的最简便、最适用的工具。

一个有所成就的科研工作者，要使科学研究的社会效益得以实现，就必须凭借一定的外在形式将其反映出来，如果不能及时地、恰到好处地把成果发表出去，得到同行的支持并交流传播出去，这不仅对个人是很大的损失，对国家、甚至对人类也是一个极大的损失。因为学术论文不仅有储存信息、传递情报的功能，还能使人们从中汲取知识，并在此基础上不断地创造和发明，从而具有"再创造"的功能。学术论文的公开发表，能够交流与推广科研成果，促进向现实生产力的转化或推动科学技术的发展。正因为学术论文的发表不受时间和空间限制，所以，它是国内、国际进行学术和技术交流的有力工具。

3. 记录科学研究的成果

文字的出现，是人类进化过程中的划时代的里程碑，"言传"逐渐替代了"意会"式思维方式，使人能通过语言符号记载研究对象活动的历史经验，以便于总结成败得失，指导其劳动实践。

学术论文最直接显著的功能，即在于有条理地记录人类认识并改造自然、社会及自身的创造成果，历史上有许多新的见解、新的创造，都是借助学术论文这个研究手段与描述工具表现出来，并储存在人类科技宝库中的。学术论文的发表是研究成果公之于世，从而得到社会认可的一种最有效的记录方式。

4. 促进科研工作的深化

科学研究的任务是揭示事物发展的客观规律，探求客观真理，引导人们认识世界，指导人们改造世界。作为科学研究的一个有机组成部分，学术论文必须具备科学性，这是由科学研究的任务所决定的。无论是社会科学还是自然科学，都必须根据科学研究这一总的任务，对本门学科研究的对象进行深入的探讨，揭示其规律。

【例 5-2】 被马克思誉为"现代实验科学真正始祖"的弗朗西斯·培根在其《人生论》中说："我写书不是为了消度空闲时间和供人们娱乐消遣，我所关心的是人类生活中的各种问题和困难，这是我愿意借助于正确健全的理智思考来加以改进的。"他在自己的求职信中又说："我无意于功名利禄，升官发财。我只希望能得到个职业可以谋生，并有足够的业余闲暇使我从事我所热爱的科学研究。""我想清扫那些无意义的哲学争论，而探索一种可以通过观察、思考和发现，去达到真理的新途径，使人类知识得到进步。"

在科学技术的发展过程中，经常会遇到一些不同观点的论争，这种论争往往是理论上、方法上的，有时也会有技术上、措施上的，在实际中常常形成不同的方案。在这种情况下，论争的一方能否战胜其他一方或几方，不仅关乎真理是掌握在谁手里，还要看是否言之有理，以理服人，提出一些无可争辩的论点和论据。否则，即使真理在你一边，你无法说服别人认同，那么得不到有关方面的理解与支持，有时也会受到挫折，甚至导致有的科研工作人员放弃研究。这种科技发展史中不同观点、不同学派、不同方案的论争屡见不鲜。大至天体的运行、生物的进化、人类的起源、环境的污染等重要理论问题，小至一个地区的开发、一个项目的上马、一个技术的引进、一个产品的改革和推广，许许多多的实际问题往往会进行一场激烈的论争。这种论争不能长期持续下去，现在国内外解决这种论争的最好办法就是把论争的双方或几方约到一起，经过几番科学的论证或者可行性研究，然后由权威部门定案。因此，你的建议、方案、措施能否得到承认，能否得到支持，直至通过采纳，除了它本身是否合理、是否可行、是否完善之外，在相当程度上取决于是否言之有理，论证有力。这不仅看你的口头表达能力，更注重文字表达能力，即论文的写作水平。因此，论辩能促进科研工作的深化。

通过论文的写作，往往可以发现自己科研工作的不足，补充或继续深入地进行研究。这样既能进一步提高研究水平，还能促进自己科学素质的提高，甚至开拓新的研究领域。

5. 益于培养和发现人才

写作学术论文，对人类社会的进步、科学技术的发展具有举足轻重的意义。只要回顾一下历史，无论在社会科学领域，还是在自然科学领域，许多具有卓有见识的科学论著在人类历史发展过程中起到了重要作用。而许多思想和观点、创造和发明，没有学术论文这个研究手段与描述工具的帮助，是无法思考和表达出来的。因此，撰写论文水平的高低也直接反映了一个科研工作者思想和学识的优劣，这样既方便用人单位发现寻找人才，也给予研究者一个展示自我的平台。

进行科学研究、撰写学术论文不仅是高校在校学生的事情，也是科研工作者、各行各业有志青年的事情。大学生的基本任务是学习。为了适应毕业后的工作任务，在学习期间要学习好基础课和专业课，系统地掌握专业基础知识、基本理论，打好基础。但是，掌握理论知识不是目的，目的是为将来创造性的工作做好准备。为此，要求学生在学习期间掌握学到的理论知识，培养解决实际问题的能力。这就要求学生通过学年论文、毕业论文和学位论文的写作，运用已学知识对未知知识进行研究和探讨，锻炼和培养独立分析和解决问题的能力。

在大学教育中，应当尊重和提倡知识的丰富性和深入性，同样需要培养学生的独创能力。社会需要培养的人才应该是既能独立工作，又能发挥创造力，而且善于解决实际问题的专门人才。

　　了解科学研究的过程和方法，懂得怎样搜集和整理材料，怎样利用图书馆，怎样检索文献资料，学会科学研究的基本方法，使学生学习如何撰写论文，懂得选题的重要性、选题的原则和方法，使他们能够运用已经掌握的知识来处理某个课题，进行新的探索，在探索中提高他们的认识能力和培养创新精神，使他们的智慧得到开发，智力得到提高，富于创造性。

　　撰写学术性的学年论文、毕业论文和其他各种论文，有助于培养青年知识分子对科学研究的热情和对工作的责任感。学术论文的创造性是衡量学术论文价值的根本标准。在学生撰写论文的过程中，可以培养人才、发现人才；各行各业的科研人员的科研成果、创造发明用学术论文的形式写出来，发表出来，为社会所承认，转化为社会知识的组成部分，转化为社会生产力，这也是青年知识分子学有所成、学以致用的标志。

6. 晋升学位和职称评定

　　作为一个正在崛起的东方文明古国，需要培养的科研工作者和专家数以千万计，如何评定、甄选？这就要通过考核来选拔人才，而考核的主要内容之一就是撰写论文。一个科研工作者撰写的论文或发表的学术论文的数量和质量，事实上已经成为考核其业务成绩、晋升学位和职称的重要的公认的标准之一。

　　因此，无论从个人角度、单位角度，还是从国家角度来看，都需要培养和提高科研人员写作各类学术论文的能力。国内外许多事实证明，一些著名科学家的社会声望，不仅仅取决于他们的学术成就和工作能力，在同等学识的条件下，一个文笔和口才出众的专家学者往往会赢得社会更大的认可。

　　作为一名知识分子，写作论文是他毕生从事的最重要的工作之一。在做好科研工作的同时，也应撰写论文，将自己的科研成果发表出去，不然，只能像茶壶里煮饺子——有货倒不出，空有满腹才华而无人知晓，那是非常遗憾的，要知道留存于后世的大多还是一个人的成果或者作品，而不是他和他的名字。不论大学生、研究生将来从事什么研究，无论将来从事什么职业，也无论职位的高低，都要经常地或多或少地写些东西，论文写作水平的提高将使他终身受益。

5.1.3　学术论文的特点

　　学术论文必须具有学术性。学术是指有专门的、系统的学问。因此，学术论文具有与一般性文章或创作作品不同的特点，可以归纳为以下六点。

1. 内容的科学性

　　科学性是学术论文的灵魂，就是把在实践过程中积累起来的知识系统化，然后加以探索、研究。它可以是推翻某一学科领域中某些旧观点，提出新的见解；也可以是把分散的材料系统化，用新观点和新方法加以论证，得出新结论；还可以在某个学科领域中，经过自己的观察、实验，有新的发现、发明和创造，陈述新的见解和主张，传播科学知识，表述科学观点。科学在揭开自然与社会的奥秘的同时，又为人类适应、利用规律，改变旧环境与创造新世界提供对策和措施。自然科学为人类创造了丰富的物质财富，改变了人类的衣、食、住、行；人文社会科学引导人类改造不合理的旧制度秩序，建立新型的理想社会，让人们过上幸福欢乐的生活。

　　科学研究的任务是探求客观真理，达到正确认识世界、改造世界的目的。作为表达科学研究成果的学术论文，如果没有了科学性，也就丧失了学术论文的基本品格，不仅不能发挥应有的社会效能，还会给社会造成危害。

学术论文的科学性，要求论文观点正确、材料真实、论证严密，这一切又缘于科学的思想方法，要用辩证唯物主义和历史唯物主义的态度和方法去观察问题、分析问题，做到实事求是，不感情用事，客观公允，不主观臆断。所以，研究者必须具备良好的科学素养、一定的理论水平和严谨的治学精神。

学术论文的科学性，要求作者在立论上要客观，不得带有随意性和任何个人偏见。这与一般的议论文任意表达作者的观点是截然不同的。

学术论文的科学性，要求作者论据上要有说服力，不得凭空捏造，要通过作者缜密地观察、调查、实验、研究，尽可能多地占有材料，以最充分的事实、确凿的证据、可靠的数据作为立论的依据。

2. 理论的逻辑性

由于科学对象或现象的复杂性，决定了学术论文写作必须运用科学的概念、判断、推理、证明或反驳等手段，来分析、表达在实验、理论、观测方面的研究成果或见解；而由于其科学性，不同于一般论文比较自由地展开议论，学术论文写作要求作者经过周密的思考，进行严谨而富有逻辑效果的论证。

较强的逻辑思辨能力主要表现在行文的逻辑性强。

培根说："写作使人严谨。"人是有理智而又善辩的，写作学术论文的过程也就是作者思维能力得到锤炼与提高的过程，在文章写作和反复修改中，认识真理，真理犹如春风细雨，滋润心田，让人在不知不觉中思维变得缜密，语言变得严谨。

作为一名大学生或研究生，或者一名科研人员，如果你撰写的论文有较强的逻辑性，表现出较好的思辨能力，往往会使你的论文，以至你的事业获得成功。

中外历史上这类成功的范例是不胜枚举的。

【例 5-3】 秦王驱逐客卿，身为客卿的李斯上书力谏，秦王改变初衷，重用李斯，对秦统一中国起了较大的作用。这个上书就是著名的《谏逐客书》。这篇名著是李斯被逐时在路上写给秦王的。他把逐客放在是否能使秦国富强的高度上考察、立论，不但表明他很有远见卓识，而且深知秦王心愿。逐客对秦王的统一大业不利，用这种利害关系来打动秦王，最有说服力，因为他知道统一是秦王梦寐以求的目标和头等关心的问题。果然，当秦王接到李斯这篇上书后，让他担任了全国最高司法官。《谏逐客书》这篇文章，在论证时，几乎全是摆事实讲道理，不空发议论。文章的说服力主要在这里，为什么现在要逐客？秦王喜爱的珍宝、美色、音乐皆可来自诸侯国，对人才却要"非秦者去，为客者逐"，这种重物轻人的做法难道是帝业者所应为的吗？接着才进入道理和阐发，正面指出"王者不却众庶"，反面指出如果却宾客以业诸侯，其结果必然如"藉寇兵而赍盗粮"，秦国必将没有安宁的日子。在论证中，李斯始终正反述论，利害对举。正面强调纳客之利，反之推论远客之害，反复论证，对比鲜明，有很强的逻辑性，以事理本身使得秦王不得不信服。

【例 5-4】 第二次世界大战中，美国一些科学家提出了制造原子弹的建议，但遭到拒绝。爱因斯坦写信给罗斯福总统，罗斯福也未顾及此事。科学家们又求助于对罗斯福非常有影响力的瑟克斯博士。博士动了一夜的脑筋，最后决定用拿破仑不信科学拒造帆船，招致特拉法加海战惨败的故事，终于说服了罗斯福。对比爱因斯坦和瑟克斯博士，不难看出说理论证的重要性，即使是名人，撰文时不能有效地组织文章，使其富于逻辑性也是无法打动人、让人信服的。

在使用论据上必须选择使用那些确凿的、典型的事实。事实不确凿，没有广泛的代表性，不仅会使文章缺乏说服力，有时还会导致论点的片面或模糊，甚至得出错误的结论。引用实践检验的理论材料作为论据时，必须注意引文本身的精神含义，注意材料与观点的统一，否则也会缺乏说服力，得出错误的结论。

论证，就是用"论据"来证明"论点"的过程。论证的目的在于"论点"与"论据"之间的逻辑关系。这就是理论的逻辑性。

3. 结果的创新性

科学的本质是创造，科学研究的生命是创造。文贵创新，学术论文尤其如此。学术论文的创新性，就是继承原有的、研究现代的、探索未知的、发现那些尚未被人认识的客观规律。有价值的学术论文往往是探索某一学科领域中前人未提出过或没有解决过的问题。步前人后尘，承袭与重复别人的观点称不上科学研究，莫泊桑曾经有过这样一句话："一个人以学术许身，便再没有权利同普通人一样的生活法。"

普通人即循规蹈矩的人，创造者即有创新的人。要在前人的基础上有所突破，提出新的见解。学术论文要创新，必须做到两点：一是要认真查阅资料，积累知识，这主要是了解他人在这个领域中已有的发现及成果；二是要有积极的思索，不思索怎么能有新的创见？思索必须有的放矢，要在前人已有的观点中接受启发，找出自己的独有见解，这种见解才是创新。

学术论文要求作者有独到见解，有创造性。创新性大，其价值就高；创新性小，其价值就低。如果没有一点创新性，就没有必要写学术论文。这是学术论文所必须具备的一个条件。

科学研究是处理已有信息，并获取新信息的一种创造性的精神劳动，需要不断开拓新领域、探索新方法、阐发新理论、提出新见解。由于科学研究的复杂和艰巨，不可能每篇学术论文都涉及新的发现和发明内容。因此，学术论文不是每篇都要有新发现、发明的内容，事实上，每篇论文，只要有一点新的东西就称得上有独立见解了，即新观点（或评论他人的观点）、新论据（如调查结论、实验结果、未公开的典型资料数据等）、新研究方法及新研究角度等。

但以此为标准要求在校学生，特别是本科以下学生的学术研究则是不切实际的。学生的学术论文（多为毕业论文），只要能对前人的研究成果进行实事求是的补充和修订，或观点上有新的突破，或材料上有新的发现，或论证上有新的进展，或选题上有新的角度，或认识上比前人有新的提高——都是创新性的表现，只要持之有据，能自圆其说，就都是值得肯定的，具有一定的学术价值。

4. 表达的简明性

语言是人们用以交流思想的工具。在一般情况下，语言的简明与否是以逻辑分析为依据的。这是因为语言原是用以进行思维活动，并表达思维的结果的。思维是否合乎逻辑，决定着语言是否得当，这就是问题的实质。

写文章最基本的要求，即要读者能看懂。有人说，对一篇文章看不明白，这是最大的缺欠，这是很有道理的。写出来的文章，人家看不懂，那写它还有什么用处呢？特别是学术论文的写作，要描述相当复杂的科学道理，这就要求写得容易理解。要尽量做到不仅本学科的专家看了能懂，而且有一定知识文化的人看了也能明白。这有利于科学知识的普及和学科的发展。

一般来说，思维不借助语言不可能进行，更不能表达了。但决定语言优劣的主要原因是思维。想不清，说不明，想不深，说不透。因此，从论文语言就可以鲜明地反映作者的研究水平和思维深度。

对于语言的简明性可以用两个词来概括：言简意赅、深入浅出。语言精练而浅近，内容深刻而完备，这是需要下一番功夫的。

（1）业精于勤　要反复实践，要多练笔，加强语文修养，提高表达能力。法国作家司汤达说："应该鞭策自己每天写作。"俄国作家契诃夫说："我们大家都应该写、写、写，写得尽量多。你写得多，尽量多写，要是你完全没有写好，也不要紧，日后自会好起来的。"多写不是盲目求多，而是要把它和现有的写作水平的突破结合起来，要有明确的练习目的和主攻方向。

写作水平的提高是有阶段性的。总体来说是循序渐进的，但这中间却有不同层次、不同境界。这不同层次、不同境界的每一次转换，就可以说是一次突破，即"量变"后的一次"质变"。这种突破，从训练上说，是从基本功关到文字顺关；从水平上说，是从粗识文笔关到明白流畅关。一个论文撰写者，特别是初学者，写作进步的显示往往表现为这种阶段性的突破。要自觉地抓住这种突破，使它达到一个新的境界。事情往往是这样的，越是深入地掌握写作的本质，就越可以用浅显的语言把道理表达出来。在这种情况下，"深入"就成了"浅出"的前提。同时"浅出"又是"深入"的标志，是一种本领、能力。这种能力是要经过努力才能获得和提高的，自然科学、人文社会科学等方面的论著都可以向这个方向努力。

（2）读者为重　论文的作者心中要有读者，阐述一个观点要考虑读者能不能理解。特别是在当前，社会经济发展较快，交叉学科的运用越来越普遍。不仅在大学的学科门类里各个学科间相互交叉、渗透，就是人文社会科学和自然科学间在思想和方法上也相互渗透。一些自然科学里的特定概念，日益被人文社会科学所吸引和运用；一些人文社会科学的传统思想和观点，则为自然科学所借用。一篇学术论文发表后，往往在其他学科领域中还拥有众多的读者。所以，把学术论文写得容易理解，就是科学工作者迎接发展交叉学科的新时代需要。

5. 论述的专业性

学术论文选题都是专业性的，作者也都是有关的专业人员。每一门学科，无论是人文社科还是自然科学，都有自己的专门研究。论文的交流、发表等也都带有明显的专业性。

学术论文主要是运用专业术语或专业性图表、符号来表达内容，它的阅读对象大都是研究同仁，只要把学术问题表达得简洁、正确、规范就可以了，所以，学术论文专业术语较多，论述具有专业性。

6. 格式的规范性

如果说过去是靠权威证明学术结论，现在则是靠规范化的学术过程详尽的文本来证明。这种规范化的证明过程，已发展成为各学者的学术人格，并得到越来越多人的认同和遵守。

从某种意义上来说，没有规范就没有学术论文，没有规范就会损害学术论文的学术价位，影响学术论文的交流。为了适应文献信息传播现代化的需要，1987年以来，国家标准局发布了《科学技术报告、学位论文和学术论文的编写格式》《文后参考文献著录规则》和《科学技术期刊编排格式》等一系列国家标准规范文件。

这些规则对学术论文的内容、论证步骤、写作的规范、参考文献的规范、标点符号的规范、注释形式及作者署名等都有相应的规定。在撰写论文时必须严格遵守这些规定,学术论文写作,特别是学士、硕士、博士学位论文写作,是学术规范训练的第一步。表面上看,学位论文在内容上追求创新,在形式上遵循规范;但在更深刻的层次上,学术论文不仅在形式上,而且在内容上都是"规范"的,只有通过这种"规范"和"程序",知识才成为知识。一方面,最大的"规范"就是"创新";另一方面,"创新"必须以技术层面的"规范"为前提。

5.2 学术论文的写作流程

学术论文的写作流程大体可分为拟订提纲、写作初稿、实施论证、修改论文与论文定稿五个环节。按照学术论文的研究方法不同,学术论文写作形式和格式也有所不同。但其写作规律和写作过程基本相同,如图5-1所示。

5.2.1 拟订提纲

提纲的拟订是进一步完善论文构思的过程。提纲是论文写作的蓝图,是全篇论文的框架结构。拟订提纲的过程,就是厘清思路、形成粗线条的论文逻辑体系、构建论文框架的过程。按照编写好的提纲来展开文章结构,是组织文章的一种有效方法。

1. 提纲的作用

提纲是论文的前期形态和简化形式。编写提纲的主要作用是帮助作者从全局着眼,树立全篇论文的基本骨架,用序号和文字显示出论文的主要内容及逻辑体系,明确层次和重点,使文章简明具体、一目了然。通过提纲,把自己初步酝酿形成的思路、观点、想法用文字固定下来。写起来就会全局在握,目标明确,思路开通,会避免松散零乱、脱节游离,甚至"下笔千言,离题万里"。依据提纲行文,随着文思的畅游和思路的深化,会有许多新的想法、新的发现,会使原来的设想得到修改、补充,甚至扬弃,文章就可能更为理想,更为完善。

拟订论文提纲,可以为论文的写作发挥重要作用:一是把作者思路定型的过程,作者借助文字符号使思路系统化、定型化的过程;二是把论文格局形态化的过程,从而形成一个中心突出、层次井然、疏密适宜、结构严谨的论文框架体系;三是为论文的写作和修改提供依据与参照,会使作者更清楚地意识到行文中存在的不足与缺陷,找到修改的恰当方法。

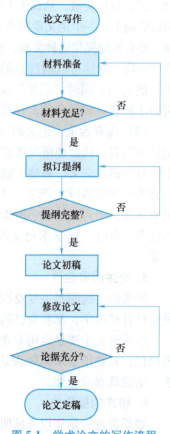

图5-1 学术论文的写作流程

拟订论文提纲不是浪费时间，做无用功。实际上，拟订一个详尽的论文提纲，虽然会占用不少时间，却给后期写作铺就了通畅大道，最终还是节省了时间，保证了论文的质量和水平。那种急于求成，不写提纲，甚至在调查研究还很不充分的情况下就匆忙动笔的文章，往往写出来后连自己看着都觉得文章不像样子，结果不得不推倒重来，欲速则不达。

古人说："晓其大纲，则众理可贯。"有了一个好提纲，文章就写好了一半。因此，必须在分析研究材料、认真构思的基础上，拟订论文提纲。

2. 提纲的要求

（1）提纲的内容　主题和材料是论文的内容，结构和语言是论文的形式。为了表现主题，展示思想，必须合理安排内容结构。提纲要根据主题需要，勾勒出文章结构的大块图样，并把材料分配到文章各个部分（见图 5-2）。提纲拟订要项目齐全，能初步构成文章的轮廓，尽量写得详细些。

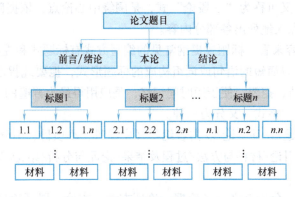

图 5-2　提纲拟订

内容包括题目（暂拟）、论文的宗旨目的、中心论点、所隶属的各个分论点、各个分论点所隶属的小论点、各小论点所隶属的论据材料（理论材料和事实材料），每个层次采取哪种论证方法、结论和意见等。这样的提纲纲目清楚、主题明确，较全面地写出了文章的观点。在拟订提纲时，要考虑各章节含意是否相当，相互之间怎样联系，各部分在文中所起的作用，该用多大篇幅，并且要注意拟写提纲的详略。有些作者对思考得比较成熟的部分在提纲中写得详细，对尚未成熟的问题则写得很简略，这样就发现了薄弱环节，进而可对提纲进行补充和修改。所以，提纲一般来说是由略到详，经过反复思考、逐步修改完成的。

（2）内容的详略　从内容要求出发，论文提纲有详细与简略之分，两种提纲的采用，既和论文涉及内容的范围、复杂程度和篇幅长短有关，也和作者的喜好、习惯相关，作者可以根据实际需要去选择，但是一般来说，论文的提纲宜详不宜简。

3. 提纲的方式

（1）从提纲的格式来看　常见的提纲格式有纵贯式、并列式、递进式三种（见图 5-3）。

1）纵贯式提纲，以进行研究的先后顺序，或以事物发展变化的前后时间为依据来罗列各个部分。自然科学研究中，这种提纲格式用得多一些。

2）并列式提纲，根据表达中心论点的需要，从课题的不同角度、不同层面而组织安

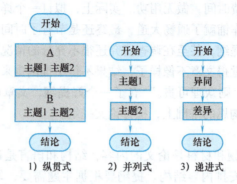

图 5-3 提纲的格式

排,平等列出各个部分的内容。

3) 递进式提纲,又可称为"三段论"式,是围绕中心论点,依据阐明事理必须遵循的逻辑推理关系,逐层深入地列出各部分内容。

(2) 从提纲的内容来看　标题式提纲常见的编写方式有标题式和提要式两种。

1) 标题式提纲,以简短的语句或词组构成的标题形式,扼要地提示论文要点,编排论文目次。这种写法简洁、扼要,便于短时间记忆,是应用得最为普遍的一种写法。标题式提纲常见格式为提纲名称/格式,又分为三种。

① 项目式提纲:题目/基本论点/内容纲要(中项目、小项目、中分论点、小分论点)。

② 成分式提纲:引论/材料与方法/过程及结果/论证与分析/结论/参考文献/外文摘要/附录。

③ 三段论式提纲:分论点之一(论据、论证方法、本论、展开论证)/分论点之二(论点、论据、论证方法)/分论点之三(论点、论据)。

2) 提要式提纲,把提纲中每一内容的要点用一句或几句话概括,对论文全部内容做粗线条的描述。提纲里的每一句子都是正文里某一个段落的基础。这种提纲概括地写出各个层次的基本内容,其写法具体、明确,实际上是文章的雏形或缩写。

总体来说,提纲的写法有定则,也无定则,应根据论文的学科特点、复杂程度和个人的写作习惯来确定。拟订提纲的意义在于启发作者的主动性和创造性,写作时既要遵循提纲,又不要过分受提纲的束缚,要边写边思考,不断开拓思路,才能写出高质量的论文。对于初学论文写作的大学生,由于驾驭材料的能力和熟练程度不高,应尽可能编写内容详细一些的提纲。

5.2.2 写作初稿

1. 初稿写作的作用

初稿的写作就是依据提纲,将课题研究获得的结果、形成的结论,以书面语言按照学术论文要求的规范表述出来。拟订提纲时,更多思考的是如何构建论文的骨架,如何安排论证的逻辑关系和具体环节。待执笔写作时,更多考虑的则是如何按照学术论文写作的格式,恰当地使用材料,如何运用多种论证方法严谨而又充分地表述自己的观点。

初稿的写作是论文形成过程中最艰苦的工作阶段。它既是对论文内容的精雕细琢的过程，又是作者思想认识不断深化的过程。初稿的目的是要把所有想写的内容全部表达出来，对全部实验数据和资料进行详细的分析、归类。在初稿的写作过程中还可及时发现前期的研究工作有无不足或错误。从这个意义上来说，初稿写作是研究工作的重要部分。

2. 初稿写作的方法

初稿的写法主要有严格顺序法、分段写作法和重点写作法。

（1）严格顺序法　严格顺序法是最常用的论文写法，即作者按照研究课题的内容结构，根据一定的顺序，如论文的结构顺序、研究内容顺序等逐一展开论述。先提出问题，然后进行论证，最后给出结论。运用严格顺序法时不必担心文章篇幅太长，因为论文的最后形成还有待于修改、加工。

（2）分段写作法　分段写作法是指作者从最先考虑成熟的内容开始动笔，先完成此段内容的写作，其余内容在考虑成熟或进一步研究后再行写作。全文写完后，再进行前后对照检查，使前后文风格保持一致，层次间衔接紧凑、自然，避免冗余。当论文的主要论点已经形成，但论点的说明或阐述需分若干段落、层次，则可采取分段写作法形成初稿。用这种写法，每一次最好完成一个完整的部分，以便下次接着往下写时，大体考虑一遍已写过的内容，就可顺势写下去。

（3）重点写作法　重点写作法是指从论文的核心章节开始的写作。若作者对论文的主要论点及论据已经明确，但一气呵成的条件还不十分成熟，则可采用重点写作法。这种写法不是按论文的自然顺序写，而是根据自己的构思，分解出主次，分别写作，最后组装成篇。尽管作者对资料经过反复研究、精心设计布局，但在动笔时，很难对全篇内容的每一细节想得十分透彻、周密。因此，可以先把最想写的重点内容写出来，再对各个细节逐一补充，使全文"有血有肉"。

以上关于初稿写作的方法，并不是对任何作者都适用，因为每个人的思维方法和方式可能不同，论文构思、写作习惯、风格自然不同，因此，不可能用几个简单的模式要求每一位作者都去遵循。有的作者习惯于考虑充分后一气呵成，而有的作者写作的过程往往持续很长，作者只有通过反复的写作实践，才能总结出适合于自己风格的一套写作方法。一般的论文写作方式也只有通过作者的具体实践，并与作者自身思维方式相结合才能产生较好的写作效果。

3. 初稿的注意事项

（1）初稿内容要尽量充分　要尽可能在初稿中把自己事先所想到的全部内容写进去，即使有些重复也不要紧。如果初稿写得单薄、瘦弱，就会给修改增加麻烦。当然，也要防止不加分析地进行资料和数据堆砌，形成"材料仓库"。

（2）行文要符合论文规范　论点、论据、论证等内容，应项目齐全、纲目分明、逻辑清楚、详略得当。论文中量的符号、单位、图、表、公式的书写也要符合规范要求。

（3）成熟见解顺利地表达　写初稿应该放开胆量，那种"十步九回头"，过于在枝节上花费心思的写法，反而容易打乱思路，影响全文的周密思考和组织安排。

（4）书面应写得干净清楚　为便于日后修改，也便于指导教师审阅、提出意见，初稿若是手写稿，最好使用页面字数不多的稿纸，四周有足够的空白之处，或者使用活页纸，便于以后增删和修改。

5.2.3 实施论证

1. 论证的作用

论证是用论据来证明论点或反驳谬论的推理形式和思维过程（见图5-4）。从逻辑学上来说，论证是用一个或几个真实命题来确定另一个命题真实性的逻辑形式。这是写学术论文必不可少的环节，也是引用其他已知为真的判断来确定某一判断的真实性或虚假性的思维形式。论证过程是论文的核心，论证是否有力关系着论文的成败。

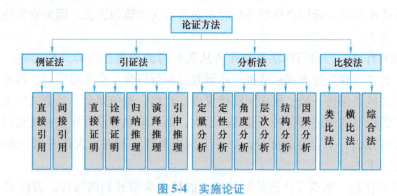

图5-4　实施论证

2. 论证的要求

（1）论点和论据相统一　论点和论据的统一是对学术论文进行论证的最基本的要求。只有论点和论据紧密结合，得出的结论才会有足够的说服力。

要做到论点和论据统一，必须把握好论证这个重要环节，所有论证都必须在论点所包容的特定范畴内，要剔除那些游离于论点之外的论证。论点是统领论据的"灵魂"，论据是为论点服务的，要重视论据的选择。做到论点和论据的统一，要充分挖掘论据的内涵，使论据尽可能全面地为论点服务，让论据的作用得到全面发挥；还要做到论点和论据一致，相辅相成，相得益彰；在运用例证时，要对所用事例仔细地分类整理，排列适当的顺序，一定要避免事例的混乱。

论点和论据不统一的情况包括有观点而无材料，有材料而无观点，观点与材料间的关系不统一、不严密。较难克服的是最后一种情况，这也是论文写作中常出现的一种问题。

（2）步骤分明、逻辑严谨　学术论文的论证逻辑性相当强，一要考虑论证顺序，周密安排，这种安排要把握所论问题的内部层次间的联系，从中寻找论证的突破点；二要符合人们认识问题、解决问题的思维规律，按一定顺序由浅入深地进行论证。

1）抓内部层次间联系。了解事物本身所含矛盾间的联系，从而把握事物的本质，抓住具有稳定性的特殊矛盾，在安排论证时，突出这种特殊矛盾，从事物间的对立统一中找到内在的规律性，论证的过程便容易安排了。

2）由浅入深，善于推理。人们认识问题一般都是由易到难、由简单到复杂，抓住了这一轨迹，论证时可以逐层深入，最后推出论点也就水到渠成了。此外，要注意运用逻辑思维，使论证环环相扣，使条理变得清晰。保持论点和结论的一致性是做到层次清晰的前提。在同一思维过程中，每个思维对象必须保持内容统一，所用概念、判断都必须保持其自身内容的确定性，不能任意改变。论题如果随意变换，前后不呼应，文章层次清晰就无从谈起。

3. 论证的原则

论证本身有一定的规律，要遵守一定的法则，否则就会导致错误，使整篇论文的写作前功尽弃，论点难以成立。学术论文追求科学的逻辑力量，而科学的逻辑力量必须依赖充分的论证来体现。有的论文，观点也新，论据也不少，然而却没有说服力，原因就是缺乏严密的逻辑性，论证不充分。

所以，学术论证时要坚持以下基本原则：

（1）准确把握科学术语的概念　在学术论证中，如果对处于重要地位的科学术语理解不透，随便乱用，则往往会给人以误解，甚至使论证产生逻辑错误。对于新提出的科学概念，更应该做出明确的界定和准确的解释或定义。一篇学术论文的全部论证过程，是由若干个知识环节有机联系的论证系统，每个论证环节又由若干个知识点组合，每个知识点都需要使用一些准确的科学概念，不能忽略和含糊。福楼拜（Gustave Flaubert）有句名言："我们无论描述什么东西，要说明它，只有一个名词；要赋予它运动，只有一个动词；要区别它的性质，只有一个形容词。"这个观点比较确切地说明了把握精确科学概念的重要性和学术论证的重要原则。任何文章的写作，都应该严格地推敲用词造句，特别是学术论文，更应如此。因此，论文作者必须对自己要表示的科学内容所涉及的有关术语、概念的内涵和外延理解清楚，从而将论题限制在一个适当的范围内，确定论证的逻辑安排和论述的方向。

（2）保持论证和论点的一致性　作者应该明确自己所要写作的论文的论题，即论文所要阐述的中心思想和观点。论题是论证的目的，是一篇论文的核心或灵魂。在论证过程中，如果连论证的目的都不太明确，那么在材料的组织和运用上肯定是盲目的，论证的效果也不好，让读者不知所云。学术论文论题的确定，应该包括两方面的限定：一是对论证范围的确定；二是对论证实质的揭示。在写作过程中，必须保持论证和论点的一致性，避免和杜绝"小题大做""大题小做""文不对题""转移论题"等问题。一篇论文必须有一个中心论题，前后要保持一致，在不同层次的论述中，要围绕一个分论点展开讨论，所有的分论点又都为中心论题服务。

论点和论证的不一致，还有另外一种表现形式，就是形式逻辑所说的"转移命题"。在常见的学术论争性论文中，最容易产生这种逻辑错误。

（3）保证论据和结论的真实性　保证论据和结论的真实性，就是要求作者采用的论据可靠，论证用的数据、图片等材料真实、全面且可靠，绝不能为了达到某种目的而伪造试验数据或研究结果。

防止分论点和结论不协调的问题出现。相对于结论来说，服务于结论的各论点和论据实际上也是一种前提。如果在论文中出现了各论点和结论不相吻合的情况，那么肯定有一方存在问题，严重时整个论文都将是失败的。

在论证的过程中，由于思维习惯的支配，有时作者容易偏执一方地进行推论和得出结论。有时由于思维的局限，往往容易产生学术上的盲点，这样就可能在自己的论文中留下一些歧义和漏洞。要消除这些问题，不仅仅是单纯的论证技术问题，而是要求作者不但在论文写作过程中要保持清晰的理论思维思路，而且对所研究的科学内容、概念必须有正确和透彻的理解。完成写作后，应采用"八面受敌"的方法来反复推敲，逐节逐段地审查可能存在的问题，逐步修改完善论文，使其成为经得起考验的学术作品。

4. 论证的结构

议论文的基本结构模式是：提出问题（引论）—分析问题（本论）—解决问题（结论）。重点是本论部分，又可分为：

（1）并列结构式　该结构是指本论的主要部分是并列、平行的关系。一般来说，这类结构都有若干个小标题，这些小标题相互独立，都有各自的基本观点，共同阐述论文的中心论点，从理论到事实，从具体到抽象，从个别到一般，形成一个完整的论证体系。这些小标题也横向地反映了论文内在的逻辑关系。并列结构式的优点是显而易见的，它使本论条理清晰，结构分明，便于作者论证和读者理解。同时，采用这种结构把总论点分成若干分论点，便于向深度挖掘，触及事物的本质。

（2）递进结构式　这种结构是采取一种直线推动、层层深入的方式进行论述。可先提出中心论点，然后逐层剖析，步步推进，最后得出结论。本论部分各分论点是层层深入的纵向关系。使用这种结构时，要把握两点。一是对各分论点进行全面分析，把复杂的事物分解为简单要素，并分别加以研究。这种分析不能点到为止，而要深入事物内部，了解各要素的性质和特点。二是处理好各分论点之间的关系。各分论点之间是一种递进关系，论述时要注意它们的连贯和内在逻辑关系，这并非各分论点的简单相加，而是在分析研究的基础上，依照它们的有机联系，从总体上寻找事物的本质和规律，得出中心论点。

（3）综合结构式　本论写作多是综合运用上面的并列和递进两种结构方式来论证的。这种综合结构尤其适用于篇幅较长的论文。本论的结构形式各异，但都必须服从于内容的需要。事实上，本论的安排和论证层次有严密的逻辑性，论点和论据的联系，论述的先后顺序，文章的层层推理，这些都要根据研究对象的内在规律，并考虑论证效果来组织安排。因此，单纯运用并列式或推进式有时不能全面地论证中心论点，需要综合运用并列、递进结构才能取得好的效果。

运用综合结构式有两大忌。一忌混乱。采用这种结构的论文都较长，分论点也会较多，并列和递进两种结构套用，容易造成混乱。因此，在运用时一定要理清顺序，合理地根据内容要求安排，不能玩花架子或乱了方寸。二忌空洞无物。结构再好仅是一种形式，重要还是内容充实、论证有力。运用综合式结构可以辅助论证，但绝不能代替确凿的材料、严密的推理。

总体说来，以上所介绍的三种基本的本论论证方式，究竟采用哪种合适，还需要作者依据内容和对论证技巧的熟悉程度来决定。

5.2.4　修改论文

1. 修改的作用

修改是对论文初稿的内容不断加深认识，对论文表达形式不断优化选择直至定稿的过程。"不改不成文"，这句话说明了修改在论文形成过程中的重要作用。一篇论文的修改，不仅仅是在语言修辞等枝节上自找问题，更重要的是对全文的论点及论据进行再次锤炼和推敲，使论文臻于完美。学术论文的写作过程就是一个不断修改的过程，即使运用计算机写作，随写随改，仍然需要最后通篇阅读、修改，一篇论文只有经过反复推敲、修改，誊清定稿后，才算是最后完成。特别强调论文要打印成纸质稿，一定要精读全文，修改到位，因为有些问题在电子稿上是很难读出来的。因此，论文修改是科学研究的继续与深入，是提高论文质量的有效措施，是科学研究者严谨的科学态度与对读者和社会高度负责的体现。

2. 修改的范围

修改的目的既然是使文章能够更准确、更鲜明地表述研究成果，那么，就修改的范围而言，总体说来就是发现什么问题修改什么问题。具体地说，内容上包括修改观点、修改材料；形式上包括修改结构、修改语言。

（1）修改观点　观点体现着论文的价值，是修改时应该首先注意的问题。对论文观点要注意修正错误的观点、主观片面的观点和陈旧的观点。修改观点应从以下两方面进行。一是观点的订正。检查全文的论点及由它说明的若干问题是否带有片面性或表述不够准确，进行反复斟酌和推敲。如发现问题，应重新查阅资料，对实验方法及数据，给予增补、改换。二是观点的深化。应检查自己的论点是否与别人雷同，有无新意。如果全篇或大多数观点都是别人已经阐述过的，没有自己的见解和新意，则应从新的角度提炼观点，形成自己的见解。否则，宁可"报废"，也不勉强凑合成文。

（2）修改材料　初稿中的材料一般只是按序罗列。修改材料就是通过对这些材料的增、删、移、换，使文章"骨肉"丰满、观点明确、论点和材料达到和谐统一。

1)"增"是为了使支持和说明观点的材料更充分，需要多种层次、多种属性的材料做多方面的论证。如果材料单薄、属性不全，则论点立论就不稳，应当再次选材、增加内容，弥补缺陷，使之丰润饱满。例如，对于实验性论文，不能仅靠很少的几个实验数据便展开主观想象或希望得到的实验曲线，这种做法是违背科学规律的。如果发现这种情况，应及时增补实验内容，获取更多的实验数据，真正使论点立于不败之地。

2)"删"即净化和精练材料，突出重点。成功的论文不是材料的堆砌。若干观点所用材料如果有相似的情况，应适当归类合并，保留精华，去掉累赘。最后纵观全文，所用的材料应该是充分而必要的，质量可靠、数量适度的。

3)"移"即主次论点顺序写作，写成了主次不分；变动论文前后纲目，则其内容随之移动；案例论证与论点不紧密不对应；图（表）没有紧挨正文提及位置，正确写法是先有正文提及后见图（表）等。

4)"换"即初稿中的材料一般并不都是最令人满意的、最恰当的，为了使所用材料更准确、更有说服力，可对材料进行适当改换。改换材料，一是改换材料在全文中的位置，使各部分材料遵旨定位，强有力地支持论点，增加论证的逻辑效果；二是改换新的材料，删掉不甚典型、不甚新颖和说服力不强的材料，使文章内容精练、中心突出。

（3）修改结构　结构是论证的逻辑展开形式，也是论文内容的组织安排形式，它反映了作者对论题的思考步骤和推理逻辑过程。因此，结构的修正，就是要理顺作者的思路，使全文各部分间脉络清晰、层次井然、详略得当、逻辑严密、中心突出、主题明确、浑然一体。

结构的优劣直接关系着文章整体大局和内容的表现效果。初稿完成后，首先要看是否符合论文的结构要求、是否举纲辑要；论点、论据、论证三要素是否全部具备、得当，是否层次分明、脉络清楚。其次看结构的各部分安排是否妥当。开头、结尾、段落、层次、主次结构的各个环节是否合适。如发现中心论点或分论点需要变化，层次不够清楚，段落不够规范，内容松散无力，则应进行修改。如果论文准备投送期刊发表，则应按照所投刊物的要求，再检查论文的标题、署名、单位、摘要、关键词（或主题词）、正文、参考文献、外文摘要等各个部分是否符合该刊要求。但是，不论怎样，结构是为表现内容服务的，修改结构要从大处着眼，抓住主要矛盾，务必以鲜明、准确地表现文章的内容为基本准则。

（4）修改语言 要把自己的研究成果很理想地描述出来，就必须在语言修辞上反复斟酌、修改。作为学术论文，对语言的要求首先是准确性，其次才是可读性。因此，论点及论据的表述均应实事求是，切忌夸张；对自己的成果或结论，作者不应做出过多评价。如有的作者常把自己的成果说成是"国内首创""填补了某某空白"，这些语言一般不应出自作者之口，否则将给读者自骄自傲、自高自大的感觉；论文一般不用第一和第二人称。第一人称往往给读者以"听讲演、受教育"的感觉，容易引起读者反感；第二人称则给读者以咄咄逼人的论战姿态，使人敬而远之。即使是批驳性论文也应以"商酌"的口气，摆实事、讲道理，不要以大话压人。语言的可读性也不容忽视，初稿中的语句难免出现重复、生涩的现象，这就需要进行加工修改。

论文修改时对语言的锤炼，首先是对字词的推敲选择，使用字词必须准确，富有文采；其次要注意句段的修改，切忌出现语法错误；最后力求句式富于变化，长短相间，具有气势，增强感染力、说服力。同时，应注意语言的规范和书写格式的合理。

论文修改时，还应订正注释，并注意按学术论文的规范要求调整、修改其他各个组成部分。图表是学术论文的特殊语言，在进行语言修改时，还应检查一下文章中图表数据是否可靠、形式是否规范、符号是否符合要求、标点是否合理等。

总之，修改语言的目的是使文章的观点得到准确、鲜明、简练、生动的表达。

3. 修改的方法

修改论文很难有一个固定的方法，每个人的思维方式、写作习惯不同，修改的方法自然不同。根据学术论文的特点，一般有效的修改方法有下列四种。

（1）整体着眼，通篇考虑 修改时，首先应反复阅读初稿，注意从大的方面发现问题，不要被枝节上的问题纠缠住。大的方面指论文的基本观点、主要论据是否成立，全文布局是否合理，论点是否明确，结论是否自然恰当，论证是否严谨，全文各个部分是否形成了一个有机的整体。

（2）逐步推敲，精细雕琢 初稿完成后，可逐字、逐句、逐段审看，挑瑕疵，找问题，发现问题及时解决。一般来说，这种修改方法需要事先对全文做大体上的通读，对文中各个部分的表述基本上做到心中有数，如果盲目进行，则效果甚微，甚至会越改越乱，越改越不称心。

（3）虚心求教，请人帮助 初稿写成后，作者头脑里已经形成了一个定式，修改时自己很难从这个定式里跳出来。同时，作者对自己煞费苦心写出的初稿往往十分偏爱，很难割舍，这种心理是正常的。这时，为了保证论文的质量，最好的办法就是虚心向别人求教，把自己的稿子送给同行专家或导师看，请别人提意见。然后，认真分析所提意见，再做修改。实践表明，这种方法可以避免较大的失误。

（4）暂时搁置，日后再改 这是一种灵活的修改方法。初稿写完，头脑往往仍处于高度兴奋状态或者疲惫不堪，思想也常常陶醉于论文的内容或者混沌不清。此时急于修改，往往不容易发现主要问题。一个有效的方法是先把原稿搁置起来，让紧张的头脑暂时轻松一下，以后再改。

5.2.5 论文定稿

1. 定稿的要求

学术论文的初稿写成以后，必须经过反复修改，才能最后定稿。初稿一般应达到以下几点方能定稿：观点正确，富有新意，论据充分可靠，论述层次清楚，逻辑性强，语言准确、生动，具有感染力，能为读者所接受。简单地说，论文修改的理想效果，首先是自己满意，其次是能让读者满意。

2. 初稿的压缩

学术论文一般有字数规定，并不是越长越好，所以常常要对初稿进行压缩，即对论文做进一步的提炼、精简。一般来说，压缩可从以下五个方面入手。

（1）压缩引言　撰写论文时，往往会在引言中先交代课题研究背景、研究动态、写作目的及主要研究方法和手段，这对支持论点是有重要作用的，但毕竟不是全文的核心。因此，引言的语言应力求简练，否则，会有喧宾夺主之感。一般而言，引言部分只要起到辅助论点的作用即可。

（2）压缩图表　图表是学术论文常用的一种特殊语言。好的图表应当是结构合理、项目清楚、大小合适。一般在初稿写作中很难达到这个要求，这就需要进一步修改、压缩、调整。图表不宜过大，文字尽可能清晰好看、言简意赅。图表中已表达清楚的内容，一般不再做过多的文字叙述；过分简单的图表则应改为文字描述，避免图表排版的困难。

（3）压缩论证过程　学术论文不是教科书，对论点的论证不必从基本的原理说起。有的作者唯恐读者看不懂，或担心论证有漏洞，在论证时，不惜笔墨从基本知识展开介绍，原想使论文天衣无缝、顺理成章，结果却恰恰相反，降低了论文的学术价值。一篇好的论文，其论证应是简洁有力，读后使人耳目一新、心服口服。因此，对初稿中那些被公认的事实，要尽量压缩。

（4）压缩参考文献　参考文献是论文的一个组成部分，它可以使读者从不同的角度对论文观点进行分析、鉴别。但是，参考文献也不是越多越好，过多反而使读者无所适从。一般应录入对论点、论据、方法及结论等有关联作用筛选过的重要文献。

（5）压缩正文　对正文中那些含糊不清、模棱两可的字句也要尽量删改、压缩。压缩的方法主要有自己压缩和请别人压缩两种。自己压缩需要一定的勇气，要忍痛割爱。实际上，自己喜欢的东西，别人看了并不一定都满意，此时作者应当考虑到读者的心理和需要，把读者最需要的东西保留下来。请别人压缩，则主要是通过指导教师和责任编辑（投稿时）审阅原稿后提出压缩意见，再由作者执笔压缩。有些论文，编辑可以直接压缩，但发表前一般要征得作者同意。

总之，压缩的目的是使论文变得更加简练、明了。围绕这个目的，作者可采取多种方法压缩，根据体裁合理取舍。当然，有时在最后的定稿过程中，在做初稿的压缩时，也可能会存在补充或扩展内容。

定稿是学术论文写作的最后程序。稿件经过反复修改后，作者已经感到符合有关要求，便可定稿。现在，无论是期刊论文还是学术论文一般都要求提交打印稿，因此，定稿的学术论文要严格按照有关的规范清稿、打印，并复制电子文件留存。

【拓展阅读】 写好论文的关键

　　凡属论述科学技术内容的作品，都称作科学著述，如原始论著、简报、综合报告、进展报告、文献综述、述评、专著、汇编、教科书和科普读物等。但其中只有原始论著及其简报是原始的、主要的、第一性的、涉及创造发明等知识产权的。其他的当然也很重要，但都是加工的、发展的、为特定应用目的和对象而撰写的。论文写作前应全盘考虑。如实评价一下，自己得了些什么新的结果，自己起了些什么作用。应该问一下自己，这些结果值不值得写，该不该由自己来写，该写些什么，该不该这样写等。对自己的工作既不要自以为是，妄自尊大，也不要缺乏信心，妄自菲薄。应该实事求是，尊重科学。

　　中国工程院院士秦伯益认为，写好论文的关键在于处理好以下几个关系。

　　（1）材料和观点　　材料是基础，观点是灵魂，文字是外在表现。材料和观点是内容，文字是形式。形式是表现内容的，内容要通过形式来表现。三者的完美结合是内容和形式的统一。

　　材料来源于实验。设计的好坏直接影响材料获得的效率与质量。整篇论文是由若干工作单元组成的，每一工作单元又是由每次实验材料积累起来的。因此要善待每天的实验。每天工作时都要考虑到这一数据在将来论文中可能的位置，对每一张影像记录都要认真收集保存。材料要真实可靠，数据要充足。有了异常，要及时分析处理，要保证所得结果可信，排除假象。一篇论文总要有新现象、新处理、新效果、新观点。

　　观点应明确，客观辩证。不要，也不能回避不同观点。从定题到结论，处处有观点，所以观点是灵魂，是贯穿始终的。讨论观点时不要强词夺理，不要自圆其说，力戒片面性、主观性、随意性。要和国内外文献上的观点相比较，也要和自己实验室过去的观点相比较。在比较中分析异同，提高认识。也不要怕观点错误，不要怕改正错误。要百家争鸣，通过争鸣，认识真理。

　　文字要自然流畅，"言而无文，行之不远"，但也不要华丽雕琢，目的是"文以载道"。叙述要合乎逻辑，层次分明，朴素真实，分寸恰当。

　　（2）准备和动笔　　论文写得好坏，关键在于准备。会写文章的人，一般总是三步过程。写前深思熟虑，全局在胸，充分打好腹稿后，提起笔来，一气呵成，写出初稿后，放一段时间，反复吟读，千锤百炼。不会写文章的人相反。肚子里空洞洞，脑子里乱哄哄，笔头上千斤重。他们拿起笔来就写，写几下就停。写写停停，停停写写。忽儿找材料，忽儿查数据，忽儿补实验。忽儿撕掉一页，忽儿抄上几句。忽儿唉声叹气，搔头摸耳，咬笔杆，踱方步。这两种人的差别在于以下三个阶段。

　　1）近期（写时）准备，是指实验结束后到着手写作前一段时间的准备。应该收齐材料，处理好数据，制备好图表，完成统计处理。然后打好腹稿，列出提纲，明确基本观点和主要结论。与指导者和合作者讨论，取得共识。深思熟虑后，一气呵成。其中"打腹稿"是关键阶段。这时应将所有工作和数据通盘考虑，全局在胸。这就像战斗打响前的运筹帷幄一样，是作者脑力劳动最紧张的时刻。

　　2）中期（做时）准备。会写论文的人不是做完实验后才开始考虑写文章的，而是在研究工作的全过程中都考虑着写文章。"题目"和"引言"是论证时各种思考的凝练。"材料和方法"是在找方法、建方法时形成的,写时只要如实叙述就可以了。"实验结果"是在实验设计、实验操作、阶段归纳、资料整理等过程中不断积累、整理而来的。"讨论"是综合平时的思考,同周围人员经常讨论商量,查阅和分析文献等过程后最后归纳而成的,是将平时思考过的众多问题集中几个主要观点以讨论的形式表达出来。"结论"则只需将最终结果归纳一下就可以了。所以会写文章的人,是在做研究的整个过程中不断地自然形成着最后的论文。这整个过程就是中期准备。可见,中期准备以题目之始为始,以题目之终为终。题目结束之日,也就是中期准备完成之时。

3) 远期(学时)准备。如果只是着力于做好近期准备和中期准备,往往还不能写出上乘的文章,这就要看作者的远期准备,也就是学习阶段的基础准备了。这种准备是指对研究动态的掌握,专业基础的积累和逻辑思维、文字表达、分析综合等各方面能力的总体水平。这绝不是一朝一夕所能企及,而是终身积累训练而就的。这就是为什么要强调"读书破万卷,下笔如有神","汝果欲学诗,工夫在诗外"了。这些平时积累的功夫,决定着作者的写作水平,而写作水平又影响着作者作品的传播。这种能力不是临用时能提高的,而是要作者从年轻时就下苦功练就的。

(3) 审稿与修改 一气呵成写好稿件后,是要反复修改、千锤百炼的。不仅自己应该反复锤炼,还应请有关人员提意见,最后还要通过编辑部请相关专家审阅。修改时凡是属于写作规格和篇幅方面的问题应按刊物规定的要求修改。作为论文作者,自己辛勤努力取得的实验数据当然十分珍惜,总希望在论文中尽量表达。但审稿者旁观者清,往往提出一些合并或删除的意见。这时作者应该冷静考虑,该列入的列入,不必列入的不要列入。写文章只有"删繁就简三秋树",才能"领异标新"地开出"二月花"。

审稿者也常会对所论观点提出意见。这是需要认真推敲决定是否采纳修改的。作者毕竟对自己的工作已有过长期实践和思考,逐渐形成了观点。应该说这些观点是有相当根据的。只要言之有理,述之有据,可以对审稿人的意见进行解释,保留自己的观点。但有时作者自己局处一隅,想法越来越钻牛角尖。审稿人从更高的角度宏观审视,一针见血地指出立论和观点中的问题,这种情况也是有的。这时作者就应该认真思考意见的实质,调整思路,反复推敲,决定取舍。既不固执己见,也不曲意迎合,抱着探讨真理的态度,相互交流,共同提高。

论文通过审稿,有些意见不大,稍做修改即可发表。有些要有较大的改动才能发表。有的甚至认为基本事实不可靠或基本观点有误而无法发表。作者应冷静分析这些意见,妥善处理。一切都应坚持科学的、实事求是的态度。如果自己确认结果和观点无误,那么可以在退稿后改投他刊。同一时间是不能一稿二投的。

不要急于写作,不要讨厌修改,而要把同一篇东西改写十遍、二十遍。

——列夫·托尔斯泰

第6章 学术论文的写作方法

本章阐述社会科学与自然科学的学术论文的标题、摘要、关键词、引言、正文、结尾等常用写作方法与写作技巧；考虑到本科生和研究生学位论文开题报告前，要求撰写文献综述，介绍文献综述论文的写作方法与写作技巧；简要介绍在CSCD期刊发表论文及学术诚信要求。

6.1 社会科学论文的写作方法

社会科学论文的写作过程强调撰写人在确定选题、拟订写作提纲后，将自己所积累的知识和所检索阅读的资料融会贯通，综合运用于初稿的撰写，在论证、修改、定稿的过程中，都要求有效利用系统化的知识与高度抽象的思维方法。

社会科学论文也称为文科论文，是指以社会现象为研究对象的科学论文。它的任务是研究并阐述各种社会现象及其发展规律。社会科学范围广泛，其研究领域有政治学、教育学、语言学、文艺学、哲学、宗教学、法学、经济学、军事学等。社会科学论文大致可以分为两类：一类是学术理论类，即所论及的问题属于纯粹的学术理论范畴，它可以与现实问题有密切联系，也可以与现实问题保持某种距离；另一类是现实问题类，即所论及的问题是现实生活所面临的迫切需要解决的问题，它强调的是与当前的现实生活紧密相关。由于类别不同，论文的论证方式也就有所差别。学术理论类论文大多是对某些长久的、没有得到公认的命题进行分析论证，或者是对某些已经得到公认的理论观点，指出其理论建构的缺陷，进行新的质疑与辨析。这类论文所提出的解决问题的方法，大多是引经据典，理论运演。现实问题类论文大多是就现实生活中存在的某一迫切需要解决的问题，进行分析并提出解决办法，其特点是所论及的问题对于社会具有现实利益性和亟待解决性。这类论文所提出的解决问题的方法，大多以具有可操作性为特征，例如，为决策部门提出建议性意见等。按不同的研究方向和描述对象，社会科学论文又可以分为教育学科论文、语言学科论文、历史学科论文、经济学科论文等类型，它们各有各的研究领域、写作要求与写作特点。由于研究方法的差异，社会科学论文出现了各种不同的类型，如论证型、评论型、综述型、考证型和诠释型等。这些不同类型论文的写作，既有共性，又有个性，各有各的写作特色，其提纲、初稿、论证、修改与定稿都有不同的要求。

6.1.1 社会科学论文的基本写法

社会科学论文是社会科学领域里研究成果的载体，是为认识社会和改造社会服务的。正如毛泽东所说："一篇文章或一篇演说，如果是重要的带指导性的，总得提出一个什么问题，接着加以分析，然后综合起来指明问题的性质，给予解决的办法。"因此，"提出问题、分析问题、解决问题"既是学术论文论证的思路，也是论文构成的基本形式。

社会科学论文构成的基本型，是由绪论、本论、结论构成的"三段式"。这是人们在长期写作实践中积累起来的共同思维规律的反映。这种写作格式有利于作者开篇和展开论证，也有利于读者轻车熟路，容易领会论文的构成脉络，掌握论文的基本观点。

社会科学论文的构成格式，除绪论、本论、结论外，还有标题、作者；有时也有摘要、致谢、参考文献等。由此可见，社会科学论文的基本构成格式与自然科学论文大体相似，差异的只是形式上，在本质上具有相同性，即它们都是逻辑思维的产物，目标都是求真。但是社会科学论文变化较多，写法更为灵活多样，格式要求也不如自然科学论文那么规范、全面。

1. 绪论

绪论又称为引论，是学术论文的开头，有统领全文的作用。精彩的开篇，既使作者思路大开，下笔如行云流水，一发而不可收，又如磁石吸铁，激发读者阅读的兴趣和欲望。

绪论的作用，一般是交代写作动机、目的和意义，提出主要问题，揭示中心论点，对全文做概括性的论述。具体地说，绪论重点表述以下内容：说明研究的背景，从而衬托出所论问题的重要性；简述写作的缘由，试图解决哪些问题；指出研究这一课题的价值和意义；精练论述本论部分的中心内容，为下文的全面展开创造条件。

如果是驳论一类的论文，则是先摆出不同观点，以作为反驳之靶。

绪论的关键是提出问题，以便在本论中加以分析和论证。因此，要言简意赅，禁绝一切空话、套话，也不要废话连篇，离题千里。一般采用开门见山、单刀直入的写法：可以开宗明义，提出论点；也可以交代背景，说明缘由；也可以树立靶子，介绍不同观点；也可以以设问的方式提出问题。此外，可以根据需要，简要介绍所撰论文采用的论证方法，或精当概括所撰论文的精髓（或对结论略做提示），或做简要历史回顾，引入所撰论文的论证。

2. 本论

本论是学术论文的正文，是论文的核心和主体部分。它逻辑严密地表述作者课题研究的结果，因而篇幅长，分量重。

社会科学论文的本论是根据调查或统计结果，运用某种特定的理论，引用经典文献，进行逻辑推理构成的。本论的内容是对提出的问题从各个角度、各个方面进行分析、论证和阐释，并从这些问题的结构联系之中阐明中心论点。一般来说，本论由若干论证单元组成，每个论证单元都有一个分论点，在中心论点统率之下分层展开论证，从而详细阐述作者的见解和观点，集中揭示论文要旨。本论涉及观点及其论据两个方面。

观点是从研究大量材料中形成的，所以各个观点都要以充实的材料加以佐证。在运用材料时，要注意目的性、典型性和真实性。如果目的性不明确，材料和观点就统一不起来；如果使用的材料不具有典型性，就缺少说服力，无法从局部材料、个别情况做出全局性、普遍性的结论；如果粗心大意，照抄别人搞错的材料，就会以讹传讹。总之，各种材料要用心搜集、细心筛选、精心辨别、耐心考证。

论证是在论点和论据统一的基础上层层展开，由此及彼、由表及里、由点到面、由简到繁，由因到果、由量到质、由浅入深、由始至终。对各个问题细加分析，其中要蕴含一些深奥的哲理，不仅令人折服，还能使人读后余味犹存，反复思索。全文从开头、主体到收尾，各个章节、各个段落、各个句子之间，结构、布局和叙述的逻辑都要十分严密，一环扣一环，不能有漏洞，不能自相矛盾，或者相互抵消。写好一篇论文不能只着眼于主体，还要注重开头和收尾。古人评判佳作有所谓"豹头、熊腰、凤尾"之说。例如，著名的《共产党宣言》，不仅其主体具有深刻的说服力，而且开头就有很强的吸引力——"一个幽灵，共产主义的幽灵，在欧洲徘徊"，收尾提出"全世界无产者，联合起来"的口号，有何等强烈的号召力！

论据是别人在这方面做过的研究情况，与自己不同或截然相反的观点及其材料，研究这个课题所应把握的重点、难点，以及这个课题研究的历史、现状与发展趋势等。当然，不是每一篇论文都得按同一个模式生搬硬套，但是为了增强论文的针对性和说服力，上述内容还是应该尽量有所考虑，只不过地位和分量可以有主次、详略之分。

本论写作中需特别注意的是，主体内容的表述要有严密的逻辑性和明晰的条理性。首先，要准确把握文章内容层次间的各种内在联系（总分、主次、并列、因果、递进……），再用适当的小标题或序号加以区分，即论文的内在逻辑结构，要以具有结构作用的形式给予标志和显示。

本论内容的展开，常见的有自然顺序法和逻辑顺序法两种形式。自然顺序法是顺着作者对事物认识的脉络，或按照研究工作的进程依次写下来。这样顺着作者本人认识问题的阶梯行文，一层一层地阐述，自然层次分明，段落清晰。逻辑顺序法是按照事物或问题的内在联系，根据逻辑推理的线索安排层次，或纵向推动，按照历史发展性的纵向深入，按照问题性质上的深入，一个分论点接着一个分论点地论述，循着结构的线索向前推移，一环紧套一环；或并列分论，把从居于中心论点的若干分论点横向并列起来，一个接一个地分别论述。

但是，内容比较复杂或篇幅较长的论文，往往同时把纵向推动与并列分论结合起来，在纵向推动中揉进并列分论，在并列分论中照应纵向关系，时而纵向，时而并列，组成一个严谨的结构体网络。本论内容在这样综合展开时，必须十分缜密地布局，做到错落有致，必要时标上序码或加上小标题，使层次分明，眉目清楚。

3. 结论

结论是一篇论文的收束部分，是对研究结果的概括与总结。作者耗费了那么多的心血，经历了那么多的艰难坎坷，终于到达了彼岸。山重水复，云遮雾绕，在这里终于豁然开朗。一种新的思想、新的理论、新的规律终于浮出水面。应当高屋建瓴地对研究过程加以归纳、提炼、总结，用精确无误的语言来描述这一研究成果。它是本论部分分析论证的必然结果，文字宜干净利落。然而，有相当多的论文，其结论部分，要么是对自己的研究成果未能予以归纳总结，要么是用情绪化的语言表述某种愿望，使结论变成了空洞的豪言壮语。例如，"我们相信，只要我们坚定不移，不懈努力，就一定会……""随着经济时代的到来，企业竞争将会更加激烈，我们一定要……"这些套话是完全不必要的，它给人以虎头蛇尾匆忙收场的感觉。结论部分的主要内容是对论文进行概括综合，综述论证，介绍研究成果的意义及对论证的结果做出结论，并说明其适用范围，指出解决问题的途径，对课题研究进行展望，提出需要进一步解决的问题。

结论应是绪论中提出的问题和本论中论证结果的自然答案，是经过本论严密论证、水到渠成得出来的，使绪论、本论、结论三者相互呼应，首尾一贯，成为完美的逻辑构成。结论不应是一般意义上的研究结果，而是在研究的基础上由感性认识上升到理性认识。因此，结论的逻辑要严密，文字要简洁，措辞要慎重，观点要鲜明。结论在语句表达上必须十分明确，不能有多种含义，不要轻易放弃应该坚持的观点和独特的见解，但也不要轻率和武断，不能根据不充分的数据得出过大的结论，要留有余地，掌握分寸。在论据不充分的时候，不要拼凑结论，也可以只写出结果，而不加过多的主观见解。

6.1.2 社会科学论文的写作特点与方法

社会科学论文的撰写和格式比自然科学更为多样化，写法也比较自由，但同样有一种基本格式。例如，文科学位论文的基本格式，包含文前、主体、附录、结尾四部分。文前包括封面、封二、摘要和目录；主体部分包括绪论、正文、结论或建议、参考文献；附录只在必要时包含；结尾包括索引、可供参考的文献题录、附记或说明、封三和封底。

1. 论证型论文的写作特点与方法

论证型论文在社会科学论文中占据主导地位。这类论文的写作只能是对学术问题加以探讨和阐释的研究过程，也就是从理论研究的角度对某个学术问题加以解决的过程。如果对一般社会问题泛泛而谈，或者采取处理政治问题的方式去处理学术问题，就会使学术论文变成一般的社会理论或政治理论文章，失去学术论文的基本特征。

论证型论文的最大特点就在于它的理论性。本来，一般学术论文就是要"论"，而论证型论文则要求具有更高的理论思维，即严密的逻辑性，以达到"无懈可击""不容置辩"的说服力。

论文的理论性，是指对获得的事实材料进行归纳、分析、抽象、概括，形成概念、判断和进行推理，实现认识上的飞跃，对现象做出理论解释和理论分析，形成一定的科学见解或建立相应的理论，因为"感觉只解决现象问题，理论才能解决本质问题"。只有这样，论文所表达的研究成果或结论，才具有学术意义或实用价值，对实践也才具有理论上的指导作用。

为此，语言学家王力指出："撰写论文，第一点，也是最重要的一点，就是要运用逻辑思维。如果没有科学头脑，就写不出科学论文。所谓科学头脑，也就是逻辑的头脑。常常说，科研有两个条件，一个条件是时间，一个条件是分析能力。"

逻辑是研究思维的逻辑形式和逻辑规律的科学。要进行科学研究，要撰写社会科学论文，就要运用逻辑思维的方法，遵守思维的规律。

逻辑方法是科学研究的理论思维方法。在科学研究中，常用的逻辑思维方法有归纳和演绎、分析和综合、具体到抽象等。众所周知，理性认识比感性认识更真实，更深刻，更接近真理。正如列宁所说："一切科学的（正确的、郑重的、不是荒唐的）抽象，都更深刻、更正确、更完全地反映着自然。"恩格斯也说过："没有理论思维，就会连两件自然的事实也联系不起来，或者连二者之间所存在的联系都无法了解。"

在进行理论思维时，既要运用形式逻辑，即通过认识、判断和推理，把感性认识上升为理性认识，又要运用辩证逻辑方法，对抽象概念和一般认识进行再加工，形成把握事物整体的具体概念。也就是说，不仅要从感性具体到理性抽象——形式逻辑，还要从理性抽象到理性具体——辩证逻辑，使认识进一步深化。

论证型论文可以采用例证法、引证法、归纳法、因果法、演绎法、归谬法、反证法、排除法、类比法、对比法、喻证法等论证方法。

2. 考证型论文的写作要求与方法

《现代汉语词典》对"考证"的解释是,"研究文献或历史问题时,根据资料来考核、证实和证明",这可以作为理解考证型论文的基本思路。学术论文有时难免要研究历史文献或历史问题,从历史资料中寻找证据。这样的论文题目就是考证型题目,就这样的题目写成的文章就是考证型论文。考证在学术研究中是一门重要的学问。考证即考据,是根据文献资料对历史、语言等进行核实、证明、研究的一种方法,着重对古籍的文字音义及古代的名物、典章制度进行考核辨释。它的主要任务是运用直接或间接的材料,考定事物的真实性,或推导出具有真实性的论断。从古籍真伪的辨别到名家世系的探究,从文字异同的考证到历史事实的考辨,往往具有发展、补充及纠正历史定见、定论的价值。

（1）考证的方法　考证的方法,主要是根据事实的考核和例证的归纳,提供可信的材料,做出一定的结论。考证的方法主要有事实考证法和例证归纳法两种。事实考证法即通过直接事实或间接事实的考核,取得直接或间接的可信材料,来订正前人不确切的或错误的结论。例证归纳法是通过考察所获得的大量文献资料,经过归纳、对比、鉴别,来订正或补充前人的意见、观点或定论,得出新的结论。这种例证归纳考证法,除了对事实进行考证外,还要对事实进行归纳、对比和分析,才能得出可信的结论,因而带有论证的特点。

（2）要求和方法　由于考证型论文以研究辨别事物的真伪为主要任务,因此在写作之前,必须搜寻足够的事实和论据,不然无法写作。为了考证的说服力强,搜寻的可靠事实和确凿证据越多越好,因为"事实胜于雄辩",事实最有说服力。考证型论文的构成和格式,和其他社会科学论文大致相同,即"三段式":先亮明质疑（绪论）,再例证归纳（本论）,最后得出结论。

3. 诠释型论文的写作特点与方法

（1）诠释型论文特点　诠释就是对客观事物的详细解释,阐明事理,并揭示真谛。诠释型论文所做的诠释,不单指对词义做诠释,而是对某学科领域的有价值的问题做科学的诠释。这种诠释应是对事物因果关系的概括,以及对规律、作用的揭示,如对科学理论、原理、原则做出周密阐释,对社会现象、规律做精确的说明,对史实、事实、事件做出客观的解释。一些现象一经理论解释,人们对其本质和规律的认识就会前进一步。因此,科学的诠释有时就成为科学的结论;对一些司空见惯现象的解释,正是理论与实践结合的表现,甚至可能是理论发展的表现。

科学的诠释是为了解决理论或实际问题,不是为了诠释而诠释,不能总是在抽象的、内涵贫乏的概念上兜圈子。例如,欧洲中世纪经院哲学家不联系具体实际,在亚里士多德的概念诠释中,消磨了一代又一代人的宝贵年华,结果导致经院哲学的灭亡。同样,中国从汉代以来的经学也是如此,以诠释所谓的"至贤之道"为大业,其结果也是葬送了经学。

（2）写作要求与方法　诠释型论文的诠释,是科学的诠释,应是全面的、本质的、客观的,而不是片面的、表象的和主观臆断的,因为它所追求的是一种科学的必然。诠释型论文的写作必须有充分的事实根据、科学的理论指导和客观求是的科学态度。

1）以权威理论和充分的事实作为诠释的依据。无论是对理论的诠释,还是对事物的说明,都必须有充分的依据。这样才能准确、完整地说明诠释对象是什么,不是什么,为什么是,为什么不是等一系列问题。诠释时对概念的内涵和外延都要做明确的规定,不能拖泥带水，其内容要一清二楚，不能有半点含混不清之处。

2）表达要求具有准确性、平实性和科学性。诠释型论文以陈述、阐述和阐释为主要表达手法，语言的运用要准确、明白、规范、平实、浅近。在表达时一般不发或少发议论，不采用描写、形容、渲染、夸张等手法，论证的文字也要有节制。这类论文的可读性，主要是通过阐述的精确、深刻和例证的典型来体现，以及可能做到的生动、形象、活泼。

3）构成格式。诠释型论文的构成格式与一般社会科学论文大体相近，也是由绪论、本论、结论的"三段式"组成，即提出对象、诠释对象和结尾三部分。但根据诠释对象所涉及的范围和项目的需要，有时结论的内容不一定放在结尾，而是分散在诠释对象的各个具体项目之中，诠释部分也就是结论部分，二者合一。

6.1.3 不同专业的社会科学论文写作

1. 语言学科论文的写作

语言学科论文是对语言学科范围内某个理论问题或应用问题做系统性探讨，并发表个人见解，进而形成的书面文本形式。语言学科的论文写作，选题范围比较广泛，现代汉语、古代汉语、语言学理论都包括在内。其中古代汉语、现代汉语又都包括语音、文字、词汇、语法、修辞等方面的内容。语言学科所涉及的各方面的内容，都可以作为选取的对象。

写作语言学科的论文，要考虑如下几点：从语言现象出发寻找规律；从比较中揭示特点；从民族的自然环境、文化传统揭示语言的特点。

2. 文学学科论文的写作

文学学科论文研究范围广，如古典文学、现代文学、当代文学、外国文学、儿童文学、民间文学、文艺理论等，研究的层次多样。总之，古今中外的文学现象或问题都可以作为选题的对象。按文学的不同种类又可分为小说、戏剧、诗歌、散文、词、曲、赋等。研究文学现象离不开研究作品，离不开文学发展的历史和现状。研究的角度也是多种多样，是多层次、多侧面、多角度的，可以选取心理学、情感现象学、形象思维学去审视，也可以从语言学、修辞学、文体分类学、风格学角度去研究作家的作品。

1）写作文学学科论文着重研究的问题。这包括：作品产生的时代背景；作家的生平和创作道路；研究某一作家。

2）从文学的内外部规律进行研究。这包括：从文学与政治基础、意识形态各部门的关系，文学的外部规律方面进行研究；从文学本身的特点、文学本身表达方式（如作品的思想倾向、艺术构思、情节安排、人物塑造等）和文学的内部规律方面进行研究。

3）多层次多角度研究作家的作品。

3. 历史学科论文的写作

历史学科论文的写作要求作者在辩证唯物主义和历史唯物主义理论的指导下，通过对历史材料的分析、研究，得出合乎历史实际的科学结论。写历史论文要注意以下四个问题。

（1）搜集历史的资料 老一辈学者研究历史，强调要掌握目录学、年代学、历史地理学、官制史"四把钥匙"。搜集材料和选择材料是厚积薄发的过程。任何科学研究都有一定的继承性，都是在前人研究的基础上的发展和提高。当然，引用他人著作或论文中的观点、材料与方法作为自己论述的根据，一定要明确标记。

（2）鉴别史料的真伪 对史料真伪和价值的判断直接关系到论文的成败和论文质量的

高低。怎样去鉴别史料的真伪呢？梁启超在其所著《中国历史研究法》和《古书真伪及年代》两书中总结的经验和方法可供借鉴。其中的主要观点是：见到一本可疑的古书，首先去查阅《汉书·艺文志》和历代《经籍志》，看看该书是否已有著录，弄清它何时出现或何时佚缺，以明源流；再看该书同时代或后代的著作对该书有无引用和发挥；然后看该书使用的语言、文体风格与同时代的同类著述对比有无差异；最后看该书所记载的事迹是否与当时的实际相符合。上述答案如果都是否定的，就可以判定该书是伪作。这四条经验不仅对辨识古书的真伪有用，对于辨识现代史书的史料真伪也有参考价值。

（3）要与理论相结合　占有史料是论文写作的基础。但是仅仅有史料这个基础，还不能形成论文，因为史料只提供研究的素材，而不是研究本身。要形成论文，还得对史料进行分析研究，加工提炼，形成概念和理论体系，得出科学的结论。

（4）运用历史比较法　历史的比较研究是指对历史上的事物或概念，包括事件、人物、思潮和学派等，通过多种方法进行比较对照，判明其异同，分析其缘由，从而找出共同规律和特殊规律的一种方法。

4. 经济学科论文的写作

经济学科论文是专门用来进行经济科学研究和表述经济科学研究成果的文章。经济学科论文不同于经济报道，它不在于反映经济活动的外观，而是着力于探究和揭示经济活动的内涵。经济学科论文也不同于一般议论文，它不是仅就某一具体问题议论是非得失，而是站在一定的理论高度来观察和分析带有学术价值的经济现象，引述各种事实或道理去论证自己的新发现、新见解，汇报自己研究的新成果。经济学科论文选题的范围也是十分广泛的，有经济理论问题、经济发展战略问题、经济经营和管理问题、经济改革问题、基础经济科学问题，也有应用科学问题，还有经济技术等方面的问题。总之，各种各样的经济问题都可以作为选题的对象。

撰写经济学科论文要注意以下问题：

1）用马克思主义经济学说去分析、说明，概括新的历史条件下出现的经济问题。

2）要符合客观经济规律，用数据说话，提倡经济性问题要进行投入产出分析。

3）用系统论、信息论、控制论的方法来研究经济活动规律。

6.2　自然科学论文的写作方法

自然科学论文包括理、工、农、林、医等学科，每一学科又分为若干专业，各专业的研究对象、手段和方法又各不相同。有的学科以实验为研究手段，利用实验发现新现象，寻找规律，验证某种理论和假说。这类学科是以实验结果作为自己的主要成果，如农、林、医等；有的学科是先提出假说，进行逻辑推理，借助数学等手段进行研究。这类学科的理论要依靠实验结果来检验，它的研究又以实验结果为前提，如化学、物理等；有的学科（如数学）是理论的研究，而不需要实验。由于学科不同，研究方法不同，就构成了它们的相异点。但是它们异中有同，还是有共同规律可循的。

自然科学论文的组织，最有效的方法是回答四个方面的问题：①问题是什么？回答就是引言；②如何研究这个问题？回答是材料和方法；③有何发现？即结果与分析；④它们意味着什么？就是结论与讨论。

自然科学论文的构成一般包括（按顺序）：题目（不超过 20 个汉字）、作者署名（多位作者的署名之间应用逗号隔开，不同单位的作者，应在姓名右上角加注阿拉伯数字序号）、作者单位（写明地址和邮政编码，并在其单位名称之前加与作者姓名序号相同的数字，各单位之间连排时以分号隔开）、中文摘要（300~500 字为宜）、关键词（3~8 个）、中图分类号、文献标识码、文章编号、英文题目、作者（汉语拼音）及英译单位、英文摘要（abstract）、关键词（key words）、正文、致谢、参考文献。

自然科学论文写作的一般步骤：选题（有某些见解）→进行研究熟悉相关的文献→确定"需要深入研究的信息"（假设是什么，结论是什么）→构思（想到内容逐一写成段落）→确定论文的基本格式→简短提纲（扣题）→写作（内容上要立论正确，简明扼要，有创造性；在结构上要系统化，条理化，脉络清楚。思索新素材，尽可能考证你的论断，做不到则删去）→检查（修饰）→进行英文编辑→选择投稿的期刊，对期刊有所了解（熟知投稿须知）→对稿件进行自我审稿和交给他人审稿→确定潜在的评审人→在线提交稿件和申请函。

6.2.1　标题的写法

标题又称为题名或题目。标题是以最恰当、最简明的词语反映论文中最重要的特定内容的逻辑组合。每篇论文首先映入读者眼帘的便是该论文的标题。人们从文摘、索引或题录等情报资料中，先找到的也是论文的标题。通常浏览论文，也是先以标题作为最主要的判断来决定是否有阅读的必要，是否登录文摘刊物或数据库。因此，标题是一篇论文的缩影与代表，是"提纲的提纲"，对于论文内容，具有重要的提示作用。好的标题，能使读者透过它而了解论文的全貌，从而诱导读者的注意力和兴趣，使读者在看标题的一瞬间触发其阅读全部论文内容的兴趣，进而阅读全文。

1. 标题的类型

从功能的角度看，学术论文的标题一般可分为三类：总标题、副标题和分标题。总标题是标明论文中心内容的句子或词组，一般来说，论文的总标题可作为论点；副标题是用来进一步对总标题的内容进行说明或补充，一般在总标题不能完全表达论文主题时采用，如"种群动力学中的一类数学模型——基于微分方程的方法"；分标题是论文的段落标题，也是论文的内容提纲。

从表现形式上看，学术论文标题可分为问题式、叙述式、比较式、对比式等。问题式是以提问的形式为标题，这种标题的特点是向读者提出问题，以触发读者的好奇心；叙述式是将论文的主旨直接说出来，并可分为肯定叙述和否定叙述两种；比较式标题是用较好的和最好的来说明论文主题，从而吸引读者；对比式标题的特点是把两种或两种以上的研究对象放在一起对比，形成反差，从而吸引读者去看原文。

【例 6-1】"双向选择就业条件下如何提高毕业论文的质量"（问题式）、"移动式承载索应用于特大桥吊装工程的设计"（叙述式）、"林业绞盘机与土建卷扬机的比较研究"（比较式）、"动态数据校正方法的若干改进"（对比式）。

2. 标题的要求

学术论文都有题目，不能"无题"。对论文题目的要求是：准确表达、力求通俗、简短精练、规范鲜明。所谓准确表达，就是要求标题如实地表达论文最主要的特定内容，恰当反映所研究的范围和深度；既能概括全篇内容，又能引人注目。常见问题是标题过于笼统

（如把研究对象扩展到同类对象，或把一个问题扩充到整个学科等），文题不符。

【例 6-2】 论文题目"绞盘机设计"显得过于笼统，若改为针对研究的具体对象来命题，如"无卷筒离合器的轻型绞盘机设计"，效果会好得多。

力求通俗就是确定学术论文标题时，应注意尽量避免使用不常见的符号和特殊术语、外来语、化学式、专利商品名、缩写词和代号等，以免妨碍读者的理解。

简短精练是指学术论文的标题像一种标签，务必精练、简明和醒目。按我国国家标准要求，论文标题一般不宜超过 20 个汉字。题目大小应与内容符合，不过，不能由于一味追求字数少而影响题目对内容的恰当反映，在遇到两者确有矛盾时，宁可多用几个字也要力求表达明确。尽量不设副标题，不用第 1 报、第 2 报之类。如果根据论文内容需要，总标题在不可能简短的情况下，可加副标题，用以辅佐主标题，或做补充说明。

3. 注意的问题

1）标题要能吸引不一定会读这篇论文的读者。

2）标题中避免同义词和近义词连用，如"……的研究与探讨"等。

3）标题不要太绝对。

4）标题不是一个带有主、谓、宾完整结构的句子，而是短语和词组；避免用动宾结构；题目中至少有两个以上的关键词。不能将论文题目写成广告语或新闻报道用语。

5）标题不要太长，都用直叙，标题一般不用标点，不用惊叹号或问号，并列关系用空一字表示。

6）标题应尽量避免使用抽象的结构式或同行不熟悉的符号、缩写语等。

7）多数编辑部反对主标题、副标题的安排，以及连续小标题的使用。

8）分标题中的层次设置尽量一致，不要出现层次缺失现象。

9）分标题的字数不要太多。

10）分标题使用排比句。

6.2.2 署名的写法

1. 署名的意义

学术论文应该署真名和真实的工作单位，主要体现责任、成果归属并便于后人追踪研究。严格意义上的作者是指对选题、论证、查阅文献、方案设计、建立方法、实验操作、整理资料、归纳总结、撰写成文等全过程负责的人，应该是能解答文章的有关问题者。

署名的意义主要有以下三个方面：

1）作为拥有版权或发明权的一个声明。版权是指对某一著作物的出版权。拥有这种权力的是著作人，他可以与出版者订立合同，转让或收回版权。在论文（或其他著作物）上署名，就是宣布拥有版权的一个声明。一般来说，这种署名一旦履行了一些必备的程序（如公开发表或经公证）就受到了法律的保障。从发明创造的角度来看，论文的写作过程是一种重要的创造过程，是脑力劳动的一种重要形式。论文的完成意味着某个新科学理论成果的完成或者一项新技术的发明。在论文上署名，就是宣布拥有这种发明权。从这个角度来看，也可以把署名视为作者通过辛勤劳动所应得的一种荣誉，借此求得社会的承认和尊重。

2）反映了作者文责自负的一种精神。所谓负责，一是要负法律责任，二是要负学术责任，三是要负道义上的责任。如果论文存在剽窃、抄袭、损害国家利益或者在科学上有严重错误，并导致严重后果或被指控有其他不道德的和不科学的问题，那么署名者就理应担负全部责任。从这点看来，署名是一件非常严肃和庄严的事情。

3) 有利于读者同作者联系及进行文献检索（作者索引）。

2. 署名的方式

（1）署名的主要形式　署名的主要形式有集体署名与个人署名两种。其中个人署名是最基本的形式。集体署名有两种形式。一是多作者的集体署名。多作者的论文署名有多达十几名，甚至几十名的。二是团体或单位的署名形式，一般与个人和集体署名形式并存，但绝大多数只表示个人或集体作者的所在单位，如某研究所、某研究室、某研究小组等。

在科学研究中，任何集体研究和大集团性的研究，都是建立在个人努力的基础之上。因此，学术论文理应尊重客观事实，反映个人所做的劳动，这是个人署名形式依然存在的客观原因之一；另外，一项大的科研成果往往是由许多人的小成果组成的，大成果可集体署名，但小成果可以独立地写成论文发表，个人署名形式自然被所撰论文所采用；再者，现代自然科学实际上还存在着一些可以采用单独的科研活动来完成的项目。比如，数学及主要用数学方法来进行研究的理论物理、理论力学等学科，以及理论性较强的边缘学科等，常常是可以采取单独的科研活动来完成的，这是个人署名形式存在的又一原因。

（2）作者署名的条件　美国《内科学纪事》中指出作者署名的五个条件：必须参与过本项研究的设计和开创工作，如在后期参加工作，必须赞同研究的设计；必须参加过论文中的某项观察和获取数据的工作；必须参与过观察所见和所取得的数据的解释，并从中导出论文的结构；必须参加过论文的编写；必须阅读过论文的全文，并同意其发表。这些原则对学术论文的署名有一定的参考价值。

（3）署名的注意问题　多数期刊要求只限主要贡献者，一般 5~8 人。如有需要，其他贡献人可加注在文章正文末致谢；作者顺序按对文章贡献大小排序，地位最高的作者并非第一作者；署名应征得本人同意。学术指导人根据实际情况既可以列为作者，也可以一般致谢。行政领导人一般不署名。作者单位署名应写标准全称，内容包括作者单位的名称、单位所在市（县）和邮政编码。

6.2.3　摘要的写法

1. 概念和作用

摘要又称为提要，常放在篇首，简要地概括全文，要精心撰写，使其有吸引力。摘要是以提供论文内容梗概为目的，不加评论和补充解释，简明、确切地记述论文重要内容的短文。要让读者看了摘要就像看到了全文的缩影，或者看了摘要就想继续看全文的有关部分。其基本要素包括研究目的、方法、结果和结论。具体来说，摘要的主要内容要包括研究工作的主要对象和范围、采用的手段和方法、得出的结果和重要的结论，有时也包括具有情报价值的其他重要信息。摘要应具有独立性和自明性，并且拥有与文献同等量的主要信息，即不阅读全文，就能获得有关论文的必要的信息。

摘要的主要作用有两个。一是让读者尽快了解论文的主要内容以补充题名的不足。现代科技文献信息浩如烟海，读者检索到论文题名后是否会阅读全文，主要就是通过阅读摘要来判断。二是为科技情报文献检索数据库的建设和维护提供方便。论文发表后，文摘期刊或各种数据库对摘要可以不做修改,或稍做修改后使用,从而避免他人编写摘要可能产生的误解、欠缺,甚至错误。同时,论文摘要的索引是读者检索文献的重要工具。所以,论文摘要的质量高低,直接影响着论文的被检索率和被引频次。

2. 摘要的分类

摘要主要分为报道性摘要、指示性摘要和报道-指示性摘要。

(1) 报道性摘要　报道性摘要是指明一次文献的主题范围及内容梗概的简明摘要,相当于简介。报道性摘要一般用来反映学术论文的目的、方法以及主要结果与结论,在有限的字数内向读者提供尽可能多的定性或定量的信息,充分反映该研究的创新之处。所以,学术性期刊多选用报道性摘要,用比其他类摘要字数稍多的篇幅,向读者介绍论文的主要内容,篇幅一般在300~500字。

(2) 指示性摘要　指示性摘要是指明一次文献的论题及取得的成果的性质和水平的摘要,其目的是使读者对该研究的主要内容(作者做了什么工作)有一个轮廓性的了解。创新内容较少的论文,其摘要可写成指示性摘要,一般适用于学术性期刊的简报、问题讨论等栏目及技术性期刊等,只概括地介绍论文的论题,使读者对论文的主要内容有大致了解,篇幅一般在100字左右。

(3) 报道-指示性摘要　报道-指示性摘要是以报道性摘要的形式表述论文中核心部分的内容,其余部分则以指示性摘要形式表达,篇幅一般在100~200字。

3. 写作的要求

1) 排除本学科领域已成为常识的内容。切忌把应在引言中出现的内容写入摘要,也不要对论文内容做诠释和评论(尤其是自我评价)。

2) 不得简单重复题名中已有的信息。

【例6-3】　一篇文章的题名是"天然次生林考虑伐后环境损失的多目标决策评价",摘要的开头就不要再写:"为了……对天然次生林考虑伐后环境损失的多目标决策进行了评价……"

3) 结构严谨,表达简明,语义确切顺畅。摘要先写什么,后写什么,要按逻辑顺序来安排。句子之间要上下连贯,互相呼应。摘要慎用长句,句型应力求简单。摘要的每句话要表意明白,无空泛、笼统、含混之词,摘要不分段。

4) 摘要不使用引文,要采用第三人称。不用引文,除非该文献证实或否定了他人已出版的著作。要用第三人称的写法,应写成"对……进行了研究""报告了……现状""进行了……调查"等。不要写成"本文……""作者……""我校……"等。

5) 不使用非公知非公用符号和术语。新术语或尚无合适中文术语的,可用原文或译出后加括号注明原文。

6) 一般不用数学公式和化学结构式。除了实在无法变通以外,一般不用数学公式和化学结构式。

7) 论文摘要写作时应注意的其他事项。

① 采用法定计量单位,正确使用语言文字和标点符号、缩略语等。

② 内容概括全文;结构上用最准确、最简洁的语言文字表述研究的时间、目的、试验方法、结果和结论;具备独立性,二次检索将单独发表,自成体系,能清楚地解释论文中论述的内容,是一篇完整的短文;摘要中绝对不能出现论文里没有叙述的内容或结论;不能在摘要中

引用参考文献。

③ 不用图与表。

④ 如果可能的话，在撰写完论文之后再写摘要。

4. 英文摘要

英文摘要与中文摘要相对应，提倡独立于中文摘要，篇幅可长到 1 个版面。英文摘要的内容要概括研究目的、方法、结果和结论（或讨论），其中包括主要数据、新观点、新结果等，以使英文读者可直接从英文摘要和图、表中了解到该文的核心内容。

文章最好采用第三人称表述，一般用被动语态，时态以一般现在时或一般过去时为宜，最好不用过去完成时。

动词应与主语保持一致，注意代词主格与宾格的使用，最好不用介词结束全句，不要使用双重否定。

6.2.4 关键词与正文前其他

1. 关键词的作用

关键词是为了文献标引工作，从论文中选取出来，用以表示全文主要内容信息的单词或术语。学术论文的关键词是从其题名、层次标题和正文中选出来的，能反映论文主题概念的词或词组。关键词包括叙词和自由词。叙词指收入《汉语主题词表》等词表中可用于标引文献主题概念的经过规范化的词或词组。自由词是反映该论文主题中新技术、新学科尚未被主题词表收录的新产生的名词术语或在叙词表中找不到的词，如关键词"原子能"（规范的主题词是"核能"）。

关键词是为了适应计算机检索的需要而提出的，位置在摘要之后。早在 1963 年，美国的《化学文摘》（Chemical Abstracts，CA）从第 58 卷起，就开始采用计算机编制关键词索引，提供快速检索文献资料主题的途径。在科学技术信息迅猛发展的今天，全世界每天有几十万篇学术论文发表，学术界早已约定利用主题概念词去检索最新发表的论文。作者发表的论文不标注关键词，文献数据库就不会收录此类文章，读者就检索不到。论文关键词选得是否恰当，关系到该文被检索和该成果的利用率。学术论文一般写 3~8 个关键词。

2. 关键词的选择

（1）选择关键词的原则　关键词应按《文献主题标引规则》（GB/T 3860—2009）的原则和方法，参照各种词表和工具书选择。未被叙词表收录的新学科、新技术中的重要术语及文章题名的人名、地名也可作为关键词标出（自由词）。选择关键词时，一般在作者完成论文写作后，纵观全文，先选出能表示论文主要内容真正关键的学术词汇，不要硬凑一般性用词或词组。这些词或词组，可以从论文标题中挑选，也可以从论文内容中挑选。

（2）关键词的标引　标引是指对文献和某些具有检索意义的特征，如研究对象、处理方法和实验设备等进行主题分析，并利用主题词表给出主题检索标识的过程。对文献进行主题分析，是为了从内容复杂的文献中找出构成文献主题的基本要素，以便准确地标引所需的叙词。标引是检索的前提，没有正确的标引，也就不可能有正确的检索。学术论文应按照叙词的标引方法标引关键词，反映文章最主要内容的标准名词术语，并尽可能将自由词规范为叙词。

3. 正文前其他

（1）中图分类号　中图分类号是指采用《中国图书馆分类法》对科技文献进行主题分

析，并依照文献内容的学科属性和特征，分门别类地组织文献所获取的分类代号。目前按2010年9月北京图书馆出版社出版的《中国图书馆分类法》（第5版）查找确定。

（2）文献标识码　根据2006年中国学术期刊（光盘版）编辑委员会颁布的《中国学术期刊（光盘版）检索与评价数据规范》（CAJ-CD B/T 1—2006）规定：为便于文献的统计和期刊评价，确定文献的检索范围，提高检索结果的适用性，每一篇文章或资料应标识一个文献标识码。该规范共设置以下五种。

A——理论与应用研究的科研报告、综述报告、学术论文、文献综述与专题讨论。

B——实用性技术成果报告（科技）、理论学习与社会实践总结（社科）。

C——业务指导与技术管理性文章（包括领导讲话、特约评论等）。

D——一般动态性信息（通讯、报道、会议活动与专访等）。

E——文件、资料（包括历史资料、统计资料、机构、人物、书刊与知识介绍等）。

不属于上述各类的文章及文摘、零讯、补白、广告与启事等不加文献标识码。

英文文章的文献标识码以"Document code："作为标识。

（3）文章编号　为便于期刊文章的检索、查询、全文信息索取和远程传送及著作权管理，凡具有文献标识码的文章均可标识一个数字化的文章编号，该编号在全世界范围内是该篇文章的唯一标识。文章编号由各期刊编辑部给定。

文章编号由期刊的国际标准刊号、出版年、期次号及文章的篇首页码和页数等5段共20位数字组成。其结构为 XXXX-XXXX（YYYY）NN-PPPP-CC。其中，XXXX-XXXX 为文章所在期刊的国际标准刊号（ISSN），YYYY 为文章所在期刊的出版年，NN 为文章所在期刊的期次，PPPP 为文章首页所在期刊页码，CC 为文章页数，"-"为连字符。

期次为两位数字。当实际期次为一位数字时，需在前面加"0"补齐，如第1期为"01"。仅1期增刊用S0，多于1期用S1，S2，…，Sn。

文章首页所在页码为4位数字；实际页码不足4位者，应在前面补"0"，如第139页为"0139"。文章页数为两位数字；实际页数不足两位数者，应在前面补"0"，如9页为"09"。转页不计。文章编号由各期刊编辑部给定。

【例6-4】　文章编号 1671-6922（2011）03-0086-05，为发表在《福建农林大学学报》（哲学社会科学版）2011年第3期第86~90页（共5页）上题为"工程索道国家级精品课程建设"（作者：周新年等）一文的文章编号。

（4）英文部分中的题目、作者署名、作者单位和关键词内容　均应与中文部分相对应。

（5）首页注脚　来稿首页注脚应注明课题来源及课题名称，获得基金资助产出的文章（省部级以上重大课题基金资助产出的文章予以优先考虑刊用），应以"基金项目："作为标识注明基金项目名称，并在圆括号内注明其项目编号。多项基金项目应依次列出，其间以分号（；）隔开。"作者简介："注明姓名（出生年份）、性别、籍贯、职称、学位、研究方向。"收稿日期："和"改回日期："以编辑部收到日期为准。

6.2.5　引言的写法

论文的引言也称为导言、前言、序言，是论文的开始部分。引言是引人入胜之言，很重要，要写好。一段好的引言常能使读者明白你这份工作的发展历程和在这一研究方向中的位置。引言的作用在于补充和强化主题，介绍论文的写作背景，强调论文的观点、方法、理论和成果，其目的可以归纳为：激发读者的兴趣，提出研究的理由，阐述研究的目的，陈列研究的假设。

1. 引言内容

引言的内容主要有研究主题、研究目的和研究理由。具体包括：属于哪一方面的课题、确定课题动机、立题依据、研究目的、基础、起因，希望解决什么问题，有何作用和意义，理论依据和实验设备基础，预期目标，本课题在学科领域中所占的地位，研究所涉及的界限、规模或范围，对他人已有成果的评价及相互关系、新概念和新术语的定义等。在学术论文里，上述内容不必逐一涉及，可按具体情况取舍。

2. 写作要求

文字要简练、风趣、吸引读者。引言要以简明扼要的文字叙述文章的背景信息、目的和意义，说明前人已经做过的相关工作，明确研究工作的基本原理、采用方法、预期效果、性质和范围，回顾有关的文献，提出需要解决的问题，描述研究的方法及主要结果等。凡引用前人相关的研究成果，如观点、方法、公式、图、表等，必须注明出处，所引用的参考文献必须是由正式出版物已经公开发表的。多数期刊的引言部分不设标题，不加题号。

（1）突出重点　引言应言简意赅，各项内容应一语道破。教科书上有的知识或人所共知、显而易见的功用或含义，在引言中不必赘述。在引言里，应重点写好目的、理由和背景。

（2）客观评价　在引言中谈到自己的工作时，要注意实事求是，切忌武断地说："前人没有研究过""达到了国内先进水平""接近世界水平""填补了一项空白"等。对于前人在相关领域已做的工作，要客观地介绍，不应有意贬低，以免引起不良效果。

（3）不用套话　在引言中一般不要使用"才疏学浅，水平有限""疏漏谬谈之处，恳请指教""抛砖引玉"这些客套话。

（4）避免雷同　引言与摘要有很大区别，不要与摘要雷同，或者把引言变成摘要的注释。

（5）首尾呼应　在一些学术论文中，经常存在着开头与结尾不能照应的现象。如在论文的引言中提出了论文的主旨和目的，但却未在论文的结语（结论）中说明目的实现的情况，得出了什么结论，解决了哪些理论的或实际的问题；在论文的引言中谈到历史背景和前人的工作，但在论文的结语（结论）中却未说明对前人或他人有关问题做了哪些检验，哪些与本文研究结果一致、哪些不一致，作者做了哪些修改、补充、发展、证实或否定，还有哪些未解决的遗留问题等。因此，学术论文的写作也应学习文学作品的写作手段，讲究首尾呼应。

6.2.6 正文的写法

1. 内容及要求

一篇论文的正文部分是指介于论文的第一部分"引言"和最后一部分"结束语（结论）"之间的内容。正文是一篇论文的本论，属于论文的主体，它占据论文的最大篇幅。论文所体现的创造性成果或新的研究结果，都将在这一部分得到充分的反映。因此，要求这一部分内容充实，论据充分、可靠，论证有力，主题明确。一般来说，正文总是可以包括以下部分或内容：调查与研究对象、实验和观测方法、仪器设备、材料原料、实验和观测结果、计算方法和编程原理、数据资料、经过加工整理的图表、形成的论点和导出的结论等。当然，其中的结论可以单独设一部分（或一节）展开叙述。正文的段落和划分，应视论文性质与内容而定。《科学技术报告、学位论文和学术论文的编写格式》指出："由于研究工作涉及的学科、选题、研究方法、工作进程与结果表达方式等有很大差异，对正文内容不能做统一的规定。但是，必须实事求是、客观真切、准确完备、合乎逻辑、层次分明、简练可读。"

2. 正文的写法

（1）标题式写法　采用标题式写作正文的方法，就是要把写的内容在论文的总标题下分别设计出若干个分标题，然后将搜集的资料分别按分标题的意思归纳整理出文字，即成论文。分标题可以是单词或短语，它们在语法上是平行的，属于同一层次。分标题越具体越好，否则写出的内容也同标题一样空泛。

拟订标题式提纲时，首先，要考虑拟订的提纲应能从最佳角度说明主题。比如，根据占有的资料，是从实验角度、计算角度还是从理论角度，才能更好地说明论题？经过分析之后，再拟出恰当的分标题。其次，要考虑文章的布局如何有利，先说什么、后说什么，才能使论题一清二楚、层次分明。再次，应考虑什么样的分标题可以最大限度地利用搜集的资料，这实际上也是写作的构思问题。构思巧，立意新，写出来的论文说服力与吸引力就强。要尽量使拟订的标题式提纲有利于揭示材料之间的内在联系，有利于揭示论证的内在本质属性，并能紧密围绕中心论题。

拟订标题式提纲时还要考虑论文的结构，使正文写出来以后能够反映与论文有关的科学研究的推理过程，文章本身的逻辑性自然也在考虑之中。文章的结构如何直接影响论文的布局，而布局对于组织应用写作材料是非常重要的，这些都要在拟订标题式提纲时加以注意。通常，都把论文的主旨放在开头，把论证的细节依次展开，而把结论部分放在末尾。这样就形成了如下标题式提纲：引言、方法、讨论、结果等。

（2）中心句式写法　中心句式写法，就是在拟就提纲时先根据论题与论据提炼出若干表达论文主要内容的句子（中心句），然后按照层次，即按照论文展开的逻辑理顺和选择中心句，列出句子式写作提纲。通常，一个中心句可以展开为一个文章的段落，把与中心句有关的"细节"补充到段落中，也就是用各种细节支持中心句所表达的意思，即可写成论文。

中心句是一个完整的句子，表示一个完整的意思。它的提炼应该比设计分标题更难一些。但是，拟就了中心句（提纲）以后，文章也就好写了。这种写作方式近年来应用得很多。中心语句提炼得好，可以使读者在阅读论文时，知道这些文字的意思，很快地理解这一段落的内涵。

细节的描述（对中心句起着支持性、补充性作用的描述）非常重要，它们用各种方式、从各种角度对中心句进行强调和支持。凡是与中心句所表达的意思有关的原理、定律、定义，有关的表达式、计算式、函数式，有关的原理图、线路图、曲线图，有关的设备、装置、线路，有关的试验、数据、资料，有关的注释、说明、参考文献等，都可以看作是论文的细节。也就是说，一个中心意思的展开，可以用文字强调、解释，用定律、定义从理论上证明，也可用计算进行验证，用图表进行表达。细节的搜集就是材料的搜集，细节的组织就是对占有材料的利用，细节的描写就是对占有材料的表达技巧。对于中心句式（提纲）论文的写作方法，可以归纳为中心句的提炼与细节的描写。

显然，与标题式写法相比，中心句与正文有着更直接的联系，对正文的写法与写作深度起着决定性作用。

（3）理论型论文写法　理论型论文的正文没有固定格式，它的结构形式千变万化，但论文各个部分之间应该有紧密的联系，体现一定的逻辑关系。这种逻辑关系可以是并列的模式关系，即将研究的问题划分为若干并列的方面进行论述；也可以是逐层深入的纵式关系，即按照从现象到本质、从原因到结果或从结果到原因等逻辑顺序进行论述；还可以是并列和层次相结合的纵横交织的关系。

完全以抽象的理论为研究对象的理论型论文，其正文常见的结构形式有证明式、剖析式和运用式。证明式是先给出定义、定理，然后逐一证明；剖析式是将原理或理论分解为几项（方面）逐项研究；运用式是先给出公式、方程或原理，然后进行计算推导，最后运用于实例进行测定。

以观测资料和文献资料为研究对象探讨规律的理论型论文，其正文常见的结构形式有时间式、空间式和现象本质式。时间式是以写作时间先后和事物发展过程为顺序的结构；空间式是以事物的方位和构成部分为顺序的结构；现象本质式是先叙述观测的现象和有关资料，然后进行分析，找出本质和规律。

除上述结构形式外，还有以因果、特征、组分、性质、种类、功能、作用与意义为顺序的各种结构形式。这些结构形式有时还会复杂地交织在一篇论文中。不管理论型论文的正文结构怎样复杂，都应该是事物本身的逻辑顺序和人们认识的条理性的反映。

（4）实验型论文写法　实验型论文的正文一般有"材料和方法""结果与分析"和"结论与讨论"三个部分。有时方法和结果可以合为一个部分，有时结果和讨论可以合为一个部分；有时只需有结果和讨论，有时只需有方法和结果。

1）材料和方法。"材料和方法"是为了向读者介绍获得成果的手段和途径，也是作者从事研究工作的思想方法、技术路线和创造能力的具体反映。一般来说，要获得创造性研究成果，首先要有创造性的实验和方法。当然，也有一部分研究工作是利用别人的实验而观察到别人所没有观察到的结果，在这种情况下，材料和方法这一部分便可省略，只需在结果部分做简略说明。"材料和方法"这部分的内容如下：

① 实验用的材料，包括材料的来源、产地，材料的制备、加工方法，材料的性质、特性，材料的代号、命名等。如果实验的对象是人，应将小标题改为"对象和方法"。

② 实验的设备、器材装置和仪器、动物和试剂及其规格，包括它们的名称、型号、精度、纯度、生产厂家、性能、特点等。使用的装置和仪器不是标准设备时，必须注明，并对其测试精度做出检验和标定。如果是自己研制的设备或对已有设备做了改进，应着重说明，讲清设计的理论根据，并画出原理图或构造示意图。

③ 实验的方法和过程，包括创造性的观察方法、观察结果、结果的运算处理方法和公式、实验过程中出现问题的处理方法、操作应注意的问题、观察结果记录的方法和使用的符号、指标、判断标准等。其主要内容包括试样的技术规格、数量及来源或制备方法，试验地点的地理位置、规模及其他特征，试验时间的长短，试验重复次数，使用材料的特点、数量等，应具体描述试验设计、分组、数据的观测和统计处理方法等，说明研究（数据、现象

等）结果的来源。

上述内容是撰写一篇实验型论文所能包括的项目。具体到某一实验时，并非要一一列出，写作原则是提供给读者重复该实验时所必需的信息。在这个原则下，力求简洁，一些常见的实验材料可不介绍或只介绍规格和型号；一些众所周知的方法可略去；材料很多、装备复杂、方法抽象时可用图表来简化说明。

2）结果与分析。"结果"是实验过程所观测到的现象和数据。它是实验型论文的核心内容。一篇实验型论文只要报道的结果真实无误，读者可以自己去分析讨论。专家阅读这类论文的正文时，首先关注的是结果，其道理就在这里。

实验结果应高度归纳，精心分析，合乎逻辑地铺叙。应该去粗取精，去伪存真，但不能因不符合自己的意图而主观取舍，更不能弄虚作假。只有在技术不熟练或仪器不稳定时期所取得的数据，在技术故障或操作错误时所得的数据和不符合实验条件时所得的数据才能废弃不用。而且必须在发现问题当时就在原始记录上注明原因，不能在总结处理时因不合常态而任意剔除。废弃这类数据时应将在同样条件下、同一时期的实验数据一并废弃。实验结果的整理应紧扣主题，删繁就简，有些数据不一定适合于这一篇论文，可留作他用，不要硬行拼凑到一篇中。行文应尽量采用专业术语。实验中的偶然现象和意外变故等特殊情况应做必要的交代，不要随意丢弃。

"实验结果"部分包括实验的产品，实验过程所观测到的现象，实验仪器记录的图像和数据，以及对上述现象、数据进行初步统计和加工后的有关资料等。这部分的写作要求如下：

① 准确、精细。有时观测结果的微小差错都可能摧毁分析结论。

② 论文中写的结果不是实验结果的照抄，要经过认真的处理和选择。处理时要注意防止两种有害的倾向：或者为我所用，符合主观想法的就拿来，否则一律砍去；或者离开论文要说明的中心问题，将资料一一列出，以显示实验的水平。

③ 实验结果要按一定的逻辑顺序编排，这样做不仅能使论文条理清楚，增强可读性，而且体现着论文的科学性。在很多论文中，结果排列的顺序本身就明显地反映出一定规律。

④ 要尽量通过图表表达。结果部分要罗列大量数字和资料，采用单纯叙述的方法，往往使人感到枯燥、厌烦，复杂的资料也很难叙述清楚。采用图表说明则可获得满意的效果。使用图表时要注意，凡是图表已清楚表明的问题，不要再用语言文字重复详述，只需做扼要归纳，结果有时同方法合为一个部分。这种情况主要由于材料和方法部分比较复杂，篇幅较长，而结果却相当简单，没有必要独立为一个部分。

3）结论与讨论。讨论是论文中比较重要，也是比较难写的一部分。应统观全局，抓住主要的有争议问题，从感性认识提高到理性认识进行论说。要对实验结果做出分析、推理，而不要重复叙述实验结果。

"讨论"是对实验方法和结果进行的综合分析和研究，又称为"分析和讨论"。只有通过讨论，才能获得对结果的规律性认识，并借以指导一般。因此，讨论部分体现着论文写作的基本目的。实验结果同经过讨论后所获得的认识或结论不同，前者是具体的现象，而后者是理论升华；前者是感性认识，而后者是理性认识。作者创造性的发现和见解主要是通过讨论部分表现出来的，讨论部分一般包括对方法和结果两方面的研究。要从论文内容需要出发，决定讨论什么、不讨论什么、什么要着重讨论。有时要详写，或进行严密的推理，或引经据典给予说明，或同其他人的研究进行比较，或运用数学公式演算推导；有时只要略写，或对结果进行简洁的归纳，或说明结果的作用和意义。虽然写法上有繁简之分，但都必须以实验结果为基础，以理论为依据，进行科学的分析。应着重对国内外相关文献中的结果与观点做出讨论，表明自己的观点，既不要局限于旧说和成见，又不要轻易否定别人的观点，尤其不应回避相对立的观点。讨论中可以提出假设，提出本题的发展设想，但分寸应该恰当，不能写成"科幻"或"畅想"。要防止武断和感情用事，防止仅凭个别的材料得出不合逻辑的一般结论。不要回避存在的问题，对不符合预想的实验结果要做说明和交代。

论文有时将"讨论"同"结果"合在一起写，其原因：一是讨论内容单薄、无须另列一个部分；二是实验的几项结果独立性大、内容多，需要逐项讨论。这时，先说明一项结果，紧接着进行讨论，再说明一项结果，随后进行讨论，条理更清楚。

（5）描述型论文写法　描述型论文正文的结构形式，一般来说比较固定，它由描述和讨论两个部分组成。有些论文标明"描述"和"讨论"，有些不标明。论述动物、植物、微生物新属种发现的论文，一般都标明。其"描述"部分的主要内容：新属种的名称、产地、形态特征、生活环境、分布等；"讨论"部分的主要内容是进行比较分析，即与相邻近的属种进行比较，说明它们的主要区别，有时还要指出新属种的意义和价值。如果同时介绍几个新属种，应逐个描述。有些论文虽然不标明"描述"部分，但描述观测对象的内容仍然是论文的核心部分，如化学学科中反映新的实验方法和过程的论文，天文学中反映发现新星和新现象的论文，这类描述型论文结构比较灵活。

要写好描述型论文的正文，必须掌握描述的方法。同一般说明、叙述、议论方法不一样，描述要求形象具体地描画出对象的形态、颜色、亮度、声音与动作等，必须精确描述的地方要丝毫不差。但是，这里的描述同文学里的描写不同，它不要求写得活灵活现，栩栩如生，而要准确真实地刻画出对象的主要特征。善于抓住特征、突出重点，是写好描述部分的重要条件。

描述型论文的讨论部分要简略，条理要清楚，无须进行大量的分析和推理。

3. 写作的技巧

学术论文的写作手法很多，如叙述（顺叙、倒叙、插叙等）、说明（定义、定性、分类、比较和举例等）、论证（例证、验证、引证等）、阐析（释义、分类、辨正——辨析正误等）、推理（演绎、归纳、类比等）、反驳（反驳论点、反驳论据、反驳论证等）及其他一些手法，如图表、注释等。在此，简述几种主要的手法和技巧。

（1）定义概念　要善于用大家都懂的用语或专业用语下定义，否则会使读者越来越糊涂。论文中什么地方需要定义，要视读者情况而论，只有大多数读者可能不懂的地方才必须定义。定义有正式定义和通俗定义两类：正式定义对于被定义的事物做严谨、科学的描述，对事物的属性、特征要给予说明；通俗定义对于被定义的事物往往只做浅显的比喻性的说明。当然，也可以同时用两类定义说明描述的对象。对某事物已有定义，可从不同专著或百科全书中，寻找最适当最严谨的概念；若对某事物下新定义，更要严谨，特别要注意对其内涵和外延叙述清楚。

（2）善用实例　例子可以加强论文的"可信度"，又为作者利用第一手资料创造了条件。对于读者尚不熟知的例子，可以写得详尽一些，对于大家熟知的，可以一语带过。举例进行论证（例证）是撰写论文常用的手法，所谓"例子"就是事实或证据。这种方法运用得好，不仅说明了道理，还可以增强文采，使论文变得生动、深刻。

（3）比较对照　比较对照是用类推法（将未知事物与已知事物进行对比）写论文时常用的技巧。比较对照可以达到两个目的：表明某一事物如何类似另一事物；表明某一事物如何区别于另一事物。例如，在写作某种与新工艺、新材料、新试验、新方法有关的论文时，强调比较对照手法最易说明问题。此外，要注意选择比较对照的内容与要点（这也是选择论证的技巧），如要比较两种设备，就要比较它们的成本、性能、效率、寿命和维修的难度等等；还可以纵向比较，即把一个事物的过去和现在比较、和将来比较。和横向比较一样，纵向比较要抓住事物的特征进行对照，因为比较对照的目的是从中找出本质性和规律性的东西，并以此说明主题。

（4）因果分析　因果分析是为了确定引起某一现象变化原因的分析，主要解决"为什么"的问题。因果分析就是在研究对象的先行情况中，把作为它原因的现象与其他非原因的现象区别开来，或者是在研究对象的后行情况中，把作为它结果的现象与其他现象区别开来。因果分析是常用的推理方法。论文的论点和结论，都是通过推理而得出的，写论文也是顺理成章完成的，所以掌握推理的方法非常重要。从结果到原因的推理，也叫作从特殊到一般的因果分析；反之，称为从一般到特殊的因果分析。

（5）有效说明　有效说明就是抓住事物本质的说明。比如，说明两个圆的面积大小，当然是选择直径的大小进行比较；说明保温材料的优劣，就应该指出它们的导热系数是多大。

（6）段落过渡　段落的过渡就是论文意思的过渡。通常，一个段落有一个中心句，也就是有一个中心意思。段落过渡得好，通篇行文流畅，文章的逻辑性强，而且层次分明有节奏感。段落的过渡常常借助于文字的承启作用，如"综上所述""由上可知""这种方法""其次""再次"以及重复上一段落结尾的语句等。但是，段落过渡主要应当琢磨事物内在的联系和发展规律，或者按认识的层次逐一展开，或者按照研究、实验、计算的过程依次阐述。总之，要有逻辑性。在拟写提纲或提炼中心句时就要考虑文章各个段落的过渡。

（7）使用图表　图表是学术论文中常见的组成部分，是科学内容重要的表达方式。图表安排得好，文章的布局有层次，往往可以起到文字无法起到的作用，它可以美化版面，调节读者阅读的心理，还可以促使读者尽快接近作者的思路，接受作者的论证，相信作者的论点。图表还可以强调重要的数据，帮助读者记忆，方便读者查用。某些照片则会给读者以更为直观鲜明的印象。绘制图表对于理科学生来说并不困难，问题是在撰写论文时，如何使用这些图表紧密与内容相容、与文字组成有机的整体。应当注意：图表提供的资料和数据，往往都带有结论性，必须是十分可靠的，图表的取舍必须服从论文内容的需要，为了清晰地表达图表的用途与用法，必须辅以必要的文字说明，图表的布局必须承接上下文字，不能割裂文章的内容。

6.2.7　结尾的写法

一篇论文的结尾通常由结论、致谢、参考文献和附录等部分组成。由于论文的结尾应该与论文的开头相呼应，所以结尾的主要内容大致有三种。结论性结尾，这部分是作者对论文研究课题做出的答案；探索性结尾，这部分是作者未经证实的结论，是一种展望或者理想；设想性结尾，是作者在研究和实验中对尚未解决的问题，提出一种设想性意见，以引起当代或后代的兴趣，加强对这一课题的研究。

1. 结论

（1）结论定义及作用　结论部分，又称为结语、结束语。它是在理论分析和实验结果的基础上，通过严密的逻辑推理而得出的富有创造性、指导性、经验性的结果或讨论。它又以其自身的条理性、科学性、客观性，反映了论文研究内容的价值，与摘要和引言相呼应，同样可以起到便于读者阅读和便于专业检索工作的作用。

结论不是前述部分的简单重复，也不是研究成果的罗列，它是作者在理论分析和实验结果的基础上经过分析、推理、判断、归纳过程，形成的更深入的认识和总观点。因此，应重点说明研究结果说明了什么问题，得出了什么规律，解决了什么理论或实际问题，对前人或他人的相关问题做了哪些检验，与自己的研究结果相比，哪些一致、哪些不一致，自己做了哪些修改、补充、发展、证实或否定，自己的研究有哪些不足之处，遗留了哪些未解决的问题，以及对解决这些问题有何设想等。论文的结论可以是一条或一组结论，也可以是讨论建议、说明或总结，这主要取决于论文的内容与性质。

（2）结论的写作要求　结论应该准确、完整、明确、精练。其写作要求是：措辞严谨，逻辑严密，文字具体，不能模棱两可、含糊其辞。文字上也不应夸大，对尚不能完全肯定的内容注意留有余地。结论的语句只能做一种解释，一句话只明确地归结为一个认识、一个概念、一条规律或一个结论。在论述新发现和新见解时，用词要准确、鲜明，在肯定或否定某一论点时，不使用"大概""或者""可能""也许"等词。

（3）结论的写作格式　在写作格式上，如果内容较多，每一项内容可以分条标出序号，每一条单独成一段；如果内容较少，无须分条编号，一些重要的数据也可以作为结论出现。

（4）结论的注意事项

1）结语或结论不可含糊其词、模棱两可。应写出明确可靠的结果，写出确凿的结论。文字应简洁，可逐条写出。不要用"小结"之类含糊其辞的词。讨论是指新观点、新理论、新技术提出新的途径和探讨；揭示未解决的问题；研究结果与以前发表的论文是一致，还是相反并解释。建议是设想下步工作方法、步骤和措施。

2）结论应该在论文中重复3次，一在摘要中（最简练），一在引言中（适中），一在结论中（稍长）。注意语言表述不一，但内容的实质是一致的。

2. 致谢

对文章的构思、试验、撰写等有贡献，但又受到作者名额限制的人员，可在正文末致谢。一项科研成果或技术创新，往往不是独自一人可以完成的，它总要学习、借鉴前人或他人的研究成果，还需要各方面的人力、财力、物力的支持和帮助。因此，在许多论文的末尾都列有"致谢"一项。体现对下列方面致谢：指导者、技术协作者、提供特殊试剂或器材者、经费资助者（如国家科学基金、专项资金、资助研究工作的奖学金基金等）、合同单位、支持的企业、组织或提出过重要建议者和提供帮助的人；协助完成研究工作和提供便利条件的组织或个人；给予转载和引用权的资料、图片、文献、研究思想和设想的所有者；其他应感谢的组织和个人。致谢应是真诚的、实在的，不要庸俗化，不要泛泛地致谢，不要只致谢教授不谢旁人。写致谢前要征得被致谢者的同意，不能拉大旗作虎皮。

3. 参考文献

（1）参考文献的目的　参考文献是论文中很重要，也是存在问题较多的一部分。在论文的正文部分之后，要列出本篇论文在研究和写作中可参考或引证的主要文献资料。在学术论文后列出参考文献的目的有三个：一是反映出真实的科学依据，让读者了解研究命题的来龙去脉；二是体现严肃的科学态度，分清是自己的观点或成果，还是别人的观点或成果，同时也是尊重前人劳动，对自己的工作有准确的定位；三是对前人的科学成果表示尊重，也指明引用资料出处，便于检索。因此这里既有技术问题，也有科学道德问题。

  一篇论文中几乎自始至终都有需要引用参考文献之处。如引言中应引上对本题最重要、最直接有关的文献，在方法中应引上所采用或借鉴的方法，在结果中有时要引上与文献对比的资料，在讨论中更应引上与本文有关的各种支持的或有矛盾的结果与观点等。

  一切粗心大意，不查文献，故意不引，自鸣创新，贬低别人，抬高自己，避重就轻，故作姿态的做法都是错误的。这些现象在很多文章中还是时有所见，这是科研工作者的大忌。其中，不查文献、漏掉重要文献、故意不引别人文献或有意贬损别人工作等错误是比较明显、容易发现的。有些做法则比较隐蔽，如将该引在引言中的，把它引到讨论中。这就将原本是你论文的基础或先导，放到和你论文平起平坐的位置。又如科研工作总是逐渐深入发展的，你的工作总是在前人工作基础上发展起来做成的。正确的写法应是，某年某人对本题做出了什么结果，某年某人在这基础上又做出了什么结果，现在我在他们基础上完成了这一研究。这是实事求是的态度，这样表述丝毫无损于你的贡献。有些作者却不这样表述，而是说，某年某人做过本题没有做成，某年某人又做过本题仍没有做成，现在我做成了。这就不是实事求是的态度。这样有时可以糊弄一些不明真相的外行人，但只需内行人一戳，纸老虎就破，结果弄巧成拙，丧失信誉。

  （2）参考文献的基本要求 列举参考文献的基本要求是：所列举的参考文献应是正式出版物，以便读者考证；所列举的参考文献，要标明序号、作者姓名、著作或文章的名称、出版单位、出版时间（或版次），章节与页码也都要标明；所列举的参考文献，应按文章参考或引证的文献资料的先后顺序，依次列出，不应以文献重要与否或名人名家、非名人非名家的顺序排列。

  参考文献体现科学具有继承性，引用的主要理论、观点、数据要注明出处，要规范齐全。参考文献有两种体系：顺序编码制和著者出版年制。

  多数期刊根据参考文献类型，在引文标题后要标注文献类型标识，参考文献类型与文献类型标识见表6-1。

表6-1 参考文献类型与文献类型标识

参考文献类型	专著	期刊文章	学位论文	论文集	论文集析出文献	报纸文章	报告	标准	专利
文献类型标识	M	J	D	C	A	N	R	S	P
电子参考文献类型	数据库		计算机程序		电子公告		电子邮件		网络地址
电子文献类型标识	DB		CP		EB		DU		WZ
电子参考文献类型	联机网上数据库		磁带数据库		光盘图书		网上期刊		磁盘软件	网上电子公告
电子文献类型标识	DB/OL		DB/MT		M/CD		J/OL		CP/DK	EB/OL

参考文献中有多位作者的，列出前 3 位作者，超过的则在第 3 位作者后加"，等"，英文文献作者一律姓先名后，缩写名后不加"."号。

参考文献条目数量的一般要求：国内期刊的研究论文 10 条以上，综合述评文 30 条以上；国外期刊的研究论文 20 条以上，综合述评文 50 条以上；学士学位的研究论文 15 条以上，综合述评文 50 条以上；硕士学位论文 100 条以上；博士学位论文 150 条以上，其中外文参考文献 50 条以上。

4. 附录

（1）附录的作用　为了体现整篇论文材料上的完整性，凡写入正文可能有损于行文的条理性、逻辑性或精练性的这类材料，则可写入附录。附录是学术论文的补充项目，附于参考文献之后，并非每篇论文所必备。

（2）附录的内容　下列内容可以作为附录编于论文之后，也可以另编成册：比正文更为详尽的理论根据、研究方法和技术要点的深入叙述，建议可阅读的参考文献、题录，对了解正文内容有用的补充学术信息等；由于篇幅过长或取材于复制品而不宜写入正文的材料；不便写入正文的罕见的珍贵材料；某些重要的原始数据、数学推导、计算程序、框图、结构图、注释、统计表、计算机打印输出件等。

一篇学术论文可能长短不一，但从格式上看，标题、作者及其所在的单位、摘要、关键词、引言、正文、参考文献七项，是学术论文必不可少的内容。

6.3　文献综述论文的写作方法

文献综述是对某一方面的专题搜集大量情报资料后经综合分析而写成的一种学术论文（或报告），它是科学文献的一种。文献综述是反映当前某一领域中某分支学科或重要专题的新进展、学术见解和建议的，它往往能反映出有关问题的新动态、新趋势、新水平、新原理和新技术等。综述文章的特点：目的是归纳以前发表的文献，并将其置于某种展望之中；文献回顾，对已发表的文献加以评论、估价，得出重要结论，可大大扩充引言；删除材料与方法，删去结果，扩充讨论。必须在写作前准备提纲，综述文章的引言部分对读者的影响颇大。扼要回顾总结以往的有关信息，尤其重视该专题新信息的综述。综合述评文章以阅历资深且对某一领域有突出造诣者撰写为佳。

人们无论是从事科研还是教学，都需要检索与利用文献，借以吸收情报，获取信息；同时，已取得的科研成果与教学经验，需要成文与发表，借以表达思想，促进交流。由此，文献的利用与创作、再利用、再创作，使得科技文献利用与写作互相依存、互相促进，共同推动了科学事业的发展。至今，它们已成为科研与教育工作者所必须掌握的共同基本功。

本科生和研究生学位论文开题报告前，要求先撰写文献综述，再撰写毕业论文（设计）的开题报告。第 4 章介绍的信息检索与利用，主要以计算机检索为主，本节主要简介已有科学文献的利用与综述文献论文的写作方法。

6.3.1　科学文献的利用

文献是记录有知识的一切载体。具体地说，文献是将知识、信息用文字、符号、图像、音频等记录在一定的物质载体上的结合体。文献是记录、积累、传播和继承知识的最有效手段，是人类社会活动中获取情报的最基本、最主要的来源，也是交流传播情报的最基本手段。正因为如此，人们把文献称为情报工作的物质基础。由此定义可以看出，文献具有三个基本属性，即文献的知识性、记录性和物质性。它具有存储知识、传递和交流信息的功能。文献的利用，就是参考文献中有价值的情报，以资使用。文献利用范围很广，内容较多，现归纳为文献的搜集与积累、鉴别与筛选、加工与整理、分析与阅读四个方面。

1. 文献的搜集与积累

文献的搜集与积累是文献利用的基础，人们从事科研与教学，都是从搜集与积累文献做起。文献的搜集是文献的聚集，反映为文献量的累加；文献的积累则包含着知识单元的凝聚与质量的升华，两者是略有区别的。

（1）文献搜集　各类文献的产生和流通渠道不同，搜集方法也就不同，概括起来，有以下七种。

1）选购。选购有预订、现购、网购和邮购等方法。利用文献征订目录，选出所需要的文献，向征订单位订购为预订。预订能保证订购率，但在得到文献之前不能直接鉴别文献情报的价值。未预订的书刊，可到书店及出版部门现购。现购能直接看到文献内容，故质量有保证。有些资料、书刊可能在你所在城市找不到，可以通过网上搜索进行网购。一般外省、市出版的书刊或某些单位内部发行的资料，可以汇款，向外地书店、出版单位邮购。

2）索取与交流。根据线索从文献所有者那里免费取得文献的方法，可以通过索取或建立文献交流关系来实现。它特别适宜于尚未发表的内部资料，或已经发表但内容不够详细而需进一步了解的文献资料。

3）现场搜集。搜集者在各种活动场所（如参观访问实验室、展览馆，参加学术报告会等）就地搜集文献资料的方法。这种方法速度快，可靠性大，除取得文献资料外，还可以对有价值的新产品、新工艺、新设备等进行拍照甚至索取样品，对于重要的报告和发言还可以录音、向相关专家进行咨询、提问相关问题以获取资料等。

4）委托搜集。对于一些既采购不到，又难以用其他途径获得的文献资料，可通过委托他人或有关单位承办获得。可以承接这方面工作的单位或人员有科技情报机构、文献服务机构、科技咨询服务机构，专业图书馆和综合性图书馆，资料出版单位或资料工作者，学术团体，出国研究生、进修生、出国考察团及工作人员等。

5）复制。文献资料的复制是一种快速、准确，而且方便地获取文献资料的方法。复制方式主要有静电复制、缩微复制及照相复制等。

6）计算机的联机订购。一些国内没有的文献资料，可以通过国际联机检索终端向国外联机中心订购原文复制件或订购复制缩微件。

7）网络搜集。通过中国知网 CNKI 数字图书馆全文数据库、万方数据资源系统、维普中国科技期刊数据库、超星数字图书网、书生数字图书网等收集有关书籍和期刊文章。

（2）文献类型　科技文献的类型如图 6-1 所示。

（3）文献积累　搜集来的文献资料，来源不一、类型各异，内容十分分散，需进一步有效地加工、积累，将其转换成便于存储与利用的记录形式。文献资料的记录形式，按不同标准，大体上划分为如下类型：按内容加工层次划分，有索引式、摘录式、提要式、心得式、全录式；按所使用的记录载体划分，有稿纸式、笔记式、卡片式、活页式、剪报式和无纸式等。

1) 稿纸式。利用稿纸，其容量可大可小，但记录容易散失，查找困难。所以使用稿纸，一要标明页码，二要及时装订，必要时还要编制目录和索引。

2) 笔记式。利用笔记本记录资料可多可少，不易散失，携带方便。但笔记不便分类和查找使用。补救的办法是按类单独成册。

3) 卡片式。利用卡片记录资料便于分类，便于灵活调动，可以按不同项目加以排列，易于查找使用，但篇幅小，不能记载较长的资料，此时只能一则多卡，同时存储卡片，需配置卡片箱。

4) 活页式。利用活页记录资料便于分类，而且摘录文字数量不受限制，宜于携带，同类资料积累到一定程度还可装订成册，便于保存。但其排列、调动、查找不如卡片方便灵活。

5) 剪报式。剪报是把有用的文献资料，经过裁剪后贴在贴报上。这种方法可节省抄写时间，内容准确率高，但只限于自购资料，数量有限。剪贴后，尚需注明资料出处。

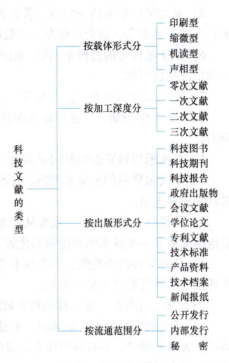

图 6-1　科技文献的类型

6) 无纸式。计算机的应用，使用了无纸化式存储档案。书籍、期刊、报纸、文档等皆采用，多了要使用目次建档，以便查询。

此外，还有复印式、磁带式、缩微式等现代记录形式，它们具有方便、迅速、规范的特点，由于耗资较大，不易做到。

2. 文献的鉴别与筛选

文献情报对于用户有有关与无关之别，代表性与一般性之分，欲要利用，就离不开对文献的鉴别与筛选。文献资料的鉴别主要是分析判断文献的可靠性、先进性和适用性。筛选则是在鉴别的基础上，对文献资料及其情报内容进行取舍，将陈旧的、重复的、无关的资料与部分内容剔除出去，保留或提炼出有价值的文献和知识内容。以上两者紧密关联，往往在对文献进行鉴别的同时，又对文献进行筛选，两者几乎同步进行。为此，以下着重从文献资料的鉴别入手来概述这部分内容。

(1) 可靠性判断　可靠性主要表现在文献资料的真实性，通常可从以下七个方面来判断。

1) 从文献的内容来判断。对于报道科研成果的文献，要看它逻辑推理是否严谨，有无实验数据为依据；对于有关应用技术的文献，要看它是处于实验室研究阶段，还是生产应用阶段。

2) 从文献的密级程度来判断。密级、秘密和内部资料比公开资料的可靠性大。

3) 从文献的类型来判断。科技图书、科技报告、专利文献、技术标准、技术档案比其他类型的文献可靠性大；最终报告比进展报告的可靠性大。

4) 从文献来源的渠道来判断。官方来源比私人来源的文献可靠性大；从专业研究机构来的文献比一般社团来的文献可靠。

5）从文献出版单位来判断。著名大学、著名科研单位、著名出版社出版的文献可靠性大；一些著名学会、协会所创办、出版的期刊论文也比较可靠。

6）从文献作者的身份来判断。国内外知名学者、专家、教授、工程师撰写的文章所提供的情况比较可靠。

7）从文献的引用率高低来判断。引用率高的文献可靠性大。

（2）先进性判断　先进性是指在科学技术上有某种创造或突破，可从以下四个方面来判断。

1）从文献资料发表的时间来判断。发表或出版的时间越近，可能越先进。

2）从文献资料的来源来判断。技术先进国家发表的资料先进；世界有名望的期刊互相转载的资料先进。

3）从经济效果来判断。通常从产量、质量、品种、成本、劳动生产率、利润等技术经济指标来衡量一项技术的经济效果优劣。经济效果优者，较为先进。

4）从有关评论来判断。一项技术出现后，国内外有关专业期刊往往要加以评论。从这些评论中一般可看出它是否先进。

（3）适用性判断　适用性是指文献资料对用户适合的程度，可从以下两个方面来判断。

1）从文献资料的内容来判断。主要看文献资料中介绍的技术和提供的原料、工艺、产品等是否合乎国情。来自科学技术发展处于同一水平、同一发展阶段、自然条件相似的国家或地区的文献资料，适用性较大。

2）从文献资料的读者面来判断。文献资料的读者面，反映了文献资料的适用面。读者的人数越多，使用价值越大；读者的职业面越宽，说明该项技术适用范围越广。

以上鉴别只是定性的、经验性的，如何实施，还需综合考虑，多加实践。

3. 文献的加工与整理

搜集与积累的文献资料，经过鉴别与筛选后，还需进一步加工整理，使之系统化与条理化。文献资料的整理可分为外部整理与内容整理两个阶段：外部整理通常是指文献资料的记录、分类与建档。内容整理则多指文献资料的情报研究，这里只介绍文献的外部整理，即文献的记录、分类与建档。

（1）记录　对于搜集与积累的文献资料，必须及时记录下来，按其文献内容加工层次划分，有索引式、摘录式、提要式、心得式和全录式等。文献资料记录形式如图6-2所示。

1）索引式。对于某些一时来不及细读，但有参考价值的资料，可只记录篇名、作者和出处等几个简单项目，这是最简单的摘记方式。它既可节省时间，日后需要时又可根据记录的线索查找，详读时还可补记，这样积累起来的资料便是一个可供借鉴的自学书目。

2）摘录式。文献中独到的论点、新颖的见解、精辟的论证、翔实的数据及名词术语都可作为摘录对象。摘录时一要绝对忠实原文，不可根据主观需要改动；二要注意上下文联系，不能断章取义。这样摘录的资料，使同一专题往往能容纳百家之言，零散的内容得以系统化，犹如一套小百科全书，以供备查。

3）提要式。提要式又称为纲要式。这是在精读全书的基础上，用纲要的形式列出中心论点、论据，在大小标题下列出所探讨的问题。如此处理后，便于看出文章的逻辑系统，把握各章节大意和全书中心思想。多做提要，能训练综合归纳和论文构思能力。

4）心得式。心得是阅读文献后感想、体会、收获及意见的记录，是经过头脑周密思考

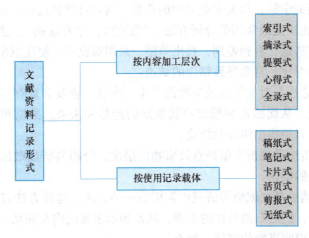

图 6-2 文献资料记录形式

加工改造的产物。它包括对所读文献进行质疑、补充、分析、述评等。其中不乏新的思想闪光,即使一得之见,几经思考深入钻研之后,也能形成一种较完整的思想。实践表明,许多有价值的研究成果都是在这一基础上完成的。因此,这一工作又往往是研究工作的起点。

5) 全录式。对于重要文献,特别是经典、标准和法律性文献,宜做全文记录,以保持原件风格和严肃性。

以上方法,务须注明资料来源,以便日后重读原文、核对和引用;找不到直接来源的材料,则应注明转引出处。

(2) 分类 记录下来的文献资料还要进行分类。文献分类就是按文献所反映的内容逐一根据其学科性质和其他特征的异同,分门别类地系统组织文献的一种方法。文献的分类一般采用学科分类和主题分类两种类型。学科分类是以各学科的从属关系而建立的分类形式,比较科学、简明、方便,主要可资利用的分类工具有《中国图书馆图书分类法》《中国图书资料分类法》《中国科学院图书馆图书分类法》和《中国人民大学图书馆图书分类法》等。主题分类是以文献的主要内容——主题而建立的分类形式,较适于专题所涉范围较窄、内容较深的内容,撰写综述论文前文献的加工与整理,属于主题分类。

(3) 建档 原始文献资料经过记录、分类、排序,即建立起资料目录,再编制有关辅助索引的话,实际上已经组成了一个便于查找、便于利用的文献存取系统,可称为文档。建档的目的在于加强资料的规律性,便于文献的分析研究。

4. 文献的分析与阅读

文献的分析是指对文献内容的情报研究,是文献利用的最后一步工作,也是一项创造性劳动,相对前面几道工序难度更大,要求更高。文献的阅读贯穿着文献利用工作的始终,并对之产生重要的直接影响。现将其分述如下。

(1) 文献的分析 文献的分析实质上就是文献的情报研究,是在充分占有材料的基础上,通过综合分析,对比推理,"去粗存精,去伪存真",从中找出合乎规律的有参考价值的情报信息的研究过程。文献的分析方法很多,常用的有以下七种:

1) 历史法与交叉法。它们分别是从文献论及课题内容的纵向和横向两个方向进行分析研究。前者从纵向分析来研究课题的历史、现状与发展趋势;后者从横向方向分析本学科、本专业、本课题与相关学科、相关专业之间的联系。两者可单独进行，也可结合起来运用。

2）对比法。对比法是最常用的分析方法，"有比较，才有鉴别"。通过对比可以分清优势，评价好坏，比较高低，看到差别，找出差距。采用对比法，要注意事物的可比性。不看比较的基准，机械地对比，常会导致错误的结论。

3）推论法。推论法是对文献论及事物的产生、发展过程及客观存在的因果关系和内在联系进行分析和推理，从而推论和预测事物发展的趋势和未来。推论和预测应有确切的依据，不能凭空想象，以免得出错误的结论。

4）剖析法。剖析法是剖析文献论点及事物的层次，分析科研成败的原因，寻找解决问题的办法，得出合理的结论。

5）归纳法。归纳法是文献情报研究中常用的一种方法。这种方法首先是把搜集到的文献情报进行分析综合，然后归纳共性的东西，从而揭示事物的内在联系，并根据资料的典型事例，从不同的角度说明事物的规律、特点。

6）统计法。利用统计法对所搜集文献情报进行定量分析，从而揭示在某种条件下量的发展过程及相互关系。通常采用的统计分析方法有平均统计法、动态统计法及图示统计法。利用这些统计法可以一目了然地说明问题，可以从量变到质变的角度说明事物发展的规律性。

7）系统法。系统法是一种战略性情报的分析方法。其主要内容是对课题做尽可能详尽的定量定性分析比较，在综合分析的基础上，提取几种可供选择的最佳方法和方案，提供建议，以供决策。具体说，系统法主要回答：干什么，为什么；何时为宜，谁来承担；何地为宜，如何进行等。

在文献分析研究的基础上，若将其研究成果撰写成文，进行必要的文字加工，便可以形成综述、述评、年鉴、手册、消息与快报等文献情报的形式。

(2) 文献的阅读　在自然科学文献利用的过程中，文献的阅读一般要经过粗读、通读、精读三个阶段。

1）粗读。粗读的目的主要是进一步决定资料的取舍和选定重点文章。在粗读阶段，一般来说，应该先看目录、摘要、引言、小标题、结论，确定是否要进一步全篇通读。

2）通读。通读的目的是全面掌握文献的内容，分析与摘录文献的重点。通读的次序，最好先阅读最新出版的国内外有关综述、述评等评论性文章，再通读专题性论文和研究报告之类。文献经通读后，要将其重点摘录下来，摘录应尽可能详细，做到不看原文即可掌握文章的主要内容。

3）精读。对于在通读阶段摘录出的重点文献，还应反复加以精读。精读是为了熟悉重点文献的内容，掌握其主要论点、论据、结论等，以便进行思考、推理与论证。精读时要善于提出问题、思考问题；要分辨真伪。精读的过程也是对文献资料进行校核、鉴别、分析、归纳的过程。

6.3.2　综述文献的写作

综述文献的写作是综述信息的书面存储活动，它除了具有一般写作的基本规律之外，还具有其自身的特点、程序和要求。文献综述是研究者在研究报告中对选题领域的研究状况和主要问题做出综合阐述与评价，以说明本研究的背景和基础，文献综述可以先写，然后整理出关于研究现状的明确述评。注意与自己的研究观点相同或相反的资料，为不同研究的结论提供某些说明，并合乎逻辑和顺畅地从一个问题转到另一个问题上。因此，仅仅经过了基础写作训练，具有一定的写作能力，仍不能既快又好地写出像样的综述文献来，还必须学点综述文献写作知识，懂得综述文献写作的过程，以及常用综述文献文体的格式要求等，这些对于理工科大学生和科学工作者都是必要的。

1. 综述文献的写作程序

综述文献的写作一般可分为选题、取材、拟订提纲、撰写初稿、修改与定稿五个工作程序。

（1）选题　选题就是确定综述文献的主题。撰写综述文献通常出于某种需要，如为某学术会议的专题、从事某项科研、为某方面积累文献资料等，所以，综述文献的选题，作者一般是明确的，不像科研课题选题那么困难。综述文献选题范围广，题目可大可小，大到一个领域、一个学科，小到一种疾病、一种方法、一个理论，可根据自己的需要而定，初次撰写文献综述，特别是初习者所选题目宜小些，这样查阅文献的数量相对较小，撰写时易于归纳整理，否则，题目选得过大，查阅文献花费的时间太多，影响习作，而且归纳整理困难，最后写出的综述是大题小做或文不对题。综述文献选题一般没有固定模式，为确保选题恰当，且有一定的科学价值和现实意义。这里再强调，综述文献应遵循以下原则：科学性原则，体现在选题上应能揭示客观世界的发展规律，正确地反映人们认识与改造世界的水平；创新性原则，应能反映人类认识与改造世界的创造性成果，即产生了新观点、新思想、新方法、新工艺、新技术、新产品等，这是衡量选题价值大小的重要标准；应用性原则，指所选课题应能应用于生产实践，因而选择课题时要认真考虑有无应用价值和经济效益的大小，对于国计民生等有重大价值的课题理应放在首位，当然这并不意味着放弃那些有科学价值的纯理论课题；可行性原则，体现在为获得写作成功所应具备的主客观因素。

（2）取材　综述文献必须通过一定的材料来表现。所以，在课题确定下来之后，就要考虑选用哪些材料，即所谓取材。取材应遵循以下三条原则：

1）必要而充分。必要就是必不可少的材料，缺了它就无法表现主题；充分就是要有足够的材料，缺了它就难以很好地表现和支持主题。必要是指质而言，充分是指量而言，质是根本要求，量是质的保证，两者是相辅相成的。只有材料十分丰富，才能从中选出足够必要的材料。

2）真实而准确。真实就是材料没有一点虚假，完全是客观存在，并反映着事物的本质；准确就是材料没有一点错误，如实地反映客观实际。真实和准确是对材料的最基本要求，应该注意：引用别人的材料要注意鉴别，要注意核对原文，不能断章取义，更不能歪曲原意；引用别人的材料均应注明出处；不能用道听途说之类的材料，更不能以讹传讹。

3）典型而新颖。典型就是材料能够揭示事物的本质，代表事物的特征，这样的材料能把道理具体化，把过程形象化，有最强的说服力。新颖就是所选用的材料别人没有见过、没有听过、没有用过。这样的材料才能使主题富有新意。材料应同时具备典型性和新颖性，有的材料虽较典型，但比较陈旧，如果继续使用就会使读者厌腻；而有的材料虽然很新，但缺乏典型性，说明不了本质问题，也不能用。要使材料具有典型性，就必须深入挖掘，认真比较、精心选择；要使材料具有新颖性，就要努力去选择最新创造的成果。

(3) 拟订提纲　撰写综述文献文章要设计好结构，全篇分为几大部分，各部分写些什么内容，互相之间怎样衔接等都要事先筹划好。按照拟订好的提纲来展开文章结构，是组织文章的一种有效方法。

写作提纲，实际上相当于由序码和文字所组成的一种逻辑图表，社会科学论文常用点序，如图6-3所示。由图6-3知，一、二、三表示最大的论点。(一)(二)(三)表示从属论点，1、2、3表示下位从属论点。以下据此类推。这样一来，就可以组成一个逻辑严密、条理清晰的文章总体框架。其中，提纲的项目有两种写法：一种是标题写法；另一种是句子写法。前者是大小标题，显示分论点或段落大意；后者则是句子的形式，将分论点或段落大意的意思加以说明。这两种写法各有长短。作者可根据自己的习惯酌情采用。

自然科学论文常用分层次表述，标题结构层次一律用阿拉伯数字连续编号，取左顶格书写，编号如"1""1.1""1.1.1"。

(4) 撰写初稿　综述文献的撰写，由于体裁不同，其结构项目有所不同。如自然科学的综述文献常按发展历史、研究现状、存在问题、研究对策与发展前景来写。

(5) 修改与定稿　综述文献初稿写成之后，便进入修改阶段，修改是对文章初稿再加工、再创造、再提高，目的在于进一步提高文章的质量。修改时应着重检查论点是

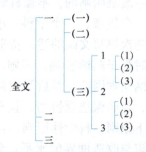

图6-3　社会科学论文常用点序

否明确，条理层次是否清楚，结构是否完整、紧凑，布局是否合理，前后是否照应，各部分之间的联系是否连贯自然，题目是否贴切，字、词、句、标点符号是否正确，语言是否准确、鲜明、简洁。修改宜在文章写好搁置一段后再进行，应先大后小，由全局到个别。具体就是采用增、删、换、移，使文章渐臻完善。

2. 综述文献的写作格式

综述文献是总结某一科技领域在一定时期内的进展情况做出综合性描述的情报资料。写作格式如下：

标题

作者及工作单位

引言　主要内容包括写作的目的、基本过程、供哪些单位参考使用。

目录　目录由正文中的大小标题组成，用以揭示本篇综述所要叙述的内容。

概述　是综述正文的引言，这部分的基本内容包括：历史回顾；目前状况和存在问题、发展趋势；指出利用了哪个时期，哪些性质的资料。

正文　综述主要内容的叙述部分。

结束语　所报道内容的总结。

参考文献

---

3. 综合述评的写作格式

述评是对某一特定课题的科技发展水平的叙述分析、综合及评论的情报资料。其写作格式如下：

> 标题
> 作者
> 概述 阐述述评的基本状况，包括：课题的提出；此项新科学或新技术的作用；历史回顾及目前状况。
> 正文 分析和评论问题部分。内容包括：技术经济水平对比（一般以表格形式为好）；根据对比做出分析和评论；对其发展趋势做出评论。
> 建议 述评的结束语。是根据前面的分析和评论做出结论，内容包括：阐述采用此项新技术或新产品的重要性；应用于本国、本地区或本单位的可能性；应创造哪些条件才能使这项新技术得以推广。
> 参考文献

述评惯用的表达方法，有先述后评和边述边评两种方法。

6.3.3 综述与述评的写作要点

综述与述评是情报研究成果最重要的两种表现形式。关于它们的写作程序及各阶段应注意的事项可参照科技论文部分的论述，下面简介一下这两种形式的特点。

综述与述评是对大量文献进行浓缩的一种科技文体，是科研成果，也是科研工具。

(1) 综述 综述即综合叙述，是经过对大量文献的筛选、比较、分析、综合、提炼而成的情报产品。综述是科技情报研究成果之一。综述的研究是把一次文献、二次文献变成三次文献，它具有研究和服务的二重性。研究是手段，目的是服务。

综述的特点主要表现在它的综合性、浓缩性和叙述性。综述的特点决定了它在科学研究中的作用。一般文摘只是对某一种或某一科文献内容的压缩、摘要，而综述则是对某一批文献、文摘的压缩，有选取、有摒弃。浓缩的结果增加了情报知识的密集化。它把同时期、同地域，或不同地域、同课题，或某个专题的大量散乱无序的文献集中化、条理化，节省了使用者大量地搜集文献资料的时间，使读者及时获得某学科的发展水平、存在问题和发展方向等，给领导者的决策和科技工作者选择课题提供依据。

综述的内容结构一般包括引言、正文、结语和附录等几个部分。引言中说明编写的原因、编写的原则和使用对象、资料来源、参与单位；正文是科技综述的主体部分，一般是叙述某学科或某专题某时期的情况和当前的成就，此外，要客观摆出悬而未决的问题、不同学派的观点和争论等；结语部分应简明陈述编者在综述情报研究中所得出的结论，概括本研究的意义、存在的分歧意见和问题等；附录部分应列出参考文献资料。这既是对他人研究成果的尊重，又可供读者核对或据以追踪检索，做进一步研究时用。由综述的定义、任务、内容、结构等可以看出，科技综述的编写是一项极为复杂的科研劳动，要经过选题、确定情报源、搜集资料并认真筛选和鉴别，构思并拟订提纲，撰写初稿、修改与定稿等。

(2) 述评 述评是情报性的科技研究产品。述评的重点在"评"，通过大量的情报资料为读者献计献策。述评与提要不同。提要仅是对一种文献的介绍和摘要，而述评则是对一批文献的揭示和评述。科技述评文多是著名学者、专家和专职情报研究人员。他们根据学科理论和科技政策，对科技成就的现实水平、发展动态、存在问题进行比较分析后，发表自己见解，提出有根据的建议，既可为领导者决策提供依据，又为科技人员选题定向时提供有力的逻辑基础，起引领和指导作用。

科技述评的内容结构一般由绪言、发展史、现状分析、建议、预测方向、结束语和附录等几部分构成。建议和预测方向是述评的核心。综述是对已有的研究成果进行概括,展示已解决的问题和存在的问题;而述评则重点论述解决问题的方法、途径,预测将来可能出现的问题,提出解决方法。

科技述评的编写过程大体上与科技综述相同,但述评的选题更注重开拓性、决策性和技术性的课题。述评写作是交代事实、陈述观点、发表议论、提出建议的过程。在表述方法上可先述后评,也可边述边评。"预测"部分较多地出现在对比分析之后,或和建议同时提出。有时,根据内容需要,建议也可出现在开篇和结语,首起处的预测多是趋向性或影响性的。"建议"一般自成章节,分项表述,一般用"关于……建议""……意见"之类的小标题提示,提出建议后需加以论证。对说明建议的理由、原因之类的情报资料,应列于各项建议之后。

写作科技述评,难度大,要求高。既要说明问题,又要分析透彻。除科技写作的一般要求外,述评写作要特别注意评价的角度,要明确区别作者的观点与文献本身的观点,除了要求作者必须熟悉本学科、本专题的基本情况外,还要有足以反映主题范围内的较全面的最新动态、最佳水平的情报资料,这样才能写出高质量的有说服力的科技述评。

6.4 CSCD 期刊发表论文与学术诚信

6.4.1 CSCD 期刊发表论文

1. 收录期刊

CSCD 是中国科学引文数据库的英文缩写(Chinese Science Citation Database),创建于 1989 年,收录我国数学、物理、化学、天文学、地学、生物学、农林科学、医药卫生、工程技术、环境科学和管理科学等领域出版的中英文科技核心期刊和优秀期刊千余种。CSCD 是目前国内学术水平评价的主要工具,高校课题、基金与项目评估等评价研究都是以 CSCD 为检索工具进行考核的。CSCD 历史悠久应用广泛,数据精准,专业性很强,也被学术界称作是中国的 SCI。其内容丰富,结构科学,数据准确。

2. 同行研究

在自己的研究领域内,是否研究过同行的研究,尤其是他们在哪里发表文章?哪个学术群组或对话是自己可以加入的?有些人是先写文章,然后为之寻找一个"大本营",但作者文章中的一切都会自然地影响到作者的文字适合怎样的期刊。因此,不妨事先决定好你的目标期刊,再按照其要求写作,这样比较省时间。

3. 写作策略

对 CSCD 期刊写作的外部驱动因素和内部驱动因素都很明确,这有助于你提高主动性,毕竟写作、投稿和发表是一个长期过程,必须有足够的意志力和主观能动性。发出投稿和最终发表存在时间差,最长的情况甚至需要两年,因此,你要非常清楚你做此事的意义和动机。

4. 投稿时间

要关注往期期刊的征稿时间及近期的征稿时间等。因为论文都是提前做好的,并且这类期刊收刊论文都在半年甚至更长的时间进行,大家务必在半年内准备好论文等。

5. 投稿要点

（1）书写规范　　CSCD 期刊论文投稿的关键就是论文的结构、格式等符合期刊要求，往往注重于论文的选题、摘要、关键词、实例、图表、注释、参考文献、结尾等方面，要将这些细节都一一做到位。

（2）字数控制　　一般来说，CSCD 期刊的论文一个版面在 2200 个字符左右，具体的要看你所选择期刊的要求了。

（3）投稿方向　　投稿方面必须符合 CSCD 期刊征收的方向，要做到论文质量较高、论文不跑题、论文有较高价值的研究等方面。

想在 CSCD 期刊上发表论文就要掌握上述关键事项，发表论文没有捷径，确保文章的写作水平和学术含金量是重中之重，其次投稿时间的掌握和刊物的挑选，也是能否顺畅发表的重要因素。

6. 编辑控制

投稿的论文务必符合所投刊物的规范格式与质量要求进行初审；由该刊编委及有关同行专家审阅来稿论文的学术质量能否刊登；编辑部通知投稿者，稿件被录用，经投稿者修改后，返回编辑部；修改稿经编辑加工，送常务副主编复审；编排好印前专家审读；再经主编终审后，送交排版、印刷；印后另送专家审读。在编辑出版过程中，对于每个环节都以系统思想为指导进行质量控制，而质量控制的依据就是通过控制主体——编辑的分析而制订或改进控制措施，从而使出版物更接近系统目标，即达到提高出版物优质论文的目的，这就是一种负反馈。控制论方法正是从反馈控制得到启发，形成了自己的重要特点。

6.4.2　学术诚信

学术不端行为是指高等学校及其教学科研人员、管理人员和学生，在科学研究及相关活动中发生的违反公认的学术准则、违背学术诚信的行为。高等学校预防与处理学术不端行为应坚持预防为主、教育与惩戒结合的原则。教育部、国务院有关部门和省级教育部门负责制定高等学校学风建设的宏观政策，指导和监督高等学校学风建设工作，建立健全对所主管高等学校重大学术不端行为的处理机制，建立高校学术不端行为的通报与相关信息公开制度。"高等学校预防与处理学术不端行为办法"（2016 年中华人民共和国教育部令第 40 号），详见附录一。

高等学校是学术不端行为预防与处理的主体。高等学校应当建设集教育、预防、监督、惩治于一体的学术诚信体系，建立由主要负责人领导的学风建设工作机制，明确职责分工；依据本办法完善本校学术不端行为预防与处理的规则与程序。高等学校应当充分发挥学术委员会在学风建设方面的作用，支持和保障学术委员会依法履行职责，调查、认定学术不端行为。

经调查，确认被举报人在科学研究及相关活动中有下列行为之一的，应当认定为构成学术不端行为：

1）剽窃、抄袭、侵占他人学术成果。

2）篡改他人研究成果。

3）伪造科研数据、资料、文献、注释，或者捏造事实、编造虚假研究成果。

4）未参加研究或创作而在研究成果、学术论文上署名，未经他人许可而不当使用他人署名，虚构合作者共同署名，或者多人共同完成研究而在成果中未注明他人工作、贡献。

5）在申报课题、成果、奖励和职务评审评定、申请学位等过程中提供虚假学术信息。

6）买卖论文、由他人代写或者为他人代写论文。

7）其他根据高等学校或者有关学术组织、相关科研管理机构制定的规则，属于学术不端的行为。

有学术不端行为且有下列情形之一的，应当认定为情节严重：

1）造成恶劣影响的。
2）存在利益输送或者利益交换的。
3）对举报人进行打击报复的。
4）有组织实施学术不端行为的。
5）多次实施学术不端行为的。
6）其他造成严重后果或者恶劣影响的。

【例6-5】 由一只猴子牵出的学术丑闻你能想象是怎样的吗？这一丑闻不仅被美国当地媒体反复报道，还成为全球性的新闻，而丑闻主角正是哈佛大学大名鼎鼎的心理学家马克·豪瑟。

原来，豪瑟早在1995年就发表论文宣称一种小猴子可以在镜子中识别自己。同行大为震动，马上向他索要实验的录像。但豪瑟寄来的录像片段却毫无说服力。同行继续讨取完整的录像，豪瑟也只好推说录像被偷了。直到2010年8月10日，《波士顿环球报》率先曝出新闻：豪瑟因为学术不端而离职一年，其主要原因是由于2002年他发表的一篇关于猴子行为方面的研究论文，实验数据并不支持论文结论。

随后，哈佛大学公布了对豪瑟存在问题的论文的处理情况，豪瑟本人也发表声明，要"离开"哈佛一年，其所教授的课程也全部停止。

【例6-6】 2002年春天，美国斯坦福大学物理学教授卡拉什收到了一封匿名电子邮件，告知她的一篇论文被印度库曼大学校长拉吉普剽窃了，而与拉吉普一同剽窃的一个学生还因为这篇剽窃论文获得一项国际奖项。卡拉什在最初并没想对此采取什么行动，但她后来听说库曼大学物理系主任被突然解雇，她决定插手。因为她认为这位主任是由于调查这桩剽窃案而丢掉工作的。

卡拉什在2002年10月起草了一封给印度总统的信件，信件中写道："一代极有天赋的印度物理学家已经得到国际物理学界的广泛认可，并且为印度物理学带来了极大的荣誉。如果印度科学的这个崇高的声誉被少数几个剽窃者所败坏，那真是太可惜了。"虽然这封信没有能够直接到达总统手中，但通过媒体报道，还是引起了总统关注。经过立案调查，拉吉普论文剽窃案成立。2003年2月，拉吉普被印度政府撤了库曼大学校长的职务。

【例6-7】 2011年3月，德国两位法律教授指控时任国防部长古滕贝格的博士论文涉嫌抄袭。抄袭的内容多为德国、瑞士等国报刊上发表的文章，其中有些段落一模一样，根本没有写明出处。最后德国拜罗伊特大学以"严重违反科学标准"为由取消了古滕贝格的博士学位。司法机关的介入和社会舆论的影响，使古滕贝格的处境极为艰难，最后他不得不辞去国防部长的职务。

【例6-8】 2016年1月24日，某高校历史文化学院专业硕士毕业生陈某的学位论文《档案开放利用与信息安全保障研究》（完成于2013年4月）被曝与另一所高校硕士毕业生刘某某的学位论文《档案开放利用的信息安全保障研究》（完成于2012年4月）高度相似，连中文题目、摘要、关键词，甚至致谢语都到了近乎一字不差的程度。2016 年 1 月 28 日，经该校历史文化学院学位评定分委员会组织专家调查，认定陈某硕士学位论文《档案开放利用与信息安全保障研究》构成学位论文作假，决定撤销陈某的硕士学位，取消其导师的研究生指导教师资格。

【例 6-9】 2016 年 3 月 22 日，某高校公布两起论文抄袭事件的处理结果。该高校应用数学专业 2008 届硕士毕业生李某的学位论文《基于近景摄影测量和模式识别技术的直升机落点位置自动测量研究》（完成于 2008 年 4 月）抄袭另一所高校硕士毕业生朱某某的《基于近景摄影技术的直升机落点位置测量研究》（完成于 2007 年 3 月）；该高校软件工程专业 2007 届硕士毕业生周某的学位论文《辽宁地税征管系统稽查模块的设计与实现》（完成于 2007 年 10 月）抄袭另一所高校硕士毕业生郑某的《税务征收系统中稽查模块的设计与实现》（完成于 2005 年 12 月）。该高校学位评定委员会决定，撤销李某、周某硕士学位，对相关指导教师给予相应处理。

【例 6-10】 2014 年 9 月，某高校教授刘某某发表于《重庆大学学报》2009 年第 15 卷第 6 期的论文《晚清县级以下基层政权对地方社会的监控》，与《中山大学学报》1995 年第 4 期上贺某某发表的论文《晚清县以下基层行政官署与乡村社会控制》"除标题略有改动外，其余一模一样"。当时，刘某某是该高校历史文化学院博士。2014 年 12 月 30 日，经该高校学位评定委员会讨论并通过了决议，撤销刘某某于 2010 年获得的历史学博士学位。

【例 6-11】 2019 年 3 月 27 日，某高校硕士毕业生刘某某完成于 2018 年 4 月的硕士论文《腐败对企业逃税的影响研究》涉嫌抄袭 2017 年某项国家自然科学基金项目申请书，而刘某某的硕士生导师洪某正是其 2017 年国家自然科学基金项目的评审专家。2019 年 4 月 2 日，该高校通报了关于该校学生刘某某硕士学位论文涉嫌学术不端问题的处理结果，决定撤销刘某某硕士学位，给予其导师洪某警告处分，取消导师资格，调离教学岗位。

【例 6-12】 2018 年 10 月，某高校叶某某有 11 篇第一作者的材料科学领域论文，由于图片篡改、内容重复、虚假署名等学术不端行为而遭撤稿。这些论文的发表时间为 2014—2016 年，通信作者是该高校教授唐某某。叶某某是唐某某指导的 10 级博士生，2015 年 7 月毕业并获该高校博士学位。在 5 年的读博期间，叶某某以一作发表论文 16 篇，曾获该高校学术新秀提名，还担任几个知名 SCI 期刊编辑和审稿人。但他高产的背后，竟是不断地重复使用自己的图片与数据。2018 年 10 月 21 日，该高校研究生院发布"关于对叶某某学术不端问题调查处理情况的说明"，对叶某某涉嫌学术不端的问题进行了严肃处理，撤销其博士学位，同时对其导师唐某某追责问责。

【拓展阅读】 本硕博论文写作技巧

1) 写学位论文是个系统工程，与写研究报告不一样，所以从一开始就要有个整体思维和计划，如文献管理、文献索引、数据管理、表格图片管理等。建议一开始就建立一个文件夹，里面包括各个方面的子文件夹，分门别类，系统管理，事半功倍。

2) 写作讲究一气呵成。看很多人写论文，今天写了半页，明天写了几百字，痛苦至极。写之前莫不如先思考，厘清思路，再动笔。

3) 不要期待一稿定乾坤。写论文最重要的是第一稿，因为从无到有是最艰难的，第一稿出来之后再修改，无论修改意见多么尖锐和繁多，都不会太难。俗话说百炼成钢，论文也一样，往往最终稿与第一稿相比总是相差很大。

4）不要着急生成目录文献列表。因为这个文献列表一旦插入进来，在改动的时候总会一遍又一遍地更新，有的时候 Word 也会崩溃，导致论文保存不当或者丢失。如果用 EndNote 软件写论文时，在插入文献的地方用｛作者名，年份等信息｝，最后一起生成列表就好。

5）论文与研究报告的思路还是有区别的。对于论文来说，精练并不是最主要的要求，翔实最重要。而对于研究报告，精练最重要，因为期刊往往有字数限制，而且精练的文字会更被期刊青睐。所以，在写论文时，一定要力求详尽，尤其是第一稿。

6）你总会发现，Word 软件会时不时"出问题"。比如目录格式为什么总不对，为什么目录"只更新页码"的选项没有了，横页上怎么在左边插入页码，页脚的页码如何自定义，如何区分插入分页符和分节符等。记住，一旦遇到类似问题，要第一时间弄清楚并解决。不是 Word 软件设计得有问题，是你还不会使用它。

7）及时与导师沟通论文的写作进度和要求。每个导师都有不同的习惯，比如有的导师非全稿不看，有的导师学生写完一章就改一章。最终质量控制都在导师手里，所以沟通最重要。

8）把论文当作你严谨科研的起点。论文写作过程中的收获是写研究报告无法比拟的，论文写作的机会不多，也就是说，系统地写一个作品的机会不多。所以，如果你将来真的打算做一个严谨的科学工作者，那么请认真地写好你的论文。

9）论文文件命名。这是个小问题，每个人可能习惯都不同，建议可以用论文名称-版本号-年月日，如 AAA and BBB-V3-20220331。这里版本号很重要。因为最终你浏览文件夹肯定要按照修改时间排序，而且很多时候去找以前的文件，时间可能已经记不清了，这时版本号就很有用，第一版是初稿，第二版是改过一次的，以此类推。当然，在时间后面还可以加上修改人的名字，证明是谁改过的等。

10）尽早读研究生院论文手册操作指南，如果研究生院提供 Word 模板，就用模板写。这样会在之后的格式修改中省去很多时间。

11）自定义 Word 软件和 EndNote 软件。Word 软件中的默认字体，EndNote 软件中的引文格式，这些都能标准化论文的写作。记住，磨刀不误砍柴工，是真理。

12）备份。事情总是那么碰巧，尤其是在写论文时，意外状况发生率特别高，如写论文时电脑丢了、坏了。所以，只要你动笔开始写论文，就要养成备份的习惯。

要记住，学术界的唯一硬通货是声誉，如果你渴望成功，请你一定要学会在学术生涯的各个阶段建立你的声誉，并且奋力维护你的声誉。

——何毓琦（美国国家工程院院士，中国科学院、工程院外籍院士）

第 7 章
学术论文的写作规范

本章阐述学术论文的文稿标准化和规范化。先强调法律法规、政策规定表达规范,再阐述文献引用、数字、表格、图示、标点、符号、字体、字号及文稿的打印、印刷与装订等方面的写作规范。

学术论文写作规范,是指学术论文写作时通常要遵守的约定俗成的"规定"和明文规定的标准。所谓标准,是技术标准的简称,是由一定权威组织对经济、技术科学中重复出现的共同语言和技术事项,以及产品规格、工程质量、检验方法等统一规定的技术准则,是人们进行经济和科学技术活动共同遵守的技术依据。

我国的现行标准分为国家标准、行业标准、地方标准和企业标准四级。以下是撰写文稿时最常用的国家标准:《量和单位》(GB 3100~3102—86)、《文献主题标引规则》(GB/T 3860—2009)、《学位论文编写规则》(GB/T 7713.1—2006)、《科技报告编写规则》(GB/T 7713.3—2014)、《校对符号及其用法》(GB/T 14706—93)、《标点符号用法》(GB/T 15834—2011)、《出版物上数字用法》(GB/T 15835—2011)和《文后参考文献著录规则》(GB/T 7714—2015)等。1992 年以后发布的国家标准中,代号为 GB 的是强制标准,代号为 GB/T 的则是推荐性标准。

由于计算机的普及,目前学术论文都要求提交类似于出版物的计算机打印稿,一些优秀的学术论文还可以向期刊投稿,因此,了解一些正式出版物在出版规范方面的知识,也是非常必要的。

7.1 法律法规、政策规定表达规范

撰写学术论文时,要注意法律法规、政策规定表达规范,特别是对政治性内容的表述要严谨、准确,主要体现在以下几点:

1) 要坚持四项基本原则,弘扬社会主义核心价值观,体现辩证唯物主义和历史唯物主义的哲学观。

2) 论文中涉及党的路线、方针和政策的地方,应符合党和政府的规定和提法。引用名人讲话,特别是党和国家领导人的讲话,以及党和国家的文件、伟人著作时,要以权威出版社出版的或党报、党刊上公开发表的最新文本为准。在引用时要做到严肃、认真、合理、适当,并逐字(含标点符号)核对。

3) 遇到国家疆界、地区或国名的称呼,可能涉及国家的领土主权和对外关系时,一定要按照国家的有关规定处理。如在文字表述、地图和表格中,不得将台湾、香港、澳门称作

"国家"；中国地图不得漏绘台湾岛、海南岛、南海诸岛与钓鱼岛等重要岛屿。

4）论文内容不得泄露国家的政治、经济、文化、军事和技术机密，不要引用保密资料和科学技术中必须保密的内容。

5）论文内容不得违背国家有关民族、宗教的政策和法律，不得损害公民宗教信仰自由的权利，不得伤害信教群众的宗教感情和侵害少数民族的风俗习惯。

6）论文内容应实事求是，避免侵犯企业、他人的合法权益，尤其要杜绝侮辱、诽谤他人的言论。

7）论文中不得出现违背社会公德和低俗、庸俗、媚俗的内容，避免使用低俗的案例和不文明的语言。

【错例7-1】 习近平总书记在《文艺讲话》中指出："文艺工作者应该牢记，创作是自己的中心任务，作品是自己的立身之本，要静下心来、精益求精搞创作，把最好的精神食粮奉献给人民。"

【简析】 习近平总书记这篇文章的题目是《在文艺工作座谈会上的讲话》（2014年10月15日），将题目简化为《文艺讲话》，使得语义不完整且读者无从检索出处。对于这类讲话，最好同时注明发表时间。

【错例7-2】 张某某，教授，1978年毕业于台湾国立清华大学，获学士学位，后在英国剑桥大学获博士学位，台湾第二届国大代表。

【简析】 自中华人民共和国成立之日起，所谓的"中华民国"已不再合法，故其设立的机构不能称为"国立"，表述时应删去"国立"字样。为区别北京的清华大学，可称为"台湾清华大学"。所谓的"国大"也是非法的，"国大代表"是台湾当局的官方职务，应该加上引号。

【错例7-3】 改革开放以来，我国在政治、经济、文化等各个方面都实现了飞跃发展，但不可否认，与发达国家相比仍显不足，人民日益增长的对美好生活需求与不平衡不充分发展之间的矛盾在相当长的时期里将是影响中国经济的基本变量。

【简析】 2017年，党的十九大报告提出："我国社会主要矛盾已经转化为人民日益增长的美好生活需要和不平衡不充分的发展之间的矛盾。"案例内容涉及我国社会主要矛盾，但表述却不严谨，不仅出现了多字、漏字，而且错将"需要"表述为"需求"。

【错例7-4】 明确中国特色社会主义事业总体布局是"五位一体"，即经济建设、政治建设、文化建设、社会建设和生态文明建设。战略布局是"四个全面"，即全面建成小康社会、全面深化改革、全面依法治国、全面从严治党。

【简析】 2020年10月，党的十九届五中全会对"四个全面"的表述内涵进行了调整，提出"协调推进全面建设社会主义现代化国家、全面深化改革、全面依法治国、全面从严治党的战略布局"的"四个全面"。

【错例7-5】 我们作为发展中国家，加强合作和改善关系有现实的迫切需要，特别是稳定周边外交，对于我们赢得良好的外交环境也有着特殊意义。长期以来，我们坚持与邻为善，以邻为伴，坚持睦邻、安邻、富邻、突出"亲、诚、惠、融"理念。

【简析】 2013年10月，习近平总书记在周边外交工作座谈会上提出来了"亲、诚、惠、容"的重要外交理念，这四字箴言有其特定的内涵，反映了新一届中央领导集体外交理念的创新发展和与时俱进。案例中却将"亲、诚、惠、容"错误表达为"亲、诚、惠、融"、"容"和"融"不仅是字词错误问题，其代表的内涵也完全不同。

【错例7-6】 泸沽湖位于云南西北部，其周围居住着一个古老的民族——摩梭族。

【简析】 我国正式确定的少数民族是55个。摩梭人是纳西族的一支。少数民族的支系、部落不能称为民族，只能称为"××人"，如"摩梭人""撒尼人"等。注意：不能把古代民族名称与后世民族名称混淆，如不能将"高句丽"称为"高丽"，不能将"哈萨克族""乌孜别克族"等泛称为"突厥人"或"突厥族"；不能使用旧社会流传的对少数民族带有侮辱性的称呼；不能随意简称，如"蒙古族"不能简称为"蒙族"，"维吾尔族"不能简称"维族"，"哈萨克族"不能简称"哈族"。

【错例7-7】 世界贸易组织（WTO）成立之后，WTO成员国之间贸易往来的手续被大大简化了，成员国之间可以随时随地发起或接受贸易，不再受时间和空间的限制。

【简析】 截至2020年5月，WTO有164个成员，其中既有中国、西班牙、美国、乌拉圭这样的国家，也有中国香港、中国澳门、中国台北（台湾、澎湖、金门、马祖单独关税区）这样的独立关税区。所以，笼统地称为"WTO成员国"是欠妥的，应使用"成员"或"成员方"。

7.2 文献引用及著录规范

1. 引用文献

学术论文文稿经常需要引用其他书籍或杂志等出版物中的内容，称为引用文献。正文未标明作者或非原始文献作者时，引用文献序号标注于引用内容最末句的右上角。所引文献编号用阿拉伯数字置于方括号"[ ]"中，如"预测控制[2]"。正文直接述及文献序号时则将之作为语句的组成部分时不用角码标注，其序号应与正文排齐，如"由文献[10-13]可知"。文中已标明原始文献作者姓名时，序号标注于作者姓名右上角。使用引文时应注意以下四点：

1）引文的来源，必须是公开出版的著作或报刊等出版物上发表的文章。

2）不得将引用文献标示置于各级标题处。

3）别人的言论，常常是在某一特定的时间和条件下，针对某一特定问题或对象发表的，引用时应做出必要的交代。

4）使用引文，务必逻辑清楚，要与自己文章阐述的观点一致，不能互相矛盾。

2. 文献著录

参考文献是指为撰写或编辑论著而引用的有关图书资料。按规定，在各类出版物中，凡是引用前人或他人的观点、数据和材料等，都要对它们在文中出现的地方予以标明，并在文末（或书末）依次列出，这项工作叫作参考文献著录。由于其表列在文末（或书末），更确切地说，是"文后参考文献著录"。

（1）参考文献著录的作用 对于一篇论文或一本说明书、一部专著，文后参考文献著录是不可缺少的。参考文献有以下作用：

1）参考文献著录可以反映作者的态度。今人的研究工作都是对前人研究工作的继承和发展，文后列出阅读的与论著内容有关的参考文献，不仅反映出作者严肃的科学态度，而且反映出作者尊重他人劳动成果的态度。

2）参考文献著录可以反映论著的水平。现时的研究都是在过去研究的基础上进行的。引用过去的参考文献，不仅可以反映论著的真实性、科学性，而且可以反映论著的起点、深度与广度。

3）参考文献著录有利于节省论文篇幅。论著中涉及参考文献所载的内容，都不必详述，只要注明出处即可，这不仅节省了篇幅，而且反映出所编论著的新观点、新内容、新成果、新结论。

4）参考文献著录有利于他人研究。读者通过著录的参考文献，可以方便地查阅有关资料，进一步了解有关情况。科技情报人员通过著录的参考文献，可以方便地进行文献计量学等的研究。

（2）参考文献著录的要求　参考文献确实起到重要作用，著录应符合下列要求：

1）公开发表的文献可以著录，未公开发表的资料不可著录。如保密文件、内部消息及不能公开发表的资料等，均不可著录。

2）在亲自阅读过的文献中，精选出在论著中直接引用的、主要的、最新的文献著录，对一般的众所周知的内容、陈旧的资料等则不著录。

3）参考文献的著录一定要简单、清楚、准确。著录要按《信息与文献　参考文献著录规则》（GB/T 7714—2015）进行。

（3）参考文献著录的格式

1）连续出版物。

著录格式：主要责任者. 题名：其他题名信息［文献类型标识/文献载体标识］. 年，卷（期）-年，卷（期）. 出版地：出版者，出版年［引用日期］. 获取和访问路径. 数字对象唯一标识符.

示例：

[1] 中华医学会湖北分会. 临床内科杂志［J］. 1984, 1 (1)-. 武汉：中华医学会湖北分会, 1984-.
[2] 中国图书馆学会, 图书馆学通讯［J］. 1957 (1)-1990 (4). 北京：北京图书馆, 1957-1990.
[3] American Association for the Advancement of Science. Science［J］. 1883, 1 (1)-. Washington, D. C.：American Association for the Advancement of Science, 1883-.

2）连续出版物中的析出文献。

著录格式：析出文献主要责任者. 析出文献题名［文献类型标识/文献载体标识］. 连续出版物题名：其他题名信息，年，卷（期）：页码［引用日期］. 获取和访问路径. 数字对象唯一标识符.

示例：

[1] 周新年, 赖阿红, 周成军, 等. 山地森林生态采运研究进展［J］. 森林与环境学报, 2015, 35 (2)：185-192.
[2] 周成军, 巫志龙, 周新年, 等. "工程索道"课程系列教材一体化建设——以福建农林大学为例［J］. 中国林业教育, 2021, 30 (6)：11-16.
[3] 袁训来, 陈哲, 肖书海, 等. 蓝田生物群：一个认识多细胞生物起源和早期演化的新窗口［J］. 科学通报, 2012, 55 (34)：3219.

［4］ 余建斌. 我们的科技一直在追赶：访中国工程院院长周济［N/OL］. 人民日报，2013-01-12（2）［2013-03-20］. http://paper. people. com. cn/rmrb/html/2013-01/12/nw. D110000renmrb_20130112_5-02. htm.

［5］ 李炳穆. 韩国图书馆法［J/OL］. 图书情报工作，2008，52（6）：6-12［2013-10-25］. http://www. docin. com/p-400265742. html.

［6］ 李幼平，王莉. 循证医学研究方法：附视频［J/OL］. 中华移植杂志（电子版），2010，4（3）：225-228［2014-06-09］. http://www. cqvip. com/Read/Read. aspx? id=36658332.

［7］ 武丽丽，华一新，张亚军，等. "北斗一号"监控管理网设计与实现［J/OL］. 测绘科学，2008，33（5）：8-9［2009-10-25］. http://vip. calis. edu. cn/CSTJ/Sear. dll? OPAC_CreateDetail. DOI：10. 3771/j. issn. 1009-2307. 2008. 05，002.

［8］ KANAMORI H. Shaking without quaking［J］. Science，1998，279（5359）：2063.

［9］ CAPLAN P. Cataloging internet resources［J］. The public access computer systems review，1993，4（2）：61-66.

［10］ FRESE K S，KATUS H A，MEDER B. Next-generation sequencing：from understanding biology to personalized medicine［J/OL］. Biology，2013，2（1）：378-398［2013-03-19］. http://www. mdpi. com/2079-7737/2/1/378. DOI：10. 3390/biology2010378.

［11］ MYBURG A A，GRATTAPAGLIA D，TUSKAN G A，et al. The genome of Eucalyptus grandis［J/OL］. Nature，2014，510：356-362（2014-06-19）［2014-06-25］. http://www. nature. com/nature/journal/v510/n7505/pdf/nature13308. pdf. DOI：10. 1038/nature13308.

3）专著。

著录格式：主要责任者. 题名：其他题名信息［文献类型标识/文献载体标识］. 其他责任者. 版本项. 出版地：出版者，出版年：引文页码［引用日期］. 获取和访问路径. 数字对象唯一标识符.

示例：

［1］ 周新年，周成军，郑丽凤，等. 工程索道［M］. 北京：机械工业出版社，2020：307-311.

［2］ 陈登原. 国史旧闻：第1卷［M］. 北京：中华书局，2000：29.

［3］ 哈里森，沃尔德伦. 经济数学与金融数学［M］. 谢远涛，译. 北京：中国人民大学出版社，2012：235-236.

［4］ 北京市政协民族和宗教委员会，北京联合大学民族与宗教研究所. 历代王朝与民族宗教［M］. 北京：民族出版社，2012：112.

［5］ 全国信息与文献标准化技术委员会. 信息与文献 都柏林核心元数据元素集：GB/T 25100—2010［S］. 北京：中国标准出版社，2010：2-3.

［6］ 徐光宪，王祥云. 物质结构［M］. 北京：科学出版社，2010.

［7］ 顾炎武. 昌平山水记；京东考古录［M］. 北京：北京古籍出版社，1992.

［8］ 王夫之. 宋论［M］. 刻本. 金陵：湘乡曾国荃，1865（清同治四年）.

［9］ 牛志明，斯温兰德，雷光春. 综合湿地管理国际研讨会论文集［C］. 北京：海洋出版社，2012.

［10］ 中国第一历史档案馆，辽宁省档案馆. 中国明朝档案总汇［A］. 桂林：广西师范大学出版社，2001.

［11］ 杨保军. 新闻道德论［D/OL］. 北京：中国人民大学出版社，2010［2012-11-01］. http://apabi. lib. pku. edu. cn/usp/pku/pub. mve? pid=book. detail&. metaid=m. 20101104-BPO-889-1023&cult=CN.

［12］ 赵学功. 当代美国外交［M/OL］. 北京：社会科学文献出版社，2001［2014-06-11］. http://www. cadal. zju. edu. cn/book/trySinglePage/33023884/1.

［13］ 同济大学土木工程防灾国家重点实验室. 汶川地震震害研究［M/OL］. 上海：同济大学出版社，2011：5-6［2013-05-09］. http://apabi. lib. pku. edu. cn/usp/pku/pub. mve? pid＝book. detail&metaid＝m. 20120406-YPT-889-0010.

［14］ 中国造纸学会. 中国造纸年鉴：2003［M/OL］. 北京：中国轻工业出版社，2003［2014-04-25］. http://www. cadal. zju. edu. cn/book/view/25010080.

［15］ PEEBLES P Z, Jr. Probability, random variable, and random signal principles［M］. 4th ed. New York：McGraw Hill，2001.

［16］ YUFIN S A. Geoecology and computers：proceedings of the Third International Conference on Advances of Computer Methods in Geotechnical and Geoenvironmental Engineering, Moscow, Russia, February 1-4, 2000［C］. Rotterdam：A. A. Balkema, 2000.

［17］ BALDOCK P. Developing early childhood services：past, present and future［M/OL］.［S. l.］：Open University Press, 2011：105［2012-11-27］. http://lib. myilibrary. com/Open. aspx? id-312377.

［18］ FAN X, SOMMERS C H. Food irradiation research and technology. 2nd ed. Ames, Iowa：Blackwell Publishing. 2013：25-26［2014-06-26］. http://onlinelibrary. wiley. com/doi/10. 1002/9781118422557. ch2/summary.

4）专著中的析出文献。

著录格式：析出文献主要责任者. 析出文献题名［文献类型标识/文献载体标识］. 析出文献其他责任者//专著主要责任者. 专著题名：其他题名信息，版本项. 出版地：出版者，出版年：析出文献的页码［引用日期］. 获取和访问路径. 数字对象唯一标识符.

示例：

［1］ 周易外传：卷5［M］//王夫之. 船山全书：第6册. 长沙：岳麓书社，2011：1109.

［2］ 程根伟. 1998年长江洪水的成因与减灾对策［M］//许厚泽，赵其国. 长江流域洪涝灾害与科技对策. 北京：科学出版社，1999：32-36.

［3］ 陈晋镳，张惠民，朱士兴，等. 蓟县震旦亚界研究［M］//中国地质科学院天津地质矿产研究所，中国震旦亚界. 天津：天津科学技术出版社，1980：56-114.

［4］ 马克思. 政治经济学批判［M］//马克思，恩格斯. 马克思恩格斯全集：第35卷. 北京：人民出版社，2013：302.

［5］ 贾东琴，柯平. 面向数字素养的高校图书馆数字服务体系研究［C］//中国图书馆学会. 中国图书馆学会年会论文集：2011年卷. 北京：国家图书馆出版社，2011：45-52.

［6］ 冯辉荣，周新年，李正红，等. 构建"多功能"例题创新教学模式的尝试［C］//曲淑英，杨正光. 中外力学思维纵横. 北京：大众文艺出版社，2009：235-244.

［7］ WEINSTEIN L, SWERTZ M N. Pathogenic properties of invading microorganism［M］//SODEMAN W A, Jr, SODEMAN W A. Pathologic physiology：mechanisms of disease. Philadelphia：Saunders, 1974：745-772.

［8］ ROBERSON J A, BURNESON E G. Drinking water standards, regulations and goals［M/OL］//American Water Works Association. Water quality & treatment：a handbook on drinking water. 6th ed. New York：McGraw-Hill, 2011：1.1-1.36［2012-12-10］. http://lib. myilibrary. com/Open. aspx? id-291430.

5）专利文献。

著录格式：专利申请者或所有者. 专利题名：专利号［文献类型标识/文献载体标识］. 公告日期或公开日期［引用日期］. 获取和访问路径. 数字对象唯一标识符.

示例：

［1］ 邓一刚. 全智能节电器：200610171314. 3 ［P］. 2006-12-13.
［2］ 西安电子科技大学. 光折变自适应光外差探测方法：01128777. 2 ［P/OL］. 2002-03-06 ［2002-05-28］. http://211. 152. 9. 47/sipoasp/zljs/hyjs-yx-new. asp？recid=01128777. 2&leixin=0.
［3］ TACHIBANA R，SHIMIZU S，KOBAYSHI S，et al. Electronic watermarking method and system：US6915001 ［P/OL］. 2005-07-05 ［2013-11-11］. http://www. google. co. in/patents/US6915001.

6）学位论文。

著录格式：作者. 题名 ［D］. 授予学位地：授予学位单位，出版年.

示例：

［1］ 郑丽凤. 闽北天然次生林择伐强度的阈值和择伐策略研究 ［D］. 福州：福建农林大学，2008.

7）电子资源。

著录格式：主要责任者. 题名：其他题名信息 ［文献类型标识/文献载体标识］. 出版地：出版者，出版年：引文页码（更新或修改日期）［引用日期］. 获取和访问路径. 数字对象唯一标识符.

示例：

［1］ 中国互联网络信息中心，第29次中国互联网络发展现状统计报告 ［R/OL］. （2012-01-6）［2013-03-26］. http://www. cnnic. net. cn/hlwfzyj/hlwxzbg/201201/P020120709345264469680. pdf.
［2］ 北京市人民政府办公厅. 关于转发北京市企业投资项目核准暂行实施办法的通知：京政办发 ［2005］37号 ［A/OL］. （2005-07-12）［2011-07-12］. http://china. fndlaw. cn/fagui/p_1/39934. html.
［3］ BAWDEN D. Origins and concepts of digital literacy ［EB/OL］. （2008-05-04）［2013-03-08］. http://www. soi. city. ac. uk/~dbawden/digital%20literacy%20chapter. pdf.
［4］ Online Computer Library Center，Inc. About OCLC：history of cooperation ［EB/OL］. ［2012-03-27］. http://www. oclc. org/about/cooperation. en. huml.
［5］ HOPKINSON A. UNIMARC and metadata：Dublin core ［EB/OL］. （2009-04-22）［2014-03-27］. http://archive. ifla. org/IV/ifla64/138-16le. btm.
［6］ 国家林业和草原局政府网. 我国森林覆盖率达22. 96% ［EB/OL］. （2019-07-17）［2022-02-01］. http://www. forestry. gov. cn/main/65/20190620/103419043834596. html.

8）著录用文字。

参考文献原则上要求用信息资源本身的语种著录. 必要时，可采用双语著录. 用双语著录参考文献时，首先应用信息资源的原语种著录，然后用其他语种著录.

示例1：用原语种著录参考文献

［1］ 周鲁卫. 软物质物理导论 ［M］. 上海：复旦大学出版社，2011：1.
［2］ 常森. 《五行》学说与《荀子》 ［J］. 北京大学学报（哲学社会科学版），2013，50（1）：75.
［3］ 김세훈, 외. 도서관및독서진흥법 개정안 연구 ［M］ 서울: 한국문화관광정책연구원, 2003: 15.

［4］ 図書館用語辞典編集委員会. 最新図書館用語大辭典［M］. 東京：柏書房株式會社，2004：154.
［5］ RUDDOCK L. Economics for the modern built environment［M/OL］. London：Taylor & Francis, 2009：12［2010-06-15］. http：/lib.myilibrary.com/Open.aspx? id=179660.
［6］ Кочетков А Я. Молибден-медно-золотопорфиовое Месторождение Рябиновсе［J/OL］. Отечественная гелогия，1993（7）：50-58.

示例2：用韩中两种语种著录参考文献

［1］ 이병목. 도서관법규총람：제1권［M］. 서울：구미무역 출판부, 2005：67-68.
　　 李炳穆. 图书馆法规总览：第1卷［M］. 首尔：九美贸易出版部, 2005：67-68.
［2］ 도서관정보정책위원회 발족식 및 도서관정보정책기획단 신설［J］. 圖書館文化, 2007, 48（7）：11-12.
　　 图书馆信息政策委员会成立仪式与图书馆信息政策规划团［J］. 图书馆文化, 2007, 48（7）：11-12.

示例3：用中英两种语种著录参考文献

［1］ 熊平, 吴颉. 从交易费用的角度谈如何构建药品流通的良性机制［J］. 中国物价, 2005（8）：42-45.
　　 XIONG P，WU X. Discussion on how to construct benign medicine circulation mechanism from transaction cost perspective［J］. China price, 2005（8）：42-45.
［2］ 上海市食品药品监督管理局课题组. 互联网药品经营现状和监管机制的研究［J］. 上海食品药品监管情报研究, 2008（1）：8-11.
　　 Research Group of Shanghai Food and Drug Administration. A study on online pharmaceutical operating situation and supervision mechanism［J］. Shanghai food and drug information research, 2008（1）：8-11.

7.3 数字规范

1. 数字用法

汉字数字和阿拉伯数字的使用，应按《出版物上数字用法》（GB/T 15835—2011）执行。总体原则，凡是可以使用阿拉伯数字而且又很得体的地方，均应使用阿拉伯数字。遇特殊情形，可以灵活变通，但应力求保持相对统一。

文稿中的数字有阿拉伯数字和汉字数字两种表达形式。其使用场合按照《出版物上数字用法》（GB/T 15835—2011）的要求确定。

1）阿拉伯数字的适用场合与示例，见表7-1。

表7-1 阿拉伯数字的适用场合与示例

适用场合	示例
用于计量的数字，如计算结果	63.02%、-125、1∶500
伴有计量单位的数值	500km（500千米）、40°（40度）、40℃（40摄氏度）
编号	95511（电话号码）、101国道（道路编号）
已广泛使用名称的书写形式	5G手机、G20峰会

2）汉字数字的适用场合与示例，见表7-2。

表 7-2　汉字数字的适用场合与示例

适用场合	示例
长期使用且已稳定地包含汉字数字的词语	二一添作五、四书五经、星期五、八国联军、五四运动
数字连用表示的概数、含"几"的概数	一二十个、三四个月、二十几人
干支纪年、农历月日、历史朝代纪年及其他传统上采用汉字形式的非公历纪年	正月初五、八月十五、腊月二十三

3）两种表达形式均适用的场合。除去上述必须区分的场合外，当无论使用哪一种表达形式都不会影响文字表达的正确性、简洁性和辨识的清晰性时，这两种表达形式均可使用。例如，17 号楼（十七号楼）、第 5 个工作日（第五个工作日）、100 多件（一百多件）、公元前 8 世纪（公元前八世纪）。

4）表达形式的选用原则与书写的注意事项，见表 7-3。

表 7-3　表达形式的选用原则与书写的注意事项

项目	内容
选用原则	除上述汉字数字的适用场合外，突出简洁醒目的表达效果，选用阿拉伯数字
	除上述阿拉伯数字的适用场合外，突出庄重典雅的表达效果，选用汉字数字
	同一场合出现的数字，应遵循"同类别同形式"原则来选用表达形式，并尽量统一
书写的注意事项	四位数字表示年份不应简写为两位数字。例如，1998 年不能简写为 98 年
	阿拉伯数字表示的数值不能转行断开
	两个数字连用表示概数时，之间不能用顿号"、"隔开。例如，两三天不写为两、三天
	阿拉伯数字"0"有"零""〇"两种汉字书写形式。用作编号时，汉字数字用"〇"。例如，二〇一六年不写为二零一六年

5）量值中的数值一般应采用阿拉伯数字，并且尽量避免用分数，而用小数。数值小于 1 的小数必须写出小数点前定位的 0。小数点是齐底线的黑圆点，并占半个汉字的位置，如 0.104kg。

6）阿拉伯数字采用国际通行的 3 位分节法书写，小数点前或小数点后若超过 4 位数时（包括 4 位数），则从小数点起，向左或向右，由 3 位分节，节与节之间应空半个字的位置（不是用逗号）。如 44 125；0.141 65；54 461.674 1。不用千分撇"'"分节。

若整数后有 3 个以上"0"，或者纯小数而在小数点后面有 3 个以上的 0，均可采用 10^n（n 为正、负整数）的形式写出，但有效位中的"0"必须全部写出。如 360000，则应写成 $360×10^3$ 或 $36×10^4$。

7）参数范围符号统一用"~"表示。例如，五至十可写成 5~10，100kg 至 150kg 可写成 100~150kg。但 $2×10^2$~$6×10^2$ 不能写成 2~$6×10^2$，20%~50%不能写成 20~50%。

8）一个数值的书写形式要呼应上下文。不是出现在一组表示科学计量和具有统计意义数字中的一位数（一、二、…、九）可以用汉字，如一个人、四种产品、六条意见。

9）5 位以上的数字，尾数零多的，可改写为以万、亿作单位的数。一般情况下，不得以十、百、千、十万、百万、千万、十亿、百亿、千亿作单位（千克、千米、千瓦、兆赫等法定计量单位中的词头不在此列)。如 345000000 公里可改写为 3.45 亿公里或 34500 万公里,不能写作 3 亿 4500 万公里或 3 亿 4 千 5 百万公里。

10) 其他规则。数量的增加,可以用倍数、分数和百分比表示,如增加了 5 倍,即原来是 1,现在为 6;增加了 20%,即原来是 100,现在是 120。数量减少只能用百分比和分数表示,不能用倍数表示。"减少了 2 倍""降低了 3 倍"等表示法都是错误的。正确使用数字前后表示约数的字,如约、近、左右、上下等,不能同时并用两个以上的近似数的词,如"大约 10cm 左右"的表示法是不对的。最大数和最小数不应与约数运用,如"最大值为 10cm 左右"是不对的。

2. 计量单位

1) 学术论文中的计量单位必须采用国务院发布的《中华人民共和国法定计量单位》和《国际单位制及其应用》(GB 3100—93)。

2) 表达量值时,在公式、图表和文字叙述中,一律使用单位的国际符号,且无例外地用正体。只在通俗出版物中才使用单位的中文符号。单位符号与数值间要空出 1/4 个字长。

3) 关于量的符号,一般为单个拉丁字母或希腊字母,并一律采用斜体(pH 除外)。为了区别不同情况,可在量符号的右侧上、下方用上、下标标识。其中,以量符号和代表变动性数字的字母作角标时用斜体,其他角标(包括数字)用正体。

4) 凡国家标准规定的符号及国际和我国通用的符号,应按规定引用。科学技术中部分常用符号的使用举例见表 7-4。

表 7-4 科学技术中部分常用符号的使用举例

名称	应写作	不写作
范围号	35%~45%	35~45%
	70~80℃	70°~80℃
	10°~20°	10~20°
	300~400 HBW	HBW300~HBW400
	5×10^{-4}~40×10^{-4} 或 $(5\sim40)\times10^{-4}$	$5\sim40\times10^{-4}$
	6~10	约 6~10 或 6~10 左右
约等于号	$A \approx B$	$A \sim B$ 或 $A \doteq B$
正比号	$A \propto B$	$A \sim B$
数学中的省略号	$a_1, a_2, \cdots, a_n$	$a_1, a_2, \cdots\cdots, a_n$ 或 $a_1, a_2, ..., a_n$
乘号	10×20	$10 \cdot 20$
	$\sqrt{3}UI\cos\theta \times 10^{-2}$	$\sqrt{3}UI\cos\theta \cdot 10^{-2}$ 或 $\sqrt{3}\times UI\cos\theta \times 10^{-2}$
	$F=ma$	$F=m \cdot a$ 或 $F=m\times a$
夹在文字中的分数	1/10	$\frac{1}{10}$
	$A=1/(100B)$	$A=\frac{1}{100B}$
	$P/3$	$\frac{1}{3}P$ 或 $1/3P$
	$3T/4$	$3/4T$ 或 $\frac{3}{4}T$

(续)

名称	应写作	不写作
小于或等于号	≤	≦
大于或等于号	≥	≧
不等于号	≠	ǂ
多位数的书写	38 245.260 8 或 38,245.2608（非科技类）	38245.2608
小数的书写	10.05 0.46	10, 05 .46
百万分之一	10^{-6} 或 $10^{-4}\%$	ppm
外形尺寸	400mm×200mm×300mm	400×200×300mm
用正负偏差代表的数值	(20±2)℃ 或 20℃±2℃	20±2℃
数值代入公式计算	$U=IR=9A\times40\Omega$ $=360V$ 或 $U=IR=9\times40V$ $=360V$	$U=IR=9\times40=360V$
x 的余切	cot x	ctg x
x 的反余切	arccot x	arcctg x
x 的反正弦	arcsin x	$\sin^{-1} x$
x 的反余弦	arccos x	$\cos^{-1} x$
x 的双曲余切	coth x	cth x
x 的反双曲余切	arcoth x	arcth x

3. 公式规范

(1) 公式的编号原则与格式要求（见表 7-5）

表 7-5 公式的编号原则与格式要求

项目	内容
编号原则	需要引用的公式或重要的公式应编公式号
	公式号一般按章编排。例如，"(1-1)"表示第 1 章第 1 个公式
	字数较少的文稿，除附录外可全稿连续编公式号
	文稿分篇时，可在公式号的章号前加上篇号。例如，第 5 篇第 1 章第 1 个公式的公式号编为"(5-1-1)"或"(5.1-1)"
	公式号的形式应全稿统一
	附录（如附录 A）中的公式号，编为"(A-1)""(A-2)"的形式

(续)

项目	内容
格式要求	公式居中书写。公式号加括号写在公式右侧行末并顶边线，与公式间不加连点线
	若公式前有简短的文字说明（如解、证、令、假定、由此得等），文字顶格书写，公式仍居中书写
	文中引用公式时，一般用"见式（1-1）""见式（2-1）~式（2-4）"的形式
	公式需要转行时，应在+、-、×、÷、±等运算符号后断开，下一行开头不再重复这一符号。等号"="允许放在转行的开头

（2）公式注释　公式的注释用于科学技术中所用的方程式。科学技术中所用的方程式分为两类，即数值方程式和量方程式。数值方程式与所选用的单位有关，注释中必须给出单位；而量方程式与所选用的单位无关，注释中无须给出单位。注释的格式一般有四种。作者可任选一种，但应全稿统一。下面以计算电动机功率公式的注释为例予以说明。

$$P = \frac{KFv}{1000\eta}$$

第 1 种格式

式中　P——电动机功率，单位为 kW；
　　　K——安全因数，$K=1.2$~1.5；
　　　F——链传动限力式辊子输送机积放状态下链条的最大牵引力，单位为 N；
　　　v——输送速度，单位为 m/s；
　　　η——驱动装置效率，$\eta=0.65$~0.85。

第 2 种格式

式中，P 是电动机功率，单位为 kW；K 是安全因数，$K=1.2$~1.5；F 是链传动限力式辊子输送机积放状态下链条的最大牵引力，单位为 N；v 是输送速度，单位为 m/s；η 是驱动装置效率，$\eta=0.65$~0.85。

第 3 种格式

式中　P——电动机功率（kW）；
　　　K——安全因数，$K=1.2$~1.5；
　　　F——链传动限力式辊子输送机积放状态下链条的最大牵引力（N）；
　　　v——输送速度（m/s）；
　　　η——驱动装置效率，$\eta=0.65$~0.85。

第 4 种格式

式中，P 是电动机功率（kW）；K 是安全因数，$K=1.2$~1.5；F 是链传动限力式辊子输送机积放状态下链条的最大牵引力（N）；v 是输送速度（m/s）；η 是驱动装置效率，$\eta=0.65$~0.85。

4. 乘号使用

在诸多数学符号中，乘号用得最多，而且很复杂，这里列出一些使用方法。

1）量符号组合为乘积时，不用乘号，也不用中圆点"·"。

2）数字相乘时，数字之间只能用"×"。

3）当数字和字母符号共同组成乘积时，如果数字在前符号在后，两者直接连写，中间不加任何符号，视同量符号的乘积，如 $48Rtz$；如果符号在前数字在后，视同数字相乘，在数字前加"×"，如 $\sqrt{3}RP \times 10^{-3}$。

4）分式相乘时，使用"×"。

5）乘式中，以双字母表示的无量纲参数要用圆括号括起，表示它同前后参数相乘，否则，容易被误认为不是无量纲参数。

6）表示点积、叉积和张量积之间的"·""×"并不是普通乘号，不能随意添加、省略或互换。

7.4 表格规范

表格是论文文字表达的组成部分，它必须同文字叙述有直接联系，不得有同文字叙述不相关的表格。表格应写在离正文首次出现处最近的地方，不应超前和过分拖后。表还应有"自明性"，即只看表题、表的内容，就可理解表意，因此，表的内容与图、文字表述的内容不应重复。

1. 制表规则

要科学精选表格，可要可不要的表格尽量不要，能用文字说明的内容最好不用表来表示。表格内容要重点突出，简明扼要，删去不必要的中间环节。选择适合的表格形式，科学安排表格内容，使表格保持应有的逻辑对比功能。

表格内的数字一律用阿拉伯数字，同一项目保留小数位数应一致。表中的小数点应对齐。位数多时，应以小数点起，向左、向右每 3 位空 1/4 字距，而废除用千分撇的写法。

插表由表题和表格组成。表题包含表号和表名。表格包含表头、表身和表注（非必要项）。插表的表号应先在文中引出，以先见文后见表为原则。

表题编写及格式、表格格式的基本要求分别见表 7-6、表 7-7。

表 7-6 表题编写及格式的基本要求

项目	基本要求
表号编写	一般按章编排，如第 1 章第 1 个表可表示成"表 1-1"
	分篇时，可在章号前加上篇号来编排表号，如第 4 篇第 1 章第 1 个表可表示成"表 4-1-1"或"表 4.1-1"，但全稿表号的形式应统一
	附录（如附录 A）中的表号，可表示成表 A-1、表 A-2 的形式
	字数较少的书，除附录外，可全稿连续编号，如表 1、表 2 等
	只有一个插表时，仍需编表号
表名编写	应与相关文稿内容及表格中的内容相对应
	特殊情况下，表名可省略，但注意应全稿一致

(续)

项目	基本要求
格式	表题居中排于表格上，表号与表名之间空一个汉字长，表名后不加标点
	表题中无表名时，"表"字与其后的序号之间空一个汉字长
引用	正文中引用表时，用"见表×-×"的形式

表 7-7　表格格式的基本要求

项目	基本要求
表头	物理量需明确单位时，物理量的名称或符号及其单位之间用表示除的分隔号（/）分开，即表示为除式的形式
	复杂情况下，单位可以用括号或负数幂的形式表示
	如果全表内的物理量都使用同一种单位，则可将单位移至表头右上方
	表格另面接排时，接排部分不必书写表号和表名，但要重复书写表头，并在表头右上方写"(续)"字
表身	文字说明起行空一个汉字长，回行顶格，结尾不使用标点
	数据上下相同或左右相同时，不能用"〃""—〃—""同上""同左"等表示，而应以通栏表示。无法用通栏表示时，应照抄数据
	文字说明上下相同时，可用"同上"表示
表注	排在表下，包括全表注及呼应注

2. 表格类型

按表格的结构形式，可分为圈框表、卡线表、横线表和无线表。

卡线表由表号、表题、表头和表身组成，见表 7-8。若在它的左右两边加上竖线连成框，则为圈框表；若不加竖线，并除去所有的竖线，则为横线表。若把横线也删去，则为无线表。显然，无线表只能用于较简单的情况，还要特别注意上下各项对正，左右各栏对齐。

表 7-8　卡线表样表

时间	样本	回收率（％）	测得总量/μg	…
…	…	…	…	…
…	…	…	…	…

现在较为提倡使用横线表。横线表保留传统卡线表的几乎全部功能，而且最大限度地减少了卡线表编排上的某些缺点。它的栏头取消了斜线，表格内不出现竖线，也省略了横分隔线，醒目自然。另外，要尽可能多地使用计算机辅助作图工具，如 Excel 等。

3. 表格内容不正确

表格应具有自明性和简明性，栏目设置应科学、规范，数据应具有完整性和准确性。常见差错主要有表格不自明，栏目名称与单元格内容不符，表格中的数据存在错误等。

(1) 栏目设置混乱

【错例 7-8】 如图 7-1 所示。

例 1 某书商经销一种考研参考书,通过市场调查,获悉各种不同需求量下的概率,以及不同进货方案下预计利润的信息表 3.4。

表 3.4

需求量(本) 概率 利润(元) 方案	150	160	170	180
	0.1	0.4	0.3	0.2
Ⅰ(进货 150 本)	4500	4500	4500	4500
Ⅱ(进货 160 本)	4200	4800	4800	4800
Ⅲ(进货 170 本)	3900	4500	5100	5100
Ⅳ(进货 180 本)	3600	4200	4800	5400

试预测决策:该书商应选用哪个方案为最佳方案?

图 7-1 栏目设置混乱案例

【简析】 图 7-1 所示案例的问题主要是表格栏目设置混乱。本例是一道例题,题目给出了两个不同的条件,一是不同需求量下的概率,二是不同进货方案下的预计利润,本例将这两个不同的条件设计成一个表格时,栏目设计不合理,表格不自明。另外,此表的量和单位使用不规范。《有关量、单位和符号的一般原则》(GB 3101—93)规定,在图表中用特定单位表示的量的数值,用量和单位的比值形式表示。"需求量(本)"应改为"需求量/本","利润(元)"应改为"利润/元"。

如果仍然用一个表来表示,可将表 3.4 改成图 7-2 所示的表格。

例 1 某书商经销一种考研参考书,通过市场调查,获悉各种不同需求量下的概率,以及不同进货方案下预计利润的信息表 3.4。

表 3.4 不同需求量下的概率和不同进货方案下预计利润

需求量/本	概率	Ⅰ(进货 150 本)	Ⅱ(进货 160 本)	Ⅲ(进货 170 本)	Ⅳ(进货 180 本)
150	0.1	4 500	4 200	3 900	3 600
160	0.4	4 500	4 800	4 500	4 200
170	0.3	4 500	4 800	5 100	4 800
180	0.2	4 500	4 800	5 100	5 400

试预测决策:该书商应选用哪个方案为最佳方案?

图 7-2 错例 7-8 修正

(2) 连续数的分组有重叠或遗漏

【错例 7-9】 如图 7-3 所示。

表6.12 用瓷珠（柱）和瓷瓶配线的绝缘电线最小线间距离		
固定点间距/m	与导线最小间距/mm	
	室内配线	室外配线
≤1.5	35	100
1.5~3	50	100
3~6	70	100
≥6	100	100

图 7-3 连续数的分组有重叠案例

【简析】 图 7-3 所示案例的问题主要是连续数分组中的数据有重复，致使表格中的数据不明。"固定点间距/m"栏下"≤1.5""1.5~3""3~6""≥6"分组是不科学的，第一组"≤1.5"中的 1.5 与第二组"1.5~3"中的 1.5 重复，第二组"1.5~3"中的 3 与第三组"3~6"中的 3 重复，第三组"3~6"中的 6 与第四组"≥6"中的 6 重复，这样在每个重复点，表格中的数据将无法确定。《数值修约规则与极限数值的表示和判定》（GB/T 8170—2008）给出了表达极限数值的组合用语及符号（见表 7-9）。

表 7-9 对特定的考核指标 X，允许采用的表达极限数值的组合用语及符号

组合基本用语	组合允许用语	符号		
		表示方式Ⅰ	表示方式Ⅱ	表示方式Ⅲ
大于或等于 A，且小于或等于 B	从 A 到 B	$A \leq X \leq B$	$A \leq \cdot \leq B$	$A \sim B$
大于 A，且小于或等于 B	超过 A 到 B	$A < X \leq B$	$A < \cdot \leq B$	$>A \sim B$
大于或等于 A，且小于 B	至少 A 不足 B	$A \leq X < B$	$A \leq \cdot < B$	$A \sim <B$
大于 A，且小于 B	超过 A 不足 B	$A < X < B$	$A < \cdot < B$	$>A \sim <B$

根据表 7-9，第一组如果是"≤5"，第二组就应改为">1.5~3"，第三组为">3~6"，第四组为">6"，表格修正后如图 7-4 所示；第一组如果是">1.5"，第二组就应改为"1.5~

表6.12 用瓷珠（柱）和瓷瓶配线的绝缘电线最小线间距离		
固定点间距/m	导线间的最小间距/mm	
	室内配线	室外配线
≤1.5	35	100
>1.5~3	50	100
>3~6	70	100
>6	100	100

图 7-4 错例 7-9 修正方式一

"<3",第三组为"3~<6",第四组为"≥6",表格修正后如图7-5所示。表头"与导线最小间距"改为"导线间的最小间距"更为准确。

表 6.12 用瓷珠（柱）和瓷瓶配线的绝缘电线最小线间距离

固定点间距/m	导线间的最小间距/mm	
	室内配线	室外配线
<1.5	35	100
1.5~<3	50	100
3~<6	70	100
≥6	100	100

图 7-5 错例 7-9 修正方式二

7.5 插图规范

插图是文稿的组成部分，应与正文内容紧密配合。

1. 制图规则

插图有文图与表图两种形式。文图一般由图题与图组成，有时有图注。表图以图为主，有时配有图题和图注。图题包含图号与图名。文图的图号应先在正文中引出，以先见文后见图为原则。文图有分图时，分图的图题由分图图号与分图图名组成。

图位不应远离正文。图幅的大小应能准确、清楚地反映图的内容。图号与图题居中写在插图下边。图也应具有"自明性"，而且图与表、文字表述的内容不应重复。

1) 文章中的问题能用文字说明的就不要再安排插图；文章中无关紧要，可有可无的插图，应尽量去掉；凡能用表格说明问题的，也不必用插图。

2) 凡能用线条图表示的就不要用照片和美术图；凡能用单色图表示的就不必用多色图；凡能用小幅面图表示的就不必用大幅面图；凡能用简图表示的尽量不用复杂图。

3) 设计插图时，应注意突出其主体部分，而对作用不大的或曲线没有覆盖的多余的部分，要做适当的调整或删除，以便图面紧凑、美观，同时也可节约版面。如果一个插图有若干个分图，且又分布集中时，应考虑最好使其大小尺寸一致。插图的幅面尺寸、注字和符号、线条箭头、剖面线的画法等都必须符合国家标准的有关规定。

4) 图序应统一编号，用阿拉伯数字标注。例如，图 7-1 是表示第 7 章第 1 图。两数字之间的连线用对开线，占半格。如果有若干个图，不要用"上""下""左""中""右"等字样表示，所有分图都要规定出符号，如图 2（a）、图 2（b）、图 2（c）等。图题要简单明了，表达一个完整的含义，但也要防止太简单，如仅用"示意图""框图""函数关系图"等泛指的图题是不妥当的。写法上，图序和图题之间空一个字，而不加标点。图序与图题应在图下方，居中排。

5）文中引用图号、分图号时，可用"如图×-×所示"或"见图×-×"，及"如图×-×a 所示"或"见图×-×a"的形式表达，注意全稿统一。

6）论文插图要符合保密及有关规定。地质、地貌等专用地理图或涉及国界的地图应尽可能采用文字说明。必须用地图时，应采用中国地图出版社印制的中华人民共和国地图。

2. 插图分类

理工科专业学生学术论文中所用的插图，可分为线条图和照片图两大类。

（1）线条图　线条图图样中的线条，要求线型正确、粗细分明、箭头匀称。笔画要清晰流畅，不允许有毛刺、分叉等现象。曲线连接处线条粗细应均匀一致，而且光滑整洁。线条图包括工程图、立体图、示意图、坐标图等。制坐标图时应注意：

1）定量坐标图的坐标必须有数值分度和量的单位。其分度必须准确，分度处画出分度线，标出相应数值。分度线应互相平行或垂直。物理量与计量单位之间要用斜线"/"隔开，也有用逗号隔开的，在一本文稿中，应统一选用一种表示方法。物理量与计量单位应写在相应的坐标处，单位不加括号（若用斜线隔开，对组合计量单位则需加括号），单位后没有标点。定量坐标不画表示增量方向的箭头。

2）非定量坐标图，必须画出表示增（或减）重力向的箭头。

3）一幅图中有两条以上的不同意义的曲线时，应用阿拉伯数字标注，并用图注形式说明曲线的意义，或者以不同符号表示，另用"图例"说明。

（2）照片图　照片图是指建筑物、车间厂房鸟瞰、设备外观、零部件实物、显微组织和低倍组织、示波图、艺术作品等的照片。学术论文原件中的照片图均应是原版照片粘贴，不得采用复印件。照片要求主题和主要显示部分的轮廓清晰、层次分明、重点突出。对显微组织照片必须注明放大倍数。

3. 插图内容不正确

插图应具有自明性和简明性，内容应科学、准确、规范。常见差错主要有插图设计不科学、不真实，绘制不准确，标注项目有误，图形绘制、图形符号使用不符合国家标准等。

【错例 7-10】　如图 7-6 所示。

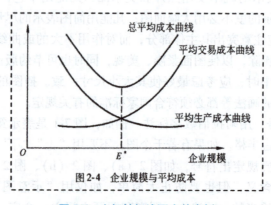

图 7-6　坐标轴标注不完整案例

【简析】 图 7-6 所示案例的问题是坐标轴标注不完整。坐标图的坐标轴、标值线的画法应规范，标目、标值、坐标原点应标注完整、规范、统一。本例纵轴应标注标目"平均成本"。

【错例 7-11】 如图 7-7 所示。

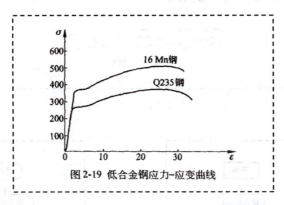

图 7-7　定量坐标轴标目缺失单位案例

【简析】 图 7-7 所示案例的问题是坐标轴标目缺失单位。本例坐标轴上已给出标值线和标值，表述的是定量的变量，纵轴标目应改为"σ/MPa"，横轴标目应改为"ε（%）"。修改后，如图 7-8 所示。

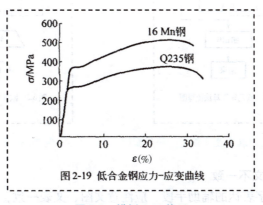

图 7-8　错例 7-11 修正

【错例 7-12】 如图 7-9 所示。

【简析】 图 7-9 所示案例的问题是尺寸标注与实际不符。从图中看到滴管的长度为 700mm+600mm＝1300mm，尺寸标注明显不符合实际，应分别改为 70mm 和 60mm。

【错例 7-13】 如图 7-10 所示。

【简析】 图 7-10 所示案例的问题是流程图绘制未使用规定符号。流程图包括确定含义的符号，简单的说明文字和各种连线，可分为算法流程图、数据流程图、程序流程图、系统流程图等几种类型。为了使流程图所表达的内容能为他人准确、全面地理解需要在绘制工作中根据流程图的类型使用规定的符号标记。本例中的起止框、输入输出框、判断框都画成了矩形，未使用规定的符号，修改后如图 7-11 所示。

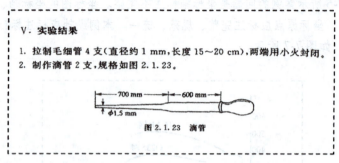

图 7-9　尺寸标注不符合实际案例

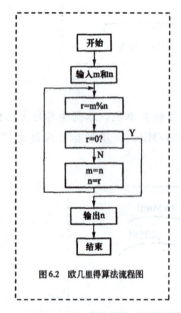

图 7-10　流程图绘制未使用规定的符号案例　　　图 7-11　错例 7-13 修正

4. 插图或表格与正文不一致

插图、表格作为文字表达的辅助手段，应注意文图、文表一致，不应出现配合有误和呼应不上的问题。例如，插图或表格的内容与说明文字不符；插图或表格中的术语、数值、符号与正文表述不一致；插图或表格中的外文字母的大小写、正斜体与正文不一致；图号、图题或表号、表题与正文表述不一致；插图中应标注的字符或线条未标注；插图或表格的位置与正文描述不符等。

【错例 7-14】　如图 7-12 所示。

【简析】　图 7-12 所示案例的问题主要是图号、图题与正文表述不一致。正文中表述的是"1~3 岁的幼儿用坐式杠杆秤测量（图 4-2）"，而图 4-2 是站式杠杆秤测量体重，图 4-3 是坐式杠杆秤测量体重。本例应将图 4-2 和图 4-3 的图换位，图题也换位。

【错例 7-15】　如图 7-13 所示。

【简析】　图 7-13 所示案例的问题是插图中应标注的字符或线条未标注。正文讲述冲压机构"主要由薄型气缸（冲压气缸）、冲压头、安装板等组成"，而给出的冲压机构的结构

④体重测量：晨起空腹排尿后或进食后 2 h 测量为佳，称时应脱鞋，只穿内衣裤，衣服不能脱去时应除去衣服质量，以求准确测量值。小婴儿用盘式杠杆秤测量（图 4-1），准确读数至 10 g；1~3 岁的幼儿用坐式杠杆秤测量（图 4-2），准确读数至 50 g；3 岁以后用站式杠杆秤测量（图 4-3），准确读数不超过 100 g。称前必须校正秤。称量时小儿不可接触其他物体或摇动。

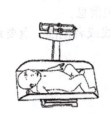 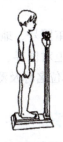 

图 4-1　盘式杠杆秤测量体重　　图 4-2　站式杠杆秤测量体重　　图 4-3　坐式杠杆秤测量体重

图 7-12　图号、图题与正文表述不一致案例

　　冲压机构的结构如图 3-3 所示，用于对工件进行冲压加工。它主要由薄型气缸（冲压气缸）、冲压头、安装板等组成。冲压头根据工件的要求对工件进行冲压加工，冲头安装在冲压缸头部。安装板用于安装冲压缸，对冲压缸进行固定。

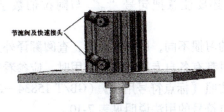

图 3-3　冲压机构的结构

图 7-13　插图中应标注的字符或线条未标注

图中却没有标出。插图修正后如图 7-14 所示。

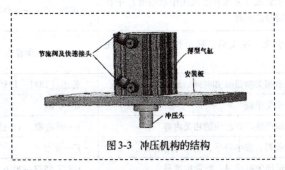

图 3-3　冲压机构的结构

图 7-14　错例 7-15 修正

5. 地图的底图说明

投稿的论文中若有附地图图形产品的，初审退改时（或在送审前）请作者提供以下信息：

1）论文底图来源说明。论文中所附地图图形产品的底图，必须来源于测绘地理信息主管部门（具体网址，必填项）具有审图号的公益性地图且未对国界、行政区域界线或者范围、重要地理信息数据等进行编辑调整。

2）底图必填项的基本信息。监制、审图号、地图名称及相关信息。

3）若有在具有审图号的公益性地图上对国界、行政区域界线或者范围、重要地理信息数据等进行编辑调整的，还需提供测绘单位名称及测绘资质证书。

7.6 标点符号与名词术语规范

1. 标点符号

标点符号简称标点，由点号与标号两部分组成，是辅助文字记录的语言符号，是现代书面语里不可缺少的组成部分。

《标点符号用法》（GB/T 15834—2011）中，点号有7个，表示说话时的停顿和语气；标号有10个，表示需要标明的词、短语和句子，有的标号也表示某种停顿和语气。

要特别注意有些特殊标点符号。例如，横线符号的长短不一，有"对开""全身"和"双连"之分，务必书写清楚。圆点符号的位置不同，则其作用不一样，务必把位置写准确。另外，还要注意把句号"。"与阿拉伯数字"0"等容易混淆的字符区别开。

标点符号，各个国家的习惯不同，用法不一样，查阅翻译外文资料、写外文摘要时，一定要注意。另外，不同学科都有各自专用符号，使用时，应参看有关手册和文献。

文稿中的标点符号应按照《标点符号用法》（GB/T 15834—2011）的规定正确使用。科技类文稿中较易混淆的标点符号的用法说明见表7-10。

表7-10 科技类文稿中较易混淆的标点符号的用法说明

标点符号		用途	示例
破折号		标示注释内容或补充说明，有括号的作用	MoC 与 WC 具有同样的点阵——六方点阵
		标示公式（并非在表及图中示出时）中物理量符号的解释	式中 B ——××××
		在引文、注文后，标示作者、出处或注释者	××××——译者注
连接号	一字线	标示相关项目（如时间、地域等）的起止	鲁迅（1881—1936），北京—上海
		标示化学键	C—C 键
		标示图注、表注中的相关内容	1—喷油嘴，A—进油端
		标示图、表中符号、名词等的解释	F—拉力
		标示国家标准号、行业标准号	GB/T 5587—2016

(续)

标点符号		用途	示例
连接号	短横线	标示序号	表 2-1、图 3-2、式（5-6）
		标示组合术语	铁-银合金、焦耳-汤姆孙系数
		标示复合名词	吐鲁番-哈密盆地
		标示型号、材料牌号、电话号码	JSEM-200，可锻铸铁 KTH 350-10、电话号码 010-60000000
	浪纹线	标示数值的范围，但数值后不能再接"左右""以上"等	500~600
		标示图号、表号等的范围	图 4-1a~f, 表 1-1~表 1-5
省略号 "…"①		标示 $m×n$ 型的矩阵 A	$\begin{pmatrix} a_{11} & \cdots & a_{1n} \\ \vdots & & \vdots \\ a_{m1} & \cdots & a_{mn} \end{pmatrix}$ 或 $\begin{bmatrix} a_{11} & \cdots & a_{1n} \\ \vdots & & \vdots \\ a_{m1} & \cdots & a_{mn} \end{bmatrix}$
		标示省略的连续数字	1, 2, …, n②
顿号		标有引号或书名号的并列成分之间通常不用顿号。若有其他成分插在并列的引号或书名号之间，宜用顿号	"日""月"构成"明"字 《红楼梦》《三国演义》《西游记》《水浒传》，是我国长篇小说的四大名著 办公室里订有《人民日报》（海外版）、《光明日报》和《时代周刊》等报刊
分隔号		用于在表格或曲线图中标示物理量及其单位符号（视作除号，作为算式的运算符）	（长度/mm）×（宽度/mm），I/A

① 与数学的算式、符号相关的内容中，省略号可以为"…"。
② 此处的逗号应为半角字符。

2. 点号差错

点号包括句号、问号、叹号、逗号、顿号、分号与冒号七个。

（1）句号

【错例 7-16】 金秋时节，我怀着激动的心情踏进了阔别已久的母校的大门，鲜艳的五星红旗迎风飘扬，猎猎作响，教室坐北朝南，传来琅琅的读书声，宽敞的操场上，上体育课的学生在进行各种体育活动，生气勃勃。

【简析】 句子是由词和词组构成的，具有一定的语调，表达一个相对完整意义的语言单位。一句话完了，就要用句末标点。本例的错误是一个段落有四句话，却一逗到底，段落结束才用句号。"大门""作响""读书声"后面的逗号都应改为句号。

（2）问号

【错例 7-17】 小丁有几种兴趣爱好，我刚才听同学说她参加什么比赛获奖了，不知道是参加书法比赛获奖，还是参加唱歌比赛获奖？

【简析】 问号属于句末点号，表示疑问语气（包括反问、设问等）。使用问号主要根据语段前后有较大停顿、带有疑问语气和语调。本例虽然包含选择性的疑问结构"是还是"，但整个句子是陈述句而不是疑问句，问号应改为句号。

(3) 叹号

【错例 7-18】 杨书记在会上首先向全体员工表示衷心感谢！

【简析】 本例文字中虽然有带感情色彩的"衷心感谢"，但整个句子是在陈述事实，属于陈述句，应将叹号改为句号。

(4) 逗号

【错例 7-19】 只有在逆境中，不断搏击的人，才可能有大的作为。

【简析】 本例中前一个逗号使本来连贯的语气中断了，应将这个逗号删去，改为"只有在逆境中不断搏击的人，才可能有大的作为"。

(5) 顿号

【错例 7-20】 元宵节，小青去看花灯，前、后、左、右都挤满了人。

【简析】 "前后左右"是结合得很紧密的并列结构，口头表达时中间通常不停顿，书面表达时不必用顿号隔开。本例应改为"元宵节，小青去看花灯，前后左右都挤满了人"。

(6) 分号

【错例 7-21】 我们要培养既有远大抱负，又能脚踏实地；既有专业知识，又能端正思想；既有满腔热情，又有健康体魄的全面发展的人才。

【简析】 本例虽然用了三个"既又"，但它们都是复句形式，并列做"人才"的定语，三者之间不能用分号，分号要改为逗号。应改为"我们要培养既有远大抱负，又能脚踏实地，既有专业知识，又能端正思想，既有满腔热情，又有健康体魄的全面发展的人才"。"既又"结构中也可以不用逗号，使语气更加紧凑。

(7) 冒号

【错例 7-22】 写作老师告诉我们：议论文有三要素：论点、论据、论证。

【简析】 一个句子里不能套用冒号。本例应改为"写作老师告诉我们：议论文有论点、论据、论证三要素"。也可改为"写作老师告诉我们，议论文有三要素：论点、论据、论证"。

3. 标号差错

标号包括引号、括号、破折号、省略号、着重号、连接号、间隔号、书名号、专名号与分隔号 10 个。

(1) 引号

【错例 7-23】 文天祥一身正气，他虽然被俘，但英勇不屈，要"留取丹心照汗青。"

【简析】 本例引号内所引的是文天祥诗的一部分，不是完整的句子，引文末尾不应有句号，要删去，而整个句子的末尾是要标句号的。本例应改为：文天祥一身正气，他虽然被俘，但英勇不屈，要"留取丹心照汗青"。

(2) 括号

【错例 7-24】 人如果发热（体温超过 37.5℃，）通常就会感觉不舒服。

【简析】 句内括号里的文字如果中间没有停顿，就不需要加任何点号。本例中的逗号应移到括号之后，改为"人如果发热（体温超过 37.5℃），通常就会感觉不舒服"。

(3) 破折号

【错例 7-25】 春蚕到死丝方尽，蜡炬成灰泪始干。—李商隐《无题》

【简析】 破折号可以用于引文、注文后，标示作者、出处或注释者，但要避免写成一字线（一字线是连接号）。本例中的"—"应改为"——"。

(4) 省略号

【错例 7-26】 李小白崇拜的唐代诗人有李白、杜甫、白居易、李商隐、杜牧……等等。

【简析】 省略号属于标号，标示语段中某些内容的省略及意义的断续等。省略号和"等等"两者功能相当，不能重复使用。本例中要删去其中之一，改为"李小白崇拜的唐代诗人有李白、杜甫、白居易、李商隐、杜牧等等"，或"李小白崇拜的唐代诗人有李白、杜甫、白居易、李商隐、杜牧……"。

(5) 着重号

【错例 7-27】 三山：指瀛洲、蓬莱、方丈三座仙山。五岳：指东岳泰山，西岳华山，南岳衡山，北岳恒山，中岳嵩山。

【简析】 着重号要用在文字中需要重点提示的地方，滥用则起不到应有的作用。本例中的着重号都应删去。

(6) 连接号

【错例 7-28】 这篇论文中图 1—6、图 2~5、表 3-3 基本与主旨没什么关联，建议作者删去。

【简析】 本例的图表编号用了短横线"-"、一字线"—"和浪纹线"~"三种形式的连接号。《标点符号用法》（GB/T 15834—2011）规定图表编号中连接号的形式均用短横线，本例应改为"图 1-6、图 2-5、表 3-3"。

(7) 间隔号

【错例 7-29】《约翰．克利斯朵夫》是法国作家罗曼·罗兰的一部长篇小说，通过主人公一生经历去反映现实社会一系列矛盾冲突，宣扬人道主义和英雄主义。

【简析】 外国人名或某些少数民族人名的中文译名，名与姓的分界需要用间隔号。间隔号是上下居中的圆点"·"，本例的"约翰．克利斯朵夫"中错为下脚点，应改为"约翰·克利斯朵夫"。

(8) 书名号

【错例 7-30】《读者杂志》深受读者喜爱。

【简析】《标点符号用法》（GB/T 15834—2011）规定："书名后面表示该作品所属类别的普通名词不标在书名号内。"本例中的"杂志"二字应移到书名号后面，改为"《读者》杂志深受读者喜爱"。

(9) 专名号

【错例 7-31】 ……下涉吴会，访钱塘诸胜。

【简析】 专名号属于标号，在古籍和某些文史类著作中用来标示人名、地名、国名、朝代名等专有名词。本例中的"吴会"是两个地名的简称，分别指吴郡和会稽郡，要用两个专名号，应改为"……下涉吴会，访钱塘诸胜"。

(10) 分隔号

【错例 7-32】 晴川\历历\汉阳树，芳草\萋萋\鹦鹉洲。

【简析】 分隔号属于标号，标示诗行、节拍及某些相关文字的分隔，形式是"/"。本例误用了"\"，应改为"晴川/历历/汉阳树，芳草/萋萋/鹦鹉洲"。

4. 中文出版物夹用英文的标点差错

有些中文文本中会夹用一些外文，这里以英文为例。中英文的标点符号种类、形体和用法大体相同，区别主要在于：

1）英文没有顿号、间隔号、书名号和专名号。中文中使用顿号表示并列的，英文中以逗号表示；中文中需要使用书名号和专名号的，英文中以不同的格式标示。

2）中英文的句号、破折号、省略号和连接号形式上有别。

3）中文标点符号均为全角字符。书籍英文标点符号大都按半角字符，标点符号前没有空距，后面输入一个英文空格进行分隔，是排版软件自带的；期刊大都中英文的标点符号均为全角字符（见表7-11）。

表7-11 中英文标点符号对照

标点符号	句号	问号	叹号	逗号	顿号	分号	冒号	引号	圆括号	破折号	省略号	着重号	连接号	间隔号	书名号	专名号
中文	。	？	！	，	、	；	：	" "	（）	——	……	．	— ~	·	《》	——
英文	.	?	!	,		;	:	" "	( )	—			-			

注：表格中空白表示无对应符号。

5. 名词术语

科技名词术语是反映科技专业概念的一种形式与意义相结合的语言符号。科技名词术语的统一和规范化，有助于科技知识的传播与交流、文献的存储与检索和人类的资源共享。

1）学术名词术语，应以全国科学名词审定委员会审定的为准，新兴学科的术语及尚无通用译名的术语，应根据本学科习惯确定，并在第一次出现时加以注释或附原文，并力求统一。由缩写的外文字母组成的术语，可保留外文缩写字，例如，BOF 炼钢法（氧气顶吹转炉炼钢法，Basic Oxygen Furnace）。基本理化量，应按《量和单位》（GB 3100~3102—1993）中的名称使用。

【错例33】 老师指导同学们做检验胶体溶液丁达尔现象的试验。

【简析】 "实验"和"试验"都有"为考察或检验而从事某种活动"的意思。"实验"侧重于实地验证，活动多在特定的条件下进行，多用于科研方面；"试验"侧重于试探观察，活动一般在小范围内进行。"实验"是做之前就已经知道结果（有验证作用），而"试验"是做之前不知道结果（有检测作用）。所以本例中的"试验"应改为"实验"。

【错例34】 皮肤和粘膜是人体抗感染的第一道防线，起着隔离外界病毒、细菌的作用。

【简析】 1955年文化部和文字改革委员会发布的《第一批异体字整理表中》，"黏"被视为"粘"的异体字，停止使用。1988年国家语委发布的《现代汉语通用字表》中，"黏"字又恢复使用。在表述某种性状时，用"黏"字，统一读"nián"，在表示用黏的东西附着或连接时，用"粘"字，读"zhān"。用"黏"表示的词语有：黏膜、黏液、黏性、黏附、黏滞、黏度、黏土、黏胶、胶黏剂、黏合剂、黏结剂、黏塑性等。用"粘"的词语有：粘连、粘贴等。本例中的"粘膜"应改为"黏膜"。

【错例35】 活性碳可由椰壳、核桃壳等作为原料，经高温碳化、活化过程制得。

【简析】 "炭"只用于以碳为主并含有其他物质的混合物，常用于碳单质与其混合物制成的各种工业品，如炭棒、炭笔、炭粉、木炭、泥炭。碳化是碳酸化的简称。炭化一般指有机物质经过受热、分解、干馏氧化等过程后留下炭或残渣的过程。因此，本例中的"活性碳"应改为"活性炭"，"碳化"应改为"炭化"。

【错例36】 据媒体报道，在南印度洋搜索失踪马航MH370客机的队伍，声称海底声纳影像显示极可能是MH370残骸的物体

【简析】 "声呐"（sonar）是英文sound navigation and ranging 缩写的音译，是一种利用从目标反射回来的声波或超声波探测水下物体的仪器。"声纳"是声学的一个物理量，表示声波在传播中的导声能力量度的声导纳的一个分量。本例中的"声纳"应改为"声呐"。

【错例37】 长途旅行乘坐民航客机导致死亡的机率，比乘坐小汽车要小得多。

【简析】 "概率"由"概然率"简化而成，是表征随机事件发生可能性大小的量。物理学曾用过"机率"，后随数学改为"概率"。"几率""或然率""概然率"都不是规范名词。本例中的"机率"应改为"概率"。需要注意的是，在一些复合派生的科技名词中，还保留着"概然"的用法，如"概然误差""最概然值""最概然分布""最概然速率"等，都是规范用法。

【错例38】 计算电机的磁场参数时，如果运用坡印亭向量导出阻抗表达式，可以简化计算过程。

【简析】 "向量""矢量"虽指称同一个概念（有大小有方向的量），但在数学和物理等学科中有明显的使用界限。数学中除了极少数（如"位置向量"，又称"位矢"；"径向量"，又称"径矢"）外，基本上都用向量；物理和计算机学科都用"矢量"。本例中的"坡印亭向量"应改为"坡印亭矢量"。

2）国内机关、单位、工厂、学校的名称，应写全称，不要写简称。外国公司、工厂、团体的名称，应按全称译成中文，文稿中首次出现要用括号附注原文和缩写外文，再次出现时可直接用外文缩写。

3）外国人的姓名，已有通用译名的，按习惯写出，如牛顿、爱因斯坦、门捷列夫。用拉丁字母和俄文字母拼写的外国人名，应将姓译成中文而名不译。在正文中直接引用外国人姓名时，一般先写名的大写缩写字母，加缩写点，后写姓（首字母大写，其余小写），如William George Harkins 应写为 W. G. Harkins。在文后参考文献著录作者姓名时，姓在前名在后，名缩写，姓均大写，如 William George Harkins 应写为 HARKINS W G。

4）中国现地名以中国地图出版社最新版本的《中国地名录》为准。与现今地名不同或位置不同的中国古代地名，应加注今地名。外国地名应按中国大百科全书出版社最新版本的《世界地名录》译成的中文写出。

5）所有的名词、术语、人名、地名及单位等名称，在同一文稿中必须前后一致。

7.7 外文字母正斜体和黑白体

外文字母符号主要是指拉丁字母和希腊字母，有白体、黑体、草体和花体之分，有正体、斜体（大写与小写）之别，它们各有特定的用途，表示不同的概念。应用最多的是白体，一般指的正斜体，均指白体的正斜体，而将"白体"省略了。

1. 正体字母的适用场合与示例

正体字母用于计量单位符号、化学符号、电气技术中的文字符号等，其适用场合与示例，见表7-12。

表 7-12　正体字母的适用场合与示例

适用场合	示例
计量单位符号、SI 单位词头符号	L（升）、A（安）、k（千或 10^3）、M（兆或 10^6）
某些数学符号	sin、cos、tan、lg、ln、li、∂（偏微分）、d（微分）、∑、Δ（增量）、π、i（虚部）、max、min、exp、e（自然对数的底）
化学元素和酸碱度符号	O（氧）、Fe（铁）、Si（硅）、pH（酸碱度）
电气符号	A（放大器）、FU（熔断器）、G（发电机）、L1、L2、L3（电源线）、U、V、W（一般相序线端）、A、B、C（电机线端）、X、Y、Z（变压器绕组线端）
设备型号、仪表型号等	C5225 立式车床、JSEM-200 电子显微镜
材料牌号、硬度符号	Q235AF、ZG230-450（材料牌号）、HRC、HBW（硬度符号）
极限与配合代号、螺纹代号	H8、h7（公差带），H7/k6（公差配合），IT（标准公差），Tr（梯形螺纹），G（管螺纹）
用作变量符号的外文词组的首字母缩写	NCF（净现金流）= CFO（经营活动产生的现金流）+CFI（投资活动产生的现金流）+ CFF（筹资活动产生的现金流）
计算机程序	D1 = 15； A{1,1} = 12； BW = edge(I, 'log')
数字信息代码	D_0、D_1…（数字代码），A_0、A_1…（地址代码）
标准代号	GB（国家标准）、ISO（国际标准化组织标准）、DIN（德国标准）
代表结构型式、形状的外文字母	T 型钢、U 形管、V 带、Y 形坡口
射线、磁极、方位代号	γ 射线、S（南）、E（东）
顺序六分图号、公式号、附录编号	a、b、c、a）、b）、c），(4-1a)，附录 A
人名、地名、机构名、缩写	C. R. Darwin（C. R. 达尔文），London，China Machine Press，CAD
热加工工艺代号、合金金相组织	S（砂型铸造）、A（奥氏体）、γ 相

2. 斜体字母的适用场合与示例

斜体字母的适用场合与示例，见表 7-13。

表 7-13　斜体字母的适用场合与示例

适用场合	示例
物理量符号	F（力）、U（电压）、W（功）、m（质量）
物理常量、特征数符号等	k（玻耳兹曼常数）、h（普朗克常量）、Re（雷诺数）
矢量、张量和矩阵的符号①	$\boldsymbol{a}$（矢量）、$\boldsymbol{T}$（张量）、$\boldsymbol{A}$（矩阵）
数学中的变量符号、函数符号等	a_1、i、n、$f(x)$、$g(f(x))$、$n!$
代表物理量符号、坐标轴或连续数的角标	c_V（V 表示体积）、F_x（x 表示 x 轴）、a_n（n 表示连续数）
代表点、线、面和图形的字母，几何运算中的量	A（点）、$\triangle ABC$、P（面）、$\angle \beta$、a、b、c（边长）

(续)

适用场合	示例
直径、半径、球径等尺寸数值前的符号	$\phi 8$、$R6$、$S\phi 20$
技术制图中代表剖切面、向视图、基准等所用的字母	$A—A$（剖切面），B（向视图），A、B、$A—B$（几何公差基准）
表面粗糙度参数代号	Ra、Rz

注：1. 表示物理量、物理常量、变量、函数、几何元素、坐标轴等的符号，用斜体表示。
  2. 元件 R（电阻器）、L（电感器）、C（电容器）所具有的物理量 R（电阻）、L（电感）、C（电容），用斜体表示。当这些物理量可能参加计算时，允许在电气图中只标注物理量符号。
① 代表矢量（数学中称为向量）、矩阵、张量的符号采用黑体表示并排为斜体。

3. 大写体的使用场合

1）来源于人名的计量单位符号的首字母，例如，Pa（帕［斯卡］）、Hz（赫兹）、eV（电子伏）、dB（分贝）。

2）化学元素符号的首字母。

3）量纲符号：L（长度）、M（质量）、T（时间）、I（电流）、N（物质的量）、J（发光强度）。

4）科技名词术语的外文缩写。

5）外国人名字、父名和姓的首字母。

6）国家、单位及报刊、会议文件等名称的每一词的首写字母（由四个以下字母组成的前置词、冠词、连词除外）。

7）地质时代及地层单位的首字母。

4. 黑体字符使用范围

矢量用黑斜体表示，例如，矢量 $\boldsymbol{a}$、矢量 $\boldsymbol{b}$。有时也用白斜体，而在字母上加一个箭头表示，如 $\vec{a}$。这种表示方法供"书写用"。张量和矩阵符号用黑斜体，如二阶张量 $\boldsymbol{T}$，单位矩阵 $\boldsymbol{E}$。

5. 外文书写使用要求

外文的书写要特别注意下列几点：

1）注意正斜体的区分，例如，a 与 a、g 与 g 的区分。

2）注意大小写的区别，特别是那些大小写相似的字母，例如，C 与 c、O 与 o、S 与 s、X 与 x、Z 与 z。

3）注意角标同主体字母的区分。

4）注意希腊字母与拉丁字母的区别，例如，α 与 a，γ 与 r，η 与 n，ρ 与 p，υ 与 v，ω 与 w，χ 与 x，κ 与 k。

5）注意外文字母与汉字的区别，例如，λ 与人，Φ 与中。

6）注意外文字母与阿拉伯数字的区别，例如，g 与 9，O 与 0，h 与 6，Z 与 2。

7.8 打印与装订

1. 文稿的打印

文稿定稿后，便可打印。论文打印常用字体字号见表 7-14。

表 7-14　论文打印常用字体字号

标题	字体字号
论文标题	小二号宋体
一级分标题	小三号黑体
二级分标题	四号黑体
三级分标题	小四号黑体
正文	小四号宋体

论文版面一般采用 A4 纸，版心大小为 175mm×250mm，页码在版心下边线之下隔行居中放置；学术论文各页也可加页眉，在版心上边线隔一行加粗、细双线（粗线在上，宽 0.8mm），其上居中打印页眉。

2. 印刷与装订

学术论文一般要求双面印刷。论文封面一般要求统一制作。学术论文装订的顺序依次为：封面、内封、中文摘要、英文摘要、引言、正文、致谢、参考文献、附录。

7.9　期刊编校差错计算方法

1. 文字差错

1) 封一上的文字差错，每处计 2 个差错。其他部分中的错别字、多字、漏字，每处计 1 个差错。前后颠倒字，可以用一个校对符号改正的，每处计 1 个差错。阿拉伯数字、罗马数字差错，无论几位数，都计 1 个差错。

2) 同一差错重复出现，每次计 1 个差错，该期最多计 4 个差错。每处多、漏 2~5 个字，计 2 个差错，5 个字以上计 4 个差错。

3) 知识性、逻辑性、语法性差错，每处计 2 个差错。

4) 外文、少数民族文字、国际音标，以 1 个单词为单位，无论其中几处有错，计 1 个差错。汉语拼音不符合《汉语拼音方案》和《汉语拼音正词法基本规则》（GB/T 16159—2012）规定的，以 1 个连写的拼写单位为单位，计 1 个差错。

5) 字母大小写和正斜体、黑白体误用，不同文种字母混用的（如把英文字母 N 错为俄文字母 И），字母与其他符号混用的（如把汉字的〇错为英文字母 O），每处计 0.5 个差错；同一差错在该期超过 3 处，计 1.5 个差错。

6) 违反相关规定使用繁体字、异体字及异形词的，每处计 0.5 个差错；同一差错在该期超过 3 处，计 1.5 个差错。

7) 根据《中华人民共和国计量法》，期刊中计量单位应使用法定计量单位。使用非法定计量单位而未做出合理说明的，使用量和单位的名称、符号、书写规则不符合《量和单位》（GB 3100~3102—1993）的规定的，使用科技术语不符合全国科学技术名词审定委员会公布的规范词的，每处计 1 个差错；一个组合单位符号，无论错几处，计 1 个差错。以上同一差错多次出现，每面只计 1 个差错，同一错误该期最多计 3 个差错。

8) 阿拉伯数字与汉字数字用法不符合《出版物上数字用法》（GB/T 15835—2011）的，

每处计 0.1 个差错，该期最多计 1 个差错。

9）专有名词译法不符合相关规范的，每处计 0.5 个差错，同一错误该期最多计 1.5 个差错。

10）涉港、澳、台用语不符合相关规定的，每处计 0.5 个差错，同一错误该期最多计 1 个差错。

2. 符号差错

1）标点符号的错用、漏用、多用，每处计 0.1 个差错。

2）小数点误为中圆点，或中圆点误为小数点的，以及冒号误为比号，或比号误为冒号的，每处计 0.1 个差错。专名线、着重点的错位、多、漏，每处计 0.1 个差错。

3）破折号误为一字线、半字线或其他类似误用，每处计 0.1 个差错。标点符号错误使用在行首、标号错误使用在行末的，每处计 0.1 个差错。

4）外文复合词、外文单词按音节转行，漏排连接号的，每处计 0.1 个差错；同样差错在每面超过 3 个，计 0.3 个差错，该期最多计 1 个差错。

5）科学技术各学科中的科学符号、数学符号及乐谱符号等差错，每处计 0.5 个差错；同样差错同一面内不重复计算，该期最多计 1.5 个差错。

6）图序、表序、公式序、参考文献序等标注差错，每处计 0.1 个差错，该期最多计 1 个差错。

3. 格式差错

1）不符合版式要求的另页、另面、另段、另行、接排、空行，需要空行、空格而未空的，每处计 0.1 个差错。

2）字体错、字号错或字体、字号同时错，每处计 0.1 个差错；同一面内的同一差错不重复计算，该期最多计 1 个差错。

3）同一篇文章中几个同级标题的位置、转行格式、字体字号不统一的，计 0.1 个差错；需要空格而未空格的，每处计 0.1 个差错。

4）阿拉伯数字、外文缩写词拆开转行的，外文单词未按音节转行的，每处计 0.1 个差错。

5）图、表的位置错，每处计 1 个差错。图、表的内容与说明文字不符，每处计 2 个差错。

6）页眉单双页位置互错，每处计 0.1 个差错，该期最多计 1 个差错。

7）目次页中文章标题、作者、页码，以及作者简介信息与正文不一致的，每处计 1 个差错，同类差错该期最多计 3 个差错。

8）参考文献著录项中的格式错误，每处计 0.1 个差错，该期最多计 3 个差错。

4. 其他差错

1）学术期刊中论文编写不符合国家或行业相关标准的，每处计 0.5 个差错，该期最多计 3 个差错。

2）学术期刊每期学术论文刊载量小于 50% 的，计 3 个差错。

3）期刊正文主体为 6 号及以下字号的，计 2 个差错。

【拓展阅读】 政策规定表达规范

遇到国家疆界、地区或国名的称呼，可能涉及国家的领土主权和对外关系时，一定要按照国家的有关规定处理。特别要注意：在文字表述、地图和表格中，不得将台湾、香港、澳门称作"国家"；中国地图不得漏绘台湾岛、海南岛、南海诸岛与钓鱼岛等重要岛屿。

错例：美国、日本、俄罗斯和中国台湾都为学生提供营养餐，我国广东、浙江、上海等省市也为学生提供营养餐。

简析：台湾是我国的一个省，它应该与广东、浙江、上海等省市并称，不能与美国、日本、俄罗斯等国家并列。本例应改为"美国、日本、俄罗斯都为学生提供营养餐，我国台湾、广东、浙江、上海等省市也为学生提供营养餐。

注意：台湾、香港、澳门都是中国的一部分，台湾、香港、澳门不能与中国并称。应该称"大陆与台湾""内地与香港""内地与澳门"，或直接并称两个具体的地方，如"闽台""京港""沪澳"等。

语言作为工具，对于我们之重要，正如骏马对骑士的重要，最好的骏马适合于最好的骑士，最好的语言适合于最好的思想。

—— 但丁

第 8 章
科技作品写作与表达

本章阐述科技小论文的特点、种类与写作要求，科技研究报告的写作要求，以及科技演讲的特点、设计与艺术等。

科技小论文有时也称"实验报告"，是学生对研究的问题及特定设计的方案，经过反复实验，对获取的材料和数据进行分析、综合得出结论而写出的文章。另有通过调查、访问、实地勘探等考察方式为主要研究手段写出的小论文称为科学考察小论文，和作者通过利用翔实可靠的资料对某一自然现象或自然事物进行解释和说明的一类小论文。

8.1 科技小论文

8.1.1 科技小论文的特点

科技小论文是短篇的科技论文。它一般是指理工科大学生在科技实践中对某个理论或技术问题进行理论分析或实验研究，有新认识、新收获，而写成的短篇论说文章。科技小论文与一般的科技论文比较，既有共同的要求，如具有科学性、创新性等，也有自己的一些特点。

(1) 选题范围比较广　科技小论文写作的内容一般是学生在课外科技活动中需要解决的实际问题，或是参加社会和学校举办的征文、征集科技作品活动的作品，或是完成老师布置的科技作业等。论文写作一般是由学生自己选择研究对象、确定文章内容的。

(2) 论文内容集中单一　科技小论文的研究对象往往是某个理论问题的一个方面、某项产品的一个部件、某种材料的一种性能、某项技术的一种方法等。其研究范围比较窄小，讨论的问题也比较专一，实验量比较少，方法也比较简单，所以文章论述的内容比较集中和单一。科技小论文并不像学术论文和毕业论文那样，要求说明理力求全面深入、实验工作尽可能完整，而是集中于一点说清楚就行，不做很多的展开。

(3) 论文写作形式多样化　科技小论文多数是学生自己选择的研究小课题，是对初次科技实践的总结。由于研究的内容和实践方式不同，所以写作的论文也呈现多样化，有的以文献资料研究为主，有的是试验观察现象，有的是进行计算机编程，有的是设计制作。这样，在表达研究成果时，形式必然是多样的。

(4) 论文篇幅一般不长　由于科技小论文论述的内容比较单一，其篇幅自然就比较短，多数文章在两三千字，短的论文仅有 1000 字左右。

在大学里，无论是自然科学还是人文学科，都讲究理论性和系统性，学术论文则充分体现了这种理论性和系统性。所以，论文的写作过程就是科学研究的规范和起步。在大学里，要培养学生的创新能力。创新能力是一个人综合素质的体现，需要通过一定的外在形式表现出来。许多有识之士认为，发表论文是创造才能的一种表现指标。也就是说，在大学里，论文写作是培养与体现创新能力的重要途径和方法。

理工科大学生利用课余时间开展科技活动，参加老师的一些科技研究工作，并将初次科技实践的成果加以总结，写成小论文，是具有重要意义的。

学生参加课外科技活动和进行科技小论文的写作有利于学用结合，将理论知识和实际问题结合起来，克服理论脱离实际的影响。学生在科技实践中自己提出问题、发现问题，进而分析和解决问题。这一过程激发了学生学习和讨论的积极性，充分发挥了学生的主动性、创造性，培养了学生开拓、创新的精神。在写作小论文的过程中，学生的科研能力和选择能力都得到了锻炼与提高，这对于他们在日后写好学年论文、毕业论文，乃至参加正式的科研工作，都有很大的帮助。

美国加州大学伯克利分校提出，本科生科研是一流大学教育的重要部分。我国许多高校也都提出要办成研究型大学。而要办成研究型大学，加强本科生的论文写作是一个不可忽视的环节。

8.1.2　科技小论文的种类

由于理工类各学科专业之间有比较大的差别，所以在科技论文的表现方式上也有较大的不同。根据论文内容和表达方式，科技小论文基本上可分为理论研究、设计计算、试验论证和综合评述四大类。

1. 理论研究类小论文

理论研究类论文可分为理论分析和理论推导两种。理论分析是指对科技领域内某个理论问题，如原理、模型、机构等进行理论逻辑分析和论证讨论，完善、补充或修正原有理论。理论推导是指提出新的假设，或通过数学推导、推理，从而得到新的理论、定理、定律、法则等。当然，推导过程应该是科学的、逻辑的，概念应该是正确的。这类论文以说理为主，往往在数学、物理等理科类专业学生中写作比较多。

2. 设计计算类小论文

这类论文主要是为解决工程、技术问题而进行的设计计算，包括计算机程序设计、计算机辅助设计、优化设计、产品或材料的设计等。它一般是以某项单一的产品为研究对象，探讨其技术方案、工作原理和工艺流程，在有关理论指导的基础上，通过计算设计来说明与论证其合理性和可行性。这类论文往往以计算设计过程与结果为主要内容，设计计算的结果要合理、准确，最好能在实际生产中应用。

3. 试验论证类小论文

许多工科类学科专业的培养都离不开试验研究，其学科专业的发展也和试验研究紧密地联系在一起，所以，试验论证类论文在整个科技论文中占有很大的比重。这类论文的特点是以某种材料、零件、设备或技术工艺为研究对象，通过试验取得数据或结果，进行分析讨论，以证明其具有某种性质和功能，或得到某种现象规律。这类论文的要求是可靠的理论依据、先进的试验方案和测试手段、合理而准确的数据处理、科学严密的分析论证。

4. 综合评述类小论文

综合评述类论文可分为专题论述和综合论述。专题论述主要是对某一学科领域中某项工作发表议论，提出新的见解。综合论述是在博览群书的基础上，综合地介绍、分析、评述某学科专业领域里的某研究方向或问题，包括国内外研究现状、研究成果、发展趋势等。这些文章往往对科研方向的确定、选题和了解学科发展前沿起着较大的指导作用。写作这类论文，要求占有的信息资料新而全，思路清晰，立足点高，分析合理，意见或建议比较中肯。当然，对于本科生来说，写作这类论文不必要求太高；而对于研究生来说，就必须写好。

8.1.3 科技小论文的写作

选题要体现学用结合的原则。小论文的选题有很大的随机性，但要注意学用结合，最好在自己所学的专业或学科的范围内。这样既有利于完成研究任务，又能从中提高对专业学科的认识和业务水平。

论文的格式要规范。科技小论文的种类很多，如学术性论文、研究报告、试验总结、设计过程、综合论述等。虽然科技小论文仅仅是大学生的一种习作，但是也不能随意写作，应该遵循各自的文体和格式要求。因为是科技论文的习作，所以在此过程中应锻炼自己的写作能力，受到基本的规范化写作训练，也有助于今后写好正规的科技论文。

要善于运用不同的表达方式写好论文。不同种类的科技小论文采用的表达方式是不同的。例如，论证说理类论文以议论为主；设计说明类论文以说明和论证为主；综合类论文以记叙评论为主。应该根据不同类型的论文主题，选择相应的表达方式。同时，不管什么内容、性质的论文，都要注意图表的设计一定要规范。这是科技论文保证科学性和可读性所必需的，也是科技论文写作的一个基本要求。

在科技论文的写作过程中，既要提倡充分发挥学生的主动性和创造性，又要争取导师的直接帮助。如研究内容的选择、试验方案的确定、试验数据的处理和分析、论文的具体写作和修改意见等关键的地方，应该征求导师的意见。

论文表达的对象是专业性的，表达的方式是理性的和辩证的，所以它的思维方式与一般文章的写作方法不同，要求也更高。学生的科研活动和论文写作过程也有利于科学思维的培养与提高。

在内容深度方面，科技小论文不宜涉及太多高深的专业理论，而要了解和阐明研究领域的大致背景，如开创者、目前存在的问题及发展趋势等；在文献资料的及时性方面，建议多采用经典文献，辅以最新的文献资料。

8.2 科技研究报告

8.2.1 科技研究报告的特点与作用

科技研究报告分为广义和狭义两类。广义的科技报告泛指一切以科学技术为内容的报告，如科技建议报告、科技研究可行性报告、科技政策报告等；狭义的科技研究报告是指研究者对某项科技研究工作的进展情况或总结。这里主要介绍狭义的科技研究报告。

科技研究报告和科技论文，就它们的性质、内容和作用来说，都是科技研究工作的总结，但是两者的写作目的有所区别。一般来说，研究报告主要是为了向上级或他人报告自己（或课题组）研究工作的经过、进展和成果，以及为保存在单位作为研究工作档案之用而撰写的学术资料。它可以是一项研究工作的最终总结报告，也可以是研究工作进展到某个阶段的阶段报告。科技论文主要用来在学术期刊或会议上发表交流，学术性、理论性强，而科技研究报告的技术性、告知性强。

一般来说，研究报告要比科技论文叙述得更为详细。例如，课题的来源、背景意义，研究工作的经过，详细的试验过程，数据的处理、分析与论证，以及研究工作中的经验教训和失败的过程及原因等。研究报告中不仅要写研究工作者创造性的成果和成绩，还可以比较详细地叙述和讨论别人的工作成果。当然，在写作上重点是叙述自己的劳动成果和创新点，主要包括：别人没有做过的工作或者没有取得的结果；别人没有提出的理论、概念、设计方法和技术；别人没有得到的现象和理论解释；别人没有得到的试验数据或没有达到的精度、准确性等。总之，都是创新的研究成果。研究报告虽然不发表，但是也要让看到研究报告的领导、有关部门或他人全面地了解课题的进展或研究所取得的各种成果，从而能认识到该课题研究的意义、价值，认识到研究成果对科学发展及技术进步的贡献和作用。学术论文则要求集中反映研究工作的创新性成果与结论及其分析论证，并且在内容上比较单一，一般是一篇论文一个中心主题，而科技报告的内容比较广泛、全面。

研究报告可分为专题研究报告和综合研究报告。专题研究报告是对某问题或技术进行研究后所写的；综合研究报告是大型的涉及许多学科领域的研究报告。现在涉及交叉学科领域的大课题研究越来越多，所以综合研究报告也日益增多。并且，研究人员往往是由几个单位的人员组成的，所以在组织、协调和写作上也增加了一定的难度。

科技报告是一种独特的科技文体，具有形式灵活、反应迅速、资料详细、具体实用等特点，在推动科技进步中也起着重要的作用。它除了具有科技论文的一些功能外，还有以下作用：

1) 科技研究报告能及时检查和总结研究工作中的经验、问题，得到领导与有关技术人员的支持和帮助，使研究工作沿着正确的方向取得成功。

2) 科技研究报告能系统而全面地保存研究资料，如研究内容、研究思路、研究方法、研究过程、新发现、新问题，以及成功的体会和失败的原因等。这些真实而详细的研究资料，可以为自己和他人今后继续开展研究工作提供很好的依据与借鉴。

3) 科技研究报告可以使阶段性成果和最终研究成果及时交流，即使是在单位或一定范围内传播的内部资料，也能起到很好的交流效果，获得反馈信息或为他人的研究工作提供参考。

8.2.2 科技研究报告的写作要求

虽然科技研究报告的写作与正式发表的科技论文的要求有所不同，但是写成一篇质量好的研究报告也是一种创造性劳动。

1. 拟订研究报告的提纲

一般来说，撰写研究报告更需要列出写作提纲，拟好报告计划。编写研究报告的提纲或计划是写好科技作品的必要条件。提纲是整个报告的骨架，需要粗线条地确定各章节的逻辑关系，理清论证的思路和研究成果的中心内容。编写提纲本身就是一个综合思考的过程，是对研究课题和成果重新认识和思考的过程，也是学术水平不断提高和升华的过程，所以是不可缺少的重要环节。

2. 要有确定的主题思想

对于任何一种研究报告或科技作品，有明确的目的性十分重要，即要有主题。具体来说包括：报告的中心内容、所要表达的基本学术思想和主题，特别要阐明研究成果中创新的亮点等。在关键的科学技术问题上，不能有含糊不清的叙述。报告的各部分要说明什么问题，在整个报告中的作用和地位，在上下文之间所处的逻辑关系等，都应该考虑清楚。文章的整个叙述过程，都必须服从于它的中心内容和基本的主题思想。最忌讳的是言之无物的论证和连篇累牍的抄袭。

3. 结构要严谨，条理需分明，论证需科学

不管什么形式的科技作品，都要求结构严谨、层次分明、论述科学合理。报告中的插图和表格应该表达规范；每一部分的主题或论点和论据都要清楚、相符；在论证中尽可能地引用自己的试验结果，充分表达自己的研究成果；分析讨论要有说服力。另外，如果研究成果可能在生产实践中有应用和推广价值，也应该在报告中加以明确论述。在整个写作过程中，必须遵循诚实的科学态度和原则，要客观地对待一切，既不要夸大自己的研究成果，也不要随意地贬低他人，要做恰如其分的评价。当然，更不能有任何剽窃的行为，要严格遵守职业道德和科学道德规范。

4. 文题要相符，语言要通顺，格式要规范

和科技论文一样，科技研究报告的题目应该尽量明确、简短。报告题目既要能够确切反映报告所叙述的中心内容，鲜明而突出主题，又不能太长；既要防止文不对题，又要避免把题目定得过大，但又没有相应的实际内容。因此，对题目要反复考虑、仔细推敲才能确定，有时直到最后完成报告写作时才把题目确定下来。报告的写作文字应该以明白清晰、语言通顺、能正确表达研究内容和创新成果为原则。报告的内容是给人看的，也是一种学术交流和宣传的形式，所以既要让人看明白，能吸引人，又要符合科学规律和逻辑思想。就科学或学术思想的交流而言，在报告写作上切忌在语言上玩弄辞藻，在表达上华而不实，大小标题像口号标语；在论证分析时不能空而无物、论而无据、引而无力；下结论和表明自己研究成果时应该客观而科学，不能过分地拔高和夸张。

除了以上写作要求外，科技研究报告的写作还应该注意下列问题：

（1）要适应不同阅读对象的需要　学术论文的读者一般是有关的专业技术人员，而研究报告的读者比较复杂，有懂专业的，也有不太懂专业的，甚至外行的。所以，一般来说，研究报告应当写得比学术报告或论文通俗一些。要特别注意摘要、引言、结论等部分的写作，因为认真阅读这些内容的读者比例很高。

（2）要注意写作材料的系统性和完整性　科技研究报告有很强的告知性，重点是交流信息、通报情况。所以，写作时一般不要遗漏对各种重要或有价值材料的说明，对研究过程的重要环节也要有比较详细的介绍。一般都有今后工作的建议部分。建议要写得简单、中肯和可行。建议可不写理由，即使有必要写，其理由也要尽可能地简练。

（3）要重视和适当处理研究报告的附录或附件　因为研究报告的内容多，往往篇幅比较长，读者阅读比较吃力。读者，特别是领导和不懂专业的读者希望用最少的时间与精力了解和掌握报告的关键核心内容。在写作时，处理的方法是在不影响阅读理解的基础上压缩正文内容，可将大量的试验数据结果、公式推导、图表等内容放在附录或附件中。

8.2.3 科技演讲的特点、设计与艺术

现在科研成果的口头表达机会也很多，如在学术会议上交流，给学生、同行做有关研究报告，在学术思想沙龙会上发言，在学位论文答辩上陈述等。参加学术会议等形式也是一种很好的科学"继续教育"，是推动学术进步、科学发展的方式之一。

1. 科技演讲的特点

学术会议上的交流、学术讲座、论文答辩等形式，实际上都可以称为科技演讲。科技演讲要给人留下深刻的印象，所用的方法和书面表达完全不同。在一定程度上这是因为表达同样的内容和意思，口头所说的词和书面所用的词是有所不同的。当然，不管是口头表达还是书面表达，学术内容都是有根本共性的。每一场科技演讲，包括学位论文的答辩陈述，无论长短，不管是什么内容和什么听众，都应该尽可能地预先设计成一个完美的科技作品。具体来说，主要有以下特点：

1）应该有一个科学逻辑的结构，层次分明，条理清楚。
2）报告的主题应该内容丰富，言之有物，论之有据。
3）演讲的内容不能离题，围绕中心主题组织内容，精选材料。
4）陈述内容应该掌握规定的时间，有所限制，注意详略得当，突出重点和要点。
5）科学思想和学术内容的表达必须明白易懂，且准确无误。
6）章节之间或从一个论点到下一个论点的时候，应该有较好的过渡，自然合理，不能牵强附会、生硬脱节。
7）因为是口头表达，还要注意表达形式的多样性，语言要生动，以达到好的效果。

2. 科技演讲的设计

科技论文、研究报告等书面表达和科技演讲虽然都是科技活动的作品，是科技成果交流的形式，但在表达上还是有比较大的差别的，要求当然也有所不同。对于科技演讲，应该注意以下问题：

1）演讲者应该精心设计一个开场白，使听众很快就知道将要讲的是哪方面的问题。
2）一般情况下，应该在开头时就交代清楚演讲的结构和思路。这种做法可以帮助听众预先推想后面要讲的内容，还可以时刻知道报告进展的程度，了解整个报告内容的脉络。
3）在精心安排好结构布局后，应该尽可能简洁地说明采用的研究方法和手段。
4）演讲者应该重点设计好研究的新发现、新成果和新思想的表达，以给人留下深刻而清晰的印象。
5）应该避免讲述太多试验的具体细节。有时为了论证有据，可以将试验结果以图表的形式展示给听众，但在陈述时可不必细说。只有当报告的主题是一个具体技术问题时，讲解试验或装置的全部过程或细节才是合适的。
6）在演讲内容中，有大量的研究数据和结果是没有多大意义的，因为听众可能很快就忘记了。当然，精选少量的实例要比罗列所有的细节收到的效果更好。
7）在演讲时，对关键的要点进行适当的反复强调是必要的，对某些重要的基本新概念也要做出明确的表述和解释。
8）在科技演讲内容中，最好把结果和讨论两部分放在一起介绍，这样效果更好。听众

和读者是不同的,将这两部分从形式上分开的做法,只有当读者可以前后翻看时才适用。

9) 为了达到好的效果和在较短的时间内传达更多的信息,现在的科技演讲都采用多媒体。所以,在组织好演讲内容的同时,设计好多媒体表达方式也是重要的环节。

和论文写作一样,演讲者都有自己组织内容的思路,也有自己独特的表达方法和方式。应该说,不同的科技内容演讲所采用的方式和方法也是有所不同的。

一般情况下,演讲者除了准备好书面材料或多媒体课件外,在正式演讲前还应该做"试讲"或者称为"备课"。"试讲"或"备课"是很有必要的,至少可以帮助演讲者了解这场演讲需要多长时间。如果时间太长,则应该考虑在什么地方可压缩,哪些内容可删除。"试讲"还可以使演讲者知道什么地方容易出麻烦、讲不清楚或存在矛盾,进而想办法修改或仔细斟酌应该怎样表述。

对于研究生,在写作论文的整个过程中有开题报告、小型的阶段汇报和论文答辩的陈述等环节。这些环节对培养一个人的科学思维能力、研究创新能力、组织与表达能力是很重要的。所以,每个研究生都应该重视在这些不同场合和要求的科技演讲,一定要精心组织、认真对待。一般情况下,研究生在学位论文答辩前应该进行"试讲",让自己心里有底,以便在正式答辩时能够充分发挥。

3. 科技演讲的艺术

演讲实际上就是一次完整内容的讲课,所以还应该注意演讲本身的一些技巧,或者说是演讲艺术。每个人的讲授能力是不同的,但是一定要努力去提高。

演讲者为了达到好的演讲效果,有时需要把重要的句子或数据记在心里,背下来。当然,即使把有关内容背下来了,在演讲时也要注意不让听众意识到自己是在背诵。能打动听众的演讲秘诀之一,就是演讲者给人的印象应该是充满信心的,表达是自然的,思路是清晰的。

科学演讲的语言表达应该尽可能地简单明了。从表达效果来说,在科技作品中,短的句子比长的句子和复杂的句子要好得多,对于口头演讲,则更为突出。

演讲者配以适当的动作能吸引听众的注意力,有节制地使用手势可以活跃气氛。语调的变化和偶然做一个短暂的停顿,都有助于强调陈述的重点。

演讲者应该自始至终地通过眼神等方式与听众保持接触和联系。给人的印象应该是,演讲者的话是讲给所有听众听的。要与听众进行目光接触。许多讲得生动并且能吸引人的报告,演讲者几乎都不是照本宣科的。这就像教师上课,如果教师在课堂上从不看学生,而只顾自己对着讲稿讲话,老是背对着学生在黑板上板书,那么其讲课效果肯定不会好。同样,如果一个领导做报告,逐字逐句地念一篇很长的稿子,则气氛是沉闷而单调的,其效果也往往不好。

演讲者在放映有关的图、表和数据时,最好身体要侧过来一点。这种姿势使演讲者一方面能够看着听众,另一方面能注意屏幕上的材料。背对着听众是不应该犯的错误,也是没有礼貌的表现,会破坏演讲者与听众之间动态的、空间的、全方位的接触交流。有时,还有必要配合教鞭或激光笔,以便听众看到演讲者所讲的内容。

结束讲话的最恰当的方式是做一个简短而明确的概要,从逻辑上把前面讲过的主要内容进行浓缩。这有点像论文中的结论。

通常在演讲结束后,会有一段听众与演讲者之间问答式的交流时间。对于研究生的学位论文答辩，问与答的过程是必需的，顾名思义是论文答辩。

4. 学术报告的关键

研究工作结束后，既应该写成论文发表，也应该参加会议做报告。目的都是为了学术交流，扩大影响，听取意见，以利下一步工作。

做学术报告容易犯的毛病是简单地将论文原封不动地在会上读一下，这样的效果肯定不会好。所以首先应该将写学术论文和做学术报告的区别弄清楚。学术论文是用文字表达的，学术报告是用语言表达的。这两种表达方式的根本区别就决定了写论文和做报告的不同。看论文的人是主动要看的，听报告的人却不全是主动要听的，所以能否吸引听众，让他们听你讲，是报告者首先遇到的挑战。看论文是不受时间限制的，可以颠来倒去反复看，不怕一时看不明白，听报告是有时间限制的，听不明白的问题没有机会立即解决。所以报告者应该力求简明扼要，切忌眉毛胡子一把抓，鸡毛蒜皮都要讲。结果是听众不胜其烦，什么也没有听明白。看论文时作者并不露面，作者的形象、风度等不会影响读者的阅读兴趣，听报告时则不然，如果报告者一上台，心虚胆怯，搔头摸耳，手足无措，听众一看，这人不怎么样，顿时就没有了听下去的兴趣。个人条件的差别是客观存在的。只有时刻牢记这些差别，才能按语言表达的特点，做好报告。

明白了以上差别，就可以知道报告内容虽然是论文的内容，但报告的方式并不是论文的方式。报告时不必从引言到结论依次全面叙述，主要应该明确研究主旨，展示思维逻辑，逐步展开层次，突出创新结果，讲清基本观点。一次报告下来，听众能知道你获得了什么新结果，提出了什么新观点，就算是成功的了。因此，报告开头要讲清研究的背景、基础和目的。叙述时简明扼要，定位准确。实验方法不必细讲，甚至可以不讲。实验结果与讨论可以结合讲，夹叙夹论，前因后果，衔接清楚，引人入胜。与写论文不同，做报告时，能用图的尽量用图，少用表，因为图案的形象比表中的数字更直观。幻灯屏幕上应避免大段文字，只用提纲和图表即可。字数横向20字以内，竖向9行以内。画面设计要简洁醒目。做报告时常用激光打点指导视线，因此光点应与讲话的内容高度一致。切忌将光点漫无目的地胡乱晃动，使听众眼花缭乱。为了使光点指示清楚，拿激光笔的手可以借助案桌或自己身体做依托，以免抖动。这些看似细节的技巧，却常常影响着效果，同样是不可忽视的。

报告完后要准备回答听众的问题，不要如释重负，急于离台。回答问题往往比做报告还难。因为做报告是可以事前准备的，回答问题常要随机应变，临场发挥。报告者的水平往往在回答问题时反映得更清楚，切不可掉以轻心。报告者回答问题时应实事求是，充满信心，不卑不亢，彼此尊重。不论是具体技术问题、不明情况的问题、完全错误的问题，还是确有高见的问题都应该据实以答。成功的回答一般都表现为能听准问题，迅速调动头脑中的信息储备，言简意赅地一语中的。切忌没有听清问题就文不对题地瞎答一气，切忌漫无目标地东拉西扯，切忌曲意迎合或顶牛抬杠。学术讨论应该是理性的、自由的、坦诚的、相互尊重的。问题回答得好，常能在报告的基础上进一步发挥，相得益彰；回答得不好，会使原有报告的效果大打折扣。而回答问题的能力是要知识、应答、口才多方面长期训练才能提高的。

为要做好学术报告和答辩，平时加强口才训练十分重要。现代人才学认为，"是人才未必有口才，但有口才必定是人才"。因为只有充分掌握知识并能运用自如，而且能了解对象的水平、需要、兴趣、认识过程，能用语言沟通自己的知识和听众的需要的人，方能算有口才。口才不是夸夸其谈，是真才实学的适度表达。因此自古以来都把"才思敏捷，对答如流"作为高层次人才评价的主要标准，这是有道理的。

8.3 科技小论文示例

8.3.1 隐形墨水

一天，我在科学课本上看到醋可以在蛋清上显示字迹，心里很疑惑。于是，我在好奇心的驱使下，做起了实验。

我先准备好材料：一个生的、新鲜的鸡蛋，一支毛笔，一瓶醋。第一步，用毛笔蘸了一下醋，在鸡蛋外壳上写了"开心"两个字，希望我们吃了可以天天开心。第二步，把写好字的鸡蛋放入锅中，打开炉火开关，就大功告成了。五分钟以后，鸡蛋煮熟出锅了，我一看鸡蛋外壳上的"开心"两个字消失了，我迫不及待地剥开鸡蛋，"开心"两个字清清楚楚地显示在洁白如玉的蛋清上，实验成功了！我开心地蹦了起来！

我跑到客厅里，对着看电视的奶奶大喊："婆婆，我给你变个魔术。"于是，我用刚才的办法把"高兴"两个字印在了另一个鸡蛋的蛋清上，然后把鸡蛋拿给奶奶看。"奶奶，您看一下这个鸡蛋有什么不同吗？"，奶奶左看右看，摇了摇头说："这就是个普通的熟鸡蛋啊，就是热乎乎的嘛！""您信不信蛋清上有两个字？"奶奶边摇着头边剥开了鸡蛋，"高兴"两个字被清晰地印在蛋清上。"啊？真神了！你是怎么做到的？"看到奶奶高兴的样子，我得意洋洋地把刚才的步骤讲给奶奶听，奶奶对我竖起来大拇指。

可是，小伙伴们，你们知道为什么醋可以成为"隐形墨水"的原因吗？有什么科学道理吗？不明白的就让我讲给你们听吧！

因为用醋在鸡蛋外壳上写字以后，通过加热，醋中含有的醋酸就会渗透到蛋清上，发生化学反应，而鸡蛋外壳不能与醋酸发生化学反应就会蒸发掉，所以只会显示在鸡蛋清上，呈现浅褐色。

动动脑筋想一想，除了醋，还有哪些液体可以做"隐形墨水"呢？科学神奇吧？有待于我们不断地去探索其中的奥秘哦！

8.3.2 夏不穿黑冬不穿白

俗话说："夏不穿黑，冬不穿白。"夏天不穿黑色的衣裳，冬天不穿白色的衣裳。这是为什么呢？难道是因为黑色吸热，白色不吸热吗？

首先我准备了两个温度计，一张黑色的卡纸和一张大白纸。要开始实验了，我先将两个温度计，分别裹在两张纸里，然后把它们放在我房间的窗台上。第一次实验，我先用了15min 的时间，放在黑纸里的温度计，我将它定为 1 号，放在白纸里的定为 2 号。1 号起始温度是 16℃，2 号是 15℃，15min 过后 1 号 27℃，2 号才 16℃，看来好像真的是白的不吸热。一次实验不能说明问题，我将第二次实验的时间定为一个小时。1 号和 2 号的起始温度分别是 17℃和 16℃，很快一小时就过去了，1 号 35℃，这是一个惊人的数字，2 号才上涨了 2.3℃。

那为什么黑色吸热，白色不吸热呢？带这个疑问，我上网查了一下，网上是这么说的：

首先，白色物体不是不吸热，只不过吸收辐射相对比较少，反射得比较多，不容易通过吸收辐射热量。其次，黑色吸收所有可见光，看起来才是黑色。白色对所有可见光都有一定程度的反射，所以看起来可以是白色。对可见光吸收多的，对其他频段的电磁波（对于传热来说，这里发挥最显著作用的是红外线）往往也更多。而对电磁波吸收和反射程度的不同是物体的固有性质，主要和它的化学组成和表面的物理性质相关。

原来，不是白色不吸热，只不过是吸收辐射相对比较少，反射得比较多，不容易通过吸收辐射热量。这个知识对我来说是一个大的收获！

8.3.3 电磁驱动式内燃机

在当今工业领域和交通工具上被广泛应用的内燃机为我们提供了巨大的便利，但随着它的应用，许多弊端也日益暴露出来。传统内燃机是要"喝油"的，在大量地消耗化石燃料的同时，其排放的尾气对环境的改造甚至破坏不可避免，如"城市热岛效应""全球温室效应"等。

我想如果在传统内燃机中有电磁的介入，它的生命力将继续旺盛。具体的设计思路简单来说是这样的：可以在内燃机活塞上改装上一种线圈，线圈内插有一衔铁，活塞和衔铁仍是可往复运动的整体；另将一线圈（线圈中仍插有衔铁）装在内燃机汽缸顶部火花塞位置，与内燃机为一整体固定不动。这样，分别将一定频率的交流电接入两个线圈（两个线圈及供电装置相互独立），通过调整交流电的频率，来改变两个线圈中衔铁的极性，从而使两衔铁在交流电的前半周期内同名排斥、后半周期异名吸引，通过排斥吸引过程带动活塞，活塞再通过连杆带动曲轴，曲轴再将活塞的往复运动变成旋转运动，实现电能到机械能的转化，而且可方便地通过调节电子线路改变交流电频率来调节机器的功率（相当于加、减油门）。

（注：从上述装置原理不难看出，活塞与汽缸组成的系统的密闭性大可不必考虑，也可在设计中抛弃汽缸，代之以一个可供活塞往复滑动的轨道，这样既可简化工业生产流程，也将大大减少因活塞与汽缸摩擦损失的能量，提高机器的效率。）

【拓展阅读】 碳和碳的化合物

碳和碳的化合物可以说是化学世界里最庞大的家族，它们有超过 2000 万的成员。切割玻璃用的金刚石，写字用的铅笔芯，我国古代的一些书法家、画家书写或绘制的字画用墨等。近年来，科学家们发现，除了金刚石、石墨外，还有一些新的以单质形式存在的碳。

发现较早已在研究中取得重要进展的是 C60 分子等。实际上我们只要善于总结，就能学好碳知识。抓住一条主线：物质的结构决定物质的性质，物质的性质决定物质的用途。在学习碳的单质时要抓住"结构→性质→用途"这样一条主线。

对于几种常见的碳单质的结构、性质、用途，我们要注意总结，并善于发现其中的内在规律，这对于掌握好碳的知识是非常有帮助的。

记住两种单质：金刚石和石墨是最常见的两种碳的单质，因此要记住这两种物质的性质和用途。金刚石和石墨虽然都是由碳元素组成的单质，但由于碳原子的排列方式不同，决定了它们的物理性质有很大的差异。

1) 金刚石中碳原子连接成牢固的立体网状结构，决定了金刚石具有坚硬的性质，由此决定了其可制作钻头、玻璃刀的用途。

2）石墨中每个碳原子与同一个平面上周围的三个碳原子连成片，许多这样的片重叠起来构成石墨。由于每个碳原子都剩余一个电子成为自由电子，所以石墨能够导电，因此可制作电极；片与片之间可滑动，所以石墨质软，可制作铅笔芯、润滑剂；碳原子之间连接很牢固，所以它的熔点、沸点都很高，可用于制作航天飞机的绝热片。

另外，对于木炭和C60也要熟悉。木炭具有疏松多孔的结构，决定了它具有很强的吸附性，可作为吸附剂。活性炭的吸附性比木炭还要强。可用于防毒面具里的滤毒罐、制糖工业上的脱色剂等。C60分子是由60个碳原子构成的分子，这种结构很稳定，决定了它具有许多特殊性能。

掌握三个性质：由于碳原子最外层有4个电子，在化学反应中，碳原子既不易失电子，也不易得电子，决定了碳是一种化学性质不活泼的非金属元素，而且要注意，虽然金刚石、石墨、C60的物理性质不同，但化学性质却是一样的，因为构成它们的粒子是同一种粒子——碳原子。

1）常温下的稳定性。在常温下，单质碳化学性质很稳定，不易与其他物质发生化学反应。因此，可用碳素墨水书写档案材料，这样可以长时间保存而不褪色。

2）可燃性。在点燃的条件下，碳能与氧气反应，放出热量，决定了碳可用作燃料。

① 氧气充足时，碳充分燃烧，生成二氧化碳，$C+O_2=CO_2$。

② 氧气不充足时，碳燃烧不充分，生成一氧化碳，$2C+O_2=2CO$。

3）还原性。在高温条件下，碳能跟某些金属氧化物发生反应，把金属氧化物还原成金属单质。碳表现出还原性，决定了碳可用于冶金工业。

前辈谓学贵有疑，小疑则小进，大疑则大进。疑者，觉悟之机也。一番觉悟，一番长进。

——明·陈献章

第 9 章
毕业论文的答辩与评价

本章阐述毕业论文选题与写作，讨论如何进行毕业论文答辩、如何评价毕业论文答辩质量等。

学术论文包括学位论文，学位论文包括本科生与研究生的毕业论文。毕业论文是高等院校本科生、研究生通过总结性的独立作业，提交的一份具有一定学术价值的文章。答辩是毕业论文主要的"发表"形式，是作者以演讲的形式阐发自己的论点和论据，是完成毕业论文的最后一个环节，是对论文作者学术水平和科学研究能力的综合考核，答辩结果是授予学位的主要依据。因此，除了需完成毕业论文写作这一答辩的基础工作外，掌握答辩的技巧将有助于有条理地阐明自己的论点，获取最大的成功。

9.1 毕业论文的答辩

9.1.1 选题与写作

1. 如何科学选题

毕业论文是一种学科论文，是作者对所学学科的相关知识、理论，进行探讨、分析、整理、研究的文章，属于论说文的一种。在选题上首先要注意不要脱离所学专业。在这个范围内，结合自身特点（如思维能力、兴趣爱好等）选择能够体现本人知识水平的题目进行研究。选题的途径与步骤在第 3 章做了详细的介绍，其范围包括：

1) 对本学科的某一分支或某项研究专题，对其发展概况研究动向进行综合性评述，提出自己的独立见解和对未来的展望。

2) 对前人研究结果，从发展、提高的角度进行一些质疑、订正、深化和提高等。

3) 对所学学科之间及与其相近学科的联系进行研究，探讨本学科知识在其他学科的应用问题。如运用物理学的理论、方法和技术研究生物科学，运用数学的方法研究社会科学中的定量评价问题，运用马克思主义的哲学理论研究自然科学学科发展规律等。

4) 选择本学科具有创新意义的研究内容为题。如对科学界目前存在的尚未解决的难题的探索，通过实验研究发现一些新的规律，提出新的实验结果等。

5) 可运用学到的新技术、新方法，就其在生产实践中的应用问题阐述自己的设想、建议，提出应用改进的方案。

总之，毕业论文选题应能反映本人对所学知识的掌握程度，并力求创新，应能体现本人独立思考、分析问题和解决问题的能力。

大多数本科生的毕业论文题目是指导教师给定的，因此，通过下达毕业论文（设计）任务书（见表 9-1），可较简便地进行毕业论文（设计）的指导和安排。

2. 怎样安排写作

毕业论文写作的基本要求与学术论文一致，即要具有科学性、独创性，文字表达上要明确简洁，并且按照本学科所习用的规范格式写作。毕业论文（设计）任务书见表 9-1。

表 9-1　毕业论文（设计）任务书

　　　　　　学院　　　　　　　　　　　　　填写时间：　　　　年　　　月　　　日

课题名称	
学生姓名	专业、学号
论文（设计）基本要求、重点需要研究的问题	
计划进度安排	
应收集的资料及主要参考文献	

指导教师（签名）：_____　　　　　　职称：_____
系（教研室）主任（签名）：_____
院长（签名）：_____

由于学科和研究内容的不同，毕业论文的写作特点也不同。但从总体上来说，毕业论文属于论说文的范畴，所以有论说文的一般写作特点，即要有明确的论点，充实的论据和严密的论证。作为一种学科论文，它同时还有区别于论说文的其他特点。概括起来，主要有以下四点：

1）毕业论文是作者对某一学科问题的研究结果的总结，因而必须以客观事实和科学理论为依据。客观事实包括从文献资料上收集到的有关历史事实和在现实中通过观察、实验、调查所得到的第一手资料和数据。这些数据和资料必须真实可靠，不能凭空杜撰或任意夸大渲染，而且要保证实验过程能够重复验证，文献资料具有明确出处。

2）毕业论文逻辑推理要严密，表达要准确。任何假想、推断或概括都应以足够的证据作基础，并且应与本学科一切已知的知识相一致。对于自然科学研究来说，严密的论证是科学理论建立的基础。反之，任何疏漏都会影响科学理论的完善，或导致科学研究的失败。

3）毕业论文的言语表达应简洁易懂，叙述应完整。诸如计算过程、实验步骤、调查方法等，应尽量详细地列出，以便于指导教师了解作者的思维和研究过程。

4）毕业论文应遵循本学科特有的体系和规格模式进行写作。如对于数学公式、定理的推导性论文，一般由论证前提（本学科的理论基础，包括前人的最新研究成果等）、论证过程、论证结果三部分构成。现象观察性论文一般分为引言、材料和方法、结果与分析、结论与讨论四部分。调查描述性论文一般分为引言、地理环境、材料与方法、结果与分析、讨论与结论。在这一点上毕业论文与一般学术论文写法类似。

毕业论文的写作过程是作者对自己所学知识整理提高的过程。通过开展科学研究工作，进而将研究资料进行分类整理，分析取舍，形成自己的论点，不仅知识体系得到了进一步深化提高；同时，通过撰写初稿论文，修改订正，完成论文的写作训练，熟悉了学术论文的写作步骤和方法，为毕业后走向工作岗位打下了基础。由于这方面的知识是课堂上、书本上难以学到的，因此应认真对待。若要写好毕业论文，掌握论文的写作技巧，还应虚心向有经验的人学习，包括向指导教师寻求帮助和指导。选题准确，科学性强，有独创性的毕业论文，也是一篇优秀的科学论文。

为了确保本科生毕业论文的质量与进度，往往必须安排毕业论文（设计）中期检查，检查要求与内容见表9-2。

表 9-2 毕业论文（设计）中期检查

课题名称			
学生姓名		专业、学号	
毕业论文（设计）中期完成情况			
是否有更换题目，说明更换的理由			
能否按时完成论文（设计），若不能，请说明理由			

检查组组长（签名）：_____　　　　　填表日期：_____年_____月_____日

3. 撰写注意事项

（1）重视论文　由于高校毕业生就业压力问题突显，有的应届毕业生将重点放在就业问题上，认为毕业论文的优劣与今后的工作无甚关联，对毕业论文抱以敷衍了事的态度，导致论文质量下滑。这种情况应避免，必须重视，才能撰写出好的毕业论文。

（2）科学选题　选题是写好一篇论文的基础，在一定程度上决定论文的质量。选题好，不但容易入手，而且理论创新多，实践意义强，反之亦然。选题应从自己的兴趣出发，考虑自己的强项，从现实与理论的结合中取材，从小题入手。

（3）充分准备　在撰写论文前应对前人的研究成果进行收集、学习、整理与概括。这样不仅可以节约时间，更能明确自己的写作方向。资料和研究成果的收集可通过学校图书馆和网络数据库。

（4）合理安排　大多数院校都将本科学位论文的撰写工作安排在最后一个学期，时间安排大概是15周。扣除调研与收集资料时间，真正撰写时间只有10周左右，时间比较紧迫，而且许多同学在前期撰写过程中不够重视，进展缓慢，到后期又慌慌张张，这样将严重影响论文的质量。因此，必须合理安排毕业论文的进度。

（5）围绕主题　撰写应注意始终围绕主题，防止偏离主题，杜绝随意扩展，避免做无用功。

（6）注意文字　学位论文具有一定的专业性，在避免语言晦涩难懂的前提下，应注意专业性表述。表述应注意由浅入深、由此及彼、由表及里。此外，应注意引文的准确性，不应曲解原意。做到语言准确、鲜明、简练、生动。

9.1.2 答辩的意义

毕业论文答辩是毕业论文写作全过程中的重要组成部分，完成了毕业论文的撰写，并不意味着能顺利通过答辩，因为说和写不是一回事。写作只是作者将收集的文献资料、数据、成果和观点变成了文字，而答辩是将书面语言变成口头语言，需要掌握某些技巧。毕业论文答辩，其目的是通过学生口述回答答辩委员会委员们（下文简称答辩老师）所提的问题，是对学生的专业素质、学术水平、工作能力、口头表达能力和应变能力等进行考核，它有"问"有"答"，还可以有"辩"。通过对学生知识面的宽窄及对所学知识的理解程度和能否创造性地应用做出判断，以此作为能否毕业和授予相应学位的依据。只有充分认识毕业论文答辩的多方面意义，才会以积极的姿态、满腔热忱地投入到毕业论文答辩的准备工作中去，满怀信心地出现在答辩会上，以最佳的心境和状态参与答辩，充分发挥自己的才能和水平。

毕业论文考察的是学生在校学习阶段全部学业的综合成果，包括是否具有与学历水平相当的系统和完整的专业知识，较高的理论分析水平和解决实际问题的能力，较强的文章写作能力和语言表达能力。毕业论文答辩除了辅助考察以上内容外，重点考察语言的口头表达能力和思维的敏捷程度。其作用可概括为"检查""交流"和"拓展"。

1. 毕业论文答辩是信息交流的过程

论文作者在答辩前，就要积极准备，对自己所写文章做进一步的推敲，仔细审查文章对基本观点的论证是否充分，有无疑点、谬误、片面或模糊不清的地方。如果发现问题，就要继续收集与此有关的各种资料，做好弥补和解说的准备。这种准备的过程本身就是知识积累和增长的过程。在答辩中，答辩小组成员也会就论文中的某些问题阐述自己的观点，或者提供有价值的信息。如此，学生又可以从答辩过程中获得新的知识。

2. 毕业论文答辩是学习的大好机会

毕业论文答辩委员会一般由具有较丰富实践经验和较高专业水平的教师和专家组成，他们在答辩会上提出的问题，一般是该论文中涉及的基本性的问题，是论文作者应具备的基础知识，也是论文中没有阐述周全、论述清楚、分析详尽的问题，即文章中的薄弱环节和不足之处。通过专家组成员的提问和指点，可以了解自己撰写的毕业论文中存在的问题，为今后研究其他问题提供参考。对于疑惑之处和理解模糊的问题，还可以直接请教。总之，答辩会上提出的问题，无论作者当场是否能做出正确、系统的回答，都是对作者一次很好的帮助和指导。

3. 毕业论文答辩是展示自己的良机

毕业论文答辩是应届毕业生学习、锻炼辩论艺术，全面展示自己的勇气、才能、智慧、风度和口才的一次良机。在当今社会，能言善辩已成为高素质人才的重要素质。一个人如果掌握了高超的辩论技巧，具有雄辩的口才，他在事业上和人际交往中就会如鱼得水。正因为如此，自古以来那些胸怀大志的人，都非常重视辩论素质的训练和培养，把拥有精湛的辩论艺术视为其事业成功的得力臂膀。毕业论文答辩是即将跨出校门的大学毕业生学习、提高辩论技巧和展示辩论艺术的重要机会。

9.1.3 答辩的准备

毕业论文答辩是一种有计划、有组织、有鉴定的比较正规的论文审查的重要形式。为了搞好毕业论文答辩，在举行答辩会前，院（系）、答辩委员会、答辩者三方都要做好充分的准备。

1. 院（系）的准备工作

院（系）要做的准备工作主要是做好答辩前的组织工作。这些组织工作主要有：审定参加毕业论文答辩学生的资格、组织答辩委员会、拟订毕业论文评价标准、布置答辩会场等。

（1）审定答辩的资格　参加毕业论文答辩的学生，要具备以下的条件：已修完高等学校规定的全部课程，所学课程全部考试考查及格，并取得学校准许毕业的学分；所写的毕业论文必须经过指导教师指导，并有指导老师签署同意参加答辩的意见。以上两个条件必须同时具备，才有资格参加毕业论文答辩。

（2）组织答辩委员会　答辩委员会是负责毕业论文答辩的组织、领导的临时机构，是审查和公正评价毕业论文、评定毕业论文成绩的重要组织保证，全面负责答辩过程中的各项工作。一个答辩委员会一般由5~9位专家组成，另设秘书一人，其中多数具有高级职称，从中确定一位学术水平较高的委员为主任委员（主席），负责答辩委员会会议的召集工作。根据各专业学生人数和课题性质，答辩委员会可组成若干答辩小组，答辩小组由3~5人组成，设答辩小组长一人，具体负责答辩工作。答辩委员由系主任或系学位分委会负责聘请。答辩委员会的专家应提前阅读、熟悉要答辩的论文、指导教师的评语及相关情况。答辩安排及答辩委员会成员名单要提前数日公布。秘书应做好答辩记录。答辩小组的具体职责是：审阅毕业论文或毕业设计，对学生的答辩资格予以审定，主持答辩，讨论并确定最后成绩与评语。

（3）答辩程序的制订　制订严密、有序、全方位的毕业论文答辩程序。将答辩前的毕业论文的撰写和答辩后的总结列入答辩程序之中。答辩的具体环节应科学化、规范化，对保证答辩工作的顺利进行和提高答辩质量有着举足轻重的作用。

（4）拟订评价的标准　毕业论文答辩以后，答辩委员会要根据毕业论文及作者的答辩情况，评定论文成绩。为了使评分宽严适度，应事先制订一个共同遵循的评价标准。

（5）布置答辩的会场　毕业论文答辩会场的布置将影响论文答辩会的气氛和答辩者的情绪，进而影响到答辩会的质量和效果。因此，答辩会场应布置得朴实、庄重，尽量创造一个良好的答辩环境。

（6）答辩氛围的营造　答辩过程中气氛不够轻松，容易造成同学们心理紧张。同学们都怕在答辩过程中出现卡壳，而最终影响答辩成绩。这归因于同学们在论文撰写过程中，理解不够透彻，而导致自信心不足，出现怯场现象。另外，平常类似的锻炼太少，也是原因之一。因此，在答辩过程中要尽量营造轻松的氛围，让同学们可以发挥更佳的水平。

2. 答辩委员会的准备

在答辩会举行前，至少要有论文指导教师以外的一名答辩委员作为主答辩人，对学生上交的论文进行审阅，提出评阅意见，并初步拟订答辩时提问的问题。

（1）提问的原则

1）以论文内容为基础，兼顾相关的知识内容；难易程度适中、大小适中；明确、具体、容易理解；针对学生，突出个性；适当启发、深入引导；考察性而非询问性、答辩性而非辩论性；避免与简介内容相重复；提关键性问题；先易后难、逐步深入等。

2）理论与应用相结合的原则。对某一篇论文所提问题的深浅难易程度，应与指导老师的建议成绩联系起来。凡是指导老师建议成绩为优秀的论文，答辩老师所提问题的难度就应该加大一些；建议成绩为及格的论文，答辩老师提的问题应相对容易一些。应点面结合、深广相联的原则，形式多样、大小搭配的原则。

（2）提问的类型　可分为"事先题"（答辩前完成）和"临场题"（答辩中随时提出），后者还分为"复述题"（死题）和"引申题"（活题）两类。"事先题"在答辩前10min给学生，让学生有个短时准备；"临场题"随时提问，以考察学生的思维敏捷程度。"引申题"的难度比"复述题"要大，可对学生进行更深入的考察。

由于每一篇论文各有自己的内容、形式、特点和不足，答辩老师拟出提问的问题也就必然是千差万别的，即使是同一篇论文，不同的答辩老师所要提问的重点也会有所不同。首先，答辩老师拟题有个大范围，即答辩老师在论文答辩会上所提出的问题应在论文所涉及的学术范围之内，一般不会也不能提出与论文内容毫无关系的问题。在这个大范围内，主答辩老师一般是从检验真伪、探测能力、指出不足三个方面提出三个问题。

1）检验真伪，就是围绕毕业论文的真实性拟题提问。它的目的是要检查论文是否是学生自己写的。如果论文是抄袭他人的成果，或是由他人代笔之作，就难以回答出这类问题。

2）探测能力，是指围绕探测学生水平高低、基础知识是否扎实、掌握知识的广度深度如何来提出问题，主要是针对论文中涉及的基本概念、基本理论及基本原理运用等方面的问题。

3）指出不足，是指围绕毕业论文中存在的薄弱环节，如对论文中论述不清楚、不详细、不周全、不确切及相互矛盾之处拟题提问，让学生在答辩中补充阐述或提出解释。

3. 毕业论文作者的准备

（1）准备内容　毕业答辩的听众是导师和同行专家，他们将通过听取你所做研究工作的报告，对你的研究能力和学术水平做出评价。答辩前的准备，最重要的是答辩者的准备。要保证论文答辩的质量和效果，关键在答辩者一边。论文作者要顺利通过答辩，在论文提交之后，还应从以下几个方面抓紧时间积极准备论文答辩。

1）明确答辩目的、过程和要求。为此，应熟读有关规定，若能事先旁听他人的论文答辩，总结经验则更好。

2）要熟悉自己所写论文的全文，尤其是要熟悉主体部分和结论部分的内容，要仔细审查文章中有无自相矛盾或模糊不清的地方等。如发现有上述问题，就要做好充分准备——补充、修正、解说等。如此才能做到答辩时心中有数、临阵不慌、沉着应对。

3）编写论文报告提纲。

4）准备其他辅助表达方式。例如，论文自述过程需要的多媒体课件、图表、照片、挂图、幻灯片、样品及当场演示的实验等。

5）默讲和试讲。最好模拟正式论文答辩，请几位同学作为与会者，进行试讲。在规定时间内，重点突出、条理清楚、层次分明、从容自然地自述完论文主要内容。论文自述时，应充满信心。讲究口语表达技巧，叙述避免平铺直叙；用生动的语言、声调的抑扬顿挫和姿态语（如加手势等）来增强表达效果引起与会者的兴趣和注意力。自述时应注意与会者的表情变化，随机应变，灵活处理。例如，与会者感到疑惑时要加以解释；发现自己说错时，应及时改正。

（2）答辩提纲　准备毕业论文答辩提纲是答辩成功的重要一环。因为答辩的时间限制，对论文的内容必须提纲挈领地表述，切忌照本宣科。答辩提纲首先要确定讲述的要点，然后围绕这个要点按照逻辑顺序列出：为什么要进行这项研究？研究是怎样进行的？通过研究发现了什么？根据这个提纲分别从论文中提取有关内容简要地记述于每一条细节。需要注意的是，不要过多地罗列细节。提纲的内容，一般应包括以下五个方面：

1）论文的选题意义。主要回答：为什么选择这个课题（或题目）、研究这个课题有什么应用价值或理论意义、本课题的研究历史和现状，即前人做过哪些研究、取得哪些成果、有哪些问题没有解决、自己有什么新的想法、提出并解决了哪些问题等。

2）论文写作过程中使用的研究方法，包括实验是怎样设计的、数据是如何获得的、论文结构的安排等。

3）论文的主要成果，包括主要说明或解决了什么问题、成果有何创新之处、有何理论或应用价值等。

4）主要参考文献。

5）老师可能提出的问题及回答要点。

论文报告提纲与论文写作提纲主要不同之处在于，它不是一个书稿提纲，而是一个讲稿提纲，因此最好写成演讲语体。随着多媒体在毕业论文答辩中的广泛使用，论文报告提纲将以幻灯片（PowerPoint）的形式投映在屏幕上供与会者观看。编写这种提纲应注意以下几点：总字数不能过多；幻灯片应清晰简洁；连接层数不能太多；文面一般都应写成标题式提纲的格式。

（3）准备讲稿　可预先准备一份口语化的讲稿，以免演讲时因一时想不起合适的词而出现过多的停顿。有条件的可以将讲稿与幻灯片紧密结合在一起。讲稿写完后，要进行多次的校核，以确保用语上的准确性。可通过在同学面前的预先演讲，进一步熟悉自己的讲稿，保证演讲时可做到脱稿且能控制好各点的演讲时间。演讲时有时需要适当的重复已经说过的话，简便的办法是用色笔画出需要重复的内容，并在页边做好标记，标明演讲的次序。

（4）制作图表　演讲用的图表数量应适当。图要选可视性强、趋势明显者，不同曲线最好用颜色加以区别。表格项目应尽量简化，在论文中使用的表格不一定适合演讲时用。一般横项目栏不要超过 4 项，竖项目栏以 10 项内为宜。说明趋势、表示差距的表格可改用图表示，因为图比表容易理解，解释起来节省时间。

（5）科学预演　除了预先准备和熟悉讲稿外，可以预先进行答辩模拟，熟悉具体流程和细节，以缓和紧张情绪。研究生可以与导师和其他人员组织一次预答辩。进一步熟悉自己的讲稿，保证演讲时可做到脱稿且控制好各点的宣讲时间。正式答辩前的预答辩非常重要，它可让自己"八面受敌"，以补论文所缺，标出谬误等，达到处处设防，滴水不漏，往往在预答辩中提出问题，很可能成为正式答辩时专家提出的问题。

（6）相关知识　如自己所研究的论题学术界的研究已经达到的程度，存在的争议，自己倾向哪种观点及理由；重要引文的出处和版本；论证材料的来源渠道等。这些方面的知识和材料都要在答辩前做到有比较好的了解和掌握。论文有哪些应该涉及或应该解决的内容，哪些方面在论文中未涉及或涉及很少等，要加以认真总结和分析，判断是否是在研究过程中确已接触到并有一定的见解，还是力所不及而未能接触的问题，或是由于觉得与论文表述的中心关联不大而没有写入的问题等。

9.1.4 毕业论文答辩

1. 毕业论文答辩的一般程序

本科生学位论文答辩的流程如图 9-1 所示；硕士研究生毕业论文答辩的流程如图 9-2 所示。

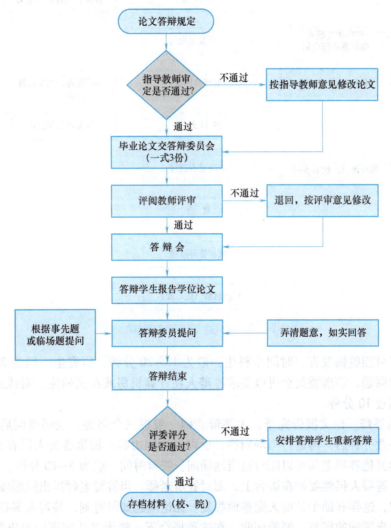

图 9-1 本科生学位论文答辩的流程

（1）答辩开始 答辩开始，由答辩委员会主席宣布答辩会场纪律、参加答辩人员名单、答辩次序及其他安排和要求等事项。

（2）答辩报告 答辩人先做自我介绍，包括：姓名、专业、年级、班级；然后按提纲进行论文情况介绍，包括选题的背景与意义、论文的观点、所使用的材料、论证的过程、得出的结论，进一步的设想、建议。必要时进行板书、演示，建议边演示边介绍，根据事先准

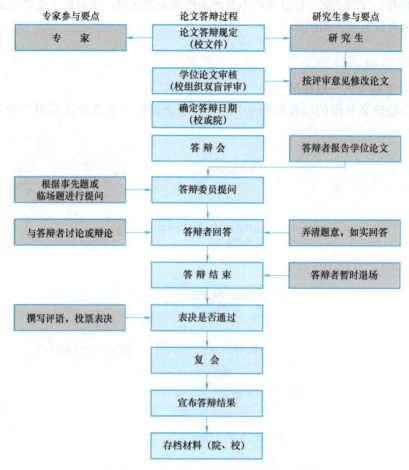

图 9-2 硕士研究生毕业论文答辩的流程

备的讲稿，尽可能脱稿发言，时间本科生一般为 15~20 分钟，研究生一般为 20~30 分钟。对于可演示的课题，答辩委员会可以要求答辩人在计算机房或在实验室，对成果加以演示，时间一般不超过 10 分钟。

（3）问题答辩　论文报告完毕，主答辩老师一般提三个问题。老师提问后，可以让答辩人独立准备数分钟后，再进行当场回答，也可以边问边答。根据答辩人回答的具体情况，主答辩老师和其他答辩老师可以随时适当地插问。答辩时间一般为 5~10 分钟。

答辩时，答辩人仍然要站在讲台上，面对答辩老师。当答辩老师提出问题或建议时，答辩人应做笔记，这样有助于答辩人完整地答复。无论问题如何苛刻，答辩人都必须耐心认真解释，尽量做出圆满的回答。经验证明，在这种场合下，绝大多数问题的提出都是合理的、有根据的，答辩老师不会故意找岔子刁难答辩人。而有些看起来似乎是不着边际的提问，恰恰能反映出答辩人对本学科知识的了解程度。

答辩人回答问题应简短扼要，实事求是。答辩人可以重述自己讲过的相关内容，也可提出新的证据加以补充。除非有绝对事实依据，否则不要试图用反驳代替回答。要有自信心，不要紧张；听清问题并经思考后再做回答；回答问题要简明扼要，层次分明；对回答不出的问题，不可强辩；当论文中的主要观点与主答辩老师的观点不一致时，可以与之展开辩论；

要讲文明礼貌。

（4）结束答辩　答辩人在回答完所提问题后，按答辩委员会主席的示意，礼貌地表示谢意后退场。答辩委员会集体根据论文质量和答辩情况，商定论文是否通过，并拟订成绩和评语。

2. 主答辩老师的提问方式

在毕业论文答辩会上，主答辩老师的提问方式会影响到答辩会组织目的的实现，以及答辩人答辩水平的发挥。主答辩老师应注意采用适当的提问方式。

1）提问要贯彻先易后难原则。主答辩老师一般给每位答辩人提三个或三个以上的问题，这些问题按先易后难的次序提出较好。

2）提问要实行逐步深入的方法。为了正确地检测答辩人的专业基础知识掌握的情况，有时需要将一个大问题分成若干个小问题，并采取逐步深入的方法提问。

3）当答辩人的观点与自己的观点相左时，应以温和的态度、商讨的语气与之开展讨论，即要有"长者"风度，施行善术，切忌居高临下、出言不逊。

4）当答辩人回答问题时，偏离重点或者一时答不上来，可采用启发式、引导式的提问方法。

3. 论文答辩演讲辩论技巧

论文答辩作为毕业论文写作的一个环节，对每个参加答辩的毕业生来说是非常重要的。如果要顺利通过答辩，照本宣科，从头到尾宣读论文，是行不通的，因为论文答辩具有一定的灵活性。因此，不仅要在答辩前做好充分准备，而且要在答辩过程中灵活运用各类演讲辩论技巧，发挥自己真正的水平。

（1）材料齐全，信心十足　尽管，毕业论文答辩是不可或缺的一个环节，答辩场合是严肃而庄重的，但是，每个参加答辩的毕业生在答辩前要避免过度紧张，出现慌乱的情绪。

首先，参加答辩前，应检查资料是否携带齐全，包括论文底稿、答辩演讲稿、演示的幻灯片和主要的参考资料等。在答辩的过程中，齐全的资料不仅能增强答辩者的自信心，而且在回答问题的过程中，可以通过翻看论文底稿和查阅相关参考资料，避免由于紧张而一时忘记相关知识点，出现问题答不上来的尴尬和慌乱。

其次，应带上相应的辅助工具，包括笔、笔记本和成果实物等。在答辩过程中，利用笔和笔记本，可以将答辩委员所提出的问题和有价值的意见和见解记录下来。通过记录，不仅可以缓解紧张心理，而且可以更好地理解老师所提问题的要害和实质，还可以边记边思考，使思考的过程变得自然。在答辩过程中相应的成果图片和实物等可以作为答辩人强有力的事实论据，进一步增强答辩的信心。

（2）开宗明义，消除紧张　毕业论文答辩时气氛比较严肃，参加答辩的学生一定要注意自己的仪容举止，要做到衣着整洁，表情自然，落落大方，充满信心。答辩人可组织一个好的开头，在一开始便能吸引听众的注意力。讲述文章各部分时，应尽快涉及要点，语速适中。在演讲过程中，可尝试用恰当的表情语言吸引听众，时刻引起他们听的兴趣，但应避免过分夸张渲染，恰当地使用身体语言，包括恰当的手势、眼神等，控制整个答辩过程气氛。

答辩过程中应充满信心，答辩时必须克服容易出现的一些心理障碍，如胆怯分心、萎靡不振、畏首畏尾、情绪紧张、表情呆滞、语无伦次、手脚不自觉地做小动作等；还要注意消除胡乱揣摩、投机取巧等不良心态，否则将会分散注意力，以致造成判断上的失误，影响问题回答。

（3）时间灵活，演示多样　如何在有限的时间内既能完成论文内容的阐述，又能让听众理解你所讲的内容，是答辩成功的关键。答辩人要在有限的时间里，完成简单介绍研究的目的和过程，然后阐述要点，围绕要点提出有关论据（包括直观演示），最后在宣讲快要结束时总结主要论点，从而引出结论。这就要求答辩人应根据时间注意调整语速和叙述的详略，不要等到演讲末尾时才关注时间。可在正式答辩前进行多次试讲，并灵活安排各部分演示时间，以免正式答辩时，时间安排不合理，而出现慌乱的现象。

由于毕业论文答辩持续时间较长，如果在整场答辩过程仅用一种演示方法，就会造成现场气氛低迷，使得听众们的注意力更无法集中，因此，如果能在答辩过程中使用多种多样的演示方式，既能吸引听众注意力，又能调节现场气氛。

多媒体或幻灯片是较为先进的演示工具，其优越性已越来越为许多科学工作者所认可，并在报告会、答辩会等汇报场合中得到广泛应用。因此，合理地使用幻灯片，不仅可节省时间和精力，而且可以掌控现场气氛，调节听众情绪，使演讲生动活泼，还可以通过幻灯片灵活组织答辩过程。但是，在制作幻灯片的过程中，应注意幻灯片不宜过多，建议根据演讲的需要制作幻灯片，一般结合讲稿，根据论文需要将论文浓缩成本科生 15~20 页（硕士生 25~30 页）的幻灯片。在准备演讲稿时，最好连同幻灯片的放映顺序一起确定好。幻灯片内容不宜太多，主次感应分明，尽量避免按论文的目录顺序罗列论文，应用最简练的语言概括整篇论文的核心内容；每一张幻灯片表述一项内容，并使要表达的内容简洁而又清楚，每张不应超过 200 字，少用宋体，注意加粗，突出重点，便于听众能迅速理解；最好给每张幻灯片加一个简洁的标题；幻灯片放映前要检查一遍，以保证其顺序不被颠倒，位置和方向绝对正确，文字与背景颜色是否协调；换片速度应适中，解说要简洁明快，要给听众留出浏览幻灯片的时间等。

虽然，黑板是比较原始的演示工具，但是，富有经验的答辩人能恰当地使用板书，这样既省时又省力。有时突然断电，又能采用板书继续演讲，将能收到很好的效果。例如，同音词、方言或某些新词用板书不仅便于听众理解，而且可省去若干次口头重复。但使用黑板应注意以下问题：

1）用黄色或白色粉笔书写最清楚醒目。

2）任何人都比你离黑板远，所以要用大而清晰的字写出。

3）在绘图前要预先在纸上设计好添画顺序，避免因作图次序紊乱而打乱人们的视线。例如，有些曲线图，在黑板上随画随讲，一部分一部分地添画，最后成为完整的画面，比用多媒体或挂图直白地呈现给听众要生动得多。

4）在写或画的时候，不要讲话，如果你想讲话，那就要转身看看听众，弄清楚他们是否在看你希望他们看的东西。有时人们可能需要时间静静地研究一下你绘制的图形，而不愿受到你声音的干扰，此时以少说为佳。

5）保持黑板整洁，不要到处乱写，以使人们注意力集中，字迹和图要给人醒目的感觉。

除了幻灯片、黑板，还有其他的演示方法，如挂图、动态画面与成果实物等，如果能将多种演示方法合理结合起来，不仅体现了答辩人对各种设备的灵活应用能力，而且能时刻吸引听众的注意力，调节现场气氛。

（4）言语简练，口齿清晰　答辩演讲过程中，言语应简练，口齿清晰。但由于答辩会场严肃的气氛，而造成答辩人情绪紧张，会出现结巴、重复习惯口头语、手脚小动作等现象。这就要求答辩人在答辩前应熟悉讲稿内容，并进行重复练习，达到脱稿为宜。如果在答辩过程中出现结巴，应尽快发现问题，调整心态，否则听众不仅听不清楚你所说的内容，而且容易出现厌烦的情绪。对于日常养成的习惯口头语，应避免重复出现，否则容易分散听众的注意力。多数情况下，如果出现上述现象，仅说明演讲准备不充分，不会给听众留下好的印象。另外，应避免使用说教性的口头语，因为这些语言会给答辩老师留下虚张声势的不好印象。当然，也不要过多地使用谦辞，好像你对要讲述的问题本来就没有信心似的。要让听众听清楚讲话中的每一个词，讲话的声音大小和速度要与听众的人数相吻合。要抑扬顿挫，避免干巴巴地像背书。

报告的结尾要给人以深刻印象。如果时间允许，最好扼要地复述一遍你的主要论点和结论，以便加深答辩老师对你的论文的理解。注意结尾不要太长，假如你讲得太长，那么只会让人感到过于啰唆。

（5）思路清晰，沉着应对　毕业论文答辩除了论文演讲外，还要进行论文的辩论，即答辩委员就论文提出相应的意见、建议和问题，答辩人必须就这些问题做出回答或解释。因此，在答辩时，面对答辩老师的提问，答辩人要全神贯注，认真仔细地倾听，最好是边听、边想、边记，防止遗漏。如果没有听清，可请老师重说一遍，不可贸然回答。也可把自己对问题的理解说出来，请教老师是不是这个意思，得到老师肯定答复后再作答。答辩人在回答问题时要认真审题，要梳理出一条清晰的思路，果断分析：该题重点考核的是什么，从哪几方面论述，其中有什么难点，如何回答，要抓住关键核心问题，要胸有成竹。回答问题要简练得体，具有针对性地突出重点，不要含混不清、模棱两可，过多使用"大概""可能""也许"等词语。有时候老师也可能故意提出一个反面论点或似是而非的问题，以检验答辩人是否真正弄懂问题的内涵，或者老师提出的问题有的不仅需要"答"，有时还需要"辩"。面对这些情况，千万不要慌张，应沉着冷静弄清真意，防止答非所问。答辩过程中要注意用语的礼貌性与准确性，回答问题时语气应肯定流畅并充满自信。

答辩时应认真领会题意，针对问题答其所问。答不上来或没有理解清楚的问题，应如实讲明或把自己的理解说出来，请教问题的真正含义，等得到肯定答复后再做回答。不要不懂装懂，胡乱对付。回答问题时要谦虚，对于没有把握的，可以申明理由进行答辩。答不上或答不好的问题，不一定会降低答辩成绩，因为答辩老师看某个答辩人的论文写得好，答辩也不错，有时会有意提出一两个学术难度较大和争论较多的问题，与答辩人交流；有时对答辩人所做的回答不太满意，还会进一步提出问题，以了解答辩人是否切实搞清和掌握了这个问题。遇到这种情况，答辩人如果不太有把握，可以谨慎地试着回答，能回答多少就回答多少，即使讲得不是很确切也不要紧，只要是与问题有所关联，答辩老师会引导和启发答辩人切入正题；如果确是答辩人自己没有搞清的问题，就应实事求是地讲明，并表示今后一定认真研究这个问题，切不可强词夺理，进行狡辩。答辩人在答辩会上被某个问题问住并不奇怪，因为答辩老师一般是本学科的专家。当然，所有问题都答不上来，一问三不知就不正常了。

（6）论证有据，礼貌辩论　答辩中，有时答辩老师会提出与论文基本观点不同的观点，然后请答辩人谈谈看法，此时就应全力为自己的观点辩护，利用相应的事实证据反驳与自己观点相对立的思想。答辩老师在提问的问题中,有的是基础知识性的问题,有的是学术探讨性的问题,对于前一类问题,是要答辩人做出正确而全面的回答,不具有商讨性;后一类问题,是非正误并未定论,持有不同观点的人可互相切磋商讨。如果答辩人所写论文的基本观点是经过自己深思熟虑,又是言之有理和持之有据、能自圆其说的,就不要因为答辩老师提出不同的见解,就随声附和,放弃自己的观点。否则,答辩人等于是自己否定了自己辛辛苦苦写成的论文。应清楚地知道,有的答辩老师提出的与答辩人论文不同的观点,并不是他本人的观点,他提出来无非是想听听答辩人对这种观点的评价和看法,或者是考察答辩人的答辩能力或答辩人对自己观点的坚定程度。退一步说,即使是提问老师自己的观点,答辩人也应该抱着"吾爱吾师,吾更爱真理"的态度,据理力争,与之展开辩论。不过,与答辩老师展开辩论要注意分寸,运用适当的辩术。一般来说,应以维护自己的观点为主,反驳对方的论点要尽可能采用委婉的语言、请教的口气,用傍说、暗说和绕着说的办法,不露痕迹地把自己的观点输入给对方,让他们明理而诚服或暗服。让提问老师感受到虽接受答辩人的意见,但自己的尊严并没受到伤害。这样的辩论,答辩老师不仅不会为难答辩人,相反会认为答辩人有水平,基础扎实。

所有毕业论文答辩完后,答辩委员会应根据答辩情况,按毕业论文(设计)答辩成绩表(见表9-3)的评价指标,进行成绩评定。并写出评语,并在规定时间内将答辩成绩通报给学生。

表9-3 毕业论文(设计)答辩成绩表(答辩委员会用)

学生姓名:_____ 学号:_____ 填表日期:_____年_____月_____日

题目			
评价内容	评价指标	评分权值	评定成绩
论文(设计)质量	综述简练完整,有见解;立论正确,论述充分,结论严谨合理;实验正确,分析处理科学;文字通顺,技术用语准确,符号统一,编号齐全,书写工整规范,图表完备、整洁、正确;论文结果有应用价值;图纸绘制符合国家标准,质量符合要求;工作中有创新意识;对前人工作有改进或突破,或有独特见解	0.6	
答辩自述报告	思路清晰;语言表达准确,概念清楚,论点正确;分析归纳合理,结论严谨;讲述时间符合要求	0.2	
回答问题情况	回答问题有理论根据,基本概念清楚。主要问题回答准确、深入	0.2	
合计		1.0	
答辩小组评语			

答辩小组组长签名:_____

根据有关规定，毕业论文不及格者不发毕业证书，也不能授予学位证书，可按结业处理。但允许这些学生在毕业以后的一年内，再回校补做毕业论文并参加答辩，具体课题和时间由学院（系、所）安排。学生补做毕业论文及格，并通过答辩后，应换发毕业证书和补发学位证书。

9.2 毕业论文的评价

论文评价是一个复杂而困难的问题，这是由于论文的性质、类型不同（如人文社会科学论文与自然科学论文、理论性论文与应用性论文、学术论文与学位论文等），论文评价的标准与方法也有所不同。论文属于精神产品，对其进行量化十分困难且难以准确，但不进行量化也难以准确地进行比较和评选。

尽管如此，论文评价也有其基本的标准，即学术价值与应用价值，各类论文都可以从这两个方面进行衡量。在自然科学领域里，国家评定发明专利的标准是新颖性、先进性和实用性。国家三大科学技术奖（国家发明奖、自然科学奖、科技进步奖）的标准是科学技术水平、社会效益、经济效益和对科学技术进步的作用大小。在社会科学领域里，同样要看论文的学术性（理论性）和实用性。所以，学术价值与应用价值基本概括了各种论文的评价标准，只是不同性质、不同类型的论文，侧重与强调的方面有所不同。下面主要以毕业论文为例，对其评价进行论述。

9.2.1 毕业论文的评价步骤

毕业论文的考核及成绩评定，是一件十分严肃的工作，它不仅反映了学生的学习质量，而且在一定的程度上反映了学校的教学质量。因此，必须强调毕业论文考核及成绩评定的程序化和规范化。严格要求，合理评定成绩，这对鼓励公平竞争，培养和发现人才，养成严谨治学的学风，调动教师和学生的积极性、创造性，促进教学改革，都有积极的意义。按照教育行政部门的规定，毕业论文的考核及成绩评定，必须通过"审阅""评阅""答辩"三个环节，分别写出评语，给出分数，然后综合起来评定学生的毕业论文成绩。

学生必须在论文答辩会举行之前，将经过导师审定并签署过意见的毕业论文一式3份（或5份）连同提纲、草稿等交给答辩委员会。答辩委员会的评阅老师在仔细研读毕业论文的基础上，确定初评成绩，并拟订要提问的问题，然后举行答辩会。

1. 指导教师审阅

学生毕业论文或毕业设计说明书完成后，指导教师应对毕业论文或毕业设计说明书进行认真、负责地审阅，写出评语，提出成绩评定的初步意见。审阅内容包括：任务的难度、分量及完成情况；综合应用所学基础理论和专业知识进行实践的能力；创新性如何；查阅资料、获取信息的能力；工作态度和工作能力；存在的问题及错误。

指导老师评阅毕业论文后，可根据毕业论文（设计）指导教师评阅表（见表9-4）中的评价指标进行成绩评定，并针对论文的具体情况提出修改意见。

表 9-4 毕业论文（设计）指导教师评阅表

学生姓名：_____ 学号：_____ 填表日期：_____年_____月_____日

评价内容	评价指标	评分权值	评定成绩
题目			
开题报告	能独立查阅文献和从事其他调研；能正确翻译外文资料；能较好提出课题的开题报告；综合分析的正确性和设计、计算的正确性；论证的充分性	0.1	
业务水平	有扎实的基础理论知识和专业知识；能正确设计实验方案（或正确建立数学模型、机械结构方案）；独立进行实验工作；能运用所学知识和技能去发现与解决实际问题；能正确处理实验数据；能对课题进行理论分析，得出有价值的结论；有较好的专业外语水平	0.3	
论文质量	立论正确，论述有据，结论合理，层次分明；实验设计合理，分析处理科学；测试与计算结果准确；格式符合规范	0.4	
工作量、工作态度	按期完成规定的任务，工作量饱满，难度较大；工作努力，遵守纪律；工作作风严谨务实	0.2	
合计		1.0	
导师评语			

指导教师签名：_____

2. 评阅人评阅

在指导教师审阅后，于毕业论文答辩前 5~7 天，学生应将毕业论文或毕业设计说明书送答辩委员会约请的评阅人进行评阅。评阅人应认真、细致地对毕业论文或毕业设计说明书进行审阅和评定，写出评语，提出成绩评定的意见。评阅的内容如下：选题是否符合专业培养的目标，深度和广度是否适当；是否正确、严密，有无独创性；设计、计算及主要图纸的质量；文字表述及其他附件的水平；译文质量。

评阅人评阅后，可根据毕业论文（设计）评阅人评阅表（见表 9-5）中的评价指标对论文进行成绩评定，并填写论文评阅意见。

表 9-5 毕业论文（设计）评阅人评阅表

学生姓名：_____ 学号：_____ 填表日期：_____年_____月_____日

评价内容	评价指标	评分权值	评定成绩
题目			
开题报告	查阅文献的广泛性，翻译外文资料的准确性，综合分析的正确性和设计、计算的正确性，论证的充分性	0.2	
论文（设计）质量	综述完整性，立论科学性，结论合理性，语言逻辑性，图表规范性，应用性与创新性	0.6	
工作量、难度	按期完成规定的任务，工作量饱满，难度较大	0.2	
合计		1.0	
评阅人评语			

评阅人签名：_____

3. 答辩会的评价

答辩完后请学生暂时离开会场，答辩委员会根据论文质量和答辩情况进行讨论，以决定学生是否通过答辩、答辩的成绩及对该论文的评语。

（1）投票表决　答辩委员会用无记名投票表决是否通过，至少要有 2/3 的答辩委员通过，才能确定学生通过论文答辩，投票结果要记录在案。

（2）答辩成绩　答辩委员会根据学生的毕业论文初评成绩和答辩成绩给出论文综合成绩。毕业论文的答辩成绩按分项计分，最终以百分制统分。成绩可按优秀、良好、中等、及格与不及格五档进行评定，优秀和良好的界线在于是否有独创性见解。在评定成绩时，可根据文献综述、业务水平、论文质量、工作量和难度等指标进行考核。

（3）拟订评语　就论文质量和答辩过程中的情况加以小结，肯定其优点和长处，指出其错误或不足之处，并加以必要的补充和指点，内容包括：对论文内容和论文结构的评述，指出论文存在的问题，对该同学论文写作态度的评价等。

（4）宣布结果　学生重新进场，由答辩委员会就学生论文和答辩过程中的情况加以小结，肯定其优点和长处，指出其错误或不足之处，并加以必要的补充和指点，并当面宣布论文成绩及评语。对不能通过答辩的学生提出修改意见，允许学生待半年后另行答辩。答辩学生应该认真听取答辩委员会的评判，进一步分析、思考答辩老师提出的意见，总结论文写作的经验教训。一方面，要搞清楚通过毕业论文写作，自己学习和掌握了哪些科学研究方法，在提出问题、分析问题和解决问题，以及科研能力上得到了哪些提高，还存在哪些不足，作为今后研究其他课题的借鉴；另一方面，要认真思索论文答辩会上答辩老师提出的问题和意见，精心修改自己的论文，加深研究，求得纵深发展，取得更大的成果，使自己在知识上、能力上有所提高。毕业论文经审阅评定成绩后，由系保存一段时间后送院档案室存档。

通过答辩固然是毕业生参加毕业论文答辩的首要目的。如果毕业生对答辩的认识只是局限在这一点上，其态度就会是消极、应付性的。只有充分认识毕业论文答辩具有多方面的意义，并对答辩的整个过程深入理解，才会以积极的姿态、满腔热忱地投入毕业论文答辩的准备工作中去，满怀信心地出现在答辩会上，以最佳的心境和状态参与答辩，充分发挥自己的才能和水平。如果在论文答辩中能学会运用辩论技巧并获得成功，就会提高自己参与各类辩论的自信力，就会把它运用到寻找职业或工作的实践中去，并取得成功。

4. 学位论文存档

学位论文篇幅较长，一般应以单行本递交学位审定委员会，最后以单行本存档，因此要求有封面。封面应做到整洁大方，其主要内容有：论文题目、作者及单位、指导老师的姓名和职称、申请的学位专业名称、完成论文的日期等。

为方便阅读，一般要求学位论文要有目录，包括论文的篇、章、条和页码等。

学生毕业论文的资料要以纸质形式装入学生毕业论文资料袋；同一专业所有毕业生的毕业论文汇总资料要以纸质形式和电子文档形式（光盘）装入毕业论文专业汇总资料袋。学生的毕业论文要长期保存。

学生个人毕业论文资料袋材料包括：①毕业论文任务书；②毕业论文开题报告；③指导教师中期检查报告；④毕业论文正文；⑤导师评阅表及评阅人评阅表；⑥毕业论文答辩成绩表；⑦毕业论文成绩评定表。

专业汇总的毕业论文资料袋材料包括：①按专业汇总的毕业论文任务安排情况表；②学院有关毕业论文的补充规定；③毕业论文评分标准；④毕业论文组织安排（包括答辩委员会的组成名单及参加大组和小组答辩教师名单、学生分组名单和答辩时间安排表等）；⑤同一专业学生的毕业论文成绩汇总表；⑥同一专业所有学生毕业论文正文的电子文档（光盘若干张）。

9.2.2 毕业论文的评定标准

毕业论文成绩的评定一般采用五级计分，为"优秀"（90~100 分）、"良好"（80~89 分）、"中等"（70~79 分）、"及格"（60~69 分）、"不及格"（59 分以下）五个等级。其中，"优秀"一般不超过 15%，"优秀"和"良好"合计比例不超过 75%。

毕业论文完成后，先后通过"审阅""评阅"和"答辩"三个环节，由指导教师、评阅人分别写出评语，待毕业答辩结束后，再由答辩小组及时进行合议，综合评定，写出评语（包括对毕业论文文字部分和答辩情况进行评价，指出其优缺点），报答辩委员会最后审定。毕业论文的成绩，一般采用"结构分"进行综合评定，由指导教师的审阅分、评阅人的评阅分、答辩小组的答辩评分组成，三部分的比例是 3∶2∶5 或 3∶3∶4。毕业论文的成绩虽是在答辩现场由答辩小组定的，但不能只以答辩的优劣为唯一标准。在评定毕业论文成绩时，要特别注意学生运用所学基础理论、知识、专业技能分析、解决实际问题的能力，毕业论文或设计内容的依据及其可信程度、科学精神、科学态度、科学作风等，有无独立见解，理论意义和实用价值如何。评定成绩主要看毕业论文或毕业设计的正文部分，同时考虑学生在撰写论文过程中的表现（如指导思想、独立工作能力、创新精神等），全面衡量学生的真实水平，切不可以对学生过去的印象或指导教师的职称、水平来决定学生毕业论文（设计）的成绩，见表 9-6。

表 9-6 毕业论文（设计）成绩评定表

学生姓名：_____ 学号：_____ 填表日期：_____年_____月_____日

题目			
项目	评定成绩	权值	计算结果
指导教师评定成绩		0.3	
评阅人评定成绩		0.2	
答辩成绩		0.5	
	总评成绩	1.0	

学院分管院长签名：_____

1. 优秀的基本标准

1）学习主动，工作努力，遵守纪律，表现好。

2）能按时独立圆满完成毕业论文的撰写任务，能熟练地运用所学基础理论、专业知识、基本技能；有较强的综合分析问题和解决问题的能力；在某些方面有自己独到的见解。

3）立论正确，材料充分，有典型性，论证有力，结论合理；独立工作能力强、科学严谨。

4）毕业论文结构完整，条理分明，概念清楚，论述充分，文笔流畅，文字通顺，符合有关规范。

5）答辩时思路清晰，论点正确，回答问题有理论根据，基本概念清楚，对主要问题回答正确、深入，口齿清晰、流利。

2. 良好的基本标准

1）工作努力，遵守纪律，表现较好。

2）能按时独立圆满完成毕业论文的撰写任务，能较好地运用所学基础理论、专业知识、基本技能；有较强的综合分析问题和解决问题的能力；结论有一定新意。

3）立论正确，材料丰富，论证有力，结论合理；有一定的独立工作能力，科学作风良好；有一定的水平。

4）毕业论文结构完整，条理分明，概念清楚，论述正确，文字通顺，符合有关规范。

5）答辩时思路清晰，论点基本正确，能正确地回答主要的问题，口齿比较清晰。

3. 中等的基本标准

1）工作较努力，遵守纪律，表现一般。

2）基本上能按时独立完成毕业论文的撰写任务；能较准确地运用所学的基础理论和专业知识，基本技能掌握较好；有分析问题和解决问题的能力。

3）立论正确，材料充分，能阐释、论证问题，结论基本正确，有一定的独立工作能力，水平一般。

4）毕业论文结构完整，层次比较清晰，内容基本正确，但论述有个别错误（或表达不清楚）；概念较清楚，文字通顺，基本符合规范，但质量一般或小有缺陷。

5）答辩时对主要问题的回答基本正确。

4. 及格的基本标准

1）工作态度及工作表现一般。

2）在指导教师的指导和帮助下，能在规定时间内完成毕业论文的撰写任务，基本上达到教学要求；独立工作能力较差，且有一些小的疏忽或遗漏；在运用基础理论和专业知识中，无大的原则错误；大体上掌握了基本技能；缺乏自己的见解。

3）论点、论据、论证基本成立；总体上达到毕业论文的基本要求。

4）毕业论文结构基本完整，文字通顺，但叙述不够恰当和清晰，文字、符号有值得推敲的地方。

5）答辩时对主要问题能回答，或经启发后才能回答出，但回答内容较肤浅。

5. 不及格的基本标准

一般来说，凡有下列情况之一者，其毕业论文或毕业设计可评为"不及格"。

1）工作不努力，有违纪行为，表现差。

2）文章的结论有较严重错误。

3）有论点而无论据，或死搬硬套教材和参考书上的观点，未能消化吸收。

4）弄虚作假，有抄袭行为；或其中部分内容由他人代做。

5）毕业论文多处概念不清、语句不通，书写格式不符合有关规范。

6）在答辩中回答问题有原则性错误，经提示不能及时纠正。

9.2.3　毕业论文的质量评价指标体系

21世纪以来，作者先后主持"毕业论文（设计）环节的教学指导、改革与实践"和"毕业论文（设计）教学指导的理论与实践系列研究"课题，通过对毕业论文进行"统筹规划，合理安排；精心准备，夯实基础；围绕主题，反复撰修；检验评价，公平竞争；分题严管，集中引导"的大胆教学改革与实践，显著提高了毕业论文的教学质量。同时，在组织毕业论文教学工作、推动教学及教学管理改革，加强教学基本建设，开展质量保证与监控工作，建立自我约束、自我发展的机制，为高等教育的教学工作水平评估，实现毕业论文教学管理现代化等方面提供科学决策依据。

结合广大教育工作者对论文（设计）质量评价的研究，综合数十年指导毕业论文（设计）质量评价的教学实践。评价毕业论文（设计）的质量，要从毕业论文（设计）选题、运用基础理论和专业知识能力、研究内容与研究成果、文献的引用和写作的能力等方面进行综合考虑。

如何合理运用论文（设计）的各质量指标，如何合理分配各评价指标的权重，对毕业论文（设计）质量进行客观、准确和定量评价，是论文（设计）质量评价所要解决的问题。综合各项指标，结合论文（设计）的实践指导经验，将各一级指标细化为二级指标，以利于论文的最终评价，得出论文（设计）质量的最终评价的量化方法：以各项指标得分与其权重的乘积求和而得。具体评价指标和权重，见表9-7。

表 9-7　毕业论文（设计）质量评价指标体系

一级指标	分值	二级指标	权重/%	各指标得分
毕业论文（设计）选题	20	指导思想	25	
		难度	25	
		工作量	20	
		结合实际的程度	30	
运用基础理论和专业知识能力	20	论文是否与专业紧密相关	40	
		是否综合运用了专业知识	60	
研究内容与研究成果	40	理论、内容与方法创新性	30	
		是否有确切的科研成果	30	
		研究分析深度与广度	20	
		研究成果的实用性	20	
文献引用	10	参考文献数量是否达标	30	
		参考文献格式是否正确	30	
		是否引用研究的最新成果	40	
写作能力	10	论文（设计）语句是否通顺，表述是否完整准确	70	
		图表文是否规范	30	
毕业论文（设计）总得分	100		100	

建立科学合理的毕业论文（设计）的质量评价指标体系，可以客观地评价学生毕业论

文（设计）的质量，促进学生在完成毕业论文（设计）时投入更多的时间和精力，提高自身综合素质，为以后参加社会工作打下坚实的基础；对指导老师来说，也是一种鞭策。

9.2.4 指导教师的条件与职责

毕业论文的指导教师要有良好的思想素质和业务素质，有较强的责任感。一般由系或教研室选派有经验的、讲师以上职称的教师担任。部分新专业可根据实际情况，聘请校外同行专家、教授担任指导教师。

毕业论文实行指导教师负责制，指导教师应对毕业论文撰写全过程的教学活动全面负责。充分发挥指导教师的作用，是提高毕业论文质量和水平的关键因素。

1. 指导教师的条件

为确保指导教师指导毕业论文的质量，每位教师指导毕业生人数一般不超过6名。各教研室、学院（系）可根据学生的具体人数，选定符合基本条件的教师担任毕业论文指导教师，其基本条件如下：

1）为人师表，思想作风正派，有责任心。
2）身体健康，能承担指导工作任务。
3）具有讲师以上职称或硕士及以上学历。
4）懂得并了解学术论文的基本格式和要求。
5）有较高的业务水平能力和具体实践经验。
6）鼓励硕士生导师、博士生导师担任本科生毕业论文指导教师。

2. 指导教师的职责

指导教师对于学生尽快掌握论文写作方法，提高资料检索能力、创造能力和毕业论文质量，都有着重要的作用，甚至对学生以后的人生道路都有着重要影响，所以指导教师一定要有强烈的责任感和事业心。指导教师的职责如下：

1）帮助学生合理、准确、科学地选定毕业论文题目。
2）协助并指导学生进行材料的选取、收集、整理，注意培养学生的资料收集能力和综合能力。
3）指导学生制订论文写作的具体进度和计划，按统一格式填写"毕业论文计划任务书"，包括题目、条件、要求、质量、预期结果与完成时间等。
4）帮助学生选择观察、实验、调查、试验项目与有关资料的获取方法。
5）及时掌握学生毕业论文的进展情况，定期甚至随时解答学生提出的各种疑难问题，多与学生接触（一般要求每周与学生见面两次）。
6）正确引导学生拟订论文提纲，对学生写作过程中出现的问题给予必要的指导。
7）指导学生掌握毕业论文写作的基本格式和规范要求。
8）积极配合校、院（系）、教研室对学生进行论文检查或抽查，考查学生的工作态度、出勤情况、纪律情况等，根据学生的具体表现，写出毕业论文评语。
9）抓好关键环节指导，既不能放任自流，也不能包办代替，注意调动学生的积极性，充分发挥其主动性、创造性，做好指导育人工作。
10）审阅毕业论文，评定论文初步成绩。
11）向答辩委员会报告毕业论文的任务、要求、质量、价值和有争议的问题，以及完成情况。

12）根据院（系）安排，积极主动参加毕业论文的答辩工作。

3. 指导教师的选择

毕业论文的课题以命题和自选题相结合的方式让学生来选择。如采用命题形式，公布命题的同时公布指导教师的名字，学生可以根据自己的研究方向和兴趣爱好，来确定指导教师和选题；或采用自选题形式，学生可以根据平日对教师情况的了解，向教研室提出申请，选定某位教师来指导自己的毕业论文写作。

每位指导教师都承担一定的基础课和专业课的教学工作，并学有专攻、各有所长。如果学生能得到一位对自己所选的研究课题有专长的教师指导，那对研究工作是大有裨益的。经指导教师的点拨，有时甚至会使学生的一个朦胧看法，形成一个颇有学术价值的观点、定理或结果。

学生可以从同班同学、高年级同学或辅导教师，以及其他方面了解到一些教师的研究专长。这样不仅平时可以向那些教师求教，而且能在写毕业论文时选择一个理想的指导教师。如果学生毕业论文的选题，恰是某位指导教师正在研究的一个大课题中的一部分，那么在毕业论文的写作中将会得到该教师很好的指导。毕业论文写得好，不仅是学习论文写作的一次成功的实践，还有可能对科学的发展做出自己的贡献，甚至为自己以后投身于这方面的科学研究奠定基础。

 【拓展阅读】　学位论文创新

在学位论文写作时，前期准备调研工作做了很多，论文框架搭建好了，但是苦于没有创新和容易被导师或者期刊编辑"打回来"；在学位论文及答辩报告中，一般会要求提炼创新点。在提炼创新点时，除了要求强调新颖，还需要突出其意义、价值或重要性。不同类型的贡献创新方面不一样。下面介绍可以提炼创新点的五种情形：问题创新，手段创新，思路创新，新发现，新发明。

1. 问题有创新

论文工作本身提出了一个十分有意义的、令人意想不到的问题，且该问题成为论文工作的主要研究对象之一。

在研究背景问题中，通过研究现状的梳理来指出遗留问题，借此筛选出自己的研究主题。此种情况的研究问题并不能作为创新点列出。反过来，如果为了推动行业或学科迈向一个新的台阶，尤其是为了拓展一个新的领域，高屋建瓴地提出了一个从别人研究中看不出的新的研究问题，那么可以认为问题有创新。

例：论文提出了 X 这一新的研究主题，该文研究结论表明，将该主题作为一个新的研究方向进行研究，将为 Y 学科（领域、行业）的发展带来前所未有的机遇或挑战。

2. 研究手段有创新

为了本研究，发展了一种新的技术，如数学工具、测量方法、计算机模拟技术、技术途径等。

不仅如此，还要求新技术的使用导致得到了意想不到的研究结果，或者突破了制约研究发展的瓶颈问题。进一步，该技术还可以为他人所用，以便进一步推动研究的发展。

例：在这里发展了基于……的 X 技术，这使得我们能将对 Y 的测量的分辨率提高 10 倍，从而为我们发现新的……现象奠定了基础，且该测量技术可望用于解决 Z 等过去无法解决的问题。

3. 研究思路有创新

针对相似研究问题，我们采取了和别人不一样的研究思路，例如，选取的手段不一样了，研究过程不一样了。

当然，不能简单将研究方法涉及的各个方面的现有不同方式进行拼凑式的组合，以声称所谓的组合创新。一般情况下，研究方法包含顶层策略、研究手段、研究步骤、数据处理和合理性分析五个方面。从每一个方面中，可以选择一个和数个（平均 n 个）不同的现有做法，如此，我们可以随意组合出 n 的五次方个"新"思路。然而，这样的"新"不能叫作创新。

思路创新必须是本质意义上的创新，其特征是导致一个过去方法解决的问题得以解决（如怀尔斯通过证明谷山-志村猜想来证明费马大定理），或者是简化了解决问题的途径，或者是针对同类问题导致了新的发现等。

例：在本研究中，一改过去人们直接去证明费马大定理的做法，转而去证明谷山-志村猜想，将一个看似不可能证明的问题的证明转嫁为一个可以证明的问题的证明，由此解决了费马大定理的证明（本例参照非专业论文的介绍虚构而成，没有任何真实的科学意义）。

4. 发现有创新

发现即研究结果，这种创新最为常见。发现应上升到可传播的知识。因此，这种创新也可以说成是否带来了新的知识。于是，创新点可以是：是否带来了原创知识，是否完善了现有知识，是否拓展了现有知识的边界。

第一种是指出带来了什么新的原创知识，且该原创知识对学科或领域或其本身有什么意义。例如，我们发现了 X 现象，该现象的发现为 Y 找到了解释。

第二种是指出完善了哪条现有知识，且该完善对学科或领域有什么作用。例如，我们证明了 X，这一证明弥合了人们长期以来就 Y 问题产生的分歧。

第三种是指出拓展了哪条现有知识的边界，且该拓展对学科或领域有什么影响。例如，将 Z 等人提出的 X 推广到了 Y，不仅拓展了 X 的应用范围，而且使得 Y 的发展上升了一个新台阶。

5. 发明或开发有创新

有的学位论文的目的是设计、开发某种类型的新作品或产品。此时，不排除设计理念和作品本身具有创新性。作为创新点，交代创新内容，指出这一创新有什么价值等。

例如，开发了制约 Y 发展的 X 操作系统，该系统使得 Y 的运行效率提高了 10 倍，被相关行业使用，为 Y 在有效时间内走向应用奠定了基础。

例如，通过计算机辅助运算设计出了一种新的汉字系统，它具有音形合一的特征，结合了中西文字的优势，不仅输入方便，而且通过简单的格体声明，即可以限定为逻辑严密的科技语言或限定为情感丰富的文学语言，可望极大幅度地简化中文的学习，让中文能成为世界主导语言之一。

对于专业博文或工程博文，产品或技术的集成也可能涉及创新。集成创新的一个重要部分也可以作为学位论文的一个创新点。

例如，将当前出现的新材料技术和新控制技术用到了 X 设备的核心组件之中，这使得 X 设备的寿命提高了 2 倍，可靠性提高了 3 倍，为 X 设备成为最终产品做出了贡献。

有时，在行业中首次应用某种理论或技术也能被视为创新，此时指出是针对什么问题、应用了哪条现有知识，且该应用的成功对相关行业有什么价值。

例如，应用了 Z 等人提出的 Y，验证了 Y 在 X 行业的使用价值：极大幅度地提高了产品的质量，并大大降低了成本。

青年是整个社会力量中的一部分最积极最有生气的力量。他们最肯学习，最少保守思想，在社会主义时代尤其是这样。

——毛泽东

附　录

附录一　高等学校预防与处理学术不端行为办法

第一章　总　则

第一条　为有效预防和严肃查处高等学校发生的学术不端行为，维护学术诚信，促进学术创新和发展，根据《中华人民共和国高等教育法》《中华人民共和国科学技术进步法》《中华人民共和国学位条例》等法律法规，制定本办法。

第二条　本办法所称学术不端行为是指高等学校及其教学科研人员、管理人员和学生，在科学研究及相关活动中发生的违反公认的学术准则、违背学术诚信的行为。

第三条　高等学校预防与处理学术不端行为应坚持预防为主、教育与惩戒结合的原则。

第四条　教育部、国务院有关部门和省级教育部门负责制定高等学校学风建设的宏观政策，指导和监督高等学校学风建设工作，建立健全对所主管高等学校重大学术不端行为的处理机制，建立高校学术不端行为的通报与相关信息公开制度。

第五条　高等学校是学术不端行为预防与处理的主体。高等学校应当建设集教育、预防、监督、惩治于一体的学术诚信体系，建立由主要负责人领导的学风建设工作机制，明确职责分工；依据本办法完善本校学术不端行为预防与处理的规则与程序。

高等学校应当充分发挥学术委员会在学风建设方面的作用，支持和保障学术委员会依法履行职责，调查、认定学术不端行为。

第二章　教育与预防

第六条　高等学校应当完善学术治理体系，建立科学公正的学术评价和学术发展制度，营造鼓励创新、宽容失败、不骄不躁、风清气正的学术环境。

高等学校教学科研人员、管理人员、学生在科研活动中应当遵循实事求是的科学精神和严谨认真的治学态度，恪守学术诚信，遵循学术准则，尊重和保护他人知识产权等合法权益。

第七条　高等学校应当将学术规范和学术诚信教育，作为教师培训和学生教育的必要内容，以多种形式开展教育、培训。

教师对其指导的学生应当进行学术规范、学术诚信教育和指导，对学生公开发表论文、研究和撰写学位论文是否符合学术规范、学术诚信要求，进行必要的检查与审核。

第八条　高等学校应当利用信息技术等手段，建立对学术成果、学位论文所涉及内容的知识产权查询制度，健全学术规范监督机制。

第九条　高等学校应当建立健全科研管理制度，在合理期限内保存研究的原始数据和资料，保证科研档案和数据的真实性、完整性。

高等学校应当完善科研项目评审、学术成果鉴定程序，结合学科特点，对非涉密的科研项目申报材料、学术成果的基本信息以适当方式进行公开。

第十条　高等学校应当遵循学术研究规律，建立科学的学术水平考核评价标准、办法，引导教学科研人员和学生潜心研究，形成具有创新性、独创性的研究成果。

第十一条　高等学校应当建立教学科研人员学术诚信记录，在年度考核、职称评定、岗位聘用、课题立项、人才计划、评优奖励中强化学术诚信考核。

第三章　受理与调查

第十二条　高等学校应当明确具体部门，负责受理社会组织、个人对本校教学科研人员、管理人员及学生学术不端行为的举报；有条件的，可以设立专门岗位或者指定专人，负责学术诚信和不端行为举报相关事宜的咨询、受理、调查等工作。

第十三条　对学术不端行为的举报，一般应当以书面方式实名提出，并符合下列条件：

（一）有明确的举报对象；
（二）有实施学术不端行为的事实；
（三）有客观的证据材料或者查证线索。

以匿名方式举报，但事实清楚、证据充分或者线索明确的，高等学校应当视情况予以受理。

第十四条　高等学校对媒体公开报道、其他学术机构或者社会组织主动披露的涉及本校人员的学术不端行为，应当依据职权，主动进行调查处理。

第十五条　高等学校受理机构认为举报材料符合条件的，应当及时作出受理决定，并通知举报人。不予受理的，应当书面说明理由。

第十六条　学术不端行为举报受理后，应当交由学校学术委员会按照相关程序组织开展调查。

学术委员会可委托有关专家就举报内容的合理性、调查的可能性等进行初步审查，并作出是否进入正式调查的决定。

决定不进入正式调查的，应当告知举报人。举报人如有新的证据，可以提出异议。异议成立的，应当进入正式调查。

第十七条　高等学校学术委员会决定进入正式调查的，应当通知被举报人。

被调查行为涉及资助项目的，可以同时通知项目资助方。

第十八条　高等学校学术委员会应当组成调查组，负责对被举报行为进行调查；但对事实清楚、证据确凿、情节简单的被举报行为，也可以采用简易调查程序，具体办法由学术委员会确定。

调查组应当不少于3人，必要时应当包括学校纪检、监察机构指派的工作人员，可以邀请同行专家参与调查或者以咨询等方式提供学术判断。

被调查行为涉及资助项目的，可以邀请项目资助方委派相关专业人员参与调查组。

第十九条　调查组的组成人员与举报人或者被举报人有合作研究、亲属或者导师学生等直接利害关系的，应当回避。

第二十条　调查可通过查询资料、现场查看、实验检验、询问证人、询问举报人和被举报人等方式进行。调查组认为有必要的，可以委托无利害关系的专家或者第三方专业机构就有关事项进行独立调查或者验证。

第二十一条 调查组在调查过程中，应当认真听取被举报人的陈述、申辩，对有关事实、理由和证据进行核实；认为必要的，可以采取听证方式。

第二十二条 有关单位和个人应当为调查组开展工作提供必要的便利和协助。

举报人、被举报人、证人及其他有关人员应当如实回答询问，配合调查，提供相关证据材料，不得隐瞒或者提供虚假信息。

第二十三条 调查过程中，出现知识产权等争议引发的法律纠纷的，且该争议可能影响行为定性的，应当中止调查，待争议解决后重启调查。

第二十四条 调查组应当在查清事实的基础上形成调查报告。调查报告应当包括学术不端行为责任人的确认、调查过程、事实认定及理由、调查结论等。

学术不端行为由多人集体做出的，调查报告中应当区别各责任人在行为中所发挥的作用。

第二十五条 接触举报材料和参与调查处理的人员，不得向无关人员透露举报人、被举报人个人信息及调查情况。

第四章 认 定

第二十六条 高等学校学术委员会应当对调查组提交的调查报告进行审查；必要的，应当听取调查组的汇报。

学术委员会可以召开全体会议或者授权专门委员会对被调查行为是否构成学术不端行为，以及行为的性质、情节等作出认定结论，并依职权作出处理或建议学校作出相应处理。

第二十七条 经调查，确认被举报人在科学研究及相关活动中有下列行为之一的，应当认定为构成学术不端行为：

（一）剽窃、抄袭、侵占他人学术成果；

（二）篡改他人研究成果；

（三）伪造科研数据、资料、文献、注释，或者捏造事实、编造虚假研究成果；

（四）未参加研究或创作而在研究成果、学术论文上署名，未经他人许可而不当使用他人署名，虚构合作者共同署名，或者多人共同完成研究而在成果中未注明他人工作、贡献；

（五）在申报课题、成果、奖励和职务评审评定、申请学位等过程中提供虚假学术信息；

（六）买卖论文、由他人代写或者为他人代写论文；

（七）其他根据高等学校或者有关学术组织、相关科研管理机构制定的规则，属于学术不端的行为。

第二十八条 有学术不端行为且有下列情形之一的，应当认定为情节严重：

（一）造成恶劣影响的；

（二）存在利益输送或者利益交换的；

（三）对举报人进行打击报复的；

（四）有组织实施学术不端行为的；

（五）多次实施学术不端行为的；

（六）其他造成严重后果或者恶劣影响的。

第五章 处 理

第二十九条 高等学校应当根据学术委员会的认定结论和处理建议，结合行为性质和情节轻重，依职权和规定程序对学术不端行为责任人作出如下处理：

（一）通报批评；

（二）终止或者撤销相关的科研项目，并在一定期限内取消申请资格；

（三）撤销学术奖励或者荣誉称号；

（四）辞退或解聘；

（五）法律、法规及规章规定的其他处理措施。

同时，可以依照有关规定，给予警告、记过、降低岗位等级或者撤职、开除等处分。

学术不端行为责任人获得有关部门、机构设立的科研项目、学术奖励或者荣誉称号等利益的，学校应当同时向有关主管部门提出处理建议。

学生有学术不端行为的，还应当按照学生管理的相关规定，给予相应的学籍处分。

学术不端行为与获得学位有直接关联的，由学位授予单位作暂缓授予学位、不授予学位或者依法撤销学位等处理。

第三十条 高等学校对学术不端行为作出处理决定，应当制作处理决定书，载明以下内容：

（一）责任人的基本情况；

（二）经查证的学术不端行为事实；

（三）处理意见和依据；

（四）救济途径和期限；

（五）其他必要内容。

第三十一条 经调查认定，不构成学术不端行为的，根据被举报人申请，高等学校应当通过一定方式为其消除影响、恢复名誉等。

调查处理过程中，发现举报人存在捏造事实、诬告陷害等行为的，应当认定为举报不实或者虚假举报，举报人应当承担相应责任。属于本单位人员的，高等学校应当按照有关规定给予处理；不属于本单位人员的，应通报其所在单位，并提出处理建议。

第三十二条 参与举报受理、调查和处理的人员违反保密等规定，造成不良影响的，按照有关规定给予处分或其他处理。

第六章 复 核

第三十三条 举报人或者学术不端行为责任人对处理决定不服的，可以在收到处理决定之日起 30 日内，以书面形式向高等学校提出异议或者复核申请。

异议和复核不影响处理决定的执行。

第三十四条 高等学校收到异议或者复核申请后，应当交由学术委员会组织讨论，并于 15 日内作出是否受理的决定。

决定受理的，学校或者学术委员会可以另行组织调查组或者委托第三方机构进行调查；决定不予受理的，应当书面通知当事人。

第三十五条 当事人对复核决定不服，仍以同一事实和理由提出异议或者申请复核的，不予受理；向有关主管部门提出申诉的，按照相关规定执行。

第七章 监　　督

第三十六条　高等学校应当按年度发布学风建设工作报告，并向社会公开，接受社会监督。

第三十七条　高等学校处理学术不端行为推诿塞责、隐瞒包庇、查处不力的，主管部门可以直接组织或者委托相关机构查处。

第三十八条　高等学校对本校发生的学术不端行为，未能及时查处并做出公正结论，造成恶劣影响的，主管部门应当追究相关领导的责任，并进行通报。

高等学校为获得相关利益，有组织实施学术不端行为的，主管部门调查确认后，应当撤销高等学校由此获得的相关权利、项目以及其他利益，并追究学校主要负责人、直接负责人的责任。

第八章 附　　则

第三十九条　高等学校应当根据本办法，结合学校实际和学科特点，制定本校学术不端行为查处规则及处理办法，明确各类学术不端行为的惩处标准。有关规则应当经学校学术委员会和教职工代表大会讨论通过。

第四十条　高等学校主管部门对直接受理的学术不端案件，可自行组织调查组或者指定、委托高等学校、有关机构组织调查、认定。对学术不端行为责任人的处理，根据本办法及国家有关规定执行。

教育系统所属科研机构及其他单位有关人员学术不端行为的调查与处理，可参照本办法执行。

第四十一条　本办法自 2016 年 9 月 1 日起施行。

教育部此前发布的有关规章、文件中的相关规定与本办法不一致的，以本办法为准。

附录二　申请发明专利或实用新型专利步骤

根据《中华人民共和国专利法》的有关规定，把包含有技术方案或设计方案等内容的材料公开发表，将使申请的发明专利或实用新型专利丧失新颖性，从而无法获得授权。

申请专利步骤如下：

1. 提供新技术方案的描述介绍，包括方案附图（该方案内容必须在申请日之前没有公开发表过，包括申请人及他人）或者相对于现有技术有改进或区别，可参照下面的专利说明书要点的内容进行填写。
2. 委托机构检索后判断是否可以立案及选择申请的类型，并由申请方确认。
3. 确认办理申请后，要求同时提交备案表到申请方单位备案。
4. 开始安排撰写，经审核后提交申请。

专利说明书要点

一、专利事项

专利名称			
发明人		第一发明人身份证号码	

二、本发明的应用领域
……
三、背景技术
1. 与本申请技术最接近的现有技术，例如，可以是本发明改进前的产品或方法，也可以是给予本发明启示的文献，还可以是申请方之前申请过并与本发明相关的，或作为本发明改进基础的专利文件或专利申请文件。在背景技术中应指出该技术的具体方案，如产品结构或方法步骤等。
2. 客观指出上述技术的缺点。
缺点 1：
缺点 2：
缺点 3：
四、本发明方案
1. 发明内容，针对背景部分提出的现有技术的各个缺点，阐述解决该问题的技术方案，对于产品发明来说，应清楚完整地说明产品的构造特征，说明各部件的作用；对于方法发明来说，应清楚完整地描述该方法或流程所包括的步骤及各步骤的详细情况（对于电子通信或软件发明，建议围绕原理框图与流程图展开文字论述，如果发明涉及人机交互界面，应结合流程图绘制出各主要步骤的操作界面示意图，并将各示意图对应到流程图的相应步骤中）。
2. 从原理上分析并说明本发明如何解决背景技术中提到的问题（缺点），或用对比实验说明本发明达到了怎样的效果。
五、附图及说明
机械产品发明应给出机械结构图，电子软件发明应给出原理框图与流程图（若改进点是具体电路，应给出电路图），并围绕原理框图与流程图详细说明各个模块的作用与连接关系，以及各个流程。各附图要写明图名，将附图标记所示的零部件名称用文字一一列出。结构附图应提供 CAD 格式的电子文件，原理框图与流程图建议使用 Visio 绘制以便代理人编辑修改。
六、其他
1. 缩略语和关键术语定义（将自定义的缩略语与非规范的关键术语加以定义）。
2. 列举是否还有其他的替代方案，同样能实现发明目的（写出未经仔细论证或实验，但有可能实现本发明的其他方案）。
3. 参考文献（如专利/论文/标准）。

参 考 文 献

[1] 巴利切夫斯基. 科学研究：对象、方向、方法［M］. 王魁业，沈工，王春林，译. 北京：轻工业出版社，1984.

[2] 黄阳华，吕铁. 中国高铁的技术创新与赶超［Z/OL］.（2021-02-19）［2022-03-28］. http://cssn.cn/jjx_yyjjx/yyjjx_jsjjx/202102/t20210219_5312373.shtml.

[3] 新华社. 党的十八大以来科技创新成就综述［Z/OL］.［2022-03-29］. http://www.gov.cn/guoqing/2020-04/29/content_5507517.htm.

[4] 马晓光. 论文写作技巧（本硕博三阶段）［Z/OL］.（2013-05-04）［2022-03-30］. https://blog.sciencenet.cn/blog-909908-686544.html.

[5] 美辑编译. 如何梳理与利用文献？［Z/OL］.（2019-08-06）［2022-04-06］. https://www.sohu.com/a/331840725_100297226.

[6] 青岛滨海学院图书馆. 学会"三步走"技巧，高效利用文献！［Z/OL］.（2020-07-04）［2022-04-08］. http://tsg.qdbhu.edu.cn/info/5578/4073.htm.

[7] 秦伯益. 如何写论文做报告［Z/OL］.（2012-11-07）［2022-03-31］. https://www.doc88.com/p-993536314142.html?r=1.

[8] 威海四中教师发展研究中心. 学术不端引以为戒！盘点国外典型案例［Z/OL］.（2020-01-15）［2022-06-03］. http://www.whsizhong.cn/a/jiaoxuejiaoyan/jiaokeyanchengxin/2020/0115/2373.html.

[9] 中国科学院南京分院. 近年来学术不端被撤销学位典型案例通报［Z/OL］.（2021-08-18）［2022-06-03］. http://www.njb.cas.cn/ddjs2016/jjjc/wjtbjj/202108/t20210818_6158223.html.

[10] 刘茜. 屠呦呦和青蒿素［Z/OL］.［2022-04-27］. http://www.cntcm.com.cn/news.html?aid=197665.

[11] 微梦雨. 从古至今创新的例子-古今中外创新思维的事例［Z/OL］.（2017-06-28）［2022-06-06］. http://www.xuexila.com/success/chenggonganli/634063.html.

[12] 赵立桢. 试论信息检索的意义及作用［Z/OL］.（2011-12-10）［2022-06-08］. https://www.docin.com/p-304253684.html.

[13] 学位论文如何创新［Z/OL］.［2022-06-09］. https://wenku.baidu.com/view/d6f7d687ee3a87c24028915f804d2b160b4e86ac.html.

[14] 贝尔纳. 历史上的科学［M］. 伍况甫，等译. 北京：科学出版社，1959.

[15] 陈萍秀. 文献信息检索实用教程［M］. 3版. 北京：机械工业出版社，2020.

[16] 戴起勋，袁志钟. 科技创新与论文写作［M］. 3版. 北京：机械工业出版社，2018.

[17] 戴陵江，靳思源，颜志森，等. 科学研究指南［M］. 成都：成都科技大学出版社，1991.

[18] 罗伯特·戴. 如何撰写和发表科学论文［M］. 高志雄，等译. 浙江：浙江科学技术出版社，1986.

[19] 丁强. 科研方法与学术论文写作［M］. 昆明：云南科技出版社，2008.

[20] 高小和，汲安庆. 学术论文写作［M］. 南京：南京大学出版社，2022.

[21] 郭建钢，等. 山地森林作业系统优化技术［M］. 北京：中国林业出版社，2002.

[22] 李国新. 中国文献信息资源与检索利用［M］. 北京：北京大学出版社，2004.

[23] 林聚任，刘玉安. 社会科学研究方法［M］. 济南：山东人民出版社，2008.

[24] 刘晓华，任廷琦. 毕业论文写作导论［M］. 北京：科学出版社，2004.

[25] 栾玉广. 自然科学技术研究方法［M］. 2版. 合肥：中国科学技术大学出版社，2010.

[26] 史济彦，等. 中国森工采运技术及其发展［M］. 哈尔滨：东北林业大学出版社，1998.

［27］王嘉陵. 毕业论文写作与答辩［M］. 成都：四川大学出版社，2003.
［28］王立海. 木材生产技术与管理［M］. 北京：中国财政经济出版社，2001.
［29］维尔斯曼 W. 教育研究方法导论［M］. 袁振国，译. 北京：教育科学出版社，1997.
［30］叶振东，贾恭惠. 毕业论文的撰写与答辩［M］. 2版. 杭州：浙江大学出版社，2004.
［31］伊丹敬之. 创造性论文的写法［M］. 吕莉，张舒英，译. 北京：社会科学文献出版社，2004.
［32］张伟刚. 科研方法导论［M］. 北京：科学出版社，2009.
［33］机械工业出版社. 作译者手册［Z］. 北京：机械工业出版社，2018.
［34］中央宣传部出版产品质量监督检测中心. 图书编校质量差错案例［M］. 北京：商务印书馆，2019.
［35］百度百科. 大科学［Z/OL］.［2022-07-06］. http：//baike.baidu.com/view/94874.htm.
［36］百度百科. 仿生学［Z/OL］.［2022-05-26］. http：//baike.baidu.com/view/803.htm.
［37］百度百科. 系统方法［Z/OL］.［2022-06-06］. http：//baike.baidu.com/view/66767.htm.
［38］知乎. 信息素养［Z/OL］.［2022-03-23］. http：//www.zhihu.com/topic/19701293/intro.
［39］360百科. 都江堰［Z/OL］.［2022-03-25］. http：//baike.so.com/doc/1983004-2098661.htm.
［40］周新年. 林业生产规划［M］. 北京：北京科学技术出版社，1994.
［41］周新年. 架空索道理论与实践［M］. 北京：中国林业出版社，1996.
［42］周新年. 工程索道与柔性吊桥：理论 设计 案例［M］. 北京：人民交通出版社，2008.
［43］周新年. 科学研究方法与学术论文写作：理论 技巧 案例［M］. 北京：科学出版社，2012.
［44］周新年. 工程索道与悬索桥［M］. 北京：人民交通出版社，2013.
［45］周新年. 山地森林生态采运理论与实践［M］. 北京：中国林业出版社，2018
［46］周新年. 科学研究方法与学术论文写作［M］. 2版. 北京：科学出版社，2019.
［47］周新年，周成军，郑丽凤，等. 工程索道［M］. 北京：机械工业出版社，2020.